ANDREA FILATRO

CAROLINA COSTA CAVALCANTI
DELMIR PEIXOTO DE AZEVEDO JUNIOR
OSVALDO NOGUEIRA

DI 4.0 →

INOVAÇÃO
NA EDUCAÇÃO CORPORATIVA

saraiva *uni*

ISBN 978-85-7144-056-2

DADOS INTERNACIONAIS DE CATALOGAÇÃO NA PUBLICAÇÃO (CIP)
ANGÉLICA ILACQUA CRB-8/7057

Filatro, Andrea
DI 4.0 : inovação em educação corporativa / Andrea Filatro ; Carolina Costa Cavalcanti...[et al]. -- São Paulo : Saraiva Educação, 2019.

Bibliografia
ISBN 978-85-7144-056-2

1. Educação corporativa 2. Inovações educacionais 3. Cultura organizacional 4. Gestão de pessoas I. Título II. Cavalcanti, Carolina Costa

19-1653
CDD 658.3124
CDU 658:37

Índices para catálogo sistemático:
1. Educação corporativa : Inovações

Av. Paulista, 901, 3º andar
Bela Vista – São Paulo – SP – CEP: 01311-100

SAC | sac.sets@saraivaeducacao.com.br

Direção executiva	Flávia Alves Bravin
Direção editorial	Renata Pascual Müller
Gerência editorial	Rita de Cássia S. Puoço
Coordenação editorial	Fernando Alves
Edição	Ana Laura Valerio
	Neto Bach
	Thiago Fraga
Produção editorial	Daniela Nogueira Secondo
Serviços editoriais	Juliana Bojczuk Fermino
Preparação	Marcela Neublum
Projeto gráfico e Diagramação	Negrito Produção Editorial
Revisão	Ana Maria Fiorini
Capa	Deborah Mattos
Impressão e acabamento	Bartira

Copyright © Andrea Filatro, Carolina Costa Cavalcanti, Delmir P. A. Junior, Osvaldo Nogueira.
2019 Saraiva Educação
Todos os direitos reservados.

1ª edição
4ª tiragem, 2023

Nenhuma parte desta publicação poderá ser reproduzida por qualquer meio ou forma sem a prévia autorização da Saraiva Educação. A violação dos direitos autorais é crime estabelecido na lei nº 9.610/98 e punido pelo artigo 184 do Código Penal.

COD. OBRA 645637   CL 651879   CAE 662743

A D. Lidia de Albuquerque Filatro, que pacientemente leu todas as versões de todos os capítulos deste livro, enquanto eles ainda estavam "nascendo". Mais que mãe, uma parceira em todas as minhas realizações.

AGRADECIMENTOS

À admirável professora Marisa Eboli, umas das mais profícuas pesquisadoras e certamente a autora mais citada e respeitada nos estudos sobre educação corporativa no Brasil.

Aos queridos Carolina Costa Cavalcanti, Delmir Peixoto de Azevedo Junior e Osvaldo Nogueira, verdadeiros escavadores que trouxeram ao livro uma perspectiva prática sobre a excelência da educação corporativa inovadora no Brasil.

Aos colegas da Fundação Dom Cabral (FDC), Aldemir Drummond, Carla Adriana Arruda Vasseur e Cláudia Andrade Botelho; da Universidade Petrobras (UP), Hermes Gomes Filho, Filipe Leandro de Figueiredo Barbosa e Luiz Carlos Veiga de Oliveira; e da Universidade Corporativa Bradesco (UniBrad), Elka Juttel Silva, pela generosidade em traduzir em palavras suas experiências incríveis como gestores da inovação.

Andrea Filatro

A AUTORA

ANDREA FILATRO é doutora, mestra e pedagoga pela Faculdade de Educação da Universidade de São Paulo (FEUSP) e formada em Gestão de Projetos pela Fundação Instituto de Administração (FIA/USP).

Nos últimos 20 anos, tem realizado cursos, minicursos, *workshops*, oficinas e palestras no campo do design instrucional (DI), da educação on-line e das inovações na educação presencial, a distância e corporativa.

É professora convidada no curso Gestão da Educação Corporativa oferecido pela FIA e ministra aulas nos cursos de pós-graduação do Instituto Albert Einstein, atuando ainda como consultora em várias instituições privadas, públicas e de economia mista.

Líder do grupo de pesquisa "Inovação e Design em Educação (IDE)", do CNPq, é autora dos livros *Design instrucional contextualizado* (2004), *Design instrucional na prática* (2008), *Produção de conteúdos educacionais* (2016), *Práticas inovadoras em educação* (2016), *Design thinking na educação presencial, a distância e corporativa* (2017), e *Metodologias inov-ativas na educação presencial, a distância e corporativa, Como preparar conteúdos para EAD* (2018) e *Learning analytics* (2019).

OS COLABORADORES

CAROLINA COSTA CAVALCANTI é doutora pela Faculdade de Educação da Universidade de São Paulo (FEUSP), mestra em Tecnologias Educacionais pelo Instituto Tecnológico e de Estudos Superiores de Monterrey (ITESM-México), é graduada em Jornalismo pela Southwestern Adventist University (SWAU-EUA) e Pedagogia pela Universidade de Santo Amaro (UNISA).

Professora convidada na Fundação Dom Cabral (FDC) e docente em cursos de graduação e pós-graduação do Centro Universitário Adventista de São Paulo (UNASP). Atua como consultora, palestrante e pesquisadora na educação presencial, a distância e corporativa nas áreas de inovação, criatividade, metodologias de aprendizagem, treinamento & desenvolvimento de pessoas, design thinking (DT) aplicado à educação e educação on-line.

É autora dos livros *Design thinking na educação presencial, a distância e corporativa* (2017), *Formação de tutores para EAD* (2017), *Design thinking* (2018) e *Metodologias inov-ativas na educação* (2018).

DELMIR PEIXOTO DE AZEVEDO JUNIOR é doutorando em Engenharia de Produção pelo Centro Federal de Ensino Tecnológico (CEFET-Maracanã). Possui mestrado em Engenharia de Produção pela Universidade Estadual do Norte Fluminense Darcy Ribeiro, especialização em Design Instrucional pela Universidade Federal de Juiz de Fora, graduação em Engenharia Civil pela Universidade Estadual do Norte Fluminense Darcy Ribeiro e graduação em Tecnólogo em Informática pelo Instituto Federal Fluminense. Possui experiência em educação superior nas áreas de engenharia de produção e de sistemas.

Autor do livro *Modelagem integrada de negócios e requisitos de software* (2017), atua na educação corporativa, nos temas de planejamento e produção de conteúdos educacionais, tecnologias educacionais e educação a distância.

OSVALDO NOGUEIRA, gerente na Universidade Corporativa Bradesco. Mestre em Comunicação e Marketing Digital pela Escola Superior de Propaganda e Marketing (ESPM), com MBA em Administração de Empresas pela Fundação Getulio Vargas (FGV) e Gestão de Educação Corporativa pela Fundação Instituto de Administração (FIA), é gerente de Educação Corporativa com dez anos de experiência em Sistemas de Educação Corporativa.

OS ENTREVISTADOS

FUNDAÇÃO DOM CABRAL (FDC)

ALDEMIR DRUMMOND JUNIOR, vice-presidente executivo de Desenvolvimento de Executivos, Professores e Educação

Ph.D. em Administração pela Universidade de Cambridge, Inglaterra, e Bacharel em Economia pela Universidade Federal de Minas Gerais (UFMG), tem extensa atuação na FDC. É vice-presidente executivo de Desenvolvimento de Executivos, Professores e Educação, professor de Estratégia e Organizações, professor Coordenador do Núcleo de Estratégia e Negócios Internacionais, coordenador técnico do programa Estratégia & Execução, além de ter coordenado o programa BRICs on BRICs. Nos programas customizados, atuou em programas de formação de executivos seniores de empresas como ABB, Arcelor Mittal, British American Tobacco, Bosch, Bunge, EADS, Embraer, Halma, NEC, Novartis, Pirelli, Syngenta, Vale, Votorantim e VW. Na FDC ainda atuou como diretor de Pessoas (2001-2004) e foi o Coordenador do Executive MBA (1998-2001), na FDC.

CARLA ADRIANA ARRUDA VASSEUR, diretora de Programas MBA & Alumni Relations

Com MBA em Administração na Duke University e bacharelado em Engenharia pela Universidade Federal de Minas Gerais (UFMG), é responsável na FDC por liderar, gerenciar, determinar a direção estratégica e o sucesso financeiro do Executive MBA, incluindo o gerenciamento para todas as funções administrativas, como orçamento, vendas e seleção, apoio a alunos e ex-alunos, suporte ao corpo docente e planejamento e gerenciamento de eventos. No âmbito do MBA da FDC, suas responsabilidades também abrangem, mas não estão limitadas a: liderança de processos de revitalização e inovação, além de revisões regulares; gestão de padrões acadêmicos, em colaboração com o coordenador acadêmico, para assuntos relacionados a metodologias, conteúdo e corpo docente; liderança da Rede de Alunos; e interação com um amplo conjunto de partes interessadas, incluindo funcionários, professores, alunos e ex-alunos.

Os entrevistados

CLÁUDIA ANDRADE BOTELHO, diretora estatutária
Mestra em Administração e graduada em Psicologia pela Pontifícia Universidade Católica de Minas Gerais (PUC Minas). Atualmente é gerente de projetos da FDC e, desde março de 2018, ocupa também o cargo de diretora estatutária, tendo exercido anteriormente os cargos de gerente executiva de Educação e Inovação e gerente de Projetos. Sua vasta experiência inclui as funções de sócia-diretora e consultora da Praxis Sistemas Gerenciais e da Diálogo Consultores, coach de Executivos, facilitadora de processos de desenvolvimento de equipe e de organizações. Analista de RH na área de Desenvolvimento de Pessoas da Gerência de Expansão e Projetos da Acesita; áreas de atuação: Desenvolvimento Organizacional, Desenvolvimento de Pessoas, Avaliação de Desempenho através da Metodologia de Avaliação 360°; Pesquisa de Clima Organizacional; Planejamento e Condução de Processos de Mudança Organizacional.

UNIVERSIDADE PETROBRAS (UP)

HERMES GOMES FILHO, diretor da Universidade Petrobras (no período de 2017 a 2019)
Mestre em Engenharia de Produção pela Pontifícia Universidade Católica do Rio de Janeiro, é graduado pela Universidade Federal Fluminense em Engenharia Civil e formado em Engenharia de Petróleo pela Petrobras. Tem educação executiva na Harvard Business School, no Insead, na Wharton School, na Kellogg School of Management e na London Business School e experiência de gestão nas áreas de Exploração e Produção, Planejamento Financeiro, Estratégia Corporativa e Recursos Humanos.

FILIPE LEANDRO DE FIGUEIREDO BARBOSA, gerente da Academia Técnica

Mestre em Engenharia Química pela Newcastle University, Inglaterra, é graduado em Engenharia Eletrônica e de Computação pela Universidade Federal do Rio de Janeiro e gerente da Academia Técnica da Universidade Petrobras.

LUIZ CARLOS VEIGA DE OLIVEIRA – Gerente setorial da Academia Técnica

Doutor em Geociências pela Universidade Federal do Rio Grande do Sul (2007), é geólogo e gerente setorial da Academia Técnica da Universidade Petrobras.

UNIVERSIDADE CORPORATIVA BRADESCO (UNIBRAD)

ELKA JUTTEL SILVA, gerente departamental de Recursos Humanos no Bradesco

Com uma carreira construída ao longo de trinta anos na área de Recursos Humanos do Bradesco, liderou a equipe de Tecnologia Educacional, responsável pela criação do e-learning na organização e por implementar continuamente metodologias inovadoras em educação empresarial. Integrou a equipe gerencial no projeto de implantação de Universidade Corporativa Bradesco (UniBrad). Possui formação na área de Tecnologia e MBA em Gestão Empresarial com Ênfase em TI e Especialização em Educação Corporativa. Participa de congressos no Brasil e no exterior, tendo atuado ainda como palestrante em diversos eventos de educação corporativa.

A EQUIPE DA SARAIVA

RITA DE CÁSSIA S. PUOÇO
GT editorial

FERNANDO ALVES
CD editorial

THIAGO FRAGA
Editor

DANIELA NOGUEIRA SECONDO
Produtora editorial

DEBORAH MATTOS
Arte

ESTELA JANISKI ZUMBANO
Assistente de produção

RICARDO ASSIS
Designer

TAINÁ NUNES COSTA
Designer

ANA MARIA FIORINI
Revisora

LOURDES EUGÊNIA PESSOTTI
Revisora

PREFÁCIO

Todas as previsões sobre o futuro da humanidade e sobre como seremos afetados pelas novas tecnologias – Inteligência Artificial (IA), Internet das Coisas (IoT), Realidade Virtual (RV), Robótica Avançada etc. – acarretam muitas inquietações, principalmente com relação aos impactos no mercado de trabalho. Desemprego de um lado e surgimento de novas profissões de outro.

Yuval Noah Harari[1] aponta que em 2050 o mercado de trabalho irá se caracterizar ainda mais pela cooperação (e não pela competição) e pela relação entre humanos e IA, por exemplo. Certamente, os novos empregos exigirão altos níveis de especialização, boa educação, formação técnica e em humanidades, e capacidade de aprendizagem constante. Serão valorizados conhecimentos e competências técnicas como: *analytics,* programação, aplicação de robótica, inteligência artificial, IoT nos negócios, segurança da informação, cultura digital entre outros. Além disso, exigirão as seguintes atitudes e posturas: adaptabilidade, atitude empreendedora, aprendizado contínuo, criatividade, ética, flexibilidade cognitiva, inteligência emocional, propósito, resiliência, valores etc.

Um imperativo da nova era será preparar esse profissional 4.0! Mas como as organizações estão se preparando para essa realidade? Cabe refletir se os Sistemas de Educação Corporativa têm inovado em termos de estratégias e ações com todas essas mudanças que estão acontecendo nesta era digital.

A essência da Educação Corporativa não muda: ser um sistema de formação de pessoas pautado pelas competências estratégicas que devem ser desdobradas em competências individuais, para daí sim serem desenhadas as soluções de aprendizagem. Provavelmente serão ampliados os formatos e as metodologias de entrega dessas soluções, apropriando-se dos benefícios da transformação digital, tornando-as mais ágeis, sociais e sustentáveis.

Nesse sentido, este livro de Andrea Filatro é muito atual e oportuno para nos ajudar a refletir sobre o assunto, ao tratá-lo de forma acadêmica e prática, abordando temas e conceitos como: novos processos em Educação Corporativa; Design Instrucional 4.0 como metodologia para construção de soluções educacionais inovadoras; desenvolvimento e implementação soluções educacionais inovadoras. E vai além, exemplifica com

---

[1] Harari é autor dos seguintes livros: *21 lições para o século 21*. São Paulo: Companhia das Letras, 2018; *Sapiens*: uma breve história da humanidade. São Paulo: L&PM, 2015; *Homo Deus*: uma breve história do amanhã. São Paulo: Companhia das Letras, 2016.

casos empresariais de sucesso como a Universidade Petrobras (UP) e a Universidade Corporativa Bradesco (Unibrad).

Num interessante esforço para sintetizar os avanços nas metodologias de ensino e aprendizagem, Andrea Filatro traz, além de uma análise sólida das inovações nos processos de Design Instrucional e de Educação Corporativa, uma demonstração de suas premissas teóricas ao apresentar os casos ilustrativos.

Leitura obrigatória para quem atua na área, certamente este livro propiciará um avanço na aprendizagem das pessoas no mundo corporativo e consequentemente na formação do profissional 4.0!

MARISA EBOLI

Professora, pesquisadora, autora e especialista em Educação Corporativa. Doutora em Administração pela Faculdade de Economia, Administração e Contabilidade da Universidade de São Paulo (FEA/USP). Professora de cursos de graduação, MBAs e mestrado profissional em Gestão da Faculdade FIA de Administração e Negócios (FFIA) e coordenadora de projetos, pesquisas e cursos sobre Educação Corporativa.

APRESENTAÇÃO

Nas últimas décadas, o movimento de transformação digital só fez aumentar as possibilidades e os desafios no campo da aprendizagem corporativa. Um novo ambiente profissional, um novo conjunto de competências a serem desenvolvidas e uma infinidade de novos recursos tecnológicos suscitam novos problemas, para os quais as soluções convencionais testadas e comprovadas já não funcionam mais.

Este livro traz aos leitores um panorama de inovações na educação corporativa. De um lado, apresenta formas inovadoras de ensinar e aprender nas organizações contemporâneas, por meio de estratégias (cri)ativas, microconteúdos, trilhas personalizadas e atividades gamificadas, entre outras. De outro lado, oferece subsídios para encomendar ou desenvolver esse tipo de solução educacional, focando o design de projetos inovadores que comportem a implantação dessas estratégias nas organizações.

Para isso, na Parte I, "Bases teóricas", combina os fundamentos teóricos no campo do design instrucional (DI) contemporâneo, que se alia a outras correntes do design, como o design thinking (DT) e o design da experiência de aprendizagem (LXD), para a construção de soluções educacionais inovadoras.

Visando ao público de profissionais de recursos humanos, analistas de treinamento & desenvolvimento, profissionais de universidades corporativas, fornecedores de soluções de aprendizagem e especialistas em educação em geral, este livro foi escrito para aqueles que têm a responsabilidade de formar/capacitar profissionais para atuar no mercado de trabalho atual, com todos os desafios trazidos por uma era de volatilidade, incerteza, complexidade e ambiguidade (VUCA).

De fato, as empresas – sejam elas públicas, privadas ou de natureza mista – têm diante de si o desafio não apenas de reagir ao mundo em constante e acelerada mudança, mas também de agir proativamente para liderar esse movimento, inovando em produtos, processos, serviços e estratégias. A demanda por inovações na educação corporativa se situa nesse contexto: fazer diferente (mais rápido, mais barato e com mais qualidade).

Assim, a educação corporativa evidencia-se como um vetor de mudanças, ao auxiliar as pessoas a desenvolverem as competências relacionadas à inovação. Novas formas de aprender e ensinar estão na pauta de gestores, educadores e profissionais acostumados a soluções presenciais ou mesmo aqueles que já aderiam a soluções de e-learning, mas reconhecem as limitações dos modelos transmissivos de conhecimento.

Em um mundo altamente competitivo e sujeito ao escrutínio de investidores, patrocinadores e contribuintes, a ***accountability*** se impõe como pré-requisito para o sucesso organizacional. Dessa maneira, inovações pontuais nas práticas educacionais, com a introdução de novas técnicas de ensino ou a adoção de novas tecnologias educacionais, precisam fazer sentido em um nível mais amplo, alinhado ao planejamento estratégico da organização.

Accountability

prestação de contas ou responsabilização; em uma definição mais específica, "uma escolha pessoal de superar as circunstâncias e demonstrar o senso de propriedade necessário para alcançar os resultados".[1]

Vale observar ainda que as empresas estão mais abertas a ouvir vozes diferentes daquelas que caracterizam o discurso convencional sobre "treinamento & desenvolvimento", uma vez que aqui também há espaço para inovação. É o momento propício, portanto, para a introdução de novas formas de abordar a temática. A abordagem calcada no DI, com viés prático e convergência entre as áreas de educação, comunicação, tecnologia e administração, tem grande apelo a profissionais que necessitam de soluções "mão na massa", mas que não se furtam a entender o que há por trás das receitas do "como fazer".

Nesse sentido, na Parte II, a inclusão de relatos de casos práticos de adoção de inovações por instituições de renome como a Fundação Dom Cabral (FDC), a Universidade Petrobras (UP) e a Universidade Corporativa Bradesco (UniBrad) representam um atrativo adicional para os leitores que querem ver em ação as ideias discutidas no livro.

Observações sobre a linguagem empregada

Este livro reúne várias perspectivas sobre educação corporativa – de acadêmicos, de gestores e de praticantes da educação corporativa e do campo do DI – que exploram conceitos provenientes das área da educação, da administração, da comunicação e da tecnologia.

Por essa razão, o leitor notará ao longo dos capítulos uma profusão de termos para designar coisas semelhantes. Por exemplo, as ações de educação corporativa são descritas ora como "cursos", "programas", "treinamentos" e "capacitações", ora como "ações de aprendizagem" e "ações de desenvolvimento".

Na maioria das vezes, procuramos usar o termo "soluções educacionais" ou "soluções de aprendizagem" para indicar os produtos do processo de DI, e o termo "experiências de aprendizagem" para descrever o que as pessoas vivenciam em termos de atividades e estratégias de aprendizagem.

O que é discutido aqui não se restringe às ações de educação corporativa a distância, mas o leitor perceberá que as mídias e as tecnologias estão de tal modo incorporadas ao universo educacional e organizacional que a maioria dos temas reflete um cenário de aprendizagem digital (presencial apoiado por tecnologias, híbrido ou totalmente a distância).

Em referência ao universo das corporações, o texto alterna entre termos como "empresa", "organização", "instituição", "negócio" e até mesmo "companhia" – este último especialmente no contexto da UP.

---

[1] CONNORS, R.; SMITH, T.; HICKMAN, C. *O princípio de OZ*: como usar o accountability para atingir resultados excepcionais. Trad. Luciane O. Clausen. São Paulo: HSM, 2017.

De forma mais particular, as ações de formação, treinamento, capacitação ou desenvolvimento se reúnem sobre a designação de "sistema de educação corporativa" ou "universidades corporativa", conforme discutido nas páginas a seguir.

As pessoas que atuam no contexto organizacional são referidas como "funcionários", "empregados", "colaboradores" e, em situação de aprendizagem, indicadas como "alunos", "aprendizes" e "participantes".

Também são usados intercambiavelmente os termos "professor", "especialista", "educador", "docente", "facilitador", "tutor" e "conteudista" em referência aos perfis de apoio à aprendizagem de outras pessoas. Vez por outra, é empregado o termo "usuário", principalmente com respeito ao design de interface de soluções educacionais.

Além disso, a expressão "design instrucional" ainda recebe muitas críticas, seja pelo fato de empregar o termo em inglês *design,* em vez de "desenho" ou "projeto", seja pelo adjetivo "instrucional", que pode remeter a uma única visão sobre a educação.

A expressão original é mantida por todo o livro em detrimento de outras como "design pedagógico", "design da aprendizagem" ou "learning design", principalmente devido ao reconhecimento internacional desse campo de conhecimento e prática de DI (conhecido pela expressão "instructional design"), que tem um lastro teórico e relatos de experiências extensos e amadurecidos.

Tanto isso é verdade que optamos pelo título DI 4.0 (em um trocadilho com a Indústria 4.0) para reforçar a evolução interna da metodologia.

Reconhecemos o amplo movimento de transformação nas práticas de educação corporativa, que muitas vezes adota designações diferentes das empregadas aqui, como acontece nos casos reais apresentados na Parte II do livro.

Dito isso, esperamos oferecer ao leitor uma visão atualizada das contribuições do DI, a partir de interfaces com campos-irmãos do DT e do LXD.

SUMÁRIO

ABERTURA 2

PARTE I • BASES TEÓRICAS

1 Inovar com o design instrucional 4.0 24

1.1 Conceito de DI 27
1.2 Etapas do DI 27
1.3 Modelos clássicos de DI 28
   1.3.1 DI fixo 28
   1.3.2 DI aberto 29
   1.3.3 DI contextualizado (DIC) 29
1.4 Modelos ágeis de DI 31
   1.4.1 Rapid Instructional Design (RID) 32
   1.4.2 Successive Approximation Model (SAM) 32
   1.4.3 Abordagem AGILE 33
   1.4.4 Scrum 34
   1.4.5 Lean Instructional Design (LID) 34
1.5 Modelos emergentes de DI 36
   1.5.1 DT aplicado à educação 39
   1.5.2 Learning Experience Design (LXD) 41
1.6 O paradigma educacional centrado nas pessoas 45
   1.6.1 Aprendizagem baseada em realizações individuais 47
   1.6.2 Aprendizagem baseada em tarefas (ou atividades) 47
   1.6.3 Aprendizagem personalizada 48
   1.6.4 Novos papéis 48
   1.6.5 Novo currículo 49
1.7 DI 4.0 51

2 Aprender e ensinar de modo inovador nas organizações 54

2.1 Metodologias inov-ativas: novas formas de aprender e ensinar na educação corporativa 56
   2.1.1 Metodologias (cri)ativas 56
   2.1.2 Metodologias ágeis 64
   2.1.3 Metodologias imersivas 72
   2.1.4 Metodologias analíticas 83

3 Desenvolver e implementar soluções educacionais inovadoras nas organizações 92

3.1 DI para um novo ecossistema educacional 95
   3.1.1 Ações formais na educação corporativa 97
   3.1.2 Ações informais na educação corporativa 100
3.2 As etapas do DI 4.0 104
   3.2.1 Etapa 1 – Compreender o problema 106
   3.2.2 Etapa 2 – Projetar a solução 118
   3.2.3 Etapa 3 – Desenvolver a solução 128
   3.2.4 Etapa 4 – Implementar a solução 145
   3.2.5 Etapa transversal – Avaliação na educação corporativa 147

PARTE II • CASOS PRÁTICOS

4 Inovação na Fundação Dom Cabral 158
– com Carolina Costa Cavalcanti

4.1 Apresentação geral da FDC 161
4.2 Inovação nos processos de educação corporativa da FDC 167
    4.2.1 O movimento CEO Legacy 167
    4.2.2 O TREE Lab 169
    4.2.3 Xperience Room 170
    4.2.4 O DECK Design 171
    4.2.5 O Executive MBA 173
4.3 O DI 4.0 na FDC 179
    4.3.1 Metodologias inov-ativas na FDC 179
    4.3.2 O DI centrado nas pessoas na FDC 180

5 Inovação na Universidade Petrobras 184
– com Delmir Peixoto de Azevedo Junior

5.1 Apresentação geral da UP 187
5.2 Contexto de aprendizagem na educação corporativa da Petrobras 191
    5.2.1 O papel do orientador didático 192
    5.2.2 O papel do docente 193
5.3 A transformação digital no setor de Óleo & Gás e seu impacto nas competências requeridas 193
5.4 Inovação nos processos de educação corporativa da UP 194
    5.4.1 Laboratório de Didática (LABDI) 197
5.5 Programa de inovação e transformação digital na educação corporativa 204
5.6 O DI 4.0 na UP 210
    5.6.1 Metodologias inov-ativas na UP 211
    5.6.2 O DI centrado nas pessoas na UP 212

6 Inovação na Universidade Corporativa Bradesco (UniBrad) 214
– com Osvaldo Nogueira

6.1 Apresentação geral da UniBrad 217
6.2 A perspectiva da inovação na UniBrad 220
    6.2.1 Inovação nos processos de educação corporativa da UniBrad 222
6.3 O DI 4.0 na UniBrad 232
    6.3.1 Metodologias inov-ativas na UniBrad 233
    6.3.2 O DI centrado nas pessoas na UniBrad 233

ENCERRAMENTO 236

Índice remissivo 245
Referências 267

ABERTURA

Andrea Filatro

"Desde os tempos da faculdade, a educação corporativa esteve em meu radar como um tipo de experiência de aprendizagem de alto nível.

Assim, com o privilégio de ter começado com um estágio no Departamento de Treinamento da Rhodia, já se vão algumas décadas procurando entender o que se passa no ambiente organizacional em termos de ensino-aprendizagem.

Trabalhar com pessoas adultas e inseridas no mercado profissional, com todas as suas exigências de produtividade, atualização constante, aderência à cultura organizacional e alinhamento aos objetivos estratégicos do negócio, sempre foi um desafio à racionalidade.

No mundo corporativo, grande parte dos colaboradores sabe muito sobre sua função, sobre a empresa, sobre a área de negócios. Assim, o diálogo é de igual para igual. É preciso cativar o respeito dos profissionais e provar a efetividade das soluções propostas.

Na maior parte das vezes, a educação corporativa não tem o mesmo *status* das áreas-fins da organização. No setor financeiro, diante de uma decisão sobre largura de banda, o que vale mais: a segurança das transações financeiras ou a efetividade de uma webconferência com fins educacionais? Na área de vendas, o que fala mais alto: a experiência adquirida em anos de contato com o consumidor ou os modelos teóricos apresentados nos materiais didáticos? É preciso muito apoio da alta administração para romper as barreiras e dar uma contribuição efetiva ao negócio.

Porém, a realidade mutante e incerta lá fora nos mostra que só existe um caminho: aprender continuamente como pessoas e como instituição, alinhando competências individuais a competências empresariais e organizacionais; do contrário, estamos todos sob o risco da obsolescência e até da extinção.

Por essa razão, é uma grande satisfação ver a educação corporativa supervalorizada dentro das empresas, em busca de soluções inovadoras para demandas totalmente novas por aprendizagem e muito mais aberta à influência de outras vozes, inclusive acadêmicas.

Com a Abertura deste livro, procuramos delinear esse cenário de transformações e aplainar conceitos a fim de, em seguida, entrar com vigor na temática sobre a inovação na educação corporativa."

A.1 O QUE É EDUCAÇÃO CORPORATIVA?

O conceito de educação corporativa data da metade do século XX, mas consolida-se nas décadas de 1980, 1990 e início do século XXI, com foco intenso no treinamento & desenvolvimento (T&D) dos colaboradores de uma organização.[1]

Começando pelos tradicionais centros de T&D, há, posteriormente, uma migração para as ações e sistemas de educação corporativa, como foco e força estratégica, a ponto de se organizarem em verdadeiras universidades corporativas e, mais recentemente, em novos formatos integrados em rede.[2]

Uma definição inicial para o conceito que permeia todo este livro vem do Ministério do Desenvolvimento, Indústria e Comércio Exterior,[3] segundo o qual:

> educação corporativa pode ser definida como uma prática coordenada de gestão de pessoas e de gestão do conhecimento, tendo como orientação a estratégia de longo prazo de uma organização. A educação corporativa é mais do que treinamento empresarial ou qualificação de mão de obra. Trata-se de articular coerentemente as competências individuais e organizacionais no contexto mais amplo da empresa. Nesse sentido, práticas de educação corporativa estão intrinsecamente relacionadas ao processo de inovação nas empresas e ao aumento da competitividade de seus produtos (bens ou serviços).

De forma mais resumida, a finalidade básica da educação corporativa é propiciar "[...] o desenvolvimento e a instalação das competências empresariais e humanas consideradas críticas para a viabilização das estratégias de negócios, de maneira sistemática, estratégica e contínua".[4]

De fato, muitas organizações têm adotado a educação corporativa não só para capacitar seus colaboradores, mas também para reforçar sua cultura e construir uma estratégia de negócio bem-sucedida, tornando-se um importante instrumento de crescimento para a organização.[5]

Para que isso ocorra, é necessário considerar todo um sistema integrado de educação corporativa, pautado por gestão de pessoas com base em competências, que instale e desenvolva nos colaboradores internos e externos as competências consideradas críticas para a viabilização das estratégias de negócio, promovendo um processo de aprendizagem ativo e permanente, vinculado aos propósitos, valores, objetivos e metas da organização.[6] Esse sistema conecta várias ações e esferas, como mostra a Figura A.1.

---

[1] AIRES, R. W. A.; FREIRE, P. D. S.; SOUZA, J. A. Educação corporativa como ferramenta para estimular a inovação nas organizações: uma revisão de literatura. In: VIEIRA, A. C. P.; ZILLI, J. C.; BRUCH, K. L. (Orgs.) *Propriedade intelectual, desenvolvimento e inovação*: ambiente institucional e organizações. Criciúma: EDIUNESC, 2017.

[2] EBOLI, M. O desenvolvimento das pessoas e educação corporativa. In: LIMONGI-FRANÇA, A. C. *et al.* (Orgs.) *As pessoas na organização*. São Paulo: Gente, 2002.

[3] BRASIL. Ministério do Desenvolvimento, Indústria e Comércio Exterior. *O que é educação corporativa*. Disponível em: <http://www.educor.desenvolvimento.gov.br/educacao>. Acesso em: 18 fev. 2018 [em cache].

[4] EBOLI, M. Sistema de educação corporativa e a EAD. In: LITTO, F. M.; FORMIGA, M. *Educação a distância*: o estado da arte. v. 2. São Paulo: Pearson Education do Brasil, 2012.

[5] EBOLI, M. Educação corporativa nos novos cenários empresariais. *GVEXECUTIVO*, v. 15, n. 2, jul./dez. 2016.

[6] EBOLI, 2012.

Figura A.1 Função, foco e método do sistema integrado de educação corporativa

Fonte: adaptada de EBOLI, 2002, p. 193.

Assim, um sistema integrado de educação corporativa tem por finalidade básica garantir o direcionamento estratégico e a busca de vantagem competitividade empresarial por meio do desenvolvimento, da instalação e da consolidação das competências organizacionais críticas e humana, mediante a implementação de um modelo de gestão do conhecimento e de gestão de pessoas com base em competências, calcado em um ambiente propício à aprendizagem ativa e contínua que favoreça a disseminação e a cristalização de valores e princípios da cultura organizacional, bem como a formação e atuação de lideranças educadoras e o autodesenvolvimento.[7]

Para o desenvolvimento de um sistema integrado, alguns princípios são essenciais para dar enfoque conceitual e metodológico à concepção, implementação e análise de projetos de educação corporativa, como mostra o Quadro A.1.

---

[7] EBOLI, 2002. Ver também EBOLI, 2012.

Quadro A.1 Princípios da educação corporativa

Princípios	Descrição
Competitividade	Valorizar a educação como forma de desenvolver o capital intelectual dos colaboradores, transformando-os efetivamente em fator de diferenciação da empresa diante dos concorrentes, para ampliar e consolidar sua capacidade de competir, aumentando, assim, seu valor de mercado por meio do aumento do valor das pessoas. Isso significa buscar continuamente a elevação do patamar de competitividade empresarial por meio de instalação, desenvolvimento e consolidação das competências críticas empresariais e humanas.
Perpetuidade	Entender a educação não apenas como um processo de desenvolvimento e realização dos potenciais intelectual, físico, espiritual, estético e afetivo existentes em cada colaborador, mas também como um processo de transmissão de herança cultural, que exerce influência intencional e sistemática com o propósito de formação de um modelo mental, a fim de conservar, transmitir, disseminar reproduzir ou até mesmo transformar as crenças e os valores organizacionais, para perpetuar a existência da empresa.
Conectividade	Privilegiar a construção social do conhecimento, estabelecendo conexões, intensificando a comunicação empresarial e favorecendo a interação de forma dinâmica para ampliar a quantidade da rede de relacionamentos com os públicos interno e externo (fornecedores, distribuidores, clientes, comunidade) da organização que propiciem gerar, compartilhar e transferir os conhecimentos organizacionais considerados críticos para o negócio.
Disponibilidade	Oferecer e disponibilizar atividades e recursos educacionais de fácil uso e acesso, propiciando condições favoráveis e concretas para que os colaboradores realizem a aprendizagem "a qualquer hora e em qualquer lugar", estimulando-os, assim, a se responsabilizarem pelo processo de aprendizagem contínua e autodesenvolvimento.
Cidadania	Estimular o exercício da cidadania individual e corporativa, e da construção social do conhecimento organizacional por meio da formação de atores sociais, ou seja, sujeitos capazes de refletir criticamente sobre a realidade organizacional, de construí-la e modificá-la continuamente, e de atuarem pautados por postura ética e socialmente responsável, imprimindo, assim, qualidade superior na relação de aprendizagem entre colaboradores, empresa e cadeia de agregação de valor.
Parcerias	Entender que desenvolver continuamente as competências críticas dos colaboradores, no intenso ritmo requerido atualmente no mundo dos negócios, é tarefa complexa e audaciosa, exigindo o estabelecimento de relações de parceria no âmbito interno e externo, com ideal e interesse comuns na educação desses colaboradores. • **Parcerias internas** – estabelecer relações de parceria com líderes e gestores, para que se envolvam e se responsabilizem pela educação e aprendizagem de suas equipes, desempenhando plenamente o papel de educador, formador e orientador no cotidiano de trabalho para que sejam percebidos como lideranças educadoras, isto é, um modelo de comportamento a ser seguido e buscado pelos demais colaboradores da empresa. • **Parcerias externas** – realizar parcerias com universidades, instituições de nível superior ou até mesmo clientes e fornecedores que tenham competência para agregar valor às ações e aos programas educacionais corporativos, ancoradas em uma concepção comum sobre as necessidades de qualificação da força de trabalho.
Sustentabilidade	Ser um centro gerador de resultados para a empresa, buscando agregar sempre valor ao negócio. Significa também buscar fontes alternativas de recursos que permitam um orçamento próprio e autossustentável, diminuindo, assim, as vulnerabilidades do projeto de educação corporativa, a fim de viabilizar um sistema de educação realmente contínuo, permanente e estratégico.

Fonte: adaptado de EBOLI, 2012, p. 191-192.

Como vimos, a educação corporativa é muito mais um sistema integrado de ações do que um local específico no qual ocorre a aprendizagem. Muitos sistemas de educação corporativa atuais nem mesmo possuem instalações físicas definidas, mas são totalmente virtuais e utilizam a aprendizagem mediada por tecnologias para oferecer soluções educacionais a qualquer hora e em qualquer lugar.

Em especial, os sistemas mais estratégicos de educação corporativa já romperam a separação entre tempo e espaço de aprendizagem em trabalho, propiciando a adoção simultânea tanto da educação formal (por meio de cursos presenciais, híbridos e a distância) como de práticas educacionais inovadoras envolvendo trilhas de aprendizagem, aprendizagem adaptativa, *coaching*, *mentoring*, gamificação, uso de realidade virtual e aumentada, entre muitas outras novas formas de aprender e ensinar nas organizações.

Mas como a aprendizagem dentro das organizações evoluiu para chegar ao que temos disponível hoje?

A.2 TRANSFORMAÇÕES NA INDÚSTRIA

A evolução da educação corporativa ocorre como reflexo da mudança de paradigmas na própria gestão das empresas, ela mesma influenciada pelas sucessivas revoluções industriais. A Figura A.2 resume as características desses diferentes períodos e seus efeitos sobre a gestão empresarial e a educação.

Figura A.2 Características das 1ª, 2ª, 3ª e 4ª Revoluções Industriais

Fonte: adaptada de AIRES *et al.*, 2017, p. 263; SCHWAB, 2017.

A 1ª Revolução Industrial se caracterizou pelo ingresso do carvão como fonte energética nos meios de produção, alterando as funções artesanais e possibilitando a mecanização a partir da criação das máquinas a vapor. A 2ª Revolução Industrial se assentou sobre os motores a combustão, com o domínio sobre a eletricidade e a criação de linhas de produção alavancando a produção em massa. A 3ª Revolução Industrial trouxe a automação com o uso da eletrônica e da tecnologia da informação.

O momento atual de desenvolvimento tecnológico nos situa em um ambiente de ruptura que já é considerado uma 4ª Revolução Industrial, na qual um conjunto de tecnologias exponenciais, como *big data*, inteligência artificial (IA), *blockchain*, **internet das coisas (IoT)** e muito mais viabilizam a fusão do mundo físico, digital e biológico.

Por trás dessas tecnologias, podemos identificar alguns vetores distintivos para a transição da 3ª à 4ª Revolução Industrial: o aumento drástico e rápido do volume de dados, o poder da computação e da conectividade; o avanço das capacidades analíticas; a introdução da nova forma de interação homem-máquina; e as inovações facilitando a transferência de dados digitais para algo fisicamente utilizável, por meio de aperfeiçoamentos na **robótica**, **impressão 3D**, **bioimpressão** e veículos autônomos.

Essa transformação digital em ritmo vertiginoso e exponencial está mudando rápida e profundamente a maneira como nos relacionamos, vivemos e trabalhamos.

A intensidade e a rapidez com que o conhecimento e as tecnologias vêm se transformando superam o ciclo de vida humano. Para se ter uma ideia, foram necessários 1500 anos para que o conhecimento acumulado pela humanidade dobrasse em tamanho pela primeira vez. A segunda dobra ocorreu 250 anos depois (ou seja, em seis vezes menos tempo que na primeira). Esse ciclo foi se estreitando cada vez mais, e estima-se que até 2020 o ritmo alcance 12 horas, como mostra a Figura A.3.

Big data (explosão de dados)
imenso volume de dados estruturados e não estruturados que são criados em alta velocidade e apresentados em grande variedade de formatos.

Blockchain
funciona como um grande livro de registros digitais, conferindo autenticidade e segurança às operações com criptomoedas – ou moedas digitais como o bitcoin. Em educação, pode funcionar no reconhecimento de certificações entre diferentes instituições, na gestão de portfólios, projetos e histórico de frequência e desempenho.

Internet das coisas (IoT)
rede de objetos, aparelhos, equipamentos, máquinas ou meios de transporte conectados por meio de chips embutidos, sensores ou minúsculos processadores, permitindo que informações sobre esses objetos sejam transmitidas via internet.

Robótica
ciência que estuda construção de "corpos" artificiais, como robôs, envolvendo conceitos vindos de áreas como engenharia mecânica e elétrica e inteligência artificial.

Impressão 3D
processo também conhecido como **manufatura aditiva**, em que objetos físicos como peças industriais, protótipos e implantes médicos são criados pela deposição de materiais em camadas, com base em um modelo digital e na combinação de software, hardware e materiais.

Bioimpressão
tecnologia derivada da impressão 3D com grande potencial na medicina regenerativa, em estudos farmacocinéticos e em diversas áreas de saúde, por utilizar células e outros produtos biológicos na impressão por empilhamento para montar tecidos e órgãos a partir da deposição de camadas auxiliada por computador.

Figura A.3 Tempo para dobrar o conhecimento humano no mundo

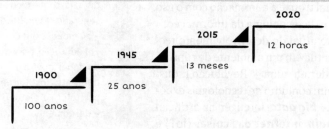

Fonte: adaptada de GABRIEL, 2018, p. 130.

Nesse cenário de grandes transformações, a sigla VUCA tem sido empregada para resumir em quatro palavras as condições nas quais as organizações, empresas e instituições operam hoje, como mostra o Quadro A.2.[8]

Quadro A.2 Características do mundo VUCA

VOLATILIDADE	INCERTEZA	COMPLEXIDADE	AMBIGUIDADE
refere-se a natureza, velocidade, volume, magnitude ou dinâmica em que uma situação pode mudar	diz respeito à falta de previsibilidade sobre o presente	aponta para os múltiplos fatores e o caos que cercam uma organização e qualquer tomada de decisão	indica a nebulosidade e o potencial de confusão e mal--entendidos em torno de determinado evento

Fonte: elaborado pela autora.

---

[8] REEVES, T. C.; REEVES, P. M. Educational technology research in a VUCA world. *Educational Technology*, v. 55, n. 2, p. 26-30, mar./abr. 2015.

Nesse cenário, o maior risco é desconsiderar o fenômeno da obsolescência de competências, pois, da mesma forma que os produtos são caracterizados por um ciclo de vida específico, também os conhecimentos e as competências têm seu próprio ciclo de vida e, portanto, podem se tornar "obsoletos". Uma vez que vivemos em uma economia baseada no conhecimento, esses ciclos de vida estão se estreitando cada vez mais, gerando um senso de "urgência" em preencher as lacunas de conhecimento, em todos os níveis e independentemente da natureza do trabalho desempenhado, da posição geográfica em que as pessoas e organizações estão inseridas, e do setor econômico ou social em que atuam. Isso significa que as competências de hoje e o *know-how* são insuficientes para enfrentar os empregos e desafios de amanhã.[9]

De fato, no turbilhão de incertezas do mundo VUCA, as pessoas precisam atualizar continuamente seu perfil profissional se quiserem ser estratégicas para suas organizações e se manter competitivas no mercado de trabalho. Do ponto de vista organizacional, é desafiador preparar os colaboradores para cenários que ainda nem se sabe como serão.

Por essa razão, vale a pena retomar o caminho de mudanças no cerne da própria educação, em decorrência de transformações na sociedade, no ambiente de trabalho e nas tecnologias.

A.3 TRANSFORMAÇÕES NA EDUCAÇÃO

Nos últimos anos, a expressão "Educação 3.0"[10] vem sendo utilizada para designar uma nova geração educacional, mais adequada à era digital. Alguns autores fazem uma associação entre evolução da sociedade, do ambiente de trabalho e das tecnologias com as transformações necessárias no campo educacional.

O Quadro A.3 apresenta rapidamente essas inter-relações, apontando para o significado das expressões Educação 1.0, Educação 2.0 e Educação 3.0.

---

[9] ELIA, G. The emergence of the open networked "i-Learning" model. In: ELIA, G.; POCE, A. *Open networked "i-Learning"*: models and cases of "next-gen" learning. New York: Springer, 2010.

[10] KEATS, D. W.; SCHMIDT, P. J. The genesis and emergence of education 3.0 in higher education and its potential for Africa. *First Monday*, v. 12, n. 3, mar. 2007; LENGEL, J. *Education* 3.0: seven steps to better schools. Columbia University: Teachers College, 2012; GERSTEIN, J. Moving from Education 1.0 through Education 2.0 towards Education 3.0. *Experiences in self-determined learning*, p. 83-98, 2014.

Quadro A.3 Relações entre sociedade, ambiente de trabalho e tecnologias para a Educação 1.0, 2.0 e 3.0

Etapa	Sociedade	Ambiente de trabalho	Tecnologias	Educação
1.0	Agrária e artesanal	Ferramentas produzidas manualmente, e trabalho realizado ao ar livre, por grupos de pessoas de diferentes idades	Tecnologias de acesso, com a Web 1.0, caracterizada por sites estáticos e baixíssima interação: consumo de informação sem a interferência de usuários nas páginas	Preparação das pessoas para o modo de produção agrícola, com os alunos aprendendo em grupos heterogêneos e de maneira bastante artesanal
2.0	Industrial e massificada	Pessoas organizadas em grupos exercem as mesmas atividades ao longo do dia, no recinto de uma fábrica, basicamente em linhas de montagem para a produção em larga escala	Tecnologia de participação, com a Web 2.0 possibilitando comunicação síncrona e assíncrona, compartilhamento de conhecimentos, difusão de informação, interação por meio de redes sociais e construção coletiva de conteúdos	Preparação das pessoas para o mundo industrial, com alunos divididos por idade e realizando tarefas repetitivas e solitárias
3.0	Tecnológica e globalizadora	Trabalho novamente realizado em grupos menores, formados por especialistas de diferentes áreas, reunidos para resolver problemas complexos, com o apoio de ferramentas digitais de informação e comunicação	Tecnologia de interpretação, com a Web 3.0 (semântica) agregando funcionalidades das versões anteriores, para que a informação produzida seja compreendida pelas máquinas e por outras pessoas	Preparação das pessoas para o cenário pós-industrial, com alunos e professores produzindo colaborativamente e apoiados por ferramentas digitais para resolver problemas reais

Fonte: adaptado de KEATS; SMITH, 2007; MORAVEC, 2011; LENGEL, 2012 e SANT'ANA *et al.*, 2017.

Porém, se a indústria já se encontra na etapa 4.0, com reflexos no ambiente de trabalho não apenas industrial, mas também agrícola e de serviços, para não mencionar todo o ambiente tecnológico exponencial, forja-se evidentemente a questão sobre o imperativo de uma Educação 4.0 alinhada a esse macrocenário exponencial.

O Quadro A.4 resume as características da Educação 4.0 aplicada à formação regular de crianças, adolescentes e jovens, à formação continuada de adultos e à aprendizagem corporativa no ambiente organizacional.[11]

---

[11] No Capítulo 3, exploramos as implicações dessas mudanças sobre o processo de design instrucional.

Quadro A.4 Relações entre sociedade, ambiente de trabalho e tecnologias para a Educação 4.0

Etapa	Sociedade	Ambiente de trabalho	Tecnologias	Educação
4.0	Inovadora e exponencial	Rápida obsolescência do conhecimento e emergência acelerada de novos conhecimentos; desaparecimento de carreiras existentes e emergência de novas carreiras; aumento do número de trabalhadores nômades; foco no desenvolvimento de *soft skills* (criatividade, empatia, pensamento crítico, comunicação efetiva, empreendedorismo, solução de problemas...)	Tecnologias analíticas, ubíquas e pervasivas, com aplicativos móveis, mídias multimodais, computação em nuvem, agentes semânticos, ciência dos dados, IA e computação cognitiva	Emergência do conectivismo[12] e da aprendizagem aberta e informal; *mix* de formatos na educação formal; novos sistemas de credenciamento e acreditação; novos papéis para alunos e docentes; aprendizagem ativa, ágil, imersiva e adaptativa; processos e sistemas de aprendizagem em rede

Fonte: elaborado pela autora.

As implicações desse novo cenário especificamente para a educação corporativa são imensas, como veremos na seção a seguir. Antes disso, porém, vamos fazer um breve parêntese para organizar os fatos relacionados ao uso de tecnologias na educação até chegar ao estado atual de transformação digital que bate à porta da aprendizagem nas organizações.

A.4 TRANSFORMAÇÕES NO USO DE TECNOLOGIAS EDUCACIONAIS

Em um mundo de automação, transformação de negócios e obsolescência contínua de habilidades, as organizações já perceberam que fornecer uma experiência de aprendizagem digital atraente é fundamental para o sucesso do negócio.

De fato, as pessoas e as empresas tentam aplicar a tecnologia à aprendizagem corporativa há décadas. Das fitas cassetes de vídeo original para os CD-ROMs e do e-learning para o YouTube, passamos por uma rápida mudança na capacitação e na formação em tecnologia. A "aprendizagem digital" de hoje não significa simplesmente produzir vídeos fáceis de ver no seu telefone; significa "levar a aprendizagem onde os funcionários estão".

Em outras palavras, essa nova era não é apenas uma mudança nas ferramentas; é uma mudança em direção ao design centrado nas pessoas. Assim como usamos aplicativos como o Uber para facilitar nossa mobilidade, o propósito é que a aprendizagem seja igualmente fácil, simples e agradável, e, ainda, considerando a jornada de trabalho dos colaboradores, que se integre ao fluxo de atividades profissionais.

Desde os primórdios, a educação corporativa se beneficia das mídias e tecnologias para cumprir seu papel na disseminação do conhecimento e da informação – primeiro com a mídia impressa, depois com fitas de vídeo e então com todo o rol de soluções eletrônicas –, como mostra o Quadro A.5 por meio de uma retrospectiva histórica do emprego desses recursos.

---

[12] Ver mais sobre abordagens educacionais no Capítulo 2.

DI 4.0: Inovação na educação corporativa

Quadro A.5 Evolução do uso das tecnologias na educação corporativa

Anos	Contexto de uso das tecnologias
1980	Iniciam-se os primeiros ensaios da chamada Computer Assisted Instruction (CAI) ou Instrução Assistida por Computador, cujo marco principal foi a criação do sistema PLATO (Programmed Logic for Automated Teaching Operations, ou Lógica Programada para Operações de Ensino Automatizado), pela Universidade de Illinois. O sistema utilizava um monitor de vídeo a plasma capaz de apresentar texto, gráficos e outras imagens simultaneamente, possuindo uma poderosa linguagem de autoria, denominada TUTOR. Seu alto custo e a necessidade de equipamento especial limitaram sua difusão.
1990	Com a explosão dos computadores pessoais, o treinamento baseado em computador (Computer Based Training, CBT) emergiu como novo modelo de educação corporativa. O Hypercard e o Authorware foram lançados como ferramentas de autoria em 1987, facilitando a criação de programas multimídia. Não demorou muito para que os sistemas de criação possibilitassem a expansão das ações educacionais, com maior flexibilidade e compatibilidade com os horários de trabalho, em uma oferta de aprendizagem *just-in-time, just-in-place* (no tempo exato, no lugar exato). Com a liberação da Web comercial em meados da década de 1990, a educação corporativa fez a transição para o treinamento baseado na Web (Web Based Training, WBT). A disponibilização de cursos via internet para unidades de negócio em todo o mundo se mostrou significativamente mais barata do que o envio regular de instrutores para treinamentos presenciais. Ferramentas de autoria como o Toolbook impulsionaram o estabelecimento de fornecedores de e-learning sem a necessidade de grandes habilidades. No entanto, por não seguirem padrões de interoperabilidade técnica, as novas ferramentas de autoria e os sistemas de gerenciamento de aprendizagem utilizados dificultavam a governos e grandes empresas compartilhar cursos ou os dados resultantes de seu uso.
2000	O modelo de referência de objeto de conteúdo compartilhável (Sharable Content Object Reference Model, **SCORM**) ganhou força, juntamente com os sistemas de gerenciamento da aprendizagem (Learning Management Systems, LMSs). Cada vez mais as tecnologias educacionais se apropriam da largura de banda de alta velocidade, da Web 2.0, da computação em nuvem e do modelo SaaS (Software as a Service ou aplicações on-line que podem ser usadas em computadores, tablets ou celulares, de maneira simples e remota). No final da década, o padrão SCORM começou a parecer velho e desatualizado, sendo substituído por padrões mais flexíveis e baseados em API (Application Programming Interface, ou interface de programação de aplicativos).
2010 e avante	O Tin CAN (hoje xAPI 1.0 ou "API da experiência") surgiu em 2013 como um aperfeiçoamento do SCORM, visando coletar dados sobre várias atividades que um aprendiz ou educador realiza, mesmo fora dos tradicionais ambientes on-line. Paralelamente, a disseminação da tecnologia móvel impulsionou o m-learning (*mobile learning*) e o u-learning (*ubiquitous learning*), assim como as mídias sociais impulsionaram a aprendizagem informal. Dominam a computação em tablet, a microaprendizagem e tudo o que é gamificado. Dispositivos móveis, banda larga e ferramentas de produção fáceis de usar e de baixo custo permitem que tanto profissionais como não profissionais criem conteúdos de formação. A mídia de fluxo contínuo, inclusive ao vivo, e da realidade virtual já fazem parte da maioria das plataformas de mídia social e começam a ser estabelecidas como soluções eficazes de aprendizagem na educação corporativa. Em termos de sistemas para gerenciamento da aprendizagem, em relatório recente da Educase,[13] mais de 70 formadores de opinião apontaram a necessidade de avanços em áreas como (1) interoperabilidade e integração; (2) personalização; (3) *analytics*, orientação a dados e avaliação da aprendizagem; (4) colaboração; e (5) acessibilidade e design universal. Uma vez que sistemas individuais provavelmente não são capazes de atender a todas essas necessidades, os NGDLEs (Next Generation Digital Learning Environments ou Ambientes Digitais de Aprendizagem de Próxima Geração) assumem uma abordagem do tipo "Lego", em que componentes de diferentes sistemas são combinados com base em padrões de integração e interoperabilidade para oferecer espaços mais flexíveis de suporte, personalização, design universal e avaliação formativa. Nessa visão, em vez de existirem como sistemas únicos e isolados, esses ambientes se tornam uma confederação de sistemas e componentes computacionais que aderem a padrões comuns.[14]

Fonte: adaptado de SCHLENKER, 2017.

---

[13] BROWN, M.; DEHONEY, J.; MILLICHAP, N. The next generation digital learning environment: a report on research. *EDUCAUSE Learning Initiative (ELI)*, 27 abr. 2015. Disponível em: <https://library.educause.edu/resources/2015/4/the-next-generation-digital-learning-environment-a-report-on-research>. Acesso em: ago. 2019.

[14] ADAMS BECKER, S. *et al. NMC Horizon Report*: 2017 Higher Education Edition. Austin: The New Media Consortium, 2017.

Refletindo sobre as diversas mudanças econômicas, sociais, tecnológicas e educacionais vistas até aqui, é de se imaginar que a educação corporativa, especificamente, também vem passando por um processo de transformações decorrentes dessas influências. Esse é o tema da seção a seguir.

A.5 TRANSFORMAÇÕES NA EDUCAÇÃO CORPORATIVA

Para entender o estado atual na educação corporativa e as demandas prementes da Indústria 4.0 e do mundo VUCA, podemos retomar o histórico sobre a evolução da forma como aprendemos (e ensinamos) nas organizações.

Podemos dizer que a princípio, no modelo fordista/taylorista, a mera reprodução do conhecimento técnico e instrumental, dentro de um ambiente externo de relativa estabilidade, era suficiente para os bons resultados nos negócios.

Devido à estrutura rígida da indústria e às funções repetitivas desempenhadas pelos trabalhadores, fazia sentido contratar mais mão de obra do que investir em treinamento. Ao se perceber a necessidade de instrução de funcionários para a melhoria de habilidades operacionais específicas para as tarefas a serem realizadas, surgiram os **centros de treinamento**.

No entanto, o ambiente de gestão flexível fez surgirem os primeiros focos de educação corporativa, como os da General Motors e do McDonald's na década de 1950. Além do treinamento operacional, essas iniciativas tinham como principal objetivo alinhar a operação do negócio com a estratégia organizacional de mais longo alcance.[15]

A partir da década de 1970, com a necessidade de ir além do treinamento e desenvolver também capacidades, habilidades e atitudes de natureza tática e estratégica, a aprendizagem nas organizações evoluiu para o que hoje conhecemos como **universidade**

SCORM
resultado da iniciativa da ADL (Advanced Distributed Learning), do Departamento de Defesa Norte-Americano, foi aprovado como padrão em 2000, com versões subsequentes adotadas por toda a indústria de e-learning. Em resumo, define padrões de comunicação entre os conteúdos de aprendizagem e um ambiente virtual de aprendizagem compatível.

API
conjunto de padrões estabelecidos por um desenvolvedor de software para que outros criadores desenvolvam produtos associados ao seu. Um exemplo é o GoogleMaps, cujo código original é utilizado por diversos outros sites e aplicativos.

xAPI 1.0 ou API da experiência
conhecida inicialmente como Tin Can, foi lançada em abril de 2013 pela ADL como um aperfeiçoamento do padrão SCORM. Visa coletar dados sobre várias atividades que um aprendiz ou educador realiza, mesmo fora dos tradicionais ambientes digitais de aprendizagem.

SaaS
aplicações que podem ser utilizadas por acesso via internet; o usuário não precisa adquirir a licença de um produto, mas possui o direito de usufruir do serviço oferecido on-line.

---

[15] MARGHERITA, A.; SECUNDO, G. The emergence of the stakeholder university. In: ROMANO, A. (Ed.). *Open business innovation leadership*: the emergence of the stakeholder university. London: Palgrave Macmillan, 2009.

corporativa. Esse conceito se refere a um sistema de desenvolvimento de pessoas pautado pela gestão de competências,[16] com demandas, de um lado, por autodesenvolvimento, *lifelong learning* e desenvolvimento de atitudes, posturas e habilidades (*soft skills*) e, de outro, por desenvolvimento organizacional, atendimento a públicos internos e externos envolvidos em toda a cadeia de valor, incluindo clientes, fornecedores e parceiros.

Mais recentemente, diante dos desafios do mundo VUCA e das demandas por uma mudança radical nas organizações impulsionada pelo cenário de transformação digital, começam a surgir modelos de **educação corporativa em rede**, **sistemas interconectados** ou **universidades das partes interessadas** (*stakeholder university*) visando garantir o amplo desenvolvimento de competências, apoiando a estratégia geral do negócio, o envolvimento de todas as partes interessadas e a integração entre pesquisa, inovação e gestão do conhecimento, criando um ambiente de trabalho colaborativo para a aprendizagem em rede.[17]

Nas seções a seguir, exploramos com mais detalhes esses aspectos.

A.5.1 Alinhamento com a estratégia geral do negócio

A educação corporativa está para o conceito de competências assim como os tradicionais centros de treinamento & desenvolvimento estiveram para o conceito de cargo. Nesse contexto, aprendizagem, formação e gestão de competências são conceitos centrais, que, quando operacionalizados na prática das organizações, se transformam em vantagens competitivas.[18]

De modo simplificado, competência é a mobilização de conhecimentos (dimensão do saber), habilidades (dimensão do saber fazer) e atitudes (dimensão do querer ser ou fazer) em comportamentos observáveis. As competências não se limitam, portanto, a um estoque de recursos teóricos ou empíricos, mas constituem a capacidade de integrar e transferir esses recursos em situações concretas.[19]

Por meio da gestão de pessoas com base em competências, é possível construir as competências críticas ou essenciais, conceito criado por C. K. Prahalad e Gary Hamel para designar as competências essenciais que diferenciam a empresa estrategicamente,[20] envolvendo tanto os talentos humanos (competências humanas) como as estratégias de negócio (competências empresariais e organizacionais), como mostra a Figura A.4.

---

[16] EBOLI, 2002.

[17] MARGHERITA; SECUNDO, 2009.

[18] EBOLI, M. *Educação corporativa e desenvolvimento de competências* [s.d.]. Disponível em: <https://edisciplinas.usp.br/pluginfile.php/1846119/mod_resource/content/1/Aula%2010%20-%20Educa%C3%A7%C3%A3o%20corporativa%20e%20desenvolvimento%20de%20compet%C3%AAncias%20-%20EBOLI%2C%20Marisa.pdf>. Acesso em: 29 abr. 2019.

[19] FILATRO, A. *Produção de conteúdos educacionais*. São Paulo: Saraiva, 2016.

[20] EBOLI, s/d.

Figura A.4 Competências empresariais, organizacionais e humanas que diferenciam a empresa estrategicamente

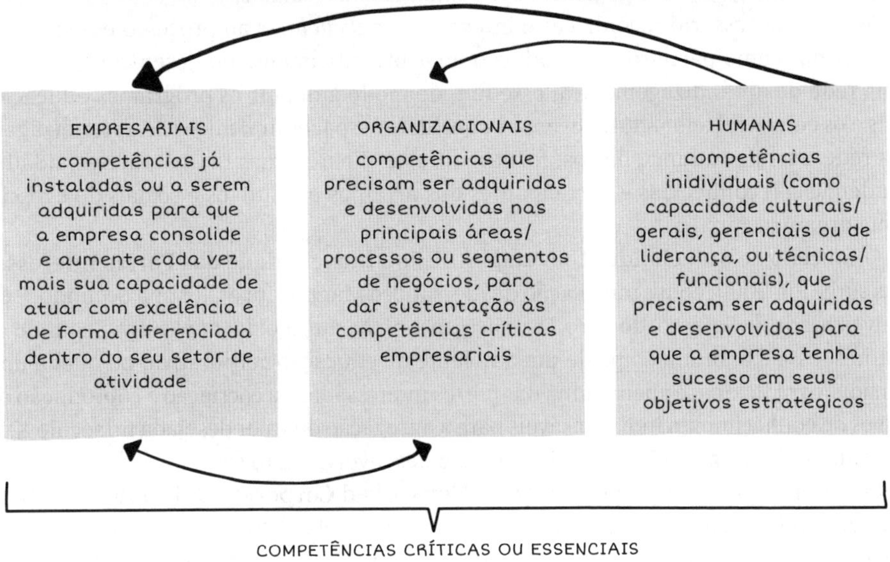

EMPRESARIAIS
competências já instaladas ou a serem adquiridas para que a empresa consolide e aumente cada vez mais sua capacidade de atuar com excelência e de forma diferenciada dentro do seu setor de atividade

ORGANIZACIONAIS
competências que precisam ser adquiridas e desenvolvidas nas principais áreas/ processos ou segmentos de negócios, para dar sustentação às competências críticas empresariais

HUMANAS
competências inidividuais (como capacidade culturais/ gerais, gerenciais ou de liderança, ou técnicas/ funcionais), que precisam ser adquiridas e desenvolvidas para que a empresa tenha sucesso em seus objetivos estratégicos

COMPETÊNCIAS CRÍTICAS OU ESSENCIAIS

Fonte: elaborada pela autora.

Para assegurar o alinhamento entre as ações de educação corporativa e a estratégia de negócios, é necessário discutir as estratégias empresariais – o que requer obrigatoriamente participação e envolvimento da alta administração no processo.

Vale lembrar que as competências críticas não se limitam apenas aos colaboradores da organização, mas também podem estar fora, na cadeia de valor, incluindo todas as partes interessadas: acionistas, sócios, parceiros, clientes, fornecedores, distribuidores, comunidade etc.

Do ponto de vista da inovação, é importante observar que existe uma grande chance de obsolescência das competências. Da mesma forma que os produtos são caracterizados por um ciclo de vida específico, também as competências têm seu próprio ciclo de vida e, portanto, podem se tornar ultrapassadas.

Como vivemos em uma economia baseada na inovação, esses ciclos de vida estão se estreitando cada vez mais, gerando um senso de "urgência" em preencher as lacunas de conhecimento, em todos os níveis e independentemente da tipologia do trabalho, da posição geográfica e do setor econômico ou social. Isso significa que as competências e o *know-how* de hoje não são suficientes para enfrentar e desafios de amanhã; e as competências empresarias, organizacionais e humanas precisam ser revistas continuamente para que as organizações se mantenham competitivas no cenário VUCA.

A.5.2 Envolvimento das partes interessadas

O contexto contemporâneo requer de um sistema de educação corporativa alinhamento estratégico além dos limites da organização, uma vez que o conhecimento permeia as fronteiras organizacionais e precisa atingir todas as partes envolvidas e interessadas, ou seja, todas as pessoas, grupos e organizações que influenciam ou são influenciadas pelas decisões estratégicas da organização: os chamados *stakeholders*.

Assim, é necessário reconhecer e integrar os *stakeholders* ao processo educacional não apenas como parceiros de produção, mas principalmente no desenvolvimento de uma rede de aprendizagem. Para esse fim, de modo a definir os programas educacionais e os cursos relacionados, devem-se considerar espaços dinâmicos de aprendizagem em rede, incluindo funcionários, fornecedores e clientes, mas também universidades acadêmicas reconhecidas e participantes dos arranjos produtivos e sociais do ecossistema organizacional.

O conceito de **Stakeholder University** (SU) ou **Universidade das Partes Interessadas** surge em 2009, com a publicação de Alessandro Margherita e Giustina Secundo,[21] da Universidade de Salento, do livro *The emergence of the stakeholder university*. Segundo os autores, essa é a última etapa de um ambiente de educação corporativa, no qual a universidade tradicional é apenas uma das partes interessadas na cocriação e coprodução de ativos de conhecimento indispensáveis para a agregação de valor desejada no século XXI: sustentabilidade, inovação e equidade para o desenvolvimento social.

Em paralelo, Freire[22] propõe o modelo **Networked Corporate University** (NCU) ou **Universidade Corporativa em Rede,** que se destaca pela inclusão efetiva de indivíduos e grupos geograficamente dispersos por meio do emprego de tecnologias que facilitam o acesso à informação, aos conteúdos curriculares e ao conhecimento em geral.

Com o objetivo de alinhamento estratégico entre todos os *stakeholders* do ecossistema organizacional, a NCU pode ser definida como um ambiente inteligente de educação continuada – não necessariamente um ambiente físico – que gerencia e institucionaliza uma cultura de aprendizagem em rede.

Seguindo essa linha de pensamento, os novos modelos de educação corporativa, como SU e NCU, que pretendem oferecer programas educacionais para pessoas e grupos internos e externos à organização, dependem diretamente de ferramentas que facilitem a interconexão de todos os participantes do ecossistema organizacional para a formação de uma rede de aprendizagem. A diferença entre os dois modelos é que a NCU agrega à SU as estratégias de gestão do conhecimento que comentamos a seguir.

A constatação de que conhecimento é a principal fonte de vantagem competitiva nas empresas somente cresce no mundo VUCA. A rápida obsolescência do conhecimento faz as organizações perceberem a necessidade de não apenas assimilar mais conhecimentos, mas também de gerar conhecimentos, especialmente os vinculados aos negócios.

A gestão do conhecimento acrescenta dois focos importantes para a NCU:

1 a percepção da universidade corporativa como **unidade formadora da memória organizacional**, seja ela:

---

[21] MARGHERITA; SECUNDO, 2009.

[22] FREIRE, P. D. S.; DANDOLINI, G. Corporative university in network: initial considerations towards a new model of corporate education. *International Journal of Development Research*, set. 2018.

a) focada nos conteúdos, correspondendo à soma dos conhecimentos coletivos existentes, os quais podem ser recuperados de um "repositório" e reutilizados pelos funcionários ou outros atores que permeiam esse ecossistema; ou

b) focada nos processos, ao buscar compreender os processos de criação, codificação, armazenamento e uso do conhecimento de um coletivo em particular;

2. a instrumentalização da NCU por meio da **engenharia do conhecimento**. Para cada macroprocesso organizacional, há um conjunto de métodos e técnicas capazes de extrair conhecimento de fontes de dados e informações – processo denominado **Knowledge Discovery in Databases (KDD)**, que envolve a identificação de padrões válidos, novos, potencialmente úteis e compreensíveis. Nesse processo, os dados resultam em algum benefício novo que pode ser compreendido pelas pessoas para apoiar uma possível tomada de decisão, agora baseada em conhecimentos explícitos resultantes. Aqui também inclui-se a representação visual de conceitos por meio de mapas de conhecimento, mapas conceituais ou mapas de tópicos. Desse modo, a visão conteudista ou processual da memória organizacional deve igualar-se ao compartilhamento dessa aprendizagem entre os membros da coletividade.

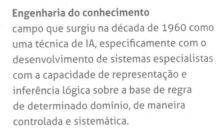

Engenharia do conhecimento
campo que surgiu na década de 1960 como uma técnica de IA, especificamente com o desenvolvimento de sistemas especialistas com a capacidade de representação e inferência lógica sobre a base de regra de determinado domínio, de maneira controlada e sistemática.

Dessa forma, no âmbito da NCU, a engenharia do conhecimento pode ser usada com seis objetivos, conforme o Quadro A.6.

Quadro A.6 Objetivos da engenharia do conhecimento dentro de uma NCU

1	2	3
Orientar a identificação do conhecimento crítico para a NCU e as partes interessadas que compõem o ecossistema organizacional	Apoiar o processo de captura, representação e estruturação do conhecimento crítico para a NCU e sua rede	Definir as estratégias para a aplicação das tecnologias para apoiar as atividades da NCU e seus stakeholders
4	5	6
Orientar as práticas e técnicas de comunicação intra e interorganizacionais para o compartilhamento e disseminação do conhecimento adquirido	Estabelecer sistemas de conhecimento para apoiar os processos de criação, compartilhamento, estruturação, disseminação e utilização de conhecimento na organização e nas partes interessadas que formam a NCU em rede	Apoiar a implementação da governança do conhecimento, que inclui a governança de aprendizagem e liderança

Fonte: adaptado de FREIRE et al., 2016.

Assim, considerando o histórico de transformações anterior, o resumo é que a educação corporativa evolui de um nível departamental para o nível de sistema ou de universidade interconectada, cuja principal característica é o elevado grau de interação e colaboração entre as partes interessadas, as quais estabelecem um ambiente propício à criação de valor.

A.5.3 Mudanças, evolução e inovação na educação corporativa

Com esta breve introdução, buscamos organizar as transformações ocorridas nas últimas décadas no âmbito social, profissional, tecnológico e organizacional. A evolução da sociedade, do ambiente do trabalho, das tecnologias e da própria educação formou o pano de fundo para compreender o que se exige hoje e no futuro próximo das ações e dos sistemas na educação corporativa.

Hoje, a necessidade de inovar os processos de aprendizagem – tanto quanto de tornar o sistema de educação corporativa um vetor de inovação nas organizações – é considerada uma urgência dos principais gestores, executivos e líderes de universidades corporativas.

Mas, diante da multidão de nomenclaturas, teorias e abordagens apontadas até aqui, o que podemos considerar realmente inovador na educação corporativa?

Coloquialmente, a palavra **inovação** tem sido usada para descrever ideias, invenções e criações novas que chegam ao mercado e à sociedade na forma de produtos, serviços e projetos, entre outros. De maneira mais técnica, pode ser entendida como um processo contínuo nas organizações que, constantemente, ajustam seus processos e produtos, com o intuito de elevar a competitividade de seus negócios a um patamar superior, em busca de vantagem competitiva sustentável.

Para o *Manual de Oslo*, publicado pela OCDE, inovação é "a implementação de um produto (bem ou serviço) novo ou significativamente melhorado, ou um processo, ou um novo modelo de marketing, ou um novo método organizacional nas práticas de negócios, na organização do local de trabalho ou nas relações externas ".[23]

Na educação corporativa, portanto, inovar significa implementar novas soluções, novos processos, novos modelos, novas práticas e novas relações que representem algum tipo de melhoria ou aperfeiçoamento.

Convém acrescentar que a inovação se situa num *continuum* que vai da inovação incremental[24] à disruptiva.[25]

Na extremidade incremental, ou evolucionária, a inovação pode ser tão simples e acessível como a releitura de uma solução existente ou a adição de melhorias ou extensões que visem incrementar versões atuais de um produto, processo ou serviço. Na educação corporativa, o exemplo clássico de inovação incremental é a transposição de cursos presenciais para a modalidade a distância.

---

[23] ORGANIZAÇÃO PARA A COOPERAÇÃO E DESENVOLVIMENTO ECONÔMICO (OCDE). *Manual de Oslo*: proposta de diretrizes para coleta e interpretação de dados sobre inovação. 3. ed. Paris: OCDE, 2005. p. 55.

[24] TUSHMAM, M.; NADLER, D. Organizando-se para a inovação. In: STARKEY, K. *Como as organizações aprendem*: relatos do sucesso das grandes empresas. São Paulo: Futura, 1997. p. 166-189.

[25] BOWER, J. L.; CHRISTENSEN, C. M. Disruptive technologies: catching the wave. *Harvard Business Review*, v. 73, n. 1, p. 43-53, jan./fev. 1995.

Na extremidade disruptiva, a inovação é mais radical e provoca a substituição de uma solução antiga por uma nova, redefinindo o modo de pensar, as tecnologias utilizadas, os atores envolvidos e, eventualmente, até mesmo a legislação relacionada ao caso. Um exemplo na educação corporativa são os **Moocs**, que estenderam a pessoas do mundo inteiro cursos das mais reconhecidas universidades do mundo, como Harvard e Stanford, antes reservados às elites dos países desenvolvidos.[26]

> **Moocs**
> sigla para Massive Open Online Courses ou cursos on-line abertos e massivos. O termo foi usado pela primeira vez em 2008, em um curso projetado por George Siemens, Stephen Downes e Dave Cornier, autores e profissionais ligados ao Conectivismo, que teve 2.200 alunos matriculados em uma versão oferecida gratuitamente na internet.

De tudo o que vimos até aqui, algumas palavras-chave apontam para uma trilha de inovação de produtos, processos e práticas na educação corporativa, além de constituírem também as principais dimensões para construir uma experiência contextualizada de aprendizagem com base no que vem sendo denominado **i-learning**, para representar a incubação da inovação nos processos de aprendizagem.[27] Nesse modelo, o "i" representa tanto "inovação" (para destacar a natureza do impacto sobre o modelo de aprendizagem tradicional) como "incubação" (para sublinhar a urgência de ter novos ambientes nos quais incubar novos perfis profissionais).

No i-learning, seis conceitos-chave – interdisciplinaridade, interatividade, internetworking, individualização, imediação e interoperabilidade – resumem as principais dimensões da inovação no processo de aprendizagem. Cada uma das seis dimensões é apresentada no Quadro A.7 por meio de uma perspectiva multidimensional, com uma descrição geral ligada a aspectos sociais, o ponto de vista tecnológico e uma interpretação gerencial para compor a visão multifacetada de sua aplicação educacional.

---

[26] CAVALCANTI, C. C.; FILATRO, A. *Design thinking na educação presencial, a distância e corporativa.* São Paulo: Saraiva, 2017.
[27] ELIA, 2010.

Quadro A.7 Principais dimensões do modelo i-learning

	Descrição	Aplicação à tecnologia	Aplicação à gestão	Aplicação à educação
Interdisciplinaridade	Especialistas de diferentes disciplinas interagem uns com os outros, trocam conhecimento, cocriam novos conhecimentos, e cada *expertise* torna-se parte de uma visão mais complexa e holística	É a base do processo de convergência tecnológica que caracteriza as biotecnologias, nanotecnologias, tecnologias de materiais e tecnologias de informação e comunicação, por meio do qual surgem indústrias completamente novas (por exemplo, os têxteis inteligentes e a medicina personalizada)	Permite tornar mais efetivo o processo decisório, desenvolvido também de forma colaborativa. No aspecto social, estimula a curiosidade nos indivíduos e a colaboração entre os grupos	É o pilar para o desenvolvimento de novos perfis profissionais (como **pessoas em forma de T** ou **em forma de π**), capazes de enfrentar os desafios complexos das próximas décadas
Interatividade	Comportamento altamente responsivo adotado por pessoas ou máquinas	Representa interfaces surpreendentes, aplicativos de software atrativos e conteúdos digitais atraentes, em que padrões dinâmicos construídos com base no perfil dos usuários aprimoram o nível de dinâmica da experiência digital	Resolve situações complexas que requerem múltiplas perspectivas para análise de problemas, discussão e compartilhamento contínuo de conhecimentos e experiências, a serem realizados em um ambiente colaborativo	Engloba o uso dinâmico de ferramentas tecnológicas, a exploração de repositórios e serviços de conteúdo digital distribuídos em um ambiente colaborativo, formado por uma comunidade de pessoas (e partes interessadas) aberta ao diálogo e à novidade
Internetworking	Projeta o conceito de "rede" (*net*) interconectada, em que a passagem da centralização para a descentralização e das hierarquias para a organização em redes reforça o aumento do nível de conectividade	Concentra-se na internet como uma tecnologia de propósito geral, possibilitando todas as ações e processos (internet-working)	Destaca o paradigma emergente da "empresa conectada" por meio de alianças, parcerias e terceirização, enfatizando a desintegração das barreiras organizacionais e a criação de comunidades de negócios abertas em que atores individuais e organizações interagem para projetar e implementar modelos de negócios em que todos ganham	Ilustra a heterogeneidade dos participantes e o desempenho de competências individuais como meios para criação de valor a um número maior de partes interessadas, além do papel estratégico da internet como a rodovia "social" pela qual fluem dados, conteúdos, conhecimento e experiências a baixo custo de acesso, ampla difusão e acesso onipresente na rede

◁▷

	Descrição	Aplicação à tecnologia	Aplicação à gestão	Aplicação à educação
Individualização	Impulsionador para personalizar e tornar única a experiência de um usuário ao oferecer um produto ou serviço	Sistemas de recomendação e agentes pessoais possibilitam que o indivíduo participe ativamente do design e da produção de produtos e serviços, gerando, por vezes, resultados únicos e adicionando novo valor a todo o processo	Revelam uma filosofia de gestão diferente, baseada no poder dos talentos e habilidades singulares do indivíduo como o impulsionador da criação de valor na empresa	Representa o equilíbrio entre a motivação individual para desenvolver novas competências em sua carreira e a missão, os objetivos e as restrições organizacionais, além da relação entre a dinâmica de aprendizagem individual e as interações colaborativas baseadas em grupos e comunidades
Imediação	Pode ser interpretado como sinônimo de prontidão, indicando rapidez e agilidade nas ações	Expressa o *feedback* instantâneo oferecido por uma pessoa ou por um sistema, caracterizando ainda a experiência em tempo real, na qual as pessoas esperam respostas diretas e rápidas aos seus estímulos	Possibilita ciclos contínuos de eventos de resposta rápida que geram alto nível de complexidade nas práticas gerenciais, com processos decisórios compondo uma estratégia adaptativa contínua, coerente com as mudanças internas e externas, e sempre em movimento	É a base da aprendizagem *just-in-time*, que assegura o desenvolvimento de competências quando e onde os profissionais precisam; substitui a frequência a treinamentos formais por "pílulas de aprendizagem" que podem ser distribuídas ou acessadas por meio de vários dispositivos, em diferentes locais; favorece a aprendizagem informal e o desenvolvimento de atitudes reativas e proativas dos aprendizes
Interoperabilidade	Capacidade de diversos sistemas (organizações, indivíduos ou plataformas tecnológicas) trabalharem juntos para interoperarem	Conforme a tipologia das relações existentes entre os diversos sistemas e suas ferramentas, o desempenho de todo o sistema é afetado	É uma espécie de medida do grau de abertura da organização no desafio de coordenar diversas cadeias de suprimentos, infraestruturas e normas tecnológicas e de implementação em um ambiente altamente complexo	Refere-se à possibilidade de integrar sistemas tecnológicos, conteúdos e pessoas, possibilitando uma prática transversal com impacto em diversas unidades organizacionais e suporte ao processo de tomada de decisões e à implementação da estratégia de negócios

Fonte: adaptado de ELIA, 2010.

Pessoas em forma de T

aquelas que apresentam profundidade em sua área de especialização disciplinar – o eixo vertical –, mas que possuem amplitude em competências variadas para que possam fazer contribuições em questões interdisciplinares – o eixo horizontal.

Como veremos nos capítulos seguintes, esses seis conceitos-chave – interdisciplinaridade, interatividade, internetworking, individualização, imediação e interoperabilidade – permeiam os processos e as práticas da educação corporativa considerados inovadores. Eles se traduzem em novas formas de aprender, novas metodologias de ensino-aprendizagem e novas maneiras de desenhar soluções educacionais que assegurem o desenvolvimento das competências críticas para o negócio. Os cases descritos nos capítulos finais deste livro mostram como efetivamente a inovação está acontecendo em instituições de educação executiva e universidades corporativas.

Pessoas em forma de π

combinam diferentes competências específicas de setores de atuação ou domínios de conhecimento, integrando-as de forma equilibrada a habilidades sociais, de solução de problemas, mentalidade orientada a projetos, estilo de gestão e estrutura organizacional, o que forma a base sobre a qual se desenvolvem especializações verticais, de acordo com necessidades e demandas.

PARTE I

BASES TEÓRICAS

CAPÍTULO 1
INOVAR COM O DESIGN INSTRUCIONAL 4.0

Andrea Filatro

"A paixão pelo DI nasceu em meados da década de 1990 – quem diria... Depois de uma longa jornada no mundo editorial, as notícias sobre os primeiros equipamentos para leitura de livros digitais (rocket book, por exemplo) me deram a certeza de que haveria uma mudança radical na maneira como o conhecimento seria produzido, distribuído e aprendido. Resolvi voltar aos bancos escolares, primeiro em dois Summer Institutes – um na Stanford University e outro na Denver University – e depois no mestrado na Faculdade de Educação da Universidade de São Paulo (USP).

Contudo, enquanto Jeff Bezos apresentava, na aula magna em Denver, uma recém--inaugurada Amazon (estávamos em 1997), no Brasil os livros digitais demoraram a decolar e curiosamente só "pegaram" de vez com a entrada da Amazon no mercado livreiro nacional a partir de 2012.

Em território nacional, então, era a educação a distância que dava mostras do poder da tecnologia em revolucionar a forma como as pessoas aprendiam – e foi nessa área que retomei o mestrado, abandonado no início dos anos 1990. Entretanto, ao mesmo tempo que a educação a distância prometia o paraíso futurístico da aprendizagem virtual, os índices de abandono eram assombrosos, chegando aos 90%. Ao estudar o fenômeno da evasão, percebi que, dos múltiplos fatores envolvidos – questões demográficas, psicológicas, econômicas e sociais de difícil solução –, havia um com claro potencial de reversão dessa tendência: o design das soluções educacionais. Nessa epifania, fui capturada pelo DI.

Desde então, concluí o mestrado e o doutorado, publiquei alguns livros e artigos científicos, participei de grupos de pesquisa, tomei parte em debates e mesas-redondas, ministrei cursos, minicursos, *workshops*, palestras e prestei consultoria a órgãos públicos e empresas privadas, sempre renovando a crença no poder do DI para construir soluções educacionais não só a distância, mas também presenciais e híbridas. Porém, a inovação que o DI representou no início dos anos 2000 (pelo menos no Brasil) aos poucos foi se transformando em *status quo*, um paradigma a ser superado, dada sua metodologia ultrapassada.

Surge, então, o design thinking (DT) como um novo e bem-vindo sopro de inovação para o campo educacional – ainda que, particularmente, esteja cada vez mais claro que ele não invalida o DI e não o substitui; pelo contrário, o DT mostra as lacunas do DI e fortalece suas práticas comprovadas pela experiência e pela tradição. A esse respeito, inclusive, escrevi um apêndice bem pessoal no livro *Design thinking na educação presencial, a distância e corporativa*, escrito em coautoria com a profª. Carolina Costa Cavalcanti.

De igual forma, o design da experiência de aprendizagem (LXD) traz ao DI tradicional um frescor e uma articulação com o design de interfaces, sem as quais boa parte das inovações não aconteceria.

Neste capítulo, reúno minhas reflexões sobre o DI descrito na literatura como "emergente", isto é, que carrega as sementes do "DI contextualizado" – argumento defendido em meu mestrado e no livro homônimo, ambos de 2004. Adotei a terminologia DI 4.0 em correspondência às discussões sobre a Indústria 4.0 e a Educação 4.0. Porém, mais do que isso, para fazer frente a quatro novos tipos de aprendizagem – (cri)ativa, ágil, imersiva e analítica –, os quais correspondem a quatro vertentes do DI centrado nas pessoas, como veremos a seguir.

Este capítulo começa com uma rápida explanação conceitual e metodológica, lançando as bases para o mergulho em um DI contemporâneo, que, espero, seja capaz de inspirar o leitor a criar soluções cada vez mais inovadoras (e efetivas) na educação corporativa.

ROTEIRO

Este capítulo evidencia os aspectos inovadores do processo de construção de soluções educacionais, apresentando, para isso, a evolução do DI desde os modelos clássicos, passando pelos modelos ágeis, até chegar aos mais recentes, denominados modelos emergentes, como o DT e o LXD.

Nesse percurso, abordamos a educação corporativa do ponto de vista do design, culminando na definição do DI centrado nas pessoas, em suas vertentes (cri)ativa, ágil, imersiva e analítica.

Veremos como colocar em prática a educação corporativa centrada na pessoa por meio do DI 4.0, que incorpora ao processo de DI as etapas do DT e os princípios do LXD, possibilitando-nos, de forma criativa, compreender os problemas e as necessidades de aprendizagem, projetar soluções inovadoras e implementá-las de forma responsável no contexto organizacional.

Navegue pelo conteúdo deste capítulo para compartilharmos conceitos essenciais sobre a importância do design instrucional (DI) para a inovação na educação corporativa.

Nosso roteiro será:

1.1 Conceito de DI
1.2 Etapas do DI
1.3 Modelos clássicos de DI
    1.3.1 DI fixo
    1.3.2 DI aberto
    1.3.3 DI contextualizado (DIC)
1.4 Modelos ágeis de DI
    1.4.1 Rapid Instructional Design (RID)
    1.4.2 Successive Approximation Model (SAM)
    1.4.3 A abordagem AGILE
    1.4.4 Scrum
    1.4.5 Lean Instructional Design (LID)
1.5 Modelos emergentes de DI
    1.5.1 DT aplicado à educação
    1.5.2 *Learning Experience Design* (LXD)
1.6 O paradigma educacional centrado nas pessoas
    1.6.1 Aprendizagem baseada em realizações
    1.6.2 Aprendizagem baseada em tarefas (ou atividades)
    1.6.3 Aprendizagem personalizada
    1.6.4 Novos papéis
    1.6.5 Novo currículo
1.7 DI 4.0

1.1 CONCEITO DE DI

Uma definição simples e objetiva para o termo "design instrucional" foi já utilizada em escritos anteriores: o "processo (conjunto de atividades) de identificar um problema (uma necessidade) de aprendizagem e desenhar, implementar e avaliar uma solução para esse problema".[1]

De maneira mais prática, o DI consiste em uma sequência de etapas que permitem construir soluções variadas – seja um curso, um programa de estudos, uma trilha de aprendizagem, um vídeo educativo, um tutorial multimídia, um livro didático impresso ou digital – para necessidades educacionais específicas.

1.2 ETAPAS DO DI

As etapas clássicas do DI seguem, em maior ou menor medida, o **modelo ADDIE** (do inglês, *Analysis, Design, Development, Implementation* e *Evaluation*). Dessas etapas resultam documentos como o relatório de análise contextual, a matriz de DI, os roteiros textuais e os *storyboards*, os relatórios de validação e a avaliação que acompanham a construção de soluções educacionais.

Para quem é iniciado no DI, essas etapas compõem a lição 1.0 da área. Na verdade, o DI faz parte de uma grande família de ciências do design – formada por membros como o design industrial, o design gráfico e o web design, entre outros – e com ela compartilha um processo comum, por meio do qual se busca alcançar um objetivo específico, desde a compreensão de um problema ou necessidade específicos, o design de uma solução e a implementação dessa solução cuidadosamente elaborada.

O Quadro 1.1 mostra as etapas clássicas do DI e sua correspondência com o processo geral de design.

Quadro 1.1 As etapas do DI e o processo geral de design

Processo geral de design	Etapas do DI	Descrição
Compreender o problema	Análise	Consiste basicamente em: a) identificar as necessidades de aprendizagem; b) caracterizar o público-alvo; e c) levantar as potencialidades e restrições institucionais.
Projetar uma solução	Design	Abarca o desenho de uma solução geral que, uma vez aprovada, é detalhada em termos de mapeamento e sequenciamento de conteúdos, estratégias e atividades de aprendizagem, seleção de mídias e ferramentas e instrumentos de avaliação a serem elaborados.
Desenvolver a solução	Desenvolvimento	Compreende a produção e a adaptação de recursos e materiais didáticos impressos e/ou digitais, a parametrização de ambientes virtuais e a preparação dos suportes pedagógico, tecnológico e administrativo.
Implementar a solução	Implementação	Constitui a experiência de aprendizagem propriamente dita, quando ocorre a aplicação da proposta de DI.
Avaliar	Avaliação	Etapa transversal que ocorre ao longo de todo o processo de construção da solução educacional.

Fonte: elaborado pela autora.

---

[1] FILATRO, A. *Design instrucional na prática*. São Paulo: Pearson/Prentice-Hall, 2008a. p. 3.

PARTE I Bases teóricas

Veremos a seguir que, para além do clássico modelo ADDIE, existem outros tipos de DI, que, assim como outras famílias de design, estão em acordo no que diz respeito ao processo como um todo e a seus três componentes básicos: compreender o problema, projetar uma solução e implementar a solução.[2]

1.3 MODELOS CLÁSSICOS DE DI

Quando adotamos os modelos clássicos de DI, mais propriamente aqueles qualificados como fixos ou fechados, como é o caso do modelo ADDIE, as etapas de análise, design, desenvolvimento, implementação e avaliação que vimos na seção anterior são claramente estruturadas e distribuídas em uma sequência de atividades.

Entre os modelos descritos na literatura de DI,[3] existe certa variação que permite considerar os modelos aberto e contextualizado enquanto clássicos, como veremos a seguir.

1.3.1 DI fixo

O **DI fixo** predomina nos treinamentos corporativos baseados em autoestudo e tem como resultado conteúdos bem estruturados, como materiais impressos, tutoriais multimídia, jogos interativos, vídeos expositivos ou de demonstração etc.

Os produtos resultantes são ricos em mídias e *feedbacks* automatizados, mas são fechados e inalteráveis.

Tais produtos implicam grande autonomia do estudante em relação ao processo de ensino-aprendizagem e por isso precisam ser autossuficientes, uma vez que a execução, em muitas ocasiões, dispensa a participação de um educador (professor, tutor, mentor).[4]

As fases de concepção e execução do DI fixo são bem distintas. Antecipadamente à ação de aprendizagem, a fase de concepção envolve o planejamento criterioso e a produção de cada um dos componentes, nos mínimos detalhes.

Nesse modelo, a solução educacional é criada por uma equipe multidisciplinar e, então, empacotada e amplamente disseminada, até que seu custo de desenvolvimento seja pago e uma nova edição, atualizada ou revisada, se faça necessária.

Devido aos custos envolvidos nas etapas de design e desenvolvimento, é um modelo empregado prioritariamente em projetos de larga escala. Por essa razão, o DI fixo se alinha aos modelos industriais de produção, em que uma solução única é desenvolvida para um público amplo, sem considerar as particularidades de cada indivíduo.

No entanto, alguns projetos baseados no DI fixo utilizam regras condicionais para personalizar as soluções de aprendizagem. Isso ocorre, por exemplo, quando se oferece ao aprendiz percursos diferenciados dependendo de variáveis de perfil (como gênero, faixa etária, experiência na área etc.) ou de desempenho (como as notas obtidas em determinados testes). Ainda assim, esse tipo de personalização se restringe a soluções autodirigidas que focam a aprendizagem individual – característica típica do DI fixo.

---

[2] VAN PATTEN, J. What is instructional design. In: JOHNSON, K. A.; FOA, L. H. *Instructional design*: news alternatives for effective education and training. London: Macmillan, 1989. p. 16-23.

[3] Ver FILATRO, A. *Design instrucional contextualização*. São Paulo: Senac, 2004; FILATRO, 2008a; FILATRO, A. *Learning design como fundamento teórico-prático para o design instrucional*. Tese (Doutorado em Design Instrucional) – Faculdade de Educação, Universidade de São Paulo, São Paulo, 2008b; FILATRO, A. *Produção de conteúdos educacionais*. São Paulo: Saraiva, 2016; entre outros.

[4] FILATRO, 2008a.

1.3.2 DI aberto

Comparado ao modelo fixo, o **DI aberto** valoriza muito mais a interação entre as pessoas que fazem parte do processo de ensino-aprendizagem do que a interação com produtos resultantes de uma cuidadosa sequência de etapas de design. Nesse sentido, assemelha-se muito ao que ocorre na educação presencial, em que um professor assume quase solitariamente todo o processo de planejamento, mediação e avaliação, priorizando a etapa de implementação.

Por estar tão calcado na interação social, o DI aberto exige uma dinâmica própria de implementação, que depende da formação de turmas, grupos ou comunidades, com um número administrável de pessoas que se inter-relacionam durante um período predeterminado.

Por consequência, o DI aberto envolve um processo mais artesanal e orgânico. Em geral, resulta em um ambiente de aprendizagem pouco estruturado, em que os ajustes e as adaptações ocorrem à medida que a ação didática se desenrola. Assegura-se assim certo grau de personalização em cada edição de um curso ou programa.

Diferentemente do que ocorre no DI fixo, no DI aberto os conteúdos não são o centro da ação de aprendizagem, mas funcionam como um ponto de partida para a discussão de um problema, ou são uma consequência do que foi discutido durante o processo de ensino-aprendizagem.

Assim, boa parte dos conteúdos utilizados é selecionada por meio de estratégias de curadoria[5] ou é resultado da troca de ideias e compartilhamento de informações entre as pessoas durante um curso ou programa de estudos. Em muitos casos, o próprio professor responsável elabora materiais de apoio para os alunos utilizando técnicas artesanais ou semiprofissionais.

1.3.3 DI contextualizado (DIC)

Entre os modelos clássicos, o **DI contextualizado (DIC)** advoga a necessidade e a possibilidade de combinar, tanto nas etapas de concepção como durante a implementação, mecanismos para flexibilizar e contextualizar uma proposta previamente planejada.[6]

No DIC, as decisões que um professor tomaria na fase de implementação de um DI aberto são antecipadas e informadas a um sistema computacional por meio da inserção de regras condicionais. Essas regras podem ser cumpridas exatamente como projetado pelos educadores e especialistas, sempre considerando as características dos alunos em determinado contexto, ou podem ser visíveis aos aprendizes, que têm a opção de aderir ou não a elas durante a execução da ação de aprendizagem.

Como vimos anteriormente, a lógica de programar uma experiência de aprendizagem individual personalizada é encontrada também em alguns produtos de DI fixo, ao passo que a lógica de adaptar a experiência de aprendizagem a um grupo de alunos durante a situação didática é inerente ao DI aberto. O DIC, por sua vez, permite planejar antecipadamente um conjunto de unidades de estudo personalizáveis em que se alternam atividades individuais, em grupo e coletivas, refletindo o contexto no qual são executadas.[7]

---

[5] A atividade de curadoria é tratada em detalhes no Capítulo 3.
[6] FILATRO, A. *Design instrucional contextualização*. São Paulo: Senac São Paulo, 2004.
[7] FILATRO, 2008b.

PARTE I Bases teóricas

É importante observar ainda que, no DIC, os conteúdos e as atividades de aprendizagem seguem padrões de interoperabilidade, o que permite o "reacoplamento" a outras unidades de estudo. Ou seja, conteúdos ou atividades podem ser reutilizados, na íntegra, particularmente ou de forma adaptada, em conjunto com outros conteúdos ou atividades, em um novo curso ou uma nova edição do mesmo curso.[8]

Nesse caso, há um aumento no grau de complexidade, uma vez que existe a necessidade de compreender as implicações de adotar padrões como SCORM e xAPI 1.0,[9] entre outros – em especial, de organizar os conteúdos e atividades de acordo com modelos de estrutura e de programação predefinidos por esses padrões.

Além disso, embora essas soluções geralmente sejam apresentadas em baixa granularidade (ou seja, em unidades de estudo com poucas horas de duração), cada conteúdo ou atividade individual (um vídeo, um infográfico, um estudo de caso) precisa se inter-relacionar com os demais de acordo com uma **taxonomia** significativa.[10]

Taxonomia
sistema de classificação que ajuda a organizar informações em categorias temáticas ou hierárquicas, ou ainda por meio de *tags* (palavras-chave).

De fato, desde que o DIC foi anunciado em 2004, vários avanços têm permitido vislumbrar de maneira mais concreta a contextualização do DI. Em anos recentes, a emergência da ciência de dados educacionais vem tornando mais tangível a personalização em massa, como é possível notar nos Massive Online Open Courses (Moocs), que levam a ideia da contextualização do DI a níveis massificados e fazem cair por terra a ideia de que uma única solução serve para todos.[11]

Ainda assim, permanece, em boa parte dos casos, a ideia de que aprender é uma atividade individual relacionada ao mero consumo de informações e de que a personalização no nível individual é suficiente para uma experiência de aprendizagem efetiva. Essa visão deixa de lado, porém, o contexto mais amplo, bem como a perspectiva social da aprendizagem como forma de enfrentar os desafios do mundo VUCA.[12]

Assim, no melhor dos mundos, o que o DIC almeja é, com o apoio das tecnologias, possibilitar que a personalização decorrente da proximidade entre um professor e um pequeno grupo de estudantes seja aplicada em grande escala, de modo que sistemas digitais inteligentes monitorem as características e o progresso dos aprendizes, e o ambiente de aprendizagem seja ajustado para adaptar-se ativamente às necessidades individuais e/ou do grupo conforme os objetivos de aprendizagem em questão.

Para isso ficar mais claro, vamos considerar uma proposta de e-learning em que há um único percurso a ser seguido por todos os colaboradores da empresa. No DI fixo, o

---

[8] Em certo sentido, o DIC se relaciona à microaprendizagem, que trabalha com "pedaços" de conteúdos e atividades de aprendizagem. Há, no entanto, uma pequena diferença entre os conceitos: o DIC pode organizar cursos completos e fechados a partir da combinação de pequenas unidades de estudo, ao passo que a abordagem da microaprendizagem geralmente disponibiliza microconteúdos e microatividades para serem acessados pontualmente conforme a necessidade dos aprendizes ou livremente dentro de trilhas de aprendizagem predefinidas. Veja mais sobre esse assunto no Capítulo 3.

[9] Ver definição para esses conceitos na Abertura do livro.

[10] FILATRO, 2016.

[11] FILATRO, A. *Learning analytics*. Série Universitária. São Paulo: Senac, 2019.

[12] As diferentes visões sobre o que é aprender são abordadas mais detalhadamente no Capítulo 2, enquanto a ideia de contexto como um conjunto de fatores que abrange não apenas a perspectiva individual, mas também a imediata e a organizacional, é tratada no Capítulo 3.

colaborador raramente tem acesso a alguma diferenciação mais adequada a seu perfil ou ao desempenho demonstrado no decorrer do e-learning. No DI aberto, essa mesma proposta poderia ser explorada em uma sala de aula presencial (ou virtual), sob a coordenação de um professor, que, observando o interesse ou a necessidade de um aluno com relação a algum dos temas tradados, poderia indicar materiais complementares adequados a esse caso específico. Em uma solução contextualizada (DIC), já estariam previstas, no interior da proposta de DI, regras condicionais para eventuais necessidades dos aprendizes.

Por exemplo, para os colaboradores que atuam em determinada região do país (ou que estão há determinado tempo na empresa, ou que já ocuparam determinado cargo gerencial etc.), são apresentados determinados conteúdos e/ou atividades; para os que não cumprem esses quesitos, é apresentado outro conjunto de recursos; ou, ainda, para os colaboradores que se saírem bem em determinado módulo, está previsto avançarem diretamente para o módulo seguinte, de natureza mais colaborativa; do contrário, os colaboradores deverão realizar alguma atividade complementar de autoestudo até estarem prontos para interagir com seus pares.

1.4 MODELOS ÁGEIS DE DI

Paralelamente ao potencial futurista anunciado pelo DIC, ecos da mentalidade ágil (*agile*) nascida na área de software, e da abordagem enxuta (*lean*) nascida na indústria – e que se espalhou como rastilho no mundo dos negócios – começaram a ser ouvidos no campo da educação em geral e do DI em particular.

A **mentalidade ágil (*agile*)** tem sua origem na insatisfação de um grupo de profissionais de tecnologias da informação com o modelo de desenvolvimento de software baseado em cronogramas e escopos longos, detalhados e inflexíveis.[13] Em substituição a esse modelo, o grupo elaborou, em 2001, um manifesto registrando algumas premissas básicas do chamado "desenvolvimento ágil": mais indivíduos e interações que processos e ferramentas; mais softwares em funcionamento que documentação abrangente; mais colaboração com o cliente que negociação de contratos; mais resposta a mudanças que seguir um plano.

A **abordagem enxuta (*lean*)**, por sua vez, surgiu na década de 1980, na indústria automobilística japonesa, para garantir a eficiência da produção. O intuito básico é evitar desperdícios, entregar rápido, construir qualidade, reduzir custos, respeitar as pessoas, resolver problemas de forma sistemática e entregar valor.

Influenciados por essas abordagens, novos modelos de design aplicados à educação se posicionaram como alternativas aos modelos clássicos de DI. Entre eles, podemos citar o Rapid Instructional Design (RID), o Successive Approximation Model (SAM), a abordagem AGILE, e o Scrum e o Lean Instructional Design (LID).

---

[13] O grupo, formado por Kent Beck, Martin Fowler, Dave Thomas e 14 outros líderes da chamada programação extrema (XP), reuniu-se em uma estação de esqui em Utah, Estados Unidos, para discutir modelos ágeis para o desenvolvimento de softwares. Para mais informações, incluindo uma visão da "pedagogia extrema" relacionada ao conceito, ver FILATRO, A.; CAVALCANTI, C. C. *Metodologias inov-ativas na educação presencial, a distância e corporativa.* Sao Paulo: Saraiva, 2018a.

1.4.1 Rapid Instructional Design (RID)

De forma simplificada, o RID parte da premissa de que seguir as etapas sequenciais do DI fixo consome tempo demais, especialmente se considerarmos as demandas por respostas rápidas a necessidades de curtíssimo prazo da educação corporativa.

Por essa razão, o RID propõe a utilização de técnicas e ferramentas alternativas que tornem o processo mais rápido e eficiente, como:

1. a digitalização de todas as etapas de design e desenvolvimento;
2. a modularização acentuada de conteúdos;
3. o aproveitamento de materiais existentes, inclusive não instrucionais;
4. a redução da contextualização cultural;
5. a adoção de *checklists* (listas de verificação), dicas e atalhos sobre como criar melhor e mais rapidamente conteúdos e materiais didáticos.

O RID é eficaz para necessidades de aprendizagem "rápidas", em que os conteúdos são voláteis (por exemplo, em ações de treinamento voltadas a preparar funcionários para o lançamento de produtos ou para a adoção de uma nova legislação) e quando a pressão por resultados é maior que a preocupação com o processo (como no caso da implementação de novos sistemas de informação, que se tornam obsoletos em curtos períodos).[14]

1.4.2 Successive Approximation Model (SAM)

Em linhas gerais, o modelo de aproximação sucessiva ou SAM é um modelo de desenvolvimento que tem como foco pequenas **iterações** (repetições) que contrastam com as extensas fases executadas nos modelos tradicionais de DI.

Criado pela Allen Interactions, o SAM se concentra basicamente nas experiências, no engajamento e na motivação dos alunos em vez de priorizar a organização do conteúdo, a apresentação de informações e a aplicação de pós-testes.

A versão chamada de SAM1 se aplica a projetos menores e consiste em três iterações nas etapas de análise, design e desenvolvimento. Nesse ciclo de iterações, as ideias da equipe podem ser discutidas, prototipadas e testadas desde o início, aproximando-se sucessivamente de um produto final. A versão estendida, chamada de SAM2, consiste em oito etapas distribuídas em fases maiores de preparação, design iterativo e desenvolvimento iterativo.

Assim, em vez de começar com uma detalhada análise contextual, o SAM começa coletando rapidamente informações sobre as quais o conteúdo de um curso será montado. A partir daí, uma reunião inicial de *brainstorming* colaborativo, denominada Savvy Start ou Começo Esclarecido, estabelece as bases para o design, o protótipo e a revisão da solução educacional.

A seguir, a equipe avança para uma prova do projeto, seguindo para versões Alfa e Beta, até chegar finalmente à versão Ouro. À medida que a solução educacional é desenvolvida, ocorre contínua análise e avaliação, de modo que, se houver necessidade de mudança, ela pode acontecer rapidamente.[15]

---

[14] PISKURICH, G. M. *Rapid instructional design*: learning ID fast and right. San Francisco: Pffeifer, 2006.
[15] ALLEN, M. *Leaving Addie for SAM*: an agile model for developing the best learning experiences. Danvers: ASTD Press, 2012.

1.4.3 Abordagem AGILE

A abordagem AGILE foi introduzida por Conrad Gottfredson[16] para atender às necessidades das organizações atuais de serem ágeis e adaptáveis. Para isso, adota-se um processo simplificado de design que não apenas acelera o tempo de desenvolvimento de soluções educacionais, mas também torna o produto final mais bem-sucedido porque se concentra nos alunos e em como vão interagir com a solução projetada.

Inicialmente, os designers instrucionais se reúnem com todas as partes interessadas – profissionais da educação corporativa, criadores de conteúdo, clientes e funcionários – para discutir e formular o plano de desenvolvimento da solução educacional.

Todos os participantes do grupo devem concordar com a estética e com o conteúdo principal da solução, que, em geral, envolve os segmentos menores do conteúdo que serão, posteriormente, tratados em detalhes. Um segmento deve ser rapidamente desenvolvido, antes que outra reunião seja convocada para abordar modificações ou acréscimos que precisam ser feitos antes de avançar. Depois de todos os problemas terem sido solucionados, a equipe repete o processo para cada segmento da solução. A Figura 1.1 apresenta as etapas dessa abordagem no contexto corporativo.

Figura 1.1 Etapas da abordagem AGILE

A	G	I	L	E
Alinhar	Get set (preparar-se)	Interagir e implementar	Leverage (alavancar)	Evaluate (avaliar)
Análise detalhada do portfólio de soluções educacionais ofertadas anteriormente e das lacunas de desempenho e de proficiência para definir como o sistema de educação corporativa deve evoluir para atender às necessidades da empresa e de sua equipe em alinhamento ao planejamento estratégico. Envolve pesquisas com funcionários, observações de tarefas, diálogo com líderes, grupos focais e análise de dados.	Escolha de ferramentas, softwares e sistemas que ajudarão os funcionários a ir do ponto A ao ponto B com mais eficiência; análise de tarefas e avaliação de habilidades para dividir cada tópico em seus componentes mais básicos.	Desenvolvimento iterativo de solução que ofereça aos funcionários todas as habilidades ou informações necessárias para melhorar seu desempenho, com base em um protótipo para testes e revisões, seguido então de implementação com base em uma linha do tempo.	Oferta de suporte contínuo para que os funcionários aprimorem suas competências e atualizem seus conhecimentos regularmente, com o apoio de pessoas, tecnologias e materiais, monitorados por recursos de gerenciamento de desempenho.	Criação de plano de avaliação contínuo com todas as metas e resultados a serem acompanhados, frequência de medição, critérios e instrumentos de avaliação, podendo incluir uso de cenários interativos e exames baseados em simulação.

Fonte: adaptada de PAPPAS, 2016.

---

[16] GOTTFREDSON, C. AGILE instructional design: faster, leaner, and more effective @ the speed of change. *The Elearning Guide*, 2013.

> **Scrum**
> deriva do rúgbi, quando os participantes de uma equipe se reúnem em uma formação específica com o propósito de mover a bola em direção ao gol; a falta de comprometimento de um único membro pode fazer a formação cair. A abordagem, aplicada inicialmente à área de tecnologia de informação, logo se espalhou para outros setores, até chegar mais recentemente ao mundo educacional.

> **Sprints**
> palavra inglesa usada para descrever a aceleração de um atleta em maratonas, provas de corrida ou ciclismo ao aproximar-se da linha de chegada.

1.4.4 Scrum

O **Scrum**, geralmente de caráter multidisciplinar e autossuficiente, foca a gestão de equipes com três a nove componentes, na qual o trabalho é dividido em blocos e a responsabilidade pelo alcance de metas intermediárias é compartilhada por todos.

Em oposição à abordagem tradicional e sequencial, o Scrum propõe um processo iterativo em que as decisões são tomadas em vários momentos do processo. Os papéis mudam constantemente entre os membros da equipe, que fazem entregas parciais (chamadas *sprints*), em períodos que variam entre uma a quatro semanas. A cada entrega é feita uma avaliação a partir da qual as mudanças são facilmente absorvidas e o curso do projeto é ajustado.

Por essas características, o Scrum funciona melhor em projetos que envolvam incerteza e pouca previsibilidade.[17]

1.4.5 Lean Instructional Design (LID)

Uma vertente da abordagem enxuta no campo da educação é o **Lean Instructional Design (LID)**,[18] uma adaptação da perspectiva adotada nas áreas de produção e de programação. A ideia básica é a de desenvolver soluções de aprendizagem sem "desperdício" – deixando de lado todos os elementos que não têm efeito imediato e demonstrável na criação de valor agregado.

Central à perspectiva *lean* é definir valor em termos do cliente final. Existem várias partes interessadas em um sistema de educação corporativa, incluindo o negócio como um todo, os gestores, os especialistas em educação e, obviamente, os próprios aprendizes. Para esses diferentes públicos, é possível identificar dois fluxos de valor:

1. **o que aprender**, isto é, o conteúdo de um curso expresso nos resultados esperados, em geral definidos de acordo com a estratégia da organização;
2. **como aprender**, ou seja, a proposta de DI que apoia as pessoas em sua aprendizagem e no alcance dos resultados esperados. Essa proposta pode ser moldada pelos princípios da abordagem *lean*.

Nesse sentido, os princípios do design instrucional enxuto podem ser resumidos no Quadro 1.2.

---

[17] PALANGE, I. Produção de design instrucional para EAD: modelos, processos, organização de equipes e dinâmica de trabalho. In: KENSKI, V. M. (Org.). *Design instrucional para cursos online*. São Paulo: Senac, 2015.

[18] LALEMAN, F. Lean Instructional Design (LID). LinkedIn, 17 fev. 2015. Disponível em: <https://www.linkedin.com/pulse/lean-instructional-design-lid-francis-laleman-%E0%A4%B2-%E0%A4%B2%E0%A4%AE-%E0%A4%A8/>. Acesso em: 29 abr. 2019.

A abordagem *lean* implica eliminar a sobrecarga das partes envolvidas – alunos e patrocinadores (por exemplo, gestores de áreas ou unidades de negócio), focando apenas no que é essencial. Envolve também racionalizar as soluções educacionais e simplificar os processos de modo que a produção se restrinja àquilo que o cliente realmente precisa / deseja.

Quadro 1.2 Princípios do LID

Princípio	Descrição
Otimizar o todo	Em vez de otimizar uma seleção restrita de competências que funcionará em uma escala limitada, projetar faixas de aprendizagem que envolvam cada camada e área da organização.
Concentrar-se em todo o fluxo de valor	Projetar trilhas de aprendizagem até o fim, desde o levantamento das necessidades até a verificação do impacto da aprendizagem (em qualidade, quantidade e valor) sobre o negócio da organização.
Entregar um produto completo	As pessoas não querem treinamento; elas querem aprender para crescer (como indivíduos, equipes, unidades de negócios, organização ou comunidade de *stakeholders*).
Pensar a longo prazo	Aprendizagem e desenvolvimento não têm nada em comum com sistemas de incentivo que estimulam o pensamento de curto prazo e otimizam o desempenho local.
Eliminar desperdício	Eliminar tudo o que não agrega valor à aprendizagem.
Construir qualidade	Encontrar e corrigir defeitos no processo e ao longo dele o mais cedo possível, em vez de apenas constatar ao final respostas negativas às quatro perguntas básicas de Kirkpatrick (Os colaboradores gostaram? Aprenderam? Estão utilizando? Estão pagando?),[19] facilitando o acréscimo de recursos de aprendizagem a qualquer momento, independentemente de um processo rígido de validações pós-entrega.
Aprender constantemente	Desenvolver a capacidade de responder rapidamente ao futuro e de aprender o máximo antes de tomar decisões irreversíveis.
Entregar rápido	Fornecer *feedbacks* rápidos e de baixo custo, de modo que resultados de aprendizagem retroalimentem e incentivem o avanço em um fluxo de pequenas unidades.
Envolver todos	Implantar a responsabilidade em todos tanto pelo processo como pelos resultados.
Continuar melhorando	Encarar o fracasso como oportunidade de aprendizagem e as falhas como ferramentas; trabalhar cientificamente (por meio de hipóteses, experimentos e documentação concisa) para implementar soluções fundamentadas.

Fonte: adaptado de LALEMAN, 2015.

---

[19] Ver mais sobre o modelo de avaliação de Kirkpatrick no Capítulo 3.

PARTE I Bases teóricas

1.5 MODELOS EMERGENTES DE DI

Modelos como RID, SAM, AGILE, Scrum e LID foram abraçados, em maior ou menor medida, pelo campo do DI, principalmente no âmbito corporativo, por tornarem o processo de criação de soluções educacionais mais ágil e flexível.

Mais recentemente, contudo, testemunhamos a emergência de um movimento voltado a abordagens mais intuitivas, sistêmicas e integrativas, ou seja, capazes de integrar intuição, razão e imaginação para resolver problemas em qualquer campo, incluindo o educacional.

É importante considerar que, na esfera do DI, a aderência a esse movimento "emergente" se alinha com mudanças paradigmáticas que vêm ocorrendo não apenas na sociedade em geral, mas principalmente no tripé das ciências que fundamentam o próprio DI, a saber: [20]

1. **ciências da educação** – foco cada vez maior no aluno e na aprendizagem, em vez de no professor e no ensino;
2. **ciências da informação e da comunicação** – mídias e tecnologias cada vez mais próximas à visão das pessoas enquanto interlocutoras e produtoras de conteúdos, em vez de meramente receptoras passivas de mensagens emitidas por outros;
3. **ciências da administração** – consumidores vistos cada vez mais como **prossumidores** e processos de produção contemplando cada vez mais aspectos intangíveis, como criatividade, colaboração e pensamento integrativo.

Assim, abordagens ligadas à criatividade e à solução de problemas, como é o caso do DT, e ao design de experiências completas de aprendizagem, como é o caso do LDX, vêm despontando como uma forma inovadora de integrar essas mudanças ao DI.

> **Prossumidores**
> consumidores que participam ativamente do processo de produção.

Para entender a contribuição de abordagens emergentes como o DT e o LDX para a educação em geral, e para a educação corporativa em particular, é preciso reconhecer que, de fato, a educação é permeada por uma complexidade que abrange desde sua finalidade mais ampla (Para que propor uma ação de aprendizagem?), passando por seus conteúdos (O que as pessoas querem ou precisam aprender?) e estratégias (Como as pessoas aprendem?), até chegar à verificação de sua efetividade (Afinal, as pessoas realmente aprenderam?).

A complexidade também está no fato de que a resposta a essas perguntas envolve não apenas aspectos cognitivos, mas também psicológicos, metodológicos, sociais, relacionais, ambientais e emocionais, entre tantos outros.

De maneira mais prática, o fato é que apenas oferecer conteúdos ricos em mídia, como preconiza o DI fixo, não dá conta dos vários aspectos envolvidos na aprendizagem, inclusive corporativa. Isso ocorre especialmente porque materiais estáticos como livros, vídeos, tutoriais, *podcasts* e jogos, entre outros, em geral, não consideram a influência direta que o contexto sociocultural exerce sobre as pessoas envolvidas na solução projetada. Do outro

---

[20] FILATRO (no prelo).

lado do espectro, o trabalho isolado e autônomo de um único professor em uma solução educacional baseada no DI aberto também não consegue capturar as várias perspectivas envolvidas em um problema ou necessidade educacional.

Modelos emergentes de DI, como o DT e o LDX, apontam para o fato de que há um número infinito de soluções possíveis para um problema educacional complexo. Cada pessoa envolvida terá um conjunto diferente de soluções potenciais, isto é, além dos alunos e dos educadores, há várias outras partes interessadas, direta ou indiretamente – na educação corporativa, por exemplo, podemos mencionar os gestores de área, os pares, a área de recursos humanos ou gestão de pessoas, as organizações profissionais e patronais, os organismos de acreditação etc.

Com tantas perspectivas envolvidas, é improvável chegar a uma única resposta "certa", mas é bastante provável se deparar com muitas soluções possíveis e encontrar uma considerada "boa o suficiente" para aquele contexto específico.

Infelizmente para alguns, não existe um **algoritmo** que possa ser aplicado como uma receita em contextos sociais diferentes, os quais, aliás, se alteram dinamicamente com o passar do tempo – daí a importância de uma abordagem para a solução de problemas educacionais que permita lidar com a incerteza e conviver com os erros.

Na verdade, essa abordagem implica certo afastamento das práticas rígidas de design, com metas claramente definidas, rumo a uma combinação mais equilibrada de análise e intuição. Nessa linha de pensamento, a principal característica dos modelos de DI emergentes está na sua capacidade de integrar sistemas, processos, perspectivas e metodologias.

> **Algoritmo**
>
> "conjunto predeterminado e bem definido de regras e processos destinados à solução de um grupo de problemas semelhantes, com um número finito de etapas. O algoritmo envolve conhecimentos adquiridos anteriormente, que permitem transformar a informação de maneira padronizada e eficaz, e por isso podem ser praticamente automatizados."[21]

Para resumir o que temos visto até aqui, lançamos mão do Quadro 1.3, que faz um comparativo entre os diferentes modelos de design, elaborado pela prof[a]. Jennifer Morgan, da Gaia University.[22]

---

[21] CAVALCANTI, C. C.; FILATRO, A. *Design thinking na educação presencial, a distância e corporativa.* São Paulo: Saraiva, 2017.

[22] MORGAN, J. E. *Holistic design for conscious engagement.* Rumsey: Gaia University, 2018.

PARTE I Bases teóricas

Quadro 1.3 Comparação entre diferentes modelos de design em um percurso evolutivo

	Design tradicional	Design ágil	Design emergente
PENSAMENTO	Analítico	Inovativo e criativo	Integrativo
PROCESSO	Linear e preditivo	Iterativo e cíclico	Não linear e sinérgico
ESTRUTURA	Fixa	Flexível	Liberalizante
RELAÇÃO COM O TEMPO	Sucessos passados	Visão futura	Momento presente
VISÃO DE MUNDO	Mecanicista	Oportunista	Sistemas integrados
PARADIGMA	Previsão e controle	Observação e adaptação	Presença e evolução
MOBILIDADE	Estática	Dinâmica	Vívida e harmonizada
MOTIVAÇÃO	Orientada a resultado	Orientada a processo	Orientada a propósito
PRODUTO FINAL	Ligado aos resultados	Solução de problemas	Positividade proativa
ESPAÇO	Atuação em áreas simples e conhecidas	Atuação em campos complexos e dinâmicos	Atuação em áreas caóticas e desconhecidas
PROBLEMAS	Encontrar soluções para os problemas	Criar soluções inovadoras para os problemas	Os problemas são a solução
VISÃO DAS PESSOAS	Consumidores passivos	Usuários engajados	Cocriadores conscientes
RELAÇÃO COM A VIDA	Tentar prever e pré-planejar a vida	Gerenciar a vida e responder à mudança	Abraçar a mudança e as incertezas da vida
POTENCIAL	Potencial previsível e limitado	Geração de novas ideias dentro da mentalidade existente	Potencial e possibilidades infinitos
FOCO	Partes e propriedades separadas individualmente	Dependências e conexões	Sistemas complexos e vivos e sinergia
PRINCÍPIOS	Análise, replicação, ordem, perfeccionismo, produtividade, estabilidade, racionalização	Agilidade, comunicação, criatividade, engajamento, inovação, efetividade, experimentação	Emergência, cocriação, consciência, responsabilidade, mudança, conectividade, vivacidade
CONSCIÊNCIA	Desenvolvimento	Inovação	Evolução

Fonte: adaptado de MORGAN, 2018, p. 20.

Inovar com o design instrucional 4.0

Diante desse cenário, projetar soluções educacionais na contemporaneidade envolve reconhecer que estamos diante de uma complexidade inerente ao fenômeno educacional. É a partir dessa compreensão que o DT e o LDX podem ser considerados modelos emergentes de DI, uma vez que levam em consideração, de forma empática, as pessoas envolvidas no processo de ensino-aprendizagem.

1.5.1 DT aplicado à educação

Como vimos, os modelos emergentes de DI assumem que existe um número infinito de soluções possíveis para os problemas e as necessidades educacionais, dada sua complexidade inerente e ao fato de haver tantas perspectivas e pessoas de diferentes perfis envolvidas.

Essa descrição corresponde ao conceito de **wicked problem**, aplicado a problemas envolvendo públicos com valores e interesses conflitantes, advindos de sistemas mal formulados, com informações confusas ou abstratas, que podem ser ramificados para outros contextos ou sistemas sociais. É central reconhecer que a educação corporativa está coalhada de problemas complexos, pouco estruturados e cuja solução se localiza no campo da interdisciplinaridade. A influência direta de e sobre as pessoas envolvidas transforma qualquer desafio de DI em um *wicked problem*.

Wicked problem
cunhado em 1973 por Rittel e Webber, professores de Design e Planejamento Urbano da Universidade da Califórnia, com o significado de problema complexo, mal definido ou "capcioso".[23]

O DT se apresenta, então, como uma abordagem centrada no ser humano, que promove a solução de problemas complexos (*wicked*), estimula a criatividade e facilita a inovação. É humanista, pois busca compreender, de forma empática, os desejos e necessidades de pessoas impactadas pelo problema analisado.

O DT é composto de um processo, uma mentalidade, métodos e estratégias que visam a colocar as pessoas e suas necessidades no centro do desenvolvimento de um projeto, usando a criatividade para gerar soluções, a empatia para entender as reais necessidades das pessoas e o raciocínio para analisá-las e adaptá-las ao contexto real investigado. Algumas estratégias de DT, como definição de persona, *brainstorming*, prototipagem e matriz de *feedback*, nos dão uma ideia do que está envolvido nesse processo.

De fato, a raiz do DT está no design centrado no ser humano (HCD, do inglês, Human Centered Design), ou seja, um conjunto de métodos e modelos que enfatiza, comunica, estimula e explicita as características, capacidades e comportamentos inerentes ao ser humano, permitindo que seus desejos, necessidades e experiências sejam o ponto de partida para a projeção de soluções, produtos e serviços.[24]

O DT prevê a escuta, a observação, a investigação, a projeção de soluções, a prototipagem e a implementação das melhores soluções. Logicamente, isso se dá pelo fato de

---

[23] RITTEL, H. W. J.; WEBBER, M. M. Dilemmas in a general theory of planning. *Policy Sciences*, n. 4, p. 155-169, 1973.
[24] CHAVES, I.; BITTENCOURT, J. P.; TARALLI, C. O Design Centrado no Humano na atual pesquisa brasileira – uma análise através das perspectivas de Klaus Krippendorff e da Ideo, 2013, São Paulo. *Anais do Fórum de Pesquisa FAU*. São Paulo: Mackenzie, 2013.

PARTE I Bases teóricas

o DT também beber na fonte das ciências do design, adotando etapas bastante similares para resolver problemas, como mostra o Quadro 1.4.

Quadro 1.4 Etapas do DT e processo geral de design

Processo geral de design	Etapas do DT	Descrição
Compreender o problema	Compreender o problema	Consiste basicamente em: a) organizar os conhecimentos prévios; b) imergir no contexto analisado para coletar informações; c) analisar os dados coletados.
Projetar uma solução	Projetar soluções	Abarca o refinamento do problema explorado na etapa anterior, rodadas de *brainstorming* para a geração de ideias, bem como avaliação e seleção das ideias geradas.
	Prototipar	Envolve tangibilizar as ideias selecionadas em protótipos (esboços, maquetes, representações dramáticas etc.) e testar os protótipos criados.
Implementar a solução	Implementar a melhor opção	Implica colocar em prática a solução prototipada e testada nas etapas anteriores, considerando ações, prazos, pessoas, parceiros, recursos e materiais necessários à implantação e manutenção da solução.

Fonte: CAVALCANTI; FILATRO, 2017.

Como podemos observar, as etapas do DT são muito semelhantes às do DI – afinal, ambos refletem o "pensamento de design" (em uma tradução literal de DT) ou a "mentalidade dos designers" (o modo de pensar dos designers, aprendido e adotado por meio de colaboração e cocriação, quando soluções são projetadas, testadas e implementadas).

O que diferencia as duas abordagens é o fato de o DI ser muito mais estruturado e dependente de um corpo de conhecimentos estabelecido e de soluções testadas anteriormente. O DT, por sua vez, concentra-se na capacidade de criar, de inovar e de responder rapidamente a mudanças ambientais.

O Quadro 1.5 ajuda o leitor a visualizar de forma esquemática as diferenças e semelhanças entre o DI e o DT.

Quadro 1.5 Diferenças e semelhanças entre o DI e o DT

	DI	DT
Origem	Campos da educação, comunicação/tecnologia e administração	Campos do design e da administração
Características	Décadas de estudos teóricos e relatos de experiências práticas, que oferecem uma estrutura mais rígida e ancorada na tradição para a solução de problemas educacionais	Valorização do pensamento criativo para criar e responder rapidamente e de forma inovadora às mudanças no ambiente e resolver problemas complexos e pouco estruturados
Etapas do processo	Análise, design, desenvolvimento, implementação e avaliação (o clássico modelo ADDIE)	Compreender o problema, projetar soluções, prototipar e selecionar a melhor opção
Estratégias	Análise contextual, matriz de DI, roteiros e *storyboards*, relatório de validação e relatório de avaliação	Definição de desafio estratégico, persona, *brainstorming*, prototipagem e matriz de *feedback*
Similaridades	Design centrado nas pessoas	

Fonte: elaborado pela autora.

1.5.2 Learning Experience Design (LXD)

O termo "experiência do usuário" (UX, do inglês, *user experience*) foi cunhado nos anos 1990 por **Donald Norman** para se referir a uma forma abstrata de descrever a relação entre um produto e um humano.[25] O mote inicial era que a tecnologia deveria evoluir para colocar as necessidades do usuário em primeiro lugar – o oposto de como as coisas eram feitas até então. Porém, apenas em 2005 o UX ganhou relevância, quando cerca de 42 milhões de iPods foram vendidos e o mercado de massa experimentou um experiência em escala de design de excelência.

Uma definição atual encontrada no site do Nielsen Norman Group afirma que "a experiência do usuário engloba todos os aspectos da interação do usuário final com a empresa, seus serviços e seus produtos".[26]

O design da UX conta com uma variedade de métodos, processos e resultados, desde personas e classificação de cartões a fluxos de tarefas e mapas, que provêm e influenciam uma série de disciplinas que vão da arquitetura da informação ao design da interação, passando por interface humano-computador, entre outras.[27]

---

[25] NORMAN, D. A. *The design of everyday things*: revised and expanded edition. New York: Basic Books, 2013.

[26] NORMAN, D.; NIELSEN, J. *The definition of User Experience (UX)*. Nielsen Norman Group, [s.d.]. Disponível em: <https://www.nngroup.com/articles/definition-user-experience/>. Acesso em: 15 ago. 2019.

[27] PETERS, D. *Interface design for learning*: design strategies for learning experiences. New Jersey: Pearson Education, 2014.

Ocorre que, no campo da aprendizagem, fatores externos estão forçando as instituições de ensino e os sistemas de educação corporativa a pensar de maneira diferente sobre como construir soluções educacionais. Os materiais didáticos podem hoje resultar da convergência de novas modalidades e teorias sobre como aprender, uma vez que uma abundância de dados permite agora a decodificação dos padrões de aprendizagem. Todos esses aspectos juntos caracterizam o **design de experiência da aprendizagem** (LXD, do inglês, Learning eXperience Design), termo cuja criação é atribuída a Connie Malamed, em 2015.[28]

No entanto, existem grandes diferenças entre o design da UX e o design da experiência do aprendiz, uma vez que as metas de quem aprende geralmente são mais complexas do que as dos usuários. Por isso, um bom LXD é criado para ajudar a dominar e reter informações novas e difíceis de compreender. Além disso, o LXD deve ser capaz de aliviar respostas emocionais negativas que surgem no processo de aprendizagem e transformá-las em uma experiência agradável. Para tanto, o LXD mescla princípios de DI e DT com o desenvolvimento de currículos e a aplicação de tecnologias emergentes a fim de apoiar a adaptação do conteúdo ao comportamento e às preferências dos alunos.

O LXD usa a tecnologia para promover conexões entre professores, especialistas, alunos e experiências do mundo real que tornam as soluções educacionais mais significativas para quem aprende. Isso se traduz em dar aos alunos maior controle sobre sua jornada de aprendizagem, por meio do uso de novos tipos de material didático, atividades personalizadas e ferramentas de aprendizagem adaptativa. Obviamente, os resultados estão alinhados com uma rubrica de avaliação, mas a simples mudança na entrega estimula os alunos a serem mais criativos e envolvidos.

> **Rubrica de avaliação**
> por meio de escalas de múltiplos critérios, permite avaliar de maneira descritiva e holística tanto os processos quanto os produtos de aprendizagens mais complexas.[29]

Do ponto de vista da educação corporativa, embora o propósito seja, em última instância, alcançar os objetivos do negócio, o LXD tem por objetivo ajudar alguém a aprender alguma coisa. Trata-se de melhorar os resultados de aprendizagem e a qualidade da experiência de aprendizagem. Assim, grande parte do desafio é projetar interfaces de forma a suportarem e aprimorarem os processos cognitivos e afetivos envolvidos na aprendizagem.

As interfaces para aprendizagem incluem ambientes digitais, tecnologias e ferramentas, como:

- **Objetos de aprendizagem** – experiências independentes baseadas em apenas um objetivo de aprendizagem, em que os alunos podem usá-lo conforme necessário ou combiná-lo a outros objetivos para um curso mais completo.

---

[28] INTERATION DESIGN FOUNDATION (IDF). *Learning experience design*: the most valuable lessons [s.d.]. Disponível em: <https://www.interaction-design.org/literature/article/learning-experience-design-the-most-valuable-lessons>. Acesso em: 25 abr. 2019.

[29] FILATRO, 2016, p. 429.

- **Jogos e simulações** – jogos de computador projetados em torno de metas educacionais, chamados de "jogos sérios".[30]
- **Learning Management Systems (LMS)** – grandes sistemas de software que gerenciam dezenas ou até milhares de cursos e estudantes, reunindo ferramentas para portais de cursos, avaliação e interações síncronas (em tempo real) e assíncronas, como o Blackboard, o Coursera, o Canvas e o LMS Moodle, este último de código aberto.
- **Espaços síncronos de aprendizagem colaborativa** – espaços virtuais nos quais os alunos se reúnem em tempo real, podendo incluir vídeo, bate-papo, lousas compartilhadas, anotações e wikis. Entre os exemplos estão o Adobe Connect e o Knowledge-Forum.
- **Intelligent Tutoring Systems (ITS)** – sistemas de computador que fornecem *feedback* personalizado aos alunos sem intervenção humana, como o AutoTutor o DeepTutor.
- **Material didático corporativo de e-learning** – cursos realizados por meio de tecnologia digital para ensinar aos funcionários habilidades no local de trabalho, como a utilização de softwares, o desenvolvimento de *soft skills* (competências "leves"), o atendimento ao cliente ou a estratégia de vendas.
- **Ambientes virtuais de aprendizagem 3D (VLEs)** – mundos 3D construídos em perspectiva, como o sistema "de prateleira" Second Life, ou modelos sob medida, como JumpStart e Virtual Singapore.
- **Aplicativos de aprendizagem móvel** – aplicativos para microaprendizagem, gamificação, gestão do tempo e treinamento conduzido por instrutor.

Assim, é possível perceber que o LXD se preocupa com o design de interface, que consiste, geralmente, em três camadas, trabalhadas de forma individual ou combinada, como mostra a Figura 1.2.

Figura 1.2 Três camadas de design de interface para experiências de aprendizagem

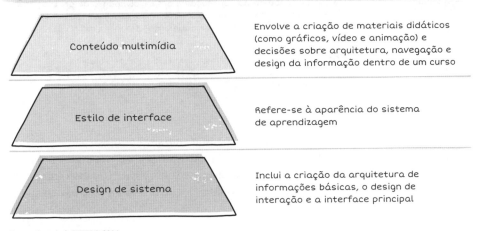

Fonte: adaptada de PETERS, 2014.

---

[30] Ver mais sobre esse assunto no Capítulo 2.

Em termos de processo, o LXD segue em grande parte as etapas do DT, que basicamente visam à geração de soluções educacionais por uma equipe que busca resolver um desafio estratégico a partir da compreensão empática das pessoas envolvidas. Em uma linguagem mais próxima à utilizada pela d.School, de Stanford, as etapas do LDXC envolvem desenvolver empatia, definir o problema, idear soluções, prototipar e testar, como mostra o Quadro 1.6 a seguir.

Quadro 1.6 Etapas do LXD segundo o DT

Etapas do LDX	Descrição
Desenvolver empatia	Entender qualquer situação em profundidade requer observar o comportamento e contexto dos sujeitos impactados, além de participar das experiências dos *stakeholders* e tentar descobrir necessidades que talvez eles próprios não conheçam. Isso é feito por meio de entrevistas individuais ou em grupo, imersão em contexto, autodocumentação, descoberta guiada pela comunidade ou organização, entrevistas com *experts*, entre outros.
Definir o problema	Nesta etapa a equipe traz os dados e impressões coletadas durante o exercício da empatia para sintetizar e interpretar suas descobertas. A partir daí, define-se o enunciado do problema a ser trabalhado.
Idear soluções	Aqui se faz a transição entre a identificação dos problemas e a exploração de soluções, em geral a partir de sessões de *brainstorming* visando à geração do maior número possível de ideias. As ideias geradas são depois categorizadas, filtradas e selecionadas.
Prototipar	A equipe trabalha na concepção e desenvolvimento de protótipos que possibilitam ver, tocar e experimentar as ideias geradas sem a necessidade de grandes investimentos financeiros.
Testar	Os protótipos são testados, permitindo que as soluções propostas sejam refinadas, aprimoradas e redefinidas para posterior implementação.

Fonte: adaptado de CAVALCANTI, 2015.

O design instrucional clássico é baseado no pensamento sistêmico, um paradigma que promove a mentalidade analítica. Mas o DI 4.0 requer inovação e criatividade. Assim, incorporando a abordagem centrada no ser humano, colaborativa e iterativa que caracteriza do DT e o LDX possibilita gerar soluções educacionais mais alinhadas às demandas do mundo VUCA.

Feitas essas considerações, não são poucos os autores que defendem a substituição do termo "design instrucional" por "design da experiência educacional".[31] Nós, no entanto, optamos por qualificar o DI como "contextualizado" e com a designação 4.0, seja para ressaltar a evolução interna do campo, que se reinventa constantemente diante do desafio de responder às novas demandas por educação, seja para conservar aspectos comprovados da teoria e prática do DI – a base de conhecimentos acumulados, os relatos de experiência e os ganhos obtidos ao longo dos anos. Esses, a propósito, são sempre invocados quando, na apresentação de uma inovação educacional, chega-se ao nível do planejamento e design.

1.6 O PARADIGMA EDUCACIONAL CENTRADO NAS PESSOAS

Como vimos anteriormente, é a complexidade do fenômeno educacional que justifica a necessidade de inovar. Para enfrentar tal complexidade, dinâmica e crescente, é necessária uma nova forma de fazer educação: personalizada, relevante, engajadora e acessível a todos aqueles que querem/precisam aprender. De forma resumida, uma educação centrada nas pessoas.[32]

O paradigma educacional centrado nas pessoas pode ser entendido de forma simples quando contrastado com o paradigma centrado no professor.[33] De acordo com McCombs e Whisler, uma definição mais formal seria:

> a perspectiva que reúne um *foco nos aprendizes individuais* (sua hereditariedade, experiências, perspectivas, *backgrounds*, talentos, interesses, capacidades e necessidades) com um *foco na aprendizagem* propriamente dita (o melhor conhecimento disponível sobre a aprendizagem e como ela ocorre e sobre práticas de ensino mais efetivas na promoção dos mais elevados níveis de motivação, aprendizagem e realização para todos os alunos.[34]

O paradigma centrado nas pessoas tem como fundamentos teóricos o cognitivismo, o construtivismo e o humanismo – o que veremos no Capítulo 2 –, cultivando os valores citados no Quadro 1.7.

---

[31] Por exemplo, Connie Malamed defendeu essa ideia em 2015, na publicação *Instructional design needs a new name! A call for learning experience design*, do e-Learning Coach, propondo a expressão "LX design" para substituir o foco do DI nos materiais e na instrução para concentrar-se em como as pessoas aprendem e nas experiências que vivenciam, mais do que na estrutura de cursos.

[32] REIGELUTH, C. M.; MYERS, R. D.; LEE, D. The learner-centered paradigm of education. In: REIGELUTH, C. M.; BEATTY, B. J.; MYERS, R. D. (Orgs.) *Instructional-design theories and models*: the learner-center paradigm, V. IV. Oxfordshire: Taylor and Francis, 2017.

[33] REIGELUTH, MYERS; LEE, 2017.

[34] McCOMBS, B. L.; WHISLER, J. S. *The learner-centered classroom and school*: strategies for increasing student motivation and achievement. The Jossey-Bass Education Series. San Francisco: Jossey-Bass Inc., 1997. p. 9, grifos dos autores.

PARTE I Bases teóricas

Quadro 1.7 Valores do paradigma centrado nas pessoas

Categorias	Valores
Fins (objetivos de aprendizagem)	Desenvolvimento da motivação intrínseca e da paixão por aprender
	Desenvolvimento de habilidades de autorregulação do aprendiz ("como aprender")
	Maestria do conhecimento e de habilidades
	Desenvolvimento da colaboração
	Desenvolvimento emocional, social e do caráter, incluindo a empatia e o desejo de contribuir com a comunidade
Prioridades (critérios de sucesso)	Efetividade e motivação intrínseca são mais importantes que eficiência
Meios (métodos)	Ritmo da instrução customizado ao progresso do aprendiz segundo suas realizações individuais
	Conteúdo customizado a necessidades, interesses, talentos e objetivos individuais
	Métodos customizados às preferências de aprendizagem individuais
	Métodos de avaliação customizados a necessidades, interesses, talentos e objetivos individuais
	A motivação intrínseca e a paixão por aprender devem ser cultivados
	Os aprendizes devem tipicamente "aprender fazendo" (instrução centrada na tarefa)
	Os aprendizes devem receber suporte *just-in-time* enquanto aprendem fazendo (andaimaria instrucional)
	Os aprendizes devem aprender com os pares por meio da colaboração
	Os aprendizes devem ser ensinados a definir seus próprios objetivos e gerenciar sua própria instrução, tanto quanto possível (autodeterminação e aprendizagem autorregulada)
	Os aprendizes devem ser envolvidos na avaliação de sua aprendizagem, por meio da autorreflexão e da autoavaliação
	Tanto a avaliação formativa como a somativa devem ocorrer ao longo da instrução, de forma contínua e integrada
Poder (tomada de decisão sobre as demais categorias)	Os aprendizes devem ter poder para tomar decisões sobre os fins, as prioridades e os meios de aprendizagem

Fonte: REIGELUTH, MYERS; LEE, 2017.

Como desdobramento desse paradigma educacional mais amplo, alguns princípios são muito importantes para o DI centrado nas pessoas e têm grande impacto na construção de soluções educacionais. Em paralelo, um dos pilares do paradigma de DI centrado nas pessoas é que o progresso do estudante seja baseado no aluno, e não no tempo – como ocorre por exemplo na educação regular, em que os alunos seguem cursando séries independentemente de terem de fato aprendido. Na educação corporativa, isso significa dizer que a métrica "horas de treinamento" é insuficiente quando comparada a uma experiência de aprendizagem completa individual ou colaborativa

Além disso, no que concerne à avaliação, o paradigma de DI centrado nas pessoas requer que a aprendizagem seja comparada a um padrão de realização individual, isto é, seja referenciada por critérios, como quando um aluno está pronto para seguir adiante, em vez do que ocorre na aprendizagem em pares, que é referenciada pela norma e todos devem seguir o mesmo plano único preestabelecido.

Por fim, com relação ao currículo, o paradigma centrado nas pessoas exige decisões sobre o que aprender, responsivas às necessidades do aluno em uma sociedade e um ambiente de trabalho que são muito mais complexos que a de nossos ancestrais da era industrial. Assim, o que ensinar, como ensinar e como avaliar são interdependentes.

1.6.1 Aprendizagem baseada em realizações individuais

O aprendiz só se move para o próximo tópico quando domina completamente o tópico atual, considerando:

- **o progresso do aluno** – alcançar os objetivos de aprendizagem é mais importante que o tempo de estudo;
- **a avaliação** – comparar com critérios de maestria (ou competência e proficiência) e não com outros alunos;
- **os registros de cada aprendiz** – manter lista ou mapa das realizações individuais em vez de um relatório tradicional com nomes de cursos ou disciplinas e as respectivas notas.

Reigeluth, Myers e Lee[35] observam que esses três princípios pertencem mais à gestão do que ao DI propriamente dito. Entretanto, observamos que, se isso não estiver previsto no nível macro do DI, a probabilidade de ser executado a contento será menor.

1.6.2 Aprendizagem baseada em tarefas (ou atividades)

O aprendiz realiza tarefas autênticas, colaborativas, interessantes e apropriadas ao seu nível de desenvolvimento.

A aprendizagem deve ser organizada em torno do **desempenho de uma tarefa** ou atividade que seja de grande interesse para quem aprende (desenhada ou selecionada pelo aluno), alinhada com os objetivos de aprendizagem (selecionada pelo aluno com base em padrões de desempenho, com auxílio do professor ou outros papéis de apoio),

---

[35] REIGELUTH, MYERS; LEE, 2017.

PARTE I Bases teóricas

com duração significativa, dentro de um ambiente imersivo real ou virtual, e autêntica ou realista – o que a torna tipicamente interdisciplinar.

Dois tipos diferentes de **andaimaria** *(scaffolding)* devem ser usados para apoiar a realização da tarefa:

- **ajuste fino** – a complexidade da tarefa deve ser ajustada para não se tornar nem tão fácil a ponto de se tornar aborrecida, nem tão difícil a ponto de ser intimidante (versões diferentes da mesma tarefa, com níveis de complexidade distintos, podem ser identificadas no mundo real e apresentadas aos alunos);
- *coaching* **e tutoria** – apoio individualizado para suprir lacunas de informação ou desempenho.

Andaimaria *(scaffolding)*
conjunto de técnicas empregadas para apoiar temporariamente os alunos rumo a níveis mais altos de compreensão e aquisição de habilidades; como nos andaimes físicos, o apoio é removido gradualmente visando a uma maior independência no processo de aprendizagem.

1.6.3 Aprendizagem personalizada

Os objetivos, as tarefas, a andaimaria, a avaliação e a reflexão sobre a aprendizagem devem ser individualizadas nos seguintes termos:

- **objetivos** – tanto os objetivos de longo prazo (relacionados à carreira ou à vida) como os de curto prazo devem ser discutidos e estabelecidos individualmente;
- **ambiente de tarefas** – a tarefa deve ser personalizada de acordo com os objetivos, os interesses e as aprendizagem anteriores dos alunos, inclusive em termos do nível de complexidade subjacente; a decisão sobre trabalhar em grupos e com quais colegas também deve ajustar-se às necessidades e preferências do aprendiz, da mesma forma que a natureza e a quantidade da autorregulação;
- **andaimaria** – a quantidade e a qualidade do *coaching* e da tutoria devem ser personalizados;
- **avaliação** – o aprendiz deve ter a oportunidade de escolher um "assessor de desempenho" (um professor, um par, um sistema computacional, um especialista externo), assim como deve poder escolher o formato para demonstrar sua competência;
- **reflexão** – tanto a maneira como o aluno reflete sobre seu processo de aprendizagem como a maneira como reflete sobre o produto ou desempenho resultantes da conclusão da tarefa devem ser personalizadas.

1.6.4 Novos papéis

Para fazer acontecer a aprendizagem baseada em realizações individuais, baseada em tarefas e em personalização, são requeridas mudanças nas funções de professores, alunos e tecnologias:

- **Papel do professor** – muda de *"sage on the stage"* para *"guide on the side"* (de "o sábio no palco" para "o guia ao lado"), o que significa atuar como:

- **codesigner** – auxiliando o aluno na definição dos objetivos de aprendizagem, no design ou na seleção de tarefas e na forma de interação com outros aprendizes, na criação de um plano ou no contrato de aprendizagem;
- **facilitador** – apoiando o aluno na realização das tarefas, nos relacionamentos interpessoais e no desenvolvimento emocional; oferecendo *feedback* imediato, demonstrações e explicações; provendo avaliação formativa e somativa no momento exato em que essa facilitação é necessária (por vezes, com o apoio da tecnologia ou dos pares, e sempre com o monitoramento do professor);
- **mentor** – motivando e guiando o aluno em todos os aspectos de seu desenvolvimento.

- **Papel do aluno** – muda de uma postura passiva e dirigida pelo professor para uma postura ativa e autodirigida, que implica desenhar a própria aprendizagem (pelo design ou seleção de objetivos, tarefas e formas de interação), "aprender fazendo" (em vez de apenas ouvindo, assistindo ou lendo), regular a própria aprendizagem e até assumir o papel de professor em algumas ocasiões.
- **Papel da tecnologia** – muda de uma ferramenta usada principalmente pelo professor para uma ferramenta usada principalmente pelo aluno, incluindo as funções de:
  - **planejamento** – selecionando tarefas e criando um plano ou contrato de aprendizagem, com o apoio do professor;
  - **instrução** – provendo um ambiente imersivo e um agente pedagógico virtual para andaimaria *just-in-time* (no tempo exato);
  - **avaliação para e da aprendizagem** – confrontando as realizações individuais com critérios estabelecidos e com *feedbacks* imediatos que integrem a avaliação à instrução;
  - **registro da aprendizagem** – listando e/ou mapeando as realizações individuais, bem como possibilitando a marcação de que tais realizações foram conquistadas pelos alunos, além de prover um inventário de características que podem influenciar a aprendizagem, como interesses, estilos de aprendizagem, estratégias preferidas e inteligências múltiplas, entre outros.

1.6.5 Novo currículo

No paradigma centrado nas pessoas, "o que ensinar" (teoria do currículo) contrasta com "como ensinar" (teoria instrucional), no sentido de expansão e reestruturação:

- **currículo expandido** – considera novos tipos de aprendizagem relacionadas às competências do século XXI, como capacidade de inovação (criatividade e inovação, pensamento crítico e solução de problemas, comunicação e colaboração), habilidades digitais e midiáticas (letramento informacional, midiático e tecnológico) e competências para lidar com a vida e a carreira;
- **currículo reestruturado** – organiza a proposta de aprendizagem em torno de pilares como pensamento efetivo, ação, relacionamentos e realizações, em vez de em torno de tópicos disciplinares.

A Figura 1.3 resume as principais características do paradigma educacional centrado nas pessoas.

Figura 1.3 Princípios do paradigma centrado nas pessoas

Fonte: REIGELUTH, MYERS; LEE, 2017.

Diante de todos esses aspectos, entre os benefícios do paradigma centrado nas pessoas, podemos citar:

- **Nível pessoal** – uma vez que as pessoas aprendem em ritmos diferentes, o progresso do aluno baseado no tempo obriga os alunos mais lentos a acessar novo material antes que tenham dominado o material atual, fazendo-os acumular *gaps* de aprendizagem a ponto de tornar cada vez mais difícil lidar com novo material no futuro, em um círculo vicioso que acaba condenando-os quase inevitavelmente ao fracasso. De outro modo, as pessoas que aprendem em um ritmo mais rápido são mantidas a passo lento, um verdadeiro desperdício de talentos. A educação centrada no aluno é a única forma de maximizar a aprendizagem de cada indivíduo, ajudando-o a desenvolver plenamente seu potencial.
- **Nível corporativo** – o cenário atual de mudanças e incertezas implica projetar uma nova arquitetura de conteúdos e novas estratégias de entrega. É fundamental perceber a mudança de uma organização fixa e estática de cursos educacionais para um design flexível e dinâmico de experiências de aprendizagem. Isso implica repensar radicalmente o foco das metas de transferência de conhecimento para os objetivos de desenvolvimento de competências; do ensino passivo em sala de aula para a solução de problemas contextualizados; e da oferta pontual de soluções

educacionais para a implementação de processos de criação de valor no contexto real de trabalho.

- **Nível social** – o trabalho manual foi substituído pelo trabalho com conhecimento, exigindo que mais pessoas sejam educadas em níveis superiores. O paradigma centrado nas pessoas pode atender a essa necessidade, favorecendo a competitividade dos países em um mundo *flat*, assim como o sistema político (por meio de votantes e líderes mais bem informados), e contribuindo para a formação de cidadãos capazes de sobreviver em um mundo digital crescentemente complexo.

1.7 DI 4.0

Os desdobramentos do paradigma centrado nas pessoas caminham para um modelo de DI que integra as potencialidades de todos os modelos de DI anteriores, a fim de prover uma metodologia cujo valor e vetor principal seja a centralidade no ser humano.

No Capítulo 2, vamos mergulhar fundo no que significa uma educação centrada nas pessoas e no Capítulo 3 vamos analisar as implicações desse conceito para o DI e a criação de soluções na educação corporativa.

Podemos adiantar aqui, no entanto, quatro tipos de aprendizagem que colocam o aluno no centro, no controle do processo:

1. **aprendizagem (cri)ativa e colaborativa** – concentra-se no protagonismo de quem aprende, na colaboração com outras pessoas também envolvidas no processo de aprendizagem, e no binômio ação-reflexão;
2. **microaprendizagem e aprendizagem** *just-in-time* – visa a usar da melhor forma possível o recurso mais valioso do ser humano: o tempo;
3. **aprendizagem experiencial e imersiva** – proporciona uma experiência de aprendizagem significativa às pessoas;
4. **aprendizagem adaptativa e personalizada** – extrai significado de dados relativos à aprendizagem a fim de possibilitar a adaptação de uma solução educacional às características e necessidades individuais.

A esses quatro tipos de aprendizagem correspondem quatro grupos de metodologias educacionais – (cri)ativas, ágeis, imersivas e analíticas –, unidas sob o guarda-chuva das chamadas **metodologias inov-ativas**[36] e que compõem o DI 4.0.

Chegamos, enfim, à expressão que dá título a esse capítulo e que busca agregar todas as inovações descritas até este ponto. Trata-se de um DI voltado a colocar em prática formas totalmente novas de planejar, mediar e avaliar a aprendizagem, um DI (cri)ativo, ágil, imersivo e analítico. De forma mais estruturada, podemos dizer que o DI 4.0 é um processo intencional e sistemático de incorporar inovações às ações de analisar, projetar, desenvolver, implementar e avaliar soluções educacionais, tendo como premissa básica a centralidade na pessoa.

---

[36] FILATRO; CAVALCANTI, 2018a.

PARTE I Bases teóricas

Para isso, o DI 4.0 integra ao processo clássico de DI a abordagem de inovação e criatividade do DT, bem como os princípios do LXD, reafirmando ainda a importância da contextualização e da avaliação ao longo de todo processo, para a adoção de metodologias ativas, ágeis, imersivas e analíticas na educação corporativa.

De modo resumido, as etapas de cada uma dessas abordagens de design – o tradicional modelo ADDIE e as abordagens centradas nas pessoas DT e LXD – são apresentadas comparativamente no Quadro 1.8 a seguir, destacando-se suas inter-relações com o DI 4.0, que serão exploradas mais detalhadamente no Capítulo 3.

Quadro 1.8 Comparação entre as etapas do DI 4.0 e as abordagens ADDIE, DT e LDX

ADDIE	Análise	Design	Desenvolvimento	Implementação	Avaliação
DT	Compreender o problema	Projetar soluções	Prototipar	Implementar a melhor opção	
LXD	Desenvolver empatia Definir o problema	Idear soluções	Prototipar Testar		
DI 4.0	**Compreender o problema**	**Projetar uma solução**	**Desenvolver uma solução**	**Implementar uma solução**	
	Avaliar				

E, sintetizando os princípios que embasam o DI centrado nas pessoas – a (cri)atividade, a agilidade, a imersão e a orientação a dados – a Figura 1.4 traz uma representação esquemática do DI 4.0, que será aprofundado no Capítulo 2.

Ao finalizar este capítulo, uma pergunta pode surgir ao leitor: Por que tanta ênfase no design quando se trata de pensar a inovação na educação corporativa?

Em primeiro lugar, porque o design aponta para o futuro. Ao contrário da crítica, que olha para o passado, o design é orientado para o novo.

Em segundo lugar, porque o design é uma metodologia comprovada para a solução de problemas. E o que vemos no presente são problemas de toda natureza, principalmente os pouco estruturados e interdisciplinares, aos quais (pelo menos por enquanto) não se aplicam algoritmos.

Em terceiro lugar, porque a solução desses problemas depende de uma forma de pensar particular – um *mindset* que os designers desenvolvem em sua formação e prática, mas que não está restrito a especialistas em design.

Por fim, o design é reconhecido no contexto da inovação como uma abordagem que captura a perspectiva humana. E, em um cenário complexo e mutante como o que vivemos, a visão do DI, no caso, a visão do DI 4.0, assegura que a dimensão humana seja contemplada no processo de ensino-aprendizagem.

Figura 1.4 Representação esquemática do DI 4.0 integrando DI, DT e LXD para um DI centrado nas pessoas

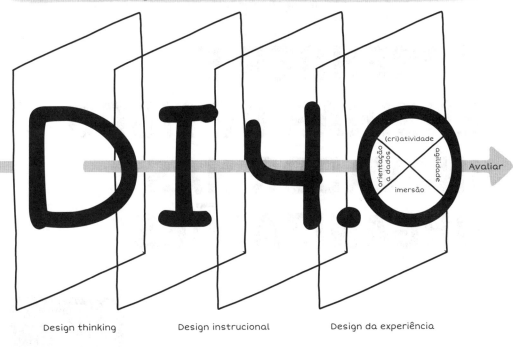

Fonte: elaborada pela autora.

CONTINUA...

O Capítulo 2 trata mais diretamente do DI centrado nas pessoas, abordando a adoção das metodologias inov-ativas no design de soluções educacionais. Ali o leitor verá de que maneira é possível combinar, na prática, o foco no aprendiz individual (sua herança genética, suas experiências, perspectivas, conhecimentos prévios, talentos, interesses e necessidades) com o melhor conhecimento disponível sobre o processo de aprendizagem corporativa em cada vertente do DI 4.0 – (cri)ativa, ágil, imersiva e analítica.

O Capítulo 3 explora as etapas gerais do DI 4.0 – compreender o problema, projetar uma solução, desenvolver a solução e implementar a solução educacional. Ali o leitor verá de que maneira é possível integrar, no nível macro, o processo de DI articulado à abordagem de DT e ao LXD no contexto da educação corporativa.

CAPÍTULO 2
APRENDER E ENSINAR DE MODO INOVADOR NAS ORGANIZAÇÕES

Andrea Filatro

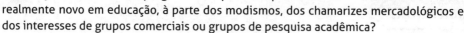

> Já há alguns anos, uma indagação me inquietava constantemente. A cada anúncio de nova tecnologia, a cada defesa de nova metodologia, a cada demonstração de nova solução educacional, a pergunta se repetia: O que existe de realmente novo em educação, à parte dos modismos, dos chamarizes mercadológicos e dos interesses de grupos comerciais ou grupos de pesquisa acadêmica?
>
> No final de 2017 e início de 2018, dediquei-me, juntamente com a prof.ª Carolina Costa Cavalcanti, a sistematizar algumas leituras e experiências práticas vivenciadas no âmbito do grupo de pesquisa Inovação, Design e Educação (IDE) que coordenamos juntas no Centro Universitário Adventista de São Paulo (UNASP).
>
> Identificamos quatro grupos de metodologias – ativas, ágeis, imersivas e analíticas –, cada uma delas com foco específico, mas também com interfaces claras com as demais metodologias, as quais batizamos de "metodologias inov-ativas". Em comum entre essas metodologias havia o potencial de inovação incremental e disruptiva expresso em novas formas de aprender e ensinar.
>
> Aprendizagem (cri)ativa e colaborativa, microaprendizagem e aprendizagem *just-in-time*, aprendizagem experiencial e imersiva, aprendizagem adaptativa e personalizada são termos cada vez mais presentes nas discussões, publicações e realizações no âmbito da educação corporativa.
>
> É sobre eles que falaremos a seguir, mas com um olhar ainda mais focado no contexto corporativo.

ROTEIRO

Projetar soluções inovadoras para a educação corporativa envolve pelo menos dois níveis de design: compreender como as pessoas aprendem e viabilizar novas formas de ensino-aprendizagem.

Neste capítulo, abordamos o primeiro nível, retomando os quatro grupos de metodologias inov-ativas – (cri)ativas, ágeis, imersivas e analíticas – e suas implicações na educação corporativa. Vamos tratar ainda de aprendizagem (cri)ativa e colaborativa, de microaprendizagem e aprendizagem *just-in-time*, de aprendizagem experiencial e imersiva, e de aprendizagem personalizada e adaptativa.

Navegue pelo conteúdo deste capítulo para compartilharmos conceitos essenciais sobre novas formas de ensinar e aprender na educação corporativa.

Nosso roteiro será:

2.1 Metodologias inov-ativas: novas formas de aprender e ensinar na educação corporativa
    2.1.1 Metodologias (cri)ativas
        2.1.1.1 Protagonismo do aluno
        2.1.1.2 Colaboração
        2.1.1.3 Ação-reflexão
    2.1.2 Metodologias ágeis
        2.1.2.1 Economia da atenção
        2.1.2.2 "Microtudo"
        2.1.2.3 Mobilidade tecnológica e conexão contínua
    2.1.3 Metodologias imersivas
        2.1.3.1 Engajamento e diversão
        2.1.3.2 Experiência de aprendizagem
        2.1.3.3 Ambientes imersivos
    2.1.4 Metodologias analíticas
        2.1.4.1 Analítica da aprendizagem
        2.1.4.2 Adaptação/personalização
        2.1.4.3 Inteligência humano-computacional

2.1 METODOLOGIAS INOV-ATIVAS: NOVAS FORMAS DE APRENDER E ENSINAR NA EDUCAÇÃO CORPORATIVA

Historicamente, a educação tradicional sempre focou a atividade de ensino ou instrução, na maioria dos casos tendo o professor/especialista como o ator mais importante do processo e o aluno/aprendiz como um agente passivo. Bastava que o professor transmitisse o conteúdo desejado e o ciclo se completava, independentemente de existir, de fato, aprendizagem por parte do aluno.

Nas últimas décadas, porém, um movimento teórico-prático no âmago da educação em geral e na educação corporativa em particular substituiu o foco no ensino pelo foco na aprendizagem, ou seja, a aprendizagem do aluno passou a ser mais importante e, por isso, estratégias como estudos de caso, projetos e *games* começaram a ocupar o lugar das tradicionais aulas expositivas.

A educação corporativa está inserida na educação tradicional e, por mais que o foco tenha mudado no discurso, ainda hoje as ações não são suficientes para as exigências organizacionais. Parte significativa de especialistas, professores e aprendizes ainda acredita na forma tradicional de desenvolver as pessoas, a despeito das muitas inovações tecnológicas e metodológica disponíveis.

Para as empresas, a preocupação com a real aplicação das competências desenvolvidas dentro do trabalho e o impacto sobre os negócios são os aspectos mais relevantes. À medida que as forças tecnológicas e econômicas seguem remodelando o mundo, cresce a conscientização com respeito à lacuna de habilidades sociais e profissionais para enfrentar o futuro – e essas são as prioridades dos investimentos em educação corporativa, seja nos treinamentos de natureza mais técnica ou no desenvolvimento de *soft skills* (competências "leves"), incluindo os programas de formação e desenvolvimento de líderes.

Por outro lado, é possível ver as mudanças no papel de aluno e docentes, na forma de administrar o espaço e o tempo para estudar, na maneira de utilizar as tecnologias em ambientes presenciais ou virtuais e no modo de avaliar a aprendizagem. Todos nós, que estamos envolvidos com a educação, somos testemunhas de que está se formando uma verdadeira revolução no interior das escolas, das universidades e dos sistemas de educação corporativa.

Neste capítulo, empregamos a expressão "metodologias inov-ativas" para abarcar boa parte dessas mudanças, organizando-as em quatro grupos, cada um deles com um foco distinto e inter-relacionado às demais metodologias.

As palavras-chave (cri)atividade, agilidade, imersão e orientação a dados somam-se às dimensões de interdisciplinaridade, interatividade, internetworking, individuação, imediação e interoperabilidade do modelo de *i-learning* (da incubação para a inovação nos processos educacionais), que vimos na Abertura deste livro, formando o quadro do que existe de realmente novo na educação corporativa.

2.1.1 Metodologias (cri)ativas

Como o próprio nome revela, as metodologias (cri)ativas se assentam sobre o conceito da cri(atividade). O termo é uma evolução do conceito de metodologias ativas já bastante disseminado nos meios escolares e acadêmicos e cada vez mais presente no ambiente corporativo.

Três princípios básicos fundamentam e favorecem a aprendizagem (cri)ativa e colaborativa:

1. **protagonismo do aluno** – em correspondência à centralidade na pessoa;
2. **colaboração** – em referência à aprendizagem social e à centralidade nas pessoas;
3. **ação-reflexão** – em relação ao processo de transformar a experiência individual em conhecimento e o conhecimento adquirido em experiência prática.

As metodologias (cri)ativas se aproximam bastante do que prega a **andragogia**, há algum tempo incorporada às práticas de educação corporativa. Em contraposição à **pedagogia**, voltada à educação de crianças e adolescentes e com uma tradição muito mais diretiva, a perspectiva andragógica parte da premissa de que os adultos se caracterizam fundamentalmente pelo autodirecionamento.[1]

Além da maturação orgânica que o faz um ser independente e autônomo, o adulto segue acumulando cada vez mais experiências, que constituem um importante banco de recursos para sua aprendizagem. Sua capacidade de aprender torna-se progressivamente orientada para tarefas relacionadas aos seus papéis sociais e sua perspectiva quanto à aplicabilidade do conhecimento é imediata. Assim, especialmente no contexto da educação corporativa, o adulto enxerga a aprendizagem como algo relacionado a problemas práticos a serem solucionados.[2]

Para contemplar a tríade de conceitos relativos à educação, a **heutagogia** define um tipo de aprendizagem característica do mundo digital, conectado em rede e em contínua transformação: basicamente, autoaprendizagem e conhecimento compartilhado, com flexibilidade e proatividade para atuar em espaços de convivência e trabalho carregados de incertezas. Sob o guarda-chuva heutagógico, situam-se abordagens como o conectivismo, que veremos a seguir.

> **Andragogia**
> do grego *andros*, "adulto", e *agogus*, "educar, guiar, conduzir", refere-se à educação de adultos, particularmente aqueles inseridos no contexto de trabalho, que leva em consideração aspectos como experiências, motivações e necessidade de aprender.

> **Pedagogia**
> do grego *paidós*, "adulto", e *agogus*, "educar, guiar, conduzir", refere-se à educação de crianças e adolescentes, em contextos nos quais o professor assume a responsabilidade de orientar experiências formais de aprendizagem das gerações mais novas.

> **Heutagogia**
> do grego *heuta*, "próprio", e *agogus*, "educar, guiar, conduzir", refere-se às demandas da era digital, em que as informações disponíveis são abundantes e as pessoas, independentemente da faixa etária, têm autonomia para decidir o quê, como e quando aprender.

2.1.1.1 Protagonismo do aluno

Ainda que o protagonismo do aluno esteja presente desde o behaviorismo da década de 1950, a primeira abordagem científica sobre como as pessoas aprendem se traduz basicamente na metáfora da "transferência" do conhecimento de um professor/

---

[1] FILATRO, A. *Produção de conteúdos educacionais.* São Paulo: Saraiva, 2016.

[2] KNOWLES, M. *et al. The adult learner*: the definitive classic in adult education and human resourse development. 5. ed. Houston: Gulf Publishing Company, 1998.

PARTE I Bases teóricas

especialista a aprendizes que assumem o papel de recipientes a serem preenchidos, com um conjunto predefinido de resultados a serem alcançados.

É no cognitivismo, surgido como contraponto ao behaviorismo na metade dos anos 1950, que se começam a reconhecer as relações entre o conhecimento e as experiências pessoais, isto é, a aprendizagem está intimamente relacionada às características individuais de quem aprende.

Essa perspectiva se sedimenta com o (socio)construtivismo no início da década 1980, que considera o aluno como um participante ativo do processo de aprendizagem, incluindo o contexto em que opera e as interações que realiza com outras pessoas, artefatos e ferramentas. A abordagem construtivista dominou o discurso educacional, principalmente escolar e universitário, até que as mudanças no contexto em que os aprendizes operam ganharam novos contornos e em um ritmo jamais testemunhado.

Assim, emerge no início do século XXI a teoria conectivista para explicar a aprendizagem no mundo digital e para integrar princípios explorados pelas teorias de rede, da complexidade e da auto-organização. De acordo com o conectivismo, a aprendizagem é um processo que ocorre em ambientes nebulosos cujos elementos centrais são mutáveis e não estão inteiramente sob o controle do indivíduo. Uma rede de especialistas (internos ou externos, humanos ou computacionais) torna-se a fonte de conhecimento, acessível aos indivíduos por meio de poderosas tecnologias de acesso e comunicação. Estabelece-se, assim, a metáfora da viagem, na qual o professor/especialista é um guia especializado que orienta os alunos em um terreno desconhecido a ser explorado, fornecendo-lhes as ferramentas e técnicas úteis para fazer conexões e estimulando-os a serem mais criativos e empreendedores em suas experiências de aprendizagem.

Na prática, o conectivismo se traduz na organização de ambientes de aprendizagem abertos, motivadores, dinâmicos e em rede, possibilitando a aquisição e a aplicação de conhecimento, a participação (virtual) e as ações em equipes interdisciplinares, multissetoriais, multiculturais e até multinacionais, abordando problemas e oportunidades desafiadoras.

Nesse sentido, essa corrente se constitui em um desafio, principalmente para as universidades corporativas e escolas de negócios atuais, que precisam oferecer uma resposta eficaz aos desafios urgentes da rápida obsolescência de competências e do crescimento exponencial do conhecimento e, ao mesmo tempo, à necessidade premente de impulsionar a inovação para a competitividade e a criação de valor na economia do século XXI.

Esse desafio implica organizar toda a experiência de aprendizagem em torno de oportunidades de (cri)atividade. Nesse sentido, as metodologias (cri)ativas abarcam um conjunto de técnicas e estratégias educacionais que vão dos estudos de caso à **sala de aula invertida (*flipped classroom*)**, da aprendizagem baseada em problemas à aprendizagem baseada em projetos, do **movimento *maker*** à abordagem de design thinking (DT).

Sala de aula invertida (*flipped classroom*) metodologia apresentada por Salman Khan no livro *Um mundo, uma escola*: a educação reinventada,[3] a qual propõe que o aluno estude, antes da aula, sobre um tema específico, chegando à classe mais preparado, com questionamentos e inquietações que serão a base para a utilização de metodologias ativas.

---

[3] KHAN, S. *Um mundo, uma escola*: a educação reinventada. Rio de Janeiro: Intrínseca, 2013.

Podemos lançar mão do sistema 3P de Elia[4] para organizar as metodologias (cri)ativas em torno de três principais desafios da aprendizagem contemporânea – problemas, projetos e processos – como mostra a Figura 2.1.

Movimento *maker*
perspectiva centrada no conceito de aprendizagem ativa e experiencial, embasada na possibilidade de os aprendizes fabricarem, com as próprias mãos, objetos, protótipos e soluções para problemas.

Figura 2.1 Os três principais desafios das metodologias (cri)ativas

solução de PROBLEMAS	desenvolvimento de PROJETOS	execução de PROCESSOS
Baseia-se em questionamentos dos alunos, que precisam descobrir vários cenários e alternativas para formular uma ou mais soluções para um problema. Em boa parte das vezes, o resultado final não pode ser previsto, pois está relacionado às competências, à criatividade e ao espírito empreendedor de cada aluno e/ou grupo ao qual ele se filia para tentar resolver o problema	Consiste na execução de uma ou mais tarefas intencionalmente predefinidas, concebidas e planejadas; normalmente, culmina na criação de um produto tangível (um relatório, uma maquete, o relato de uma experiência em laboratório, um protótipo...) que, consequentemente, pode ser avaliado de forma objetiva com base em uma lista de parâmetros e padrões compatíveis com os requisitos solicitados	Confere uma visão mais dinâmica da aprendizagem em que os alunos transformam insumos em produtos, coordenam atividades, usam recursos, respeitam diretrizes e regras, gerenciam pessoas, tomam decisões sobre métodos, equipamentos e infraestruturas, e organizam ativos técnicos, financeiros e intangíveis com vistas a gerar resultados mensuráveis por meio de indicadores críticos de sucesso ou desempenho

Fonte: adaptada de ELIA, 2010.

Vale a pena ressaltar que um dos pilares das metodologias (cri)ativas é a globalização na forma de organizar os conhecimentos. Aprender é visto como um processo complexo e global, no qual a separação artificial entre teoria e prática é substituída pelo engajamento ativo e criativo em projetos reais para resolver problemas desafiadores por meio de processos empresariais, organizacionais, estratégicos e tecnológicos autênticos.

De igual forma, a compartimentalização entre disciplinas ou domínios é superada. Isso significa dizer que a solução de problemas, o desenvolvimento de projetos e a execução de processos são atividades que extrapolam os limites de uma única matéria ou aplicação teórico-prática e requerem de quem aprende e de quem ensina uma postura de descoberta de conhecimentos.

---

[4] ELIA, G. The emergence of the open networked "i-Learning" model. In: ELIA, G.; POCE, A. *Open networked "i-Learning"*: models and cases of "next-gen" learning. New York: Springer, 2010.

PARTE I Bases teóricas

2.1.1.2 Colaboração

Como podemos perceber, o entendimento sobre como as pessoas aprendem evolui de explicações mais individualistas e objetivistas para correntes mais colaborativas e intersubjetivas. Especialmente para o construtivismo social, a formação de processos superiores de pensamento se dá pela atividade instrumental e prática, em intensa interação e cooperação social, realizando-se de forma colaborativa, com significados negociados a partir de múltiplas perspectivas.

De igual modo, para o conectivismo, a aprendizagem e o conhecimento residem na diversidade de perspectivas e opiniões. Aprender é um processo de conectar nós e fontes de informação especializados, daí a necessidade de alimentar e manter conexões para facilitar a aprendizagem continuada. Nesse sentido, a capacidade de reconhecer conexões entre campos, ideias, conceitos e pessoas é uma habilidade-chave.[5]

As metodologias (cri)ativas repousam, portanto, na compreensão de que a aprendizagem é social, ou seja, se dá na e pela interação com outras pessoas, que aprendem de forma menos estruturada e também em espaços não formais de aprendizagem (como nas redes sociais, por exemplo).

No ambiente corporativo, o trabalho em equipe (*teamwork*) é extremamente valorizado, e a colaboração faz cada vez mais parte da realidade das empresas. No entanto, isso nem sempre se reflete de maneira direta nas ações de aprendizagem corporativas, sejam presenciais ou a distância. Ocorre que alguns fatores tornam bastante complexa a realização de atividades de aprendizagem em grupo, uma vez que exigem agendas de trabalho e administração eventual de conflitos.

Entretanto, entre os extremos de autoestudo isolado e participação em grupos clássicos de estudo, existem diferentes níveis de granularidade da aprendizagem social que permitem a um líder ou colaborador aprender de acordo com seu ritmo e conveniência, ao mesmo tempo que participa de atividades coletivas, com a agregação de tarefas individuais.

Os níveis de granularidade da aprendizagem social são definidos por um conjunto de variáveis que incluem número de usuários, liderança formal, grau de familiaridade entre os membros, responsabilidade percebida em relação aos demais envolvidos e privacidade proporcionada aos participantes. Articuladas, essas variáveis caracterizam diferentes tipos de agrupamento humano: grupos, comunidades, redes ou coletivos.[6]

O Quadro 2.1 apresenta os três principais níveis de granularidade, os quais podem ser aplicados com menor ou maior estrutura, mesmo em contextos corporativos mais complexos, para promover a aprendizagem social.

---

[5] SIEMENS, G. *Knowing knowledge*. Lexington: Creative Commons, 2006.

[6] DRON, J.; ANDERSON, T. Learning and teaching with social media. In: DRON, J.; ANDERSON, T. (Orgs.). *Teaching crowds*. Alberta: AU Press, 2014.

Quadro 2.1 Diferentes níveis de granularidade da aprendizagem social

Nível de granularidade	Descrição
Grupos	Entidade social com maior vínculo, formada por pessoas que se reconhecem como parte do grupo (ou equipe) – cada membro conhece os demais pelo nome. Por essa razão, a entrada é geralmente restrita e controlada. As atividades dependem de um ritmo de estudo sincronizado e de uma sequência comum predefinida – o que, por um lado, cria restrições, mas, por outro, gera maior comprometimento. Exemplos clássicos são turmas on-line, equipes de projeto e comunidades de prática.
Redes	Conectam indivíduos distribuídos que se ligam a outras pessoas de forma direta ou indireta, mas sem consciência imediata dos demais que fazem parte da rede. A filiação e a desfiliação se dá por meio de conexões informais e semiformais. O objetivo é se associar a pessoas com interesses semelhantes, que sabem mais ou que desejam aprender as mesmas coisas. Os membros dividem um senso marginal de comprometimento, mas a participação individual visa a aumentar a reputação pessoal e criar coletivamente um recurso que tem valor maior que a contribuição e a perspectiva isolada de um indivíduo ou um grupo. *Blogs*, wikis, redes sociais como Facebook e LinkedIn e plataformas de compartilhamento como a Wikipedia e o Youtube são exemplos típicos de contribuição individual a uma rede.
Coletivos	Constituem a forma mais fluida de granularidade, na medida em que são conjuntos emergentes formados pelas ações de indivíduos que não se veem necessariamente como parte de um grupo ou rede, mas cujo comportamento agregado resulta em algum tipo de conhecimento mais inteligente. São úteis para identificar tendências, mapear preferências ou itens mais populares e ainda reunir respostas recorrentes a questões específicas (como acontece nas FAQs). Seu principal benefício é a livre colaboração – apenas interagir com o sistema é o suficiente para gerar a "sabedoria das massas". Por exemplo, navegar de uma página a outra, passar tempo em um link particular e avaliar um conteúdo são comportamentos e opiniões que um sistema é capaz de mapear e agregar para criar valor. Por essa razão, quanto mais membros um coletivo tiver, maior é sua utilidade e validade.

Fonte: elaborado pela autora, com base em DRON; ANDERSON, 2007.

Um exemplo das possibilidades de novos arranjos sociais de aprendizagem é o *social reading,* processo no qual as pessoas leem textos em dispositivos digitais (como o Kindle, por exemplo), marcando, destacando e comentando partes que podem ser visualizadas por outros leitores, mesmo que dispersos geograficamente e não identificados nominalmente. A "leitura coletiva" propiciada pelas plataformas digitais amplia o papel da colaboração para a reflexão e a aprendizagem.

Como vemos, na aprendizagem social, o protagonismo repousa sobre os alunos, que se agrupam em diferentes níveis de granularidade para resolver problemas, desenvolver projetos e executar processos.

2.1.1.3 Ação-reflexão

Quando falamos em (cri)atividade como valor-chave na educação corporativa inovadora, estamos nos referindo a um conjunto de ações, atividades e experiências que visam a propiciar o desenvolvimento de competências (conhecimentos, habilidades, atitudes) e sua mobilização em situações reais de trabalho.

Entretanto, apenas vivenciar experiências individuais ou colaborativas, por mais agradáveis e desafiadoras que sejam, é apenas parte do chamado ciclo de aprendizagem experiencial, conforme defendido por David Kolb.[7]

O conceito de aprendizagem experiencial (ou do "aprender fazendo") foi proposto por John Dewey[8] com base na ideia de que não deve existir separação entre a educação e a vida real. Para que a integração entre realidade e aprendizagem ocorra, Dewey[9] estabelece cinco condições básicas:

1. Aprendemos pela prática.
2. Só a prática não basta; é preciso reconstruir conscientemente uma experiência.
3. Aprendemos por associação.
4. Aprendemos várias coisas ao mesmo tempo; nunca apenas uma coisa.
5. A aprendizagem deve ser integrada à vida e à nossa realidade.

Seguindo a trilha de Dewey, Kolb[10] define a aprendizagem como o processo pelo qual o conhecimento é criado por meio da transformação da experiência. Nesse sentido, o autor argumenta que:

- a aprendizagem é processo, mais que resultado;
- a aprendizagem é um processo holístico de adaptação ao mundo;
- aprender requer a solução de conflitos entre modos dialeticamente opostos de adaptação;
- aprender é construir conhecimento a partir da experiência.

Para explicar como as pessoas aprendem pela experiência, Kolb desenvolveu o chamado "ciclo de aprendizagem experiencial", que considera duas dimensões dialéticas de adaptação ao mundo:

1. **Sentir-Pensar** – diz respeito à compreensão da realidade;
2. **Observar-Fazer** – diz respeito à transformação da realidade.

Como mostra a Figura 2.2, essas duas dimensões se articulam em quatro elementos de uma espiral de aprendizagem contínua.

---

[7] KOLB, D. A. *Experiential learning*: experience as the source of learning and development. Englewood Cliffs: Prentice-Hall, 1984.

[8] DEWEY, J. *Vida e educação*. São Paulo: Melhoramentos, 1965, p. 36-37.

[9] FILATRO, A.; CAVALCANTI, C. C. *Metodologias inov-ativas na educação presencial, a distância e corporativa*. São Paulo: Saraiva, 2018a.

[10] KOLB, 1984.

Figura 2.2 O ciclo de aprendizagem experiencial de Kolb

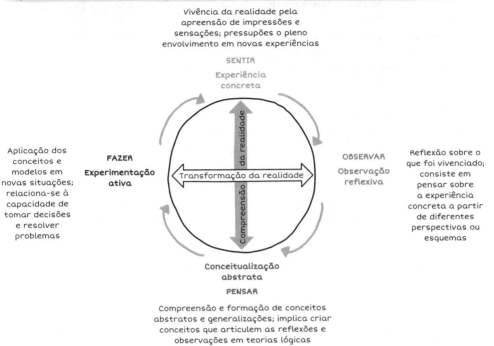

Fonte: adaptada de FILATRO, 2014.

Do ciclo de aprendizagem experiencial de Kolb deriva a teoria de estilos de aprendizagem que categoriza as pessoas em grupos conforme suas preferências. Resumidamente, os estilos de aprendizagem de Kolb classificam-se em:

- **divergentes** – encaram as situações concretas de diferentes pontos de vista, apreciam a geração de ideias, têm interesse nas pessoas e tendem a ser imaginativos e emocionais;
- **convergentes** – buscam aplicações práticas para as ideias, apreciam resolver problemas e tomar decisões e preferem tarefas técnicas a questões interpessoais;
- **assimiladores** – gostam de reunir fatos e organizá-los de forma lógica e integrada, são mais focados em ideias e conceitos abstratos que em pessoas, e estão mais interessados na coerência lógica que na utilidade prática; e
- **acomodadores** – aprendem principalmente a partir da experiência prática, apreciam desafios e novas experiências, gostam de assumir riscos e gostam de situações em que precisam adaptar-se a mudanças, confiam mais nos sentimentos que na análise lógica, e mais nas pessoas que em análises técnicas.

No entanto, Kolb sugere que a forma de aprendizagem profunda é aquela que integra os quatro elementos distintos, não importando o estágio em que se inicie. A integração é alcançada por um ciclo progressivo no qual a experiência é transformada em conhecimento por meio de algumas práticas:

- **experiência concreta (SENTIR)** – envolver-se abertamente em novas experiências;
- **observação reflexiva (OBSERVAR)** – refletir sobre as experiências a partir de múltiplas perspectivas;
- **conceitualização abstrata (PENSAR)** – criar conceitos para integrar as experiências observadas a teorias logicamente robustas;
- **experimentação ativa (FAZER)** – usar conceitos ou teorias para tomar decisões e resolver problemas.

Além da perspectiva de Kolb, os estudos de Donald Schön[11] sobre como o conhecimento é aplicado no desempenho prático revelaram que há um contínuo diálogo introspectivo quando o profissional lida com situações, problemas e imprevistos. Nesse diálogo interno, são construídos e remodelados planos, experimentos, hipóteses e testes virtuais, realizados no espaço mental; nele, problemas são definidos e redefinidos, enquanto os sentidos das situações práticas são continuamente elaborados.

Esse exercício de reflexão pode ocorrer de pelo menos duas maneiras:

1. **reflexão na ação** – durante o próprio fluxo da prática profissional;
2. **reflexão sobre a ação** – durante pausas e momentos que sucedem à prática, criando um exame distanciado e retroativo, além de elaborações sobre ações futuras.[12]

Tais práticas, geralmente relacionadas às situações de solução de problemas, são condições para a transferência da aprendizagem e para o aprimoramento contínuo do desempenho profissional.[13]

2.1.2 Metodologias ágeis

As metodologias ágeis reúnem conceitos e práticas que lidam com a administração do tempo e da atenção – recursos tão escassos quanto valiosos quando se trata do ser humano –, sob influência da mentalidade ágil (*agile*) que surgiu na área de desenvolvimento de software.[14]

Muitos são os estudos que defendem a mentalidade ágil na educação, expressa, por exemplo, no *Manifesto Ágil para o Ensino e a Aprendizagem*,[15] no *Agile-Teaching/Learning Methodology (ATLM)*[16] e até na chamada "*pedagogia extrema*".[17]

Para os objetivos deste capítulo, o *Manifesto da Pedagogia Ágil* traz a visão necessária sobre os princípios subjacentes à aplicação dessa abordagem na educação corporativa, como mostra a Figura 2.3.

---

[11] SCHÖN, D. *Educando o profissional reflexivo*. Porto Alegre: Artmed, 2000.

[12] REIS, G. G.; SILVA, L. M. T.; EBOLI, M. A prática reflexiva e suas contribuições para a educação corporativa. *REGE*, v. 17, n. 4, p. 403-419, 2010.

[13] A aprendizagem experiencial é retomada mais adiante, sob o guarda-chuva das metodologias imersivas.

[14] Ver mais sobre a mentalidade ágil no Capítulo 1.

[15] KREHBIEL, T. C. *et al.* Agile manifesto for teaching and learning. *The Journal of Effective Teaching*, v. 17, n. 2, p. 90-111, 2017.

[16] CHUN, A. H. W. The agile teaching/learning methodology and its e-Learning platform. *Lecture Notes in Computer Science – Advances in Web-Based Learning*, v. 3143, p. 11-18, 2004.

[17] D'SOUZA, M. J.; RODRIGUES, P. Extreme pedagogy: an agile teaching-learning methodology for engineering education. *Indian Journal of Science and Technology*, v. 8, n. 9, p. 828-833, 2015.

Figura 2.3 Princípios da pedagogia ágil

PEDAGOGIA ÁGIL		Pedagogia convencional
PRÁTICA		Teoria
ESCOLHA DO ALUNO		Informação e controle
APRENDIZAGEM E APLICAÇÃO DE HABILIDADES		Aprendizagem de fatos
COLABORAÇÃO	mais que	Concorrência
APRENDIZAGEM PERSONALIZADA		Modelos padronizados
APRENDIZAGEM COCONSTRUÍDA		Aprendizagem liderada por professores

Fonte: adaptada de ROYLE; NIKOLIC, 2016.

Além da influência de processos tecnológicos e industriais, outros fatores compõem a base para o entendimento das metodologias ágeis:

1. economia da atenção;
2. "microtudo";
3. mobilidade tecnológica e conexão contínua.

Esses princípios estão por trás de dois tipos de aprendizagem contemporâneos: a microaprendizagem (*microlearning*) e a aprendizagem *just-in-time* (*just-in-time learning*).

A aprendizagem *just-in-time* se alinha à microaprendizagem no sentido de que também trabalha com a variável "tempo", para que conceitos, ideias, teorias e ferramentas sejam "entregues" a quem deles necessita, no momento em que se fazem necessários.

A ideia de um tempo fixo para aprender – seja no intervalo mais amplo da educação regular básica e superior, seja considerando o tempo de hora aula passado nos bancos escolares e universitários – é substituída pela ideia do tempo fluido. Por meio de novas tecnologias, principalmente móveis, os alunos podem aprender realmente em qualquer lugar e em qualquer intervalo temporal.

E, para atender às necessidades de cada instante, não apenas os conteúdos e as atividades são formatados em um tamanho administrável pelos alunos, mas também estão atrelados a *feedbacks* imediatos, que encerram o ciclo de interesse, consulta e assimilação de uma única vez. Dessa forma, os alunos sabem que concluíram um "pedaço" de aprendizagem, por menor que seja, naquele curto espaço de tempo.[18]

---

[18] WIND, J.; REIBSTEIN, D. Reinventing training for the global information age. *Knowledge@Wharton*, 2000. Disponível em: <https://www.researchgate.net/publication/265007579_Reinventing_Training_for_the_Global_Information_Age>. Acesso em: 20 mar. 2019.

PARTE I Bases teóricas

2.1.2.1 Economia da atenção

A **economia da atenção** é um fenômeno descrito por Davenport e Beck[19] que analisa a relação entre a atenção humana (finita) e a quantidade abundante de informações disponíveis para processamento.[20]

Uma vez que nossa capacidade de prestar atenção se mantém a mesma, à medida que aumenta a quantidade de informação disponível no ambiente que nos cerca, nosso consumo da informação se torna, na maioria das vezes, superficial. Resumidamente: quanto maior a riqueza da informação disponível, menor a qualidade da atenção dedicada.[21]

Em consequência, conquistar a atenção das pessoas se tornou um desafio enorme em praticamente todas as áreas da vida – da família aos negócios à educação.

Não por acaso estratégias como o *storytelling* (narrativas) têm ocupado cada vez mais lugar no rol de soluções comunicacionais para atrair a atenção dos interlocutores. No caso da educação, o uso de narrativas instrucionais não é tão recente como se imagina. Estudos de caso, relatos pessoais, histórias de vida, (auto)biografias propõem uma sequencialidade de eventos, estados mentais e acontecimentos envolvendo personagens em ambientes e épocas distintas que, juntos, dão sentido a uma situação e permitem compreender como a realidade é construída.[22]

Além disso, os conflitos apresentados ao longo das narrativas permitem projetar sentimentos e emoções, uma vez que atingem o córtex cerebral com mais rapidez do que quando lidamos com dados mais objetivos, levando o interlocutor a se identificar com a narrativa.[23]

Afinal, diante do oceano de informações disponíveis, que cresce em dimensão exponencial, não há como acompanhar tudo o que é criado e distribuído, uma vez que os cérebros humanos se mantêm com a mesma capacidade de décadas atrás. Por esse motivo, os filtros humanos, que antes se restringiam a nossos círculos mais próximos (como pais, professores, familiares, amigos, colegas de trabalho), se expandiram para abranger influenciadores de qualquer idade e qualquer lugar, por vezes desconhecidos.

Por outro lado, também notamos a crescente adoção de filtros relevantes: mecanismos de busca (como Google e Bing na Web, o Waze e o GoogleMaps para localização geográfica) e sistemas de recomendação baseados em algoritmos que cruzam informações de usuários para sugerir livros ou filmes (como acontece na livraria virtual Amazon e na plataforma de filmes e series Netflix) são soluções consideradas cada vez mais efetivas para pessoas e organizações.

A boa notícia no campo da na educação corporativa é que várias formas de tecnologias incorporam abordagens importantes para o gerenciamento da atenção. A maioria dessas tecnologias, por exemplo, contém roteiros que estruturam o fluxo de atenção. Os designers instrucionais mapeiam com cuidado o fluxo da atenção do aprendiz utilizando a solução educacional criada e constroem percursos alternativos com base na informação aprendida.[24]

---

[19] DAVENPORT, T. H.; BECK, J. C. The attention economy: understanding the new currency of business. *Harvard Business Press*, 2001.

[20] DAVENPORT; BECK, 2001.

[21] GABRIEL, M. *Você, eu e os robôs*: pequeno manual do mundo digital. São Paulo: Atlas, 2018.

[22] BRUNER, J. S. *Actual minds, possible worlds*. Cambridge: Harvard University Press, 1986.

[23] FILATRO, 2016.

[24] Essas ideias se relacionam à aprendizagem personalizada e adaptativa.

Esse princípio também pode ser usado na abordagem de cenários baseados em metas para capturar e manter a atenção do aluno, ou seja, o aluno usa o programa para atingir uma meta específica (por exemplo, preparar um plano de negócios ou desenvolver uma proposta de gerenciamento de riscos) e faz isso no contexto de uma história ou em um cenário, incluindo os clássicos estudos de caso. Esses programas podem empregar várias mídias e oferecer ao aprendiz vários percursos alternativos de aprendizagem.[25]

Embora essas tecnologias educacionais consumam muito tempo para serem criadas, as pesquisas sugerem que são substancialmente mais eficazes do que estratégias expositivas, como as palestras. O uso de histórias, de metas e os altos níveis de envolvimento entre o instrutor do programa e os alunos garantem que estes prestem atenção ao conteúdo.

2.1.2.2 "Microtudo"

Com tempo e atenção escassos para aprender, uma das características das metodologias ágeis na educação corporativa é a fragmentação e a componentização da aprendizagem em micromomentos, microconteúdos e microatividades empregados conforme a necessidade dos envolvidos.

Podemos reunir todos esses microelementos sob a denominação única de supermicroaprendizagem (*microlearning*). Em linhas gerais, trata-se de uma abordagem que apresenta informações em pequenos "pedaços", com alto nível de interação e *feedback* instantâneo após cada ação do usuário.

Na microaprendizagem, as pessoas (aprendizes) buscam em vídeos, artigos, exemplos de código e **job aids** respostas para uma questão específica, em geral motivadas pela necessidade de encontrar ajuda "neste momento" (*just-in-time*).

O Quadro 2.2 faz uma comparação entre a macroaprendizagem com o qual estamos tradicionalmente familiarizados e a abordagem de microaprendizagem, em termos de contexto de

> **Job aids**
> "ajudas de trabalho" que oferecem informações de fácil acesso e em um formato que permite rápida apreensão, incluindo cartões de referência rápida (por exemplo, os cartões de instrução em voos), *checklists* (listas de verificação), infográficos, quadros para afixar em monitores ou teclados de computador, listas de abreviaturas, tabelas de fórmulas ou códigos, e matrizes para tomada de decisão.

aprendizagem, perfil do público, duração, tipos de conteúdo explorados, processos de criação, agregação e fragmentação de conteúdo, estrutura do ciclo de aprendizagem e papel dos alunos.

---

[25] DAVENPORT; BECK, 2001.

PARTE I Bases teóricas

Quadro 2.2 Comparação entre macro e microaprendizagem

	Macroaprendizagem	Microaprendizagem
Contexto de aprendizagem	Aprendizagem formal	Aprendizagem informal
Perfil do público	Alunos visando a obter *insights* sobre tópicos definidos por especialistas em determinados domínios de conhecimento	Pessoas visando a explorar conceitos ou resolver problemas práticos
Duração	Várias horas ou dias	De alguns segundos a 15 minutos
Tipos de conteúdo	Módulos de aprendizagem compondo e estruturando uma ampla faixa de ideias ou tópicos e combinando objetos de aprendizagem	Microconteúdos como pequenos pedaços (*chuncks*) de informação, focando em uma ideia ou tópico definidos
Processo de criação de conteúdo	Conteúdo criado por especialistas, geralmente usando ferramentas de autoria	Conteúdo cocriado por alunos com ferramentas de Web 2.0 e de autoria rápida
Agregação e fragmentação do conteúdo	Necessidade de combinar objetos de aprendizagem para prover plena compreensão sobre um tema; facilidade em dividir o conteúdo para reutilização e reestruturação	Unidades de conteúdo autocontidas e compreensíveis, sem a necessidade de informação adicional; impossibilidade de dividir os microconteúdos em partes menores sem perda de significado
Estrutura do ciclo de aprendizagem	Estruturas hierárquicas, sequenciais e pré-sequenciadas constituídas de uma série de unidades ou lições, cada uma delas combinando um conjunto de objetos de aprendizagem, como texto, imagem, áudio e vídeo	Estruturas dinâmicas e flexíveis criadas pelos alunos durante o processo de aprendizagem, por meio de **sindicação**, **agregação** e modificação, com base em dados como *tags* sociais e *bookmarks* (marcadores digitais)
Papel dos alunos	Consumidores de conteúdo, tentando construir estruturas mentais similares às dos especialistas	Prossumidores de conteúdos, construindo suas próprias estruturas mentais por meio da exploração e da interação social

Fonte: adaptado de GIURGIU, 2017.

Alguns exemplos demonstram na prática os princípios de microaprendizagem apresentados no quadro anterior.[26]

O Duolingo é um aplicativo de aprendizagem de idiomas multiplataforma com integração a mídias sociais e elementos de gamificação. A introdução na página inicial consome poucos segundos para ser lida, e cada lição requer entre 5 e 10 minutos para ser completada, concentrando-se geralmente em um conjunto de 8 a 10 tópicos (palavras) a serem aprendidos. A Lingot Store,[27] as páginas de discussão e a integração com as mídias

---

[26] BURNS-JOHNSON, E. Get inspired: five examples of good microlearning design. *Allen Interactions*, 22 set. 2015. Disponível em: <https://info.alleninteractions.com/get-inspired-five-examples-of-good-microlearning-design>. Acesso em: 15 ago. 2019.

[27] Lingot Store é o local onde os alunos podem comprar itens para melhorar sua experiência de aprendizagem. Os lingotes são a moeda virtual do Duolingo, obtidos quando o aluno finaliza uma unidade de estudo, adquire uma habilidade ou mantém a frequência na plataforma virtual.

sociais ajudam os alunos a personalizar sua experiência e a se conectar com uma rede mais ampla de estudantes de idiomas. O acesso se dá tanto por aplicativo Web como por aplicativo móvel, e os alunos têm total controle sobre quão rapidamente vão progredir ao longo do currículo e em cada lição individual.

A Udacity é um Mooc (do inglês, Massive Open Online Course ou curso on-line massivo e aberto), com uma série de vídeos curtos (de um a dois minutos) e exercícios pontuais compondo lições que são bons exemplos de microaprendizagem. Em geral, os vídeos iniciais oferecem um breve panorama do que será tratado no curso inteiro e a importância de o aluno manter a tenacidade ao longo dos vários "pedaços" de aprendizagem ofertados. As lições são acessadas com poucos cliques, e os vídeos vão direto ao tópico em questão. O diálogo com os *hosts* dá a cada vídeo um tom conversacional e os fóruns oferecem a possibilidade de interagir com outros estudantes. Os cursos estão disponíveis na Web e também podem ser acessados por meio de aplicativos móveis. É o aluno quem controla o ritmo de estudo e quanto avançará ao longo do programa.

Fica evidente que a aprendizagem convencional – expressa em cursos e programas estruturados segundo uma lógica de terceiros, geralmente especialistas em determinada área do conhecimento ou prática – favorece uma **aprendizagem profunda (*deep learning*)**, com a construção de significados mais amplos, enquanto a microaprendizagem apoia a chamada **aprendizagem de lembranças** (*refresher*), apropriada à retenção de informação e à construção de conhecimento factual. Corresponde também a um nível micro de certificações fracionadas (micro ou nanocertificações), gradativas ou empilháveis, algo semelhante a uma "educação no formato Lego", de natureza bastante disruptiva.[28]

> **Sindicação**
> termo oriundo da prática comum em países como Estados Unidos, em que canais de TV locais compram e vendem programas para exibição em outros canais de outras localidades; na Web, um meio de reproduzir o conteúdo lançado por um site através de outro site ou programa.

> **Agregação**
> ato de coletar conteúdo digital de diferentes fontes (*blogs*, artigos, postagens em redes sociais etc.) e reuni-los em um mesmo local on-line; pode ser realizado manualmente por pessoas ou automaticamente por aplicativos ou softwares projetados para extrair conteúdos de várias fontes e publicá-los no mesmo lugar.

> ***Deep learning* (aprendizagem profunda)**
> ocorre quando as usam capacitações cognitivas de alta ordem (como análise e síntese, julgamento e interpretação), integram a aprendizagem a conhecimentos e experiências anteriores, têm uma visão holística do contexto e do "sentido" do que está sendo aprendido, veem a aprendizagem como algo relevante para a vida ou a carreira, e demonstram retenção em longo prazo e capacidade de transferir o que foi aprendido.[29]

---

[28] SECURATO, J. C. *Onlearning*: como a educação disruptiva reinventa a aprendizagem. São Paulo: Saint Paul, 2017.

[29] LITTO, F. M. Aprendizagem profunda e aprendizagem de superfície. *Aprendiz do Futuro*, out. 2000. Disponível em: <https://textosreunidosaqui.wordpress.com/2008/07/23/aprendizagem-profunda-e-aprendizagem-de-superficie/#more-137>. Acesso em: 15 ago. 2019.

PARTE I Bases teóricas

2.1.2.3 Mobilidade tecnológica e conexão contínua

De uma perspectiva tecnológica e por seu tamanho e facilidade de acesso, em qualquer hora e qualquer lugar, a microaprendizagem se ajusta aos padrões de uso dos dispositivos portáteis e das redes de comunicação móvel.

Assim, o conteúdo entregue na forma de pequenas unidades funciona bem na tela pequena dos smartphones e tablets e no contexto de mobilidade em que esses aparelhos são usados. Estamos falando aqui sobre duas abordagens de aprendizagem: o m-learning e o u-learning.

O **m-learning** (*mobile learning* ou aprendizagem móvel), abordagem apoiada pelo uso de tecnologias móveis e sem fio, tem como característica principal a mobilidade dos aprendizes, que interagem entre si, com educadores e com conteúdos ou ferramentas por meio de celulares, tablets, laptops etc.

O foco da aprendizagem móvel vai muito além do uso de dispositivos móveis, pois várias são as dimensões de mobilidade envolvidas. Além da mobilidade física (aprender em diferentes locais), há que se considerar também a mobilidade temporal (aprender em diferentes momentos) e a mobilidade contextual (aprender em diferentes contextos sociais). Devemos observar ainda que o contexto que cerca o aprendiz móvel é definido dinamicamente, emergindo das atividades que ele realiza e envolvendo motivações, ações planejadas e não planejadas.[30]

Podemos falar em um sistema de m-learning, baseados no fato de que os dispositivos móveis permitem a interação um a um, a independência de tempo e lugar, a capacitação da personalização e o alcance estendido. Dessa perspectiva, o controle da aprendizagem está na mão de quem aprende.[31]

Isso se reflete em cinco estágios que conduzem as pessoas ao domínio do conhecimento, como mostra o Quadro 2.3.

Quadro 2.3 Estágios do sistema de m-learning

Estágio	Descrição
Recuperação	Estabelece o domínio das fronteiras e ajuda as pessoas a concentrar a atenção
Agregação	Ocorre quando o conhecimento relevante é encontrado
Análise	Baseia-se na experiência individual e ajuda as pessoas a relacionar o conhecimento com as tarefas que desempenha
Construção	É adquirido pelo desempenho de tarefas prévias de aprendizagem
Gestão	Os indivíduos compartilham conhecimento com outras pessoas e gerenciam seu conhecimento individual

Fonte: adaptado de LIAW *et al.*, 2012 apud SANTAELLA, 2013.

O **u-learning** (*ubiquitous learning*, ou aprendizagem ubíqua), por sua vez, é uma abordagem apoiada por tecnologias da informação ou comunicação móveis e sem fio, sensores

---

[30] SACCOL, A. Z.; SCHLEMMER, E.; BARBOSA, J. *m-learning e u-learning*: novas perspectivas da aprendizagem móvel e ubíqua. São Paulo: Pearson, 2011.

[31] SANTAELLA, L. *Comunicação ubíqua*: repercussões na cultura e na educação. São Paulo: Paulus, 2013.

e mecanismos de localização, que colaboram para integrar os aprendizes ao seu contexto físico e temporal.

Na aprendizagem ubíqua, a sensibilidade ao contexto do aprendiz é central. Isso se traduz na capacidade de os softwares se adaptarem à situação em que o aprendiz se encontra, o que inclui:

- **contexto computacional** – rede, tipo de conectividade e largura de banda;
- **contexto do usuário** – perfil, localização, velocidade de movimento, estado de espírito e usuários próximos;
- **contexto físico** – luminosidade, temperatura e umidade; e
- **contexto temporal** – hora, data ou época do ano específica.

No u-learning, tudo o que ocorre ao redor do aprendiz é percebido e capturado na forma de dados contextuais, podendo gerar a entrega personalizada de conteúdos, adaptação de atividades de aprendizagem e a recomendação de interações com pessoas ou locais próximos.[32]

Essas abordagens podem ser consideradas uma evolução do e-learning, como ilustra a Figura 2.4.

Figura 2.4 Comparação e fluxo entre e-learning, m-learning e u-learning

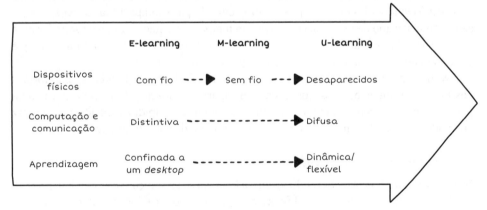

Fonte: adaptada de PARK, 2011.

É interessante observar que hoje as pessoas raramente têm apenas um dispositivo e, na verdade, preferem acessar conteúdos, ferramentas e pessoas a partir de seus próprios equipamentos.[33] Portanto, pelo menos no mundo ideal, suas contas permanecem sincronizadas em todos os dispositivos, em todos os canais aos quais estão conectadas, para que possam acessar cada produto ou serviço sempre que necessário.

---

[32] FILATRO, A. *Learning analytics*: análise e desempenho do ensino e aprendizagem. São Paulo: Senac São Paulo, 2019. Trataremos mais desses aspectos a seguir, na seção "Metodologias analíticas".

[33] Isso diz respeito ao fenômeno Bring Your Own Device (BYOD) ou "traga seu próprio dispositivo", em português, que descreve a preferência das pessoas por utilizar seus próprios dispositivos móveis (tablets, smartphones etc.), em vez dos equipamentos oferecidos por sua instituição, seja a escola, a universidade ou a empresa.

PARTE I Bases teóricas

Como resultado, os dados do usuário devem permanecer consistentes através da mídia (nos meios de comunicação, por exemplo, texto escrito), canais (em uma ferramenta de transmissão, por exemplo, on-line), plataformas (em uma arquitetura de computador, sistema ou software, por exemplo, Facebook) e dispositivos (em um equipamento, por exemplo, smartphone).[34]

Esse fenômeno é chamado de "experiência *omnichannel*", já disseminada no meio dos negócios e da publicidade para prover ao usuário uma experiência on-line e off-line consistente, agradável e efetiva. No contexto educacional, podemos dizer que o modelo híbrido (*blended learning*) deu início à combinação de uma experiência tradicional em sala de aula com a aprendizagem on-line. O *omnichannel* leva essa abordagem ao próximo nível, aplicando-a não apenas à aprendizagem *on* e off-line, mas a qualquer canal de aprendizagem que um aluno possa adotar.

Essencialmente, o *omnichannel* aplicado à educação parte da premissa de que as pessoas aprendem em vários canais, portanto, em vez de um ou outro canal, o que está no centro é a experiência do aluno. Isso significa apresentar um conteúdo coerente e uma experiência de aprendizagem agradável em todos os métodos de engajamento.

Um exemplo de experiência *omnichannel* é resumido aqui: um aluno decide fazer um curso on-line e acessa sua conta usando o perfil do Facebook. Então, assiste a alguns vídeos e responde aos questionários propostos. Em uma janela entre reuniões, baixa um aplicativo de realidade aumentada, faz login no objeto recomendado para estudo e continua a assistir às videoaulas de onde parou, aproveitando para compartilhar artigos interessantes com o grupo de estudos. Depois de um tempo, sente necessidade de solicitar uma sessão particular de tutoria, que agenda pelo Skype. O tutor aproveita para informar que organizou uma webconferência ao vivo da qual ele poderia participar.[35]

É verdade que a integração total nem sempre é possível, pois nem todas as plataformas possuem os mesmos recursos e usos. Em contrapartida, esse tipo de serviço educacional permite que as pessoas concluam suas tarefas com maior rapidez e eficiência, uma vez que podem realizá-las em qualquer contexto ou ponto de contato possível.

2.1.3 Metodologias imersivas

Dizer que a experiência de aprendizagem e a imersão são a solução para combater a falta de engajamento e os altos índices de evasão nos vários tipos de educação oferecidos atualmente, incluindo a educação corporativa, é um mantra cada vez mais repetido.

Nesse contexto, as **metodologias imersivas** favorecem a aprendizagem experiencial e imersiva, com base em três princípios essenciais:

1. **engajamento e diversão** – possibilidade de vivenciar sensação, intuição, sentimento e pensamento com base na perspectiva do diverso e pelo uso de desafios e regras delimitadoras;

---

[34] KOZINA, A. *Designing an effective e-learning experience.* Tampere University of Applied Sciences Degree Programme in Media and Arts, 2017.

[35] Adaptado de LYNCH, L. What can the e-Learning industry learn from omnichannel? *LearnDash,* jul. 2018.

2 **experiência de aprendizagem** – foco na experiência prática e completa que ocorre pela imersão e simulação, considerando o erro como etapa do processo de aprendizagem;

3 **tecnologias imersivas** – uso de dispositivos que ampliam ou simulam, em tempo real, outras versões da realidade.

2.1.3.1 Engajamento e diversão

Jogar (brincar) é uma atividade inata não apenas aos seres humanos, mas também aos animais. A ludicidade e a diversão se aliam à liberdade de escolha e ao senso de autonomia, conferindo ao jogador a decisão de jogar conforme seu interesse, personalidade e nível de dificuldade. Esse "empoderamento" é uma das premissas básicas sobre a qual repousa a ideia de jogar. Com frequência, as pessoas ficam tão absortas ao jogar que sentem prazer nos desafios para alcançar as metas desejadas e colecionar recompensas.[36]

O jogo é uma atividade cuja natureza ou finalidade básica é a diversão. Baseados em regras, os jogos propõem conflito e competição, apresentam desafios e ao mesmo tempo possibilitam a solução de problemas e oportunidades reais de vitória.

Embora aprender também seja uma atividade estruturada com regras e objetivos claramente definidos, nem sempre é considerada divertida – por isso é muito mais desafiador manter as pessoas motivadas e engajadas.

Isso fica claro até mesmo na denominação de um tipo de jogo que visa principalmente à simulação de situações reais, aplicadas à educação, principalmente à educação corporativa, chamado *serious games* (**jogos sérios**). Esses jogos utilizam roteiros, pontuação, narrativas e recursos multimídia, entre outras características, para tornar as aplicações mais atraentes, ao mesmo tempo que oferecem atividades que favorecem a aquisição de conceitos e o desenvolvimento de habilidades. Desse modo, o termo é utilizado para identificar os jogos com um propósito educacional explícito e cuidadosamente elaborado – o que não significa que os jogos sérios não possam ser divertidos, mas apenas que esse não é seu principal propósito.[37]

De fato, se comparados às simulações educacionais, os jogos sérios tendem a ser mais divertidos – são mais engajadores –, porém apresentam menor grau de fidelidade e maior abstração, e são menos transferíveis para o mundo real, pois seu valor está em oferecer uma interface otimizada que favorece o rápido engajamento.[38]

Na verdade, o sonho de "aprender se divertindo " tem levado muitos a acreditar que a saída é o "entretenimento educacional" (*edutainment*), expresso em jogos educacionais e soluções gamificadas. Porém, o uso de jogos com finalidade educacional pressupõe o uso das chamadas **dificuldades desejáveis** – desejáveis porque a resposta aos desafios requer atividades de codificação e/ou recuperação que apoiam a aprendizagem.[39] Pode haver outros tipos de dificuldades na aprendizagem (dificuldades indesejáveis), mas a chave é o processo de codificação da informação a ser aprendida.[40]

---

[36] RISHIPAL, S. S., KUMAR R. A gamification framework for redesigning the learning environment. In: KUMAR, R.; WIIL, U. (Eds.). *Recent advances in computational intelligence studies in computational intelligence*, v. 823, p. 107-119. Springer, mar. 2019.

[37] MICHAEL, D.; CHAN, S. *Serious games*: games that educate, train, and inform. Tampa: Thomson, 2006.

[38] ALDRICH, C. *The complete guide to simulations and serious games*. San Francisco: Pffeiffer, 2009.

[39] A esse respeito, ver carga cognitiva relevante no Capítulo 3.

[40] KAPP, K. M. *Thinking like a game designer*: gamification, games and interactivity for learning, 12 jul., 2018.

Os exemplos de dificuldades desejáveis na educação incluem:

- testes;
- prática espaçada;
- alternância entre tópicos (intercalação);
- liberdade para falhar e aprender com erros (fracasso produtivo);
- organização de informações desconhecidas;
- lentidão deliberada;
- geração de ideias;
- *feedback* automático;
- variação das condições de prática ou aprendizagem;
- transferência de conhecimento para novas situações;
- solução de vários tipos de problemas de uma só vez;
- permissão para confusão;
- *kobayashi maru* (desafio aparentemente impossível).[41]

Embora apresentem-se como soluções altamente inovadoras, muitos jogos educacionais são apenas uma aplicação simples da abordagem behaviorista conhecida há algumas décadas. Isso por que são estruturados com base na repetição de tarefas que o aprendiz realiza até conseguir atingir um objetivo ou recompensa. Nesse processo, o aluno pode receber reforços positivos (na forma de recompensas, como pontos acumulados e emblemas, progressão de níveis, bônus e privilégios, status e ranqueamento, no caso de jogos com *multiplayers*), com a finalidade de aumentar a frequência do comportamento positivo. Por outro lado, pode receber reforços negativos (na forma de punições, como perda de pontuação, declínio na capacidade de resposta, aumento de obstáculos, restrições ou adversários), com a intenção de eliminar um comportamento indesejável.

Todo o processo é baseado na **motivação extrínseca** (de fora para dentro), ao proporcionar reconhecimento pelas realizações do aluno, na forma de pontos, emblemas, troféus e assim por diante. Um tipo de jogo mais ligado ao conteúdo do que à forma destina-se a gerar **motivação intrínseca** (de dentro para fora) e promover sentimentos de autonomia, competência e relacionamento, ao incorporar elementos como narrativa, conflito e personagens. A seção a seguir aprofunda essa questão.

Gamificação

Desenvolver uma estratégia de gamificação é uma das formas mais óbvias e comuns para manter o aluno envolvido e motivado. O termo se refere à inclusão de elementos da linguagem dos jogos a contextos que não são jogos propriamente ditos. Na gamificação, os alunos não jogam um jogo inteiro do começo ao fim, mas participam de atividades de aprendizagem que incluem elementos de jogo, como mostra a Figura 2.5.

---

[41] Simulação de treinamento que tem raízes na série Star Trek, notável por sua característica distintiva como cenário sem vitória, sem resolução "correta" e na qual a solução realmente envolve a redefinição do problema. Ver mais a esse respeito em: BRUNI-BOSSIO, V.; WILLNESS, C. The "Kobayashi Maru" meeting: high-fidelity experiential learning. *Journal of Management Education*, v. 40, n. 5, abr. 2016. Disponível em: <https://journals.sagepub.com/doi/abs/10.1177/1052562916644284>. Acesso em: 16. ago. 2019.

Figura 2.5 Elementos de jogos presentes na gamificação

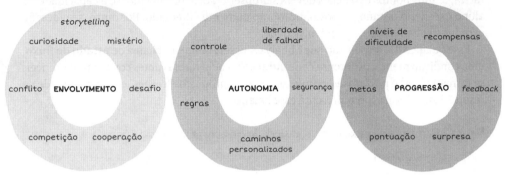

Fonte: adaptada de ZICHERMANN; LINDER, 2013.

A aplicação de estratégias de gamificação na educação corporativa é muito diversificada – varia desde a aplicação de um motivador de curto prazo para envolver um aluno na aprendizagem até a imitação do contexto e da experiência em que um novo conhecimento pode ser usado.

A primeira forma de gamificar uma ação educacional é chamada de **gamificação estrutural**, na medida em que não ocorrem alterações no conteúdo propriamente dito, mas apenas na estrutura em torno do conteúdo. Esse tipo de gamificação é baseado no behaviorismo, com o reforço de comportamentos específicos para atingir objetivos desejados. Em geral, promove maior engajamento dos participantes em um curso, por meio da oferta de *feedbacks* imediatos às ações realizadas e da atribuição de emblemas à medida que tarefas são concluídas e desafios são solucionados.[42]

O segundo caso é descrito como **gamificação de conteúdo** e consiste na aplicação de elementos de jogo, da mecânica de jogos e do pensamento de jogo para tornar o conteúdo de uma ação de aprendizagem mais semelhante a um jogo. Existem diferentes maneiras de gamificar o conteúdo, como adicionar uma narrativa, uma curiosidade ou uma personagem relacionada a um desafio ou problema a ser solucionado. Além disso, pode-se fazer os alunos desempenharem papéis no contexto de uma história a fim de gerar uma participação mais ativa. Esse tipo de gamificação é baseado na **teoria da autodeterminação**, que explica a motivação humana para realizar uma atividade como sendo conduzida internamente.

> **Teoria da autodeterminação**
> teoria criada por Richard M. Ryan e Edward L. Deci, no início da década de 1980, com a finalidade de estudar os comportamentos e habilidades que dotam uma pessoa com a capacidade de ser o agente causal do seu futuro. É composta por três elementos: a) autonomia, que é a sensação de alguém estar no controle e poder determinar o resultado de suas ações; b) competência percebida, como a oportunidade de alguém adquirir uma nova habilidade ou ser adequadamente desafiados; c) relacionamento, que é experimentado quando uma pessoa se sente conectada a outras pessoas.[43]

---

[42] ZICHERMANN, G.; LINDER, J. *The gamification revolution*: how leaders leverage game mechanics to crush the competition. New York: McGraw-Hill Education, 2013.

[43] RYAN, R. M.; DECI, E. L. Self-determination theory and the facilitation of intrinsic motivation, social development, and well-being. *American Psychologist*, v. 55, p. 68-78, 2000.

Embora seja relativamente fácil aplicar elementos de gamificação à educação corporativa, alguns pontos essenciais devem ser observados. Por um lado, se a capacidade do aluno exceder o desafio proposto, ficará rapidamente entediado. Por outro, se o desafio exceder sua habilidade, sofrerá ansiedade.

Esse balanço diz respeito ao que Mihaly Csikszentmihalyi[44] chama de **estado de fluxo**, uma condição mental de intensa concentração na qual tarefas antes consideradas difíceis se tornam fáceis e prazerosas, porque os desafios propostos "casam" com a habilidade de resolvê-los. A Figura 2.6 representa esse balanço.

Figura 2.6 A zona de fluxo entre a ansiedade e o aborrecimento

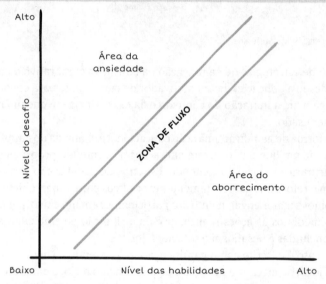

Fonte: ZICHERMANN; CUNNINGHAN, 2011.

O estado de fluxo se caracteriza por uma intensa e focada concentração no momento presente, uma combinação de ação e consciência, com a perda da autoconsciência reflexiva, um senso de controle pessoal sobre a situação ou atividade, a distorção da experiência temporal, como se o tempo fosse alterado, e a experiência da atividade como intrinsecamente recompensadora, algo também referenciado como uma **experiência autotélica**.[45]

Experiência autotélica
vivência de grande valor para o indivíduo, cuja recompensa é obtida no próprio ato de realizar a atividade em questão, e não em suas consequências ou em alguma finalidade ou objetivo externo.

Nesse ponto, convém ressaltar que jogos e gamificação têm recebido muita atenção pelo fato de proverem uma verdadeira experiência de aprendizagem prática e completa.

---

[44] CSIKSZENTMIHALYI, M. *Finding flow in every life*. New York: Perseus Book Group, 1997.
[45] RISHIPAL; KUMAR, 2019, p. 107-119.

2.1.3.2 Experiência de aprendizagem

O termo **experiência de aprendizagem** refere-se a qualquer interação, curso, programa ou outra situação na qual a aprendizagem ocorre, seja em ambientes de ensino tradicionais (como escolas, universidades, salas de aula corporativas) ou não tradicionais (ambientes externos), incluindo interações educacionais tradicionais (alunos aprendendo com professores e colegas) ou interações não tradicionais (pessoas aprendendo por meio de jogos e aplicativos interativos).

A aprendizagem ocorre em momentos nos quais a falta de conhecimento ou a falta de capacidade de uma pessoa se cruza com a necessidade de ter esse conhecimento ou capacidade para superar determinado desafio. Por essa razão, não se pode esperar que duas pessoas tenham a mesma experiência de aprendizagem.

Do ponto de vista da educação corporativa, podemos criar uma base para as experiências de aprendizagem, mas a experiência de cada adulto é particular, formada a partir de uma combinação única de comportamentos, reações, influências ambientais, contexto social, conhecimento prévio, atitudes e metas que são exclusivos de um indivíduo. Por exemplo, algumas pessoas usam as mesmas ferramentas fornecidas, mas de maneiras totalmente inesperadas.

Vale lembrar que o crescente uso do termo **experiência de aprendizagem** reflete mudanças metodológicas e tecnológicas mais amplas que ocorreram na concepção e entrega de soluções educacionais, e muito provavelmente representa uma tentativa de atualizar as concepções de como, quando e onde a aprendizagem acontece e pode ocorrer.

As novas tecnologias multiplicaram e diversificaram drasticamente as maneiras pelas quais as pessoas podem aprender e interagir com conteúdos, ferramentas e pessoas (educadores, pares e outras partes interessadas), além do nível de independência que podem ter quando aprendem. Para aprender, as pessoas podem trocar e-mails, conversar de forma síncrona ou assíncrona com professores e especialistas, usar sistemas de gerenciamento de aprendizagem on-line para acessar e publicar conteúdos, assistir a videoaulas, realizar pesquisas on-line para aprender mais sobre um conceito ou habilidade, usar tablets para registrar observações em ambientes reais, usar aplicativos e jogos para aprender em seu próprio ritmo, sem a instrução ou supervisão de professores, entre inúmeras outras opções e cenários possíveis.[46]

Como vemos, a experiência de aprendizagem abrange qualquer interação na qual uma pessoa aprende algo. A Figura 2.7 mostra a diferença entre o ensino como tradicionalmente concebido e a experiência de aprendizagem como algo que acontece em todos os lugares, em todos os momentos, e não apenas em uma situação de sala de aula formal.

---

[46] GREAT SCHOOLS PARTNERSHIP. Learning Experience. *The glossary of education reform*, [s.d.]. Disponível em: <https://www.edglossary.org/learning-experience/>. Acesso em: 24 abr. 2018.

Figura 2.7 Comparação entre ensino e experiência de aprendizagem

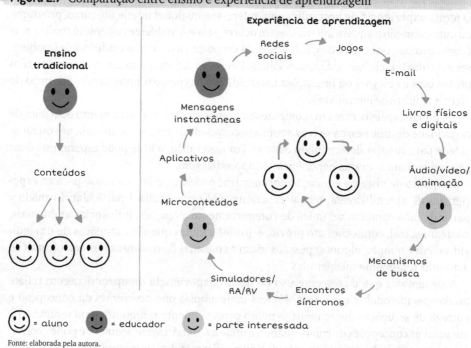

Fonte: elaborada pela autora.

Dito isso, o valor das metodologias imersivas – incluindo jogos, gamificação e também experiências imersivas como a realidade aumentada, a realidade virtual e a simulação digital – não está em reproduzir com menor ou maior grau de fidelidade a realidade de uma sala de aula, mas em permitir que os aprendizes ajam e interajam com conteúdos, ferramentas e outras pessoas, em direção a um objetivo comum, e no processo possam falhar, tentar de maneiras diferentes e eventualmente (mas muito mais rápido do que na vida real) alcançar os resultados de aprendizagem desejados.

Ao pensar nas metodologias imersivas, é essencial considerar que ocorrem em um ambiente de aprendizagem e não em uma unidade de estudo ou um ou curso. O objetivo principal é criar experiências envolventes que conduzam o aluno a um estado de fluxo ideal.

E como podemos compreender a "experiência de aprendizagem" no contexto da educação corporativa? Em primeiro lugar, vamos analisar a definição de Kuniavsky sob a perspectiva do design centrado no usuário:

> A experiência do usuário é a totalidade das percepções dos usuários almejados conforme eles interagem com um produto ou serviço. Estas percepções incluem eficácia (Quão bom é o resultado?), eficiência (Quão veloz ou barato é?), satisfação emocional (Quão bem me sinto?) e a qualidade do relacionamento entre a entidade que cria o produto e serviço (Que expectativas são criadas para interações subsequentes?).[47]

---

[47] KUNIAVSKY, M. *Smart things*: ubiquitous computing user experience design. Massachusetts: Morgan Kaufman, 2010 apud MARTINS FILHO, V.; FIALHO, F. A. P. Design de experiência educacional. In: *Congresso Brasileiro de Ensino Superior a Distância* (ESUD), Florianópolis, 2014, p. 130-131.

Traçando um paralelo, ao projetar experiências de aprendizagem, a intenção é assegurar que nenhum aspecto que compõe a experiência do aprendiz aconteça sem uma intenção explícita. Isso significa observar todas as possibilidades de ação do usuário e buscar entender suas expectativas a cada passo do caminho.

2.1.3.3 Ambientes imersivos

Quando falamos em metodologias imersivas, estamos nos referindo a experiências de aprendizagem que possibilitam transportar virtualmente pessoas para locais diferentes, a fim de explorarem conceitos, processos, fenômenos e circunstâncias de maneiras variadas, engajadoras e motivadoras.

Esses ambientes imersivos resultam de avanços computacionais que possibilitam modelar a realidade de maneira totalmente artificial, proporcionando uma sensação realista de presença e imersão em ambientes projetados com essa finalidade.[48]

Ambientes imersivos podem ser realistas, como situar o aprendiz em uma situação de vendas e pedir que se relacione com um cliente, ou podem ser um tanto surreais, como fazer o aprendiz caminhar dentro de um coração gigante para obter outra perspectiva sobre a anatomia humana.

Quando o ambiente de aprendizagem exige realismo, os mundos virtuais são uma solução eficaz, uma vez que podem imitar o mundo físico realisticamente retratando paisagens urbanas, edificações, ambientes profissionais, veículos e maquinário. Se a fidelidade necessária para garantir um ótimo desempenho for alta, os mundos virtuais podem fornecer o realismo necessário. O realismo visual e sonoro de muitos mundos virtuais permite representações bastante realistas de objetos, o que pode ser crítico para a aprendizagem de habilidades psicomotoras.

Nesse sentido, a realidade virtual (RV) pode ser entendida como um ambiente imersivo, modelado por computador, que simula a presença das pessoas em locais do mundo real ou de um mundo imaginário. Já a realidade aumentada (RA) se refere a um ambiente que mistura elementos do mundo real a conteúdos sintéticos interativos, gerados em tempo real com base em dados digitais virtuais.

Os dois termos não são exatamente intercambiáveis nem são exclusivamente diferentes. Como o vice-presidente de realidade aumentada e virtual do Google, Clay Bavor, afirmou no evento Google I/O 2017: "Eles são rótulos para pontos em um espectro".[49] No espectro, o mundo real é colocado em um extremo, a realidade virtual no outro, e a realidade aumentada no meio, como mostra a Figura 2.8.

---

[48] FILATRO; CAVALCANTI, 2018a.

[49] O Google I/O reúne todos os anos desenvolvedores de todo o mundo para palestras, aprendizagem prática com especialistas do Google e um primeiro olhar sobre os mais recentes produtos para desenvolvedores do Google. Mais informações em: <https://events.google.com/io/>. Acesso em: 24 abr. 2019.

Figura 2.8 Espectro da computação imersiva

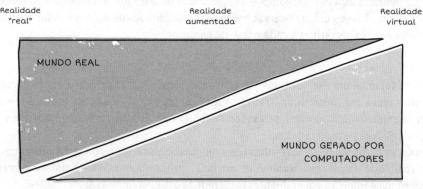

Fonte: adaptada de Google I/O presentation 2017.

Qualquer sistema digital pode ser classificado como:

- **imersivo** – cria a sensação de explorar todo um mundo virtual;
- **semi-imersivo** – utiliza, por exemplo, várias telas de projeção em vez de óculos de realidade virtual;
- **não imersivo** – cria algum grau de realismo em telas de computador, por exemplo, sem oferecer uma sensação tão destacada de "estar lá".

Nesse último caso, podemos incluir as simulações digitais que criam um ambiente interativo (mais que imersivo), no qual as pessoas manipulam variáveis ou parâmetros específicos e recebem respostas dinâmicas com base em um modelo computacional subjacente.

Para entender como a aprendizagem ocorre com o uso de metodologias imersivas, é importante levar em conta algumas propriedades básicas que definem um ambiente virtual como imersivo. O Quadro 2.4 elenca as características que contribuem para criar a experiência psicológica particular de "estar lá" ou, em contextos multiusuários, de "estar junto" com outras pessoas no ambiente.

Quadro 2.4 Propriedades básicas dos ambientes imersivos

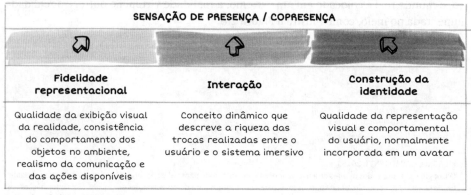

Fonte: adaptado de DALGARNO; LEE, 2010.

2 Aprender e ensinar de modo inovador nas organizações

O grande desafio é saber se essas propriedades resultam em experiências de aprendizagem realmente significativas. Nessa linha, podemos mencionar pelo menos três aspectos importantes.

O primeiro diz respeito ao fato de a imersão ir além de um conjunto de estímulos sensoriais aos quais o usuário é submetido, uma vez que também pode abarcar estímulos cognitivos (relacionados ao pensamento), assim como intuição e sentimentos.[50]

O segundo fator indica que quanto maior a consciência do aluno diante da responsabilidade de suas escolhas – manipulação, decisão e criação – e a capacidade de verificar os resultados dessas ações, mais comprometido, engajado ou imerso na experiência ele se sentirá.

Por fim, a imersão está ligada ainda à diversão, no sentido de que se relaciona a uma experiência de aprendizagem a ser "saboreada". A diversão vem da ideia do diverso. Nesse sentido, o que nos diverte é aquilo que nos tira do "nosso mundo" e nos transporta para outra versão na qual podemos tudo, realizamos nossos desejos, enfrentamos nossos medos, somos quem pensamos não ser. Assim, a aprendizagem se torna mais divertida ao oferecer opções diversas, desafios, investigação e descoberta, e não um simples consumo de informação ou de entretenimento.[51]

No âmbito da educação corporativa, a aprendizagem imersiva tem sido experimentada no uso de simuladores de cabine (para treinamento de pilotos, motoristas, operadores de máquinas e embarcações), telepresença robótica (com robôs munidos de câmeras que permitem a uma pessoa mover-se remotamente em um ambiente e interagir com outros indivíduos ou grupos), cavernas digitais (para treinamento de segurança em ambientes inóspitos) e simulações digitais baseadas em cenários realísticos (para treinamento prático de competências técnicas e comportamentais, por exemplo, na área de saúde), entre outros sistemas.[52]

Apesar disso, a aprendizagem imersiva ainda depende de máquinas com elevada capacidade computacional, capazes de rodar os recursos tridimensionais característicos dos ambientes imersivos.

No entanto, em um mundo cada vez mais interconectado digitalmente, a tecnologia se expande e se dissemina a taxas exponenciais. Por isso, no cenário recente e no horizonte de curto prazo, algumas categorias de software pavimentam o caminho para a chamada Internet Imersiva, a internet da próxima geração, batizada de **Imernet**. Resumidamente, trata-se de uma internet cada vez mais caracterizada por mundos virtuais, ambientes 3-D, programas de realidade aumentada e outras tecnologias que dão a sensação de que as pessoas estão "imersas" na internet.[53]

A Figura 2.9 articula os conceitos de imersão, interatividade, intuição e imediação com diferentes tecnologias para mostrar o efeito singular da Imernet na aprendizagem.

---

[50] CAROLEI, P. Game out: o uso da gamificação para favorecer a imersão nos diversos espaços educativos no Ensino Superior. In: TIC EDUCA 2012, Lisboa. *Anais...* Lisboa: Universidade de Lisboa, 2012, v. 1, p. 2704-2705.

[51] CAROLEI, P.; TORI, R. Gamificação aumentada: explorando a realidade aumentada em atividades lúdicas de aprendizagem. *TECCOGS – Revista Digital de Tecnologias Cognitivas*, n. 9, jan./jun. 2014.

[52] No Capítulo 5, vemos aplicações de ambientes imersivos na Universidade Petrobras.

[53] KAPP, K. M.; O'DRISCOLL, T. *Learning in 3D*: adding a new dimension to enterprise learning and collaboration. New Jersey: John Willey & Sons, 2010.

Figura 2.9 Singularidade da Imernet

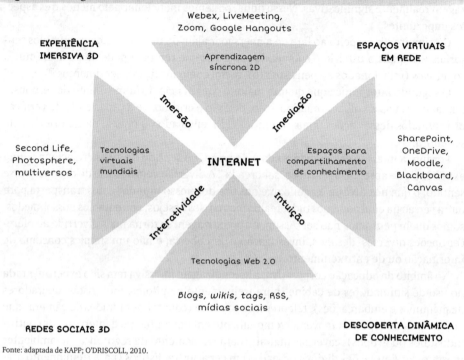

Fonte: adaptada de KAPP; O'DRISCOLL, 2010.

Vemos, no primeiro ponto de convergência, plataformas de aprendizagem síncrona em 2D, como WebEx e Live Meeting, integradas a repositórios de compartilhamento de conhecimento, como SharePoint e LMSs, resultando em espaços virtuais em rede.

No segundo ponto de convergência, as tecnologias da Web 2.0 integram-se aos espaços de compartilhamento de conhecimento. A alavanca de transformação está no tagueamento social – na marcação de *tags* por criadores e usuários, as quais ativam os fluxos de conectividade humana entre conteúdos armazenados em *blogs*, wikis e sites de mídia social.

No terceiro ponto de convergência encontram-se as redes sociais 3D integradas, inclusive as de nível corporativo que permitem que funcionários, na forma de avatares, interajam e compartilhem dados e informações enquanto estão no mundo virtual. Esses mundos virtuais são sociais e permitem uma troca livre de ideias e aprendizagem informal.

Por fim, no quarto ponto de convergência, as plataformas de colaboração e aprendizagem 2D síncronas passam a adotar a terceira dimensão para completar a interatividade virtual com uma experiência totalmente imersiva.

Com todos esses recursos convergentes, espera-se que a Imernet possibilite a vivência virtual de experiências de campo, uma vez que criaria um ambiente prático no qual as pessoas poderiam aplicar seus novos conhecimentos sem afetar os sistemas, como aumentar a velocidade de proficiência para agentes de *call center*, lidar com episódios estressantes envolvendo, por exemplo, clientes "difíceis", experimentar situações perigosas ou de risco de vida etc. Também funcionaria como um espaço imersivo no qual alguns problemas da indústria ou preocupações do cliente pudessem ser resolvidos virtualmente.

Como vemos, embora complexa, a Imernet pode tornar mais acessíveis as tecnologias imersivas. Com isso, seu potencial disruptivo na educação corporativa também pode ser ampliado no sentido de fazer convergirem experiências de aprendizagem mais engajadoras e significativas.

2.1.4 Metodologias analíticas

Em inúmeros setores, incluindo a educação, a quantidade de dados resultantes de interações humanas com outras pessoas, com ferramentas e com conteúdos, tem aumentado de maneira assombrosa nos últimos 15 anos. O desenvolvimento e a disseminação das tecnologias digitais e o crescimento exponencial no uso de tablets, smartphones, computadores e Internet das Coisas (IoT) geram, continuamente, um volume, uma velocidade e/ou uma variedade imensa de dados, no que hoje é conhecido como *big data*.

A disponibilidade de computadores poderosos e algoritmos capazes de analisar essa imensa quantidade de dados – na ordem de exabytes (trilhões de bytes) – anuncia mudanças paradigmáticas na forma de gerar conhecimento e tomar decisões.

Nesse contexto, a ciência de dados emerge como campo de investigação teórico e metodológico que reúne ciência da computação, educação, estatística e outras ciências sociais para examinar e compreender os fenômenos sociais e técnicos a partir da análise de quantidades massivas de dados.

Na educação em geral e na educação corporativa em particular, a explosão de dados fica patente nas ações mediadas por sistemas digitais (como ocorre na educação a distância ou nos modelos híbridos), em que todas as ações de alunos e professores/especialistas são registradas computacionalmente. Torna-se cada vez mais necessário compreender esses dados e aperfeiçoar a capacidade de tomada de decisão relativas à aprendizagem.

Com esse panorama em mente, a orientação a dados aplicada ao campo educacional alavanca de forma totalmente inovadora tanto o protagonismo do aluno (metodologias (cri)ativas) como o melhor aproveitamento do tempo para aprender (metodologias ágeis), além de prover uma experiência de aprendizagem realmente significativa (metodologias imersivas). Essas ações são enriquecidas pelas possibilidades de adaptação e personalização em massa propiciadas por tecnologias inteligentes de última geração.

Para isso, apoiam-se em alguns princípios fundamentais discutidos a seguir:

- **analítica da aprendizagem** – análise de dados educacionais para subsidiar a tomada de decisão informada;
- **adaptação/personalização** – capacidade de ajustar automaticamente a proposta educacional à individualidade humana, tanto no que se refere a variáveis estáticas (como perfil) como a variáveis dinâmicas (como o progresso de desempenho);
- **inteligência humano-computacional** – combinação da inteligência artificial (IA) com a capacidade humana de pensar criticamente, lidar com incertezas e agir com empatia e ética.

Esses princípios estão por trás de dois tipos de aprendizagem contemporâneas: a aprendizagem adaptativa e a aprendizagem personalizada, que visam respectivamente à adaptação e à personalização da proposta educacional às características e necessidades individuais.

2.1.4.1 Analítica da aprendizagem

A analítica da aprendizagem (do inglês, *learning analytics*) é uma área de pesquisa e prática emergente. A primeira conferência sobre o tema, Learning Analytics and Knowledge (LAK) só ocorreu em 2011, em Alberta, na Austrália. Um ano depois, surgiu a Society for Learning Analytics Research (SoLAR), sob a presidência de um dos maiores representantes do conectivismo: George Siemens. [54]

Pode ser entendida como uma abordagem para medição, coleta, análise e divulgação de dados sobre os alunos e seus contextos, com o propósito de compreender e otimizar a aprendizagem e os ambientes em que ocorre.

Embora recente, a analítica da aprendizagem revela seu potencial de inovação no paralelo traçado com outros setores da sociedade. Assim, da mesma forma que Amazon, Netflix e Google têm cada vez mais coletado, armazenado, tratado e interpretado dados dos usuários para adaptar recomendações e propagandas a seus consumidores e potenciais clientes, os educadores, os pesquisadores e os próprios alunos também podem se basear em dados para adaptar a proposta original de um curso às necessidades e aos interesses individuais.

De igual modo, a analítica da aprendizagem busca traçar o perfil dos alunos e coletar o maior número possível de dados sobre suas interações em atividades de aprendizagem on-line e móvel, a fim de prover um *feedback* robusto sobre as ações realizadas e os resultados alcançados.[55] Ela coleta e analisa as "migalhas de pão digitais" deixadas pelas pessoas durante a interação com diferentes sistemas digitais, a fim de buscar correlações entre essas atividades e os resultados de aprendizagem. Dessa forma, as vastas quantidades de dados geradas no processo de ensino-aprendizagem são tratadas para encontrar padrões de boas práticas, identificar probabilidades de sucesso ou insucesso ou mesmo iniciar intervenções direcionadas para ajudá-los a alcançar melhores resultados.

Entretanto, quais seriam os dados gerados no contexto da educação corporativa que poderiam subsidiar a tomada de decisão sobre a efetividade de uma ou mais soluções educacionais? O Quadro 2.5 aponta alguns indicadores.

---

[54] FILATRO, 2019.

[55] JOHNSON, L. *et al. NMC Horizon Report*: 2015 Higher Education Edition. Austin: The New Media Consortium, 2015.

Quadro 2.5 Indicadores para coleta de dados no contexto da educação corporativa

Tipo de dados	Exemplos
Dados de entrada	Dados demográficos (idade, sexo, região, renda, formação...)
	Dados organizacionais (cargo, tempo de casa, resultados de avaliação de desempenho...)
	Pesquisa diagnóstica sobre expectativas e conhecimentos prévios
Dados de acesso	Número de acessos a: • conteúdos textuais (microconteúdos ou objetos de aprendizagem); • videoaulas e *podcasts*; • testes; • fóruns ou redes sociais; • atividades (desafios, projetos, solução de problemas...); • jogos; • objetos de realidade aumentada ou virtual; • simulações digitais.
Dados de participação	Número de entregas (ou finalizações) de: • testes; • tentativas de resposta a testes; • atividades (desafios, projetos, solução de problemas...); • postagens em fóruns ou redes sociais.
Dados de desempenho	Pontuação em: • testes; • atividades (desafios, projetos, solução de problemas); • discussões monitoradas em fóruns ou redes sociais; • jogos e gamificações.
Dados de interação	Número de mensagens enviadas ou recebidas de/para: • professor/tutor/especialista; • pares (colegas de estudo); • suporte técnico; • gestor.
Dados temporais	Intervalo de tempo: • entre o início de um programa ou curso e o 1º acesso do participante; • entre os vários acessos ao programa ou curso; • total de duração do programa por participante; • conectado ao sistema por participante; • gasto em cada recurso didático; • gasto em cada atividade.
	Datas e horários em que: • o ambiente foi mais acessado; • cada recurso digital foi mais acessado; • cada atividade de aprendizagem foi mais acessada.
Dispositivo de acesso	Acesso por: • computador; • celular; • tablet.
Dados de desempenho final	Índices de: • conclusão; • evasão; • notas finais.
Percepção dos participantes	Pesquisa de satisfação intermediária
	Pesquisa de satisfação final
	Índice de recomendação do curso a outras pessoas

Fonte: elaborado pela autora.

PARTE I Bases teóricas

Vale observar que a transição para a aprendizagem digital disponibilizou camadas inteiramente novas de dados dos participantes de cursos e outras ações de aprendizagem. As pessoas agora deixam pegadas digitais que permitem entender como estão interagindo com os materiais de um curso e por quanto tempo. O pronto acesso aos dados dos participantes está permitindo desenvolver poderosas **análises preditivas**: pela primeira vez, é possível ter *insights* sobre o tempo nas atividades propostas – antes, durante e depois de uma ação de aprendizagem formal.

Análise preditiva
combinação de estatística, *machine learning* e técnicas de modelagem capazes de fazer estimativas sobre o futuro, permitindo que a tomada de decisão nas organizações seja baseada em dados, não na intuição. Por exemplo, podem-se prever quais capacidades um colaborador dominou com base em seu comportamento em plataformas digitais e, a partir dai, adaptar os planos de desenvolvimento ou de carreira.

Ferramentas para a análise de dados integrados aos sistemas de gerenciamento da aprendizagem vêm sendo criadas, oferecendo interfaces simples na forma de painéis de controle (*dashboards*), recursos de compartilhamento de dados, arquitetura escalável e relatórios de análise. Entre algumas ferramentas disponíveis, podemos citar SmartKlass™ Learning Analytics para Moodle, Analytics for Learn (A4L) para Blackboard e Analytics para Canvas.

A analítica da aprendizagem se destaca também no campo da aprendizagem móvel, concentrando-se principalmente em coletar, analisar e apresentar relatórios dos dados móveis dos aprendizes.[56] Esses dados podem ser coletados a partir das diferentes interações realizadas explicitamente pelas pessoas, como:

- **interação pessoa-pessoa** – uma vez que os usuários de dispositivos móveis não são obrigados a permanecer em um local específico, as atividades de aprendizagem podem ocorrer sem as restrições físicas e com maior flexibilidade. Por exemplo, as interações podem ocorrer enquanto as pessoas carregam seus dispositivos móveis por diferentes locais e em diferentes momentos do dia. Analisar esses dados pode gerar informações úteis e levar a uma compreensão do padrão de interação entre as pessoas;
- **interação com conteúdos, ferramentas e materiais didáticos** – a análise do tempo gasto pelas pessoas em atividades específicas, seus estilos de aprendizagem preferidos, seus tempos preferenciais e a frequência de acesso pode permitir a apresentação de materiais mais personalizados, para estudo de tópicos específicos. Além disso, é possível verificar se a interação entre o aluno e os materiais didáticos está apoiando o alcance dos objetivos de aprendizagem definidos.

Além da analítica da aprendizagem móvel (MLA, do inglês, *mobile learning analytics*), voltada para a recuperação, análise e relatório dos dados móveis dos aprendizes, a analítica da aprendizagem ubíqua (ULA, do inglês, *ubiquitous learning analytics*) monitora dados contextuais que podem ser recuperados tanto de interações explícitas como implícitas:[57]

---

[56] ALJOHANI, N. R.; DAVIS, H. C. Learning analytics in mobile and ubiquitous learning environments. *11th World Conference on Mobile and Contextual Learning*: mLearn 2012, Finland. 2012.
[57] ALJOHAN; DAVIS, 2012.

- **interações explícitas** – envolvem alto nível de intervenção humana, de modo que os dispositivos móveis são controlados externamente pelos aprendizes e influenciados por suas entradas e atividades. As pessoas se comunicam de forma explícita com os dispositivos de diferentes maneiras – por meio de linha de comando, interface gráfica, entrada de fala e gestos etc. –, transmitindo ao sistema móvel suas expectativas e necessidades;
- **interações implícitas** – os dados contextuais sobre as pessoas, por exemplo, sua localização e o momento temporal em que ocorrem as interações, são coletados automaticamente pelos dispositivos móveis usando diferentes tecnologias de detecção, como Wi-Fi (conexão sem fio), GPS (sistema de posicionamento global) e RDFI (identificação por radiofrequência). Nesse caso, a coleta dos dados contextuais não exige nenhuma intervenção direta das pessoas, e, mesmo assim, o uso de tais dados pode contribuir para tornar a aprendizagem mais eficaz.

No contexto corporativo, a analítica da aprendizagem serve, em última instância, ao propósito de melhorar o desempenho organizacional. A transformação de dados em *insights* ocorrerá quando se fizer uma transição da ação de reportar na forma de relatórios para a análise propriamente dita dos dados reportados. Ou seja, quando se puder responder a perguntas que vão desde "O que aconteceu?" e "O que está acontecendo?" até "O que acontecerá?", por meio de medidas de predição, otimização e simulação.

Em um nível mais amplo, essas perguntas abrangem dimensões relativas a pessoas, recursos e programas, como mostra o Quadro 2.6.

Quadro 2.6 Dimensões relativas a pessoas, recursos e programas tratadas pela analítica da aprendizagem

Pessoas	Recursos	Programas
• Quem (ou qual perfil) está sendo mais treinado? • Todos nesse grupo/área/departamento concluíram o treinamento XYZ? • Quais habilidades essa pessoa/esse grupo tem? • Onde estão as lacunas de aprendizagem? • Quem precisa de desenvolvimento? • Quem são os funcionários de mais alto potencial? • Em quais tópicos os aprendizes estão interessados?	• Quanto cada recurso está sendo usado? • Existe "aprendizagem de sucata" que não está sendo utilizada? • Quando cada curso está sendo usado e por quanto tempo? • Quais recursos ou tópicos os aprendizes mais pesquisam? • Como os aprendizes navegam na experiência de aprendizagem proposta?	• As pessoas se comportam de maneira diferente depois de completar uma ação de aprendizagem ou treinamento? • O desempenho da equipe e/ou da organização melhorou em decorrência do programa? • Esse método de aprendizagem redundou em economia de recursos para a empresa? • Qual metodologia de aprendizagem é mais eficaz em termos de custo-benefício?

Fonte: adaptado de RUSTIC, 2019.

Um dos benefícios mais promissores da analítica da aprendizagem é seu potencial para informar o design instrucional (DI) proposto e, por meio de ambientes de aprendizagem adaptativa, responder às ações do aluno em tempo real.

Para educadores e pesquisadores, a analítica de dados educacionais propicia *insights* sobre a interação do aluno com textos on-line, materiais didáticos e colegas de estudo. Os alunos também podem se beneficiar dessa análise, por meio de softwares móveis e plataformas on-line que usam seus dados específicos para produzir sistemas de apoio que atendam às suas necessidades de aprendizagem.

2.1.4.2 Adaptação/personalização

A aprendizagem adaptativa caracteriza-se basicamente pela adaptação da proposta de DI às características de um aprendiz ou de um grupo de aprendizes, baseada na ideia de que as pessoas são diferentes e aprendem de formas diferentes. Por consequência, a proposta de DI não pode ser igual para todas as pessoas, ainda que os objetivos de aprendizagem sejam comuns a um grupo de aprendizes.

A ideia de oferecer uma proposta de ensino-aprendizagem mais afinada às necessidades e expectativas individuais não é nova, mas remonta aos trabalhos de Montessori nos idos de 1900, que elaborou materiais didáticos em torno do desejo natural das crianças de explorar o mundo e delineou sua proposta de acordo com o ritmo individual dos pequenos. Em terreno mais próximo, Paulo Freire defendia que a aprendizagem só acontece quando o aluno é levado a compreender o que ocorre ao seu redor, a fazer suas próprias conexões e a construir um conhecimento que faça sentido para sua vida. Para Lev Vygotsky, o conceito de zona de conhecimento proximal também comporta a ideia de personalizar a aprendizagem conforme o que cada aluno pode fazer se tiver apoio.

A diferença é que, no escopo das metodologias analíticas, a personalização hoje é muito mais orientada a dados do que à sensibilidade humana, como ocorre nas abordagens tradicionais. Baseia-se, então, no reconhecimento de que as pessoas têm estilos e preferências de aprendizagem distintas, com toques da visão mercadológica pós-industrial de que todos têm direito a individualizar os produtos e serviços que vão consumir. Aqui se faz uma relação com a ideia de que, mais do que consumidores, os aprendizes hoje são prossumidores de soluções educacionais.[58]

Assim, as metodologias e as tecnologias aplicadas à experiência de aprendizagem resultam em entrega de conteúdos e proposição de atividades sob medida dos seus conhecimentos prévios, seus interesses, suas preferências, seus estilos de aprendizagem e sua capacidade de aprender.

A adaptação pode se dar em diferentes dimensões, desde a adaptação da interface (também denominada "navegação adaptativa"), adaptação da sequência de objetos e/ou atividades de aprendizagem até a adaptação do agrupamento de usuários conforme variáveis de perfil ou desempenho.

No campo da educação corporativa, deve-se ressaltar que o processo de aprendizagem – observando a ênfase no processo em oposição a um único evento de treinamento isolado – é

---

[58] A este respeito, é interessante observar a participação de representantes de todas as partes interessadas, incluindo-se alunos, no design das experiências de aprendizagem, como tratado no Capítulo 3, quando abordamos as etapas de compreender o problema educacional e desenhar soluções.

adaptado às necessidades e às habilidades atuais de cada funcionário. Em ambientes pessoais de aprendizagem, os funcionários geralmente têm seu próprio perfil que rastreia quem são, quais são suas habilidades, quais são suas tarefas na empresa e quais os requisitos de aprendizagem e trabalho.

O sistema coleta dados sobre quais tópicos ou informações já foram abordados, quais etapas do processo de aprendizagem foram concluídas e quais informações são relevantes nesse momento. O funcionário recebe esse conjunto de informações quando forem necessárias – por exemplo, antes de iniciar uma tarefa ou quando estiver realmente realizando a tarefa específica e precisar de ajuda. Como resultado, há uma ligação direta entre a aprendizagem e o desempenho no trabalho.

Sendo assim, uma vez mapeadas as competências de um funcionário, é possível identificar aquelas que ainda precisam ser desenvolvidas. E mais, se uma competência for formada por um conjunto de unidades de conhecimento e se for possível identificar quais unidades precisam ser desenvolvidas, o funcionário se dedicará apenas àquilo que realmente necessita.

Muitos acreditam que a aprendizagem adaptativa tem um potencial sem precedentes para remodelar a maneira como ensinamos e aprendemos, principalmente por se tratar de um método escalável em termos de custo, acesso e qualidade.

Alguns Learning Management Systems (LMS) começam a incorporar capacidades específicas de aprendizagem adaptativa, ao mesmo tempo que provedores de conteúdos on-line têm adotado alguma forma de sistema adaptável como parte de suas soluções educacionais. Além disso, professores e especialistas podem monitorar quais alunos precisam de apoio e mensurar seu desempenho, maximizando os resultados.

Vemos hoje iniciativas de aprendizagem adaptativa na educação corporativa, denominadas trilhas de aprendizagem – conhecidas também como rotas, percursos, trajetórias ou jornadas de aprendizagem (ou de desenvolvimento, conhecimento e navegação). A ideia geral é que cada pessoa percorra uma trilha diferente da cursada por outras, mesmo que exerçam funções idênticas em uma organização.

A definição clássica para trilhas indica "caminhos alternativos e flexíveis para promover o desenvolvimento das pessoas".[59] Os percursos podem ser diferenciados por setor organizacional, por modalidade educacional (presencial, a distância, *blended*), por nível de maturidade profissional (iniciante, conhecedor, experiente, *expert*) e mesmo por estratégia ou atividade de aprendizagem (por exemplo, treinamento presencial/on-line, prática/*coaching*, acesso à informação e suporte ao desempenho, colaboração e solução de problemas).[60]

Combinadas à analítica da aprendizagem e a ações personalizadas, as trilhas de aprendizagem parecem realmente apontar para ganhos de produtividade na oferta de soluções educacionais.[61]

---

[59] LE BOTERF, G. *Desenvolvendo a competência dos profissionais*. Porto Alegre: Artmed, 2003.

[60] MURASHIMA, M. Educação corporativa a distância: em busca da convergência entre crescimento profissional e objetivos da empresa. *Revista FGV Online*, ano 1, n. 2, 2011.

[61] No Capítulo 3, ver trilhas de aprendizagem aceleradas, em correlação com as metodologias ágeis e compondo um novo ecossistema educacional.

PARTE I Bases teóricas

2.1.4.3 Inteligência humano-computacional

Atualmente, não é possível pensar em educação corporativa inovadora sem contar com recursos de inteligência computacional. Termos como IA, *chatbots*, computação cognitiva, DT e ML pululam nas discussões e publicações na área educacional, anunciando um salto disruptivo em relação à maneira como aprendemos e ensinamos.

Nesse guarda-chuva de inovações, podemos definir a **IA** como um conjunto de

> sistemas computacionais projetados para interagir com o mundo através de capacidades (por exemplo, percepção visual e reconhecimento de fala) e comportamentos inteligentes (por exemplo, avaliando as informações disponíveis e, em seguida, tomando as medidas mais sensatas para alcançar um objetivo declarado) que consideramos essencialmente humano.[62]

De forma resumida, a IA utiliza máquinas para executar tarefas humanas de forma autônoma, incluindo a robótica, o aprendizado de máquina (ML), o processamento de linguagem natural, o reconhecimento de voz e a computação neural, entre outros.

Uma aplicação relativamente comum da IA na educação corporativa são os sistemas adaptativos, sobre os quais tratamos anteriormente. O foco principal desses sistemas é examinar e avaliar as características e o nível geral de conhecimento dos alunos e a partir daí fazer recomendações quanto aos conteúdos a serem consumidos ou às habilidades práticas a serem praticadas.

A lógica por trás desse sistema está em uma série de funções *if-then* (se-então), que automatizam respostas aos alunos a partir de perguntas que determinam seu nível de conhecimento ou habilidade.

Não bastasse a complexidade da IA, ela já se desmembrou em campos e subcampos, como é o caso da **computação cognitiva**, definida como a abordagem computacional voltada à geração de conhecimento com base na interpretação e extração de significado de dados, primariamente não estruturados, que dificilmente seriam tratados por sistemas programáveis tradicionais.

O diferencial da computação cognitiva é justamente a capacidade de lidar com dados não estruturados, como texto, vídeo e áudio. Um exemplo de como a computação cognitiva funciona pode ser observado no famoso sistema IBM Watson. Por meio dele, é possível detectar emoções em vídeos (com base em expressões faciais) ou em arquivos de áudio (com base no tom de voz), e até mesmo em textos (pela repetição de palavras e organização sintática das frases).[63]

Outro conceito espantoso que vem ganhando espaço no ambiente educacional é o de ***machine learning*** (ML) ou a capacidade de os sistemas computadorizados melhorarem seu entendimento e desempenho por meio de modelos matemáticos e descoberta de padrões de dados, que são usados para fazer predição sem que tenham sido previamente configurados para isso. Nesse caso, o sistema aprende cada vez mais sobre o aluno e o conteúdo ao lidar com grandes dados, empregando algoritmos complexos a fim de prever as chances de determinado aluno ser bem-sucedido em um conteúdo específico.

---

[62] LUCKIN, R. *et al. Intelligence unleashed*: an argument for AI in education. London: Pearson, 2016.
[63] No Capítulo 4, vemos uma aplicação do IBM Watson para avaliar o perfil de alunos do MBA Executive oferecido pela Fundação Dom Cabral.

Baseia-se na ideia de que existem algoritmos genéricos que podem dizer algo interessante sobre um conjunto de dados sem a necessidade de se escreverem códigos específicos para um problema específico. Em vez disso, um algoritmo genérico é alimentado com dados e constrói sua própria lógica com base nesses dados.

Um exemplo de aplicação do ML é o aplicativo Automated Essay Scoring (AES), utilizado pela plataforma de cursos on-line edX para avaliar os trabalhos dos alunos. A fim de calibrar o sistema, um professor avalia inicialmente 100 trabalhos sobre um tópico particular usando um conjunto definido de critérios, como número médio de palavras, frequência de palavras incomuns, pontuação atribuída a trabalhos com vocabulários similares, entre outros. Com base nesses critérios, os algoritmos de ML aprendem a fazer avaliações de milhares de trabalhos em um curto espaço de tempo, e os alunos podem receber *feedback* imediatamente, de maneira consistente com a pontuação que seria atribuída por avaliadores humanos.

CONTINUA...

O Capítulo 3 detalha as inovações na forma de projetar soluções educacionais baseadas nas metodologias inov-ativas descritas neste capítulo. Ali, discutimos cada etapa do DI 4.0, resultante da combinação entre as abordagens de DI, DT e ao design da experiência de aprendizagem (LXD).

Os Capítulos 4, 5 e 6 apresentam cases reais de aplicação das metodologias (cri)ativas, ágeis, imersivas e analíticas, e nos dão a certeza de que o futuro descrito neste capítulo já chegou na educação corporativa.

CAPÍTULO 3
DESENVOLVER E IMPLEMENTAR SOLUÇÕES EDUCACIONAIS INOVADORAS NAS ORGANIZAÇÕES

Andrea Filatro

Em 2004, lancei o título *Design instrucional contextualizado* pela Editora Senac São Paulo – na época, foi a primeira publicação brasileira dedicada exclusivamente ao tema. Naqueles idos, uma pesquisa em português sobre design instrucional (DI) e suas variações nos mecanismos de busca retornaria quatro ou cinco resultados, comparados aos milhares de resultados em língua inglesa.

De lá para cá, principalmente com a expansão da educação a distância no país, o campo do DI se desenvolveu significativamente, diversificando o leque de autores, pesquisadores, professores e profissionais que atuam na área. Ainda são poucas as especializações e até o momento em que este livro é escrito temos apenas um curso de graduação na área. Porém, é cada vez mais raro encontrar educadores ou gestores de educação envolvidos com EAD ou com ações presenciais apoiadas por tecnologias que não conheçam a expressão e suas contribuições para a área.

Nesse período, prossegui pesquisando e praticando DI, e como consequência, publiquei mais títulos decorrentes de minha paixão pessoal pelo tema e da boa repercussão entre os leitores brasileiros. *Design instrucional na prática*, de 2008, e *Como preparar conteúdos para EAD*, de 2016, são livros do tipo "mão na massa"; *Produção de conteúdos educacionais*, de 2016, combina teoria e prática ao explorar uma fatia do DI – a de construção de conteúdos –; *Design thinking na educação*, de 2017, em parceria com a prof.ª Carolina Costa

Cavalcanti, é uma lufada de renovação nas reflexões sobre design; *Metodologias inov-ativas na educação*, de 2018, também em parceria com a prof.ª Carolina, segue na trilha das inovações, dando pistas sobre uma atuação ampliada do DI no cenário contemporâneo.

Em uma era de volatilidade, incerteza, complexidade e ambiguidade (VUCA), por mais paradoxal que seja, o velho e bom DI continua sendo para mim um referencial seguro, uma chave para entender a vitrine de inovações que se renova constantemente.

Nesse sentido, o DI 4.0 se alinha ao "paradigma centrado nas pessoas", apresentado por Reigeluth no último volume do livro verde dos designers instrucionais.[1] A centralidade no aluno ali defendida tem, a nosso ver, uma correspondência direta com o design centrado no ser humano que embasa as abordagens de design thinking (DT) e de design da experiência de aprendizagem (LXD), e ainda guarda semelhança com a contextualização do DI (DIC), defendido no Capítulo 1 deste livro.

Assim, este capítulo é uma continuidade do trabalho construído ao longo desses anos. Aqui atualizamos as etapas de DI para abarcar contribuições do DT e do LXD, a fim de oferecer aos que atuam na educação corporativa o que acreditamos ser a mais atualizada metodologia para construir soluções educacionais inovadoras.

---

[1] REIGELUTH, C. M.; BEATTY, B. J.; MYERS, R. D. *Instructional-design theories and models*: the learner-centered paradigm of education. New York: Routledge, 2017. v. IV.

ROTEIRO

Este capítulo se concentra no processo do DI 4.0 enquanto novo ecossistema educacional, considerando não apenas as experiências de aprendizagem formal (cursos, programas, ações de treinamento & desenvolvimento), mas também as experiências não formais, mais adiante exemplificadas em detalhes.

As quatro etapas do DI 4.0 – compreender o problema, projetar uma solução, desenvolver a solução e implementar a solução –, serão aqui analisadas, além da etapa transversal que percorre todo o processo: avaliar a solução educacional. Em cada etapa, combinamos estratégias do DI clássico com estratégias de DT e do LXD, completando a discussão sobre o DI 4.0 com o DI orientado a dados.

Ao longo deste capítulo, um ponto é constantemente reforçado: a necessidade de manter as pessoas no centro do processo e de considerar o tempo e os resultados das ações de educação corporativa para o negócio.

Navegue pelos conteúdos deste capítulo para compartilharmos conceitos essenciais sobre o DI 4.0 na educação corporativa.

Nosso roteiro será:

3.1 DI para um novo ecossistema educacional
    3.1.1 Ações formais na educação corporativa
    3.1.2 Ações informais na educação corporativa
3.2 As etapas do DI 4.0
    3.2.1 Etapa 1 – Compreender o problema
        3.2.1.1 Análise de necessidades de aprendizagem
        3.2.1.2 Caracterização da audiência
        3.2.1.3 Fatores institucionais
    3.2.2 Etapa 2 – Projetar a solução
        3.2.2.1 Matriz de DI
        3.2.2.2 O mapa da jornada do aprendiz
    3.2.3 Etapa 3 – Desenvolver a solução
        3.2.3.1 Autoria de conteúdos educacionais
        3.2.3.2 Autoria de microconteúdos educacionais
        3.2.3.3 Curadoria de conteúdos educacionais
        3.2.3.4 Planejamento e roteirização de atividades
        3.2.3.5 Prototipação da interface
        3.2.3.6 Produção
    3.2.4 Etapa 4 – Implementar a solução
    3.2.5 Etapa transversal – Avaliação na educação corporativa

3.1 DI PARA UM NOVO ECOSSISTEMA EDUCACIONAL

Historicamente, a educação corporativa tem assumido a responsabilidade de manter atualizadas as habilidades e os conhecimentos da força de trabalho com base em demandas da gerência, requisitos do negócio e análise de lacunas de desempenho.

A partir desses *inputs* (entradas), a maioria das soluções educacionais tem sido projetada em torno das "melhores práticas" e do conhecimento explícito acumulado ao longo dos anos. O design das ações educacionais, portanto, tem seguido uma abordagem *top-down* (de cima para baixo) e valorizado *insights* a partir do que funcionou no passado, incorporando contribuições de especialistas e reunindo conteúdos em um fluxo lógico e linear. Em seguida, a solução é empacotada (na forma de ações de aprendizagem presenciais, e-learning ou mesmo *blended learning*) e entregue à força de trabalho que necessita de formação, capacitação ou atualização.

No mundo VUCA, as velhas noções de trabalho estão desmoronando. O Quadro 3.1 resume as principais mudanças que afetam a maneira como as experiências de aprendizagem são projetadas hoje.

Quadro 3.1 Mudanças no ambiente de trabalho[2]

Passado	Presente/futuro
Escassez de informação	Abundância de informação
Trabalho estável e previsível	Trabalho em mudança e desconhecido
Traços valorizados: intelecto, diligência, obediência	Traços valorizados: iniciativa, criatividade, paixão
Trabalho vinculado à localização	Trabalho livre de localização: a qualquer tempo, em qualquer lugar
Primeiro aprender, depois trabalhar	Trabalhar é aprender, aprender é trabalhar
Trabalhadores e organizações individuais e "em silos"	Trabalhadores e organizações conectados ubiquamente

Fonte: adaptado de CHATTOPADHYAY, 2014.

No passado (recente), o DI pressupunha um conteúdo estável e um conjunto fixo de habilidades e conhecimentos, ou seja, o design era linear. Não importava se crianças, jovens ou adultos, assumia-se que todos tinham um conjunto de habilidades e lacunas de conhecimento que os programas educacionais poderiam preencher.

Hoje essa estabilidade não existe mais. Não é mais possível criar soluções educacionais para habilidades emergentes e ainda desconhecidas. Assim, o DI precisa estar focado no futuro. Para isso, é preciso levar em consideração novos padrões de uso resultantes das forças sociais, móveis e locais (definidas pelo acrônimo SoMoLo) que influenciam a maneira como as pessoas se comportam em relação à aprendizagem, como mostra a Figura 3.1.

---

[2] Na Abertura do livro, há uma exploração mais ampla a respeito das transformações na indústria, no ambiente de trabalho, na gestão e na educação.

Em geral, o resultado é composto por tendências que reforçam o que vimos até aqui sob o prisma das metodologias inovativas.

Figura 3.1 Forças sociais, móveis e locais afetando o comportamento dos aprendizes

Expectativa de encontrar cursos, programas e acessos a comunidades de aprendizagem em seus dispositivos pessoais

Preferência por assistir a vídeos curtos (da ordem de dois minutos) a aprender a partir da leitura de textos

Inclinação para acessar a rede a fim de obter respostas às perguntas em vez de trilhar um curso formal

Social

Mobile

Local

Predileção por imagens em vez de texto (com um smartphone em mãos, os usuários preferem compartilhar experiências por meio de vídeos e imagens em tempo real, em vez de longos textos descritivos)

Postura *just-in-time* no lugar de "aprender para o caso de precisarmos um dia"

Fonte: adaptada de CHATTOPADHYAY, 2014.

As mudanças de paradigma que impulsionam a educação corporativa hoje influenciam também o próprio processo de DI, como vimos no Capítulo 1. O impacto direto dessas forças e tendências sobre o processo de DI é delineado no Quadro 3.2.

Quadro 3.2 Mudanças no processo de DI

Passado	Presente/futuro
Desenhar cursos	Desenhar experiências de aprendizagem
Criar programas formais de treinamento	Desenhar todo o espectro de aprendizagem formal até informal
Focar nos objetivos de aprendizagem	Focar no desempenho e nos resultados para o negócio
Reunir e dividir conteúdo	Agregar e curar conteúdo
Gerenciar Learning Management Systems (LMS)	Facilitar comunidades Construir redes de aprendizagem personalizadas

Fonte: adaptado de CHATTOPADHYAY, 2014.

Uma das implicações dessa mudança é que a educação corporativa não pode mais ser pensada apenas em termos de programas formais de treinamento ou soluções educacionais isoladas, entregues presencialmente ou por meio de algum ambiente virtual de aprendizagem. É necessário projetar, de maneira holística, todo um espectro de aprendizagem formal e informal, abrangendo aprendizagem formal enriquecida com abordagens sociais, aprendizagem em pares e on-line, comunidades de prática, equipes de construção de conhecimento, colaboração e inteligência coletiva.

Na verdade, trata-se de um ecossistema de aprendizagem completo, que une o mundo off-line e on-line, conforme Chattopadhyay[3] representa de forma visual na Figura 3.2.

Figura 3.2 Ecossistema de aprendizagem

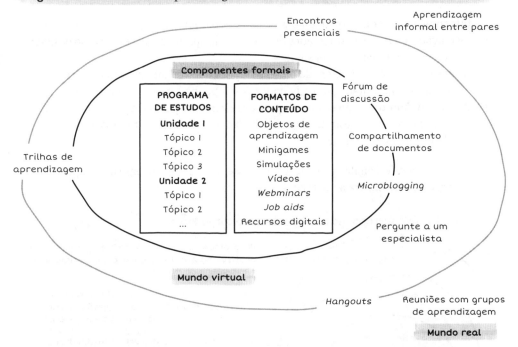

Fonte: adaptada de CHATTOPADHYAY, 2014.

É oportuno abrir um breve parêntese para detalhar um pouco mais esse ecossistema.

3.1.1 Ações formais na educação corporativa

Em um sentido mais estreito, a educação formal pode ser entendida como aquela representada por escolas e universidades, que utilizam uma estrutura hierárquica de conteúdos organizados em currículos e determinados em nível nacional, com órgãos fiscalizadores como o Ministério e as Secretarias Estaduais e Municipais de Educação.

---

[3] CHATTOPADHYAY, S. Instructional design in the VUCA world. *ID and other reflexions*, 6 dez. 2014.

Na educação continuada, podemos falar em ações formais quando nos referimos às escolas de idiomas, de música, de informática, de esportes etc., ofertadas por organizações não governamentais, como igrejas, empresas, sindicatos, associações, mídia etc., no sentido de que existe uma intencionalidade educacional clara, com regras e processos estruturados. No escopo da educação corporativa, os centros de treinamento & desenvolvimento e as universidades corporativas também se sustentam sobre metas, processos e resultados intencionais.

Portanto, ações formais podem incluir propostas educacionais de diferentes naturezas e propósitos. Embora nem sempre seja possível fazer uma distinção precisa entre os vários tipos de ações na educação corporativa formal, podemos compreendê-los em linhas gerais a partir da finalidade à qual se prestam:[4]

- **informação** – módulos ou unidades de conteúdo organizados;
- **instrução** – formulação sistemática de objetivos de aprendizagem e execução de determinados procedimentos de ensino;
- **treinamento** – ação direcionada para atividades desempenhadas atualmente;
- **educação** – ação voltada para atividades desempenhadas em um futuro breve;
- **desenvolvimento** – ação orientada para o crescimento pessoal e profissional do funcionário e sem vínculo estreito com as atividades, presentes ou futuras, demandadas por determinada organização.

Também é possível analisar a relação entre esses conceitos com base na complexidade de tais ações, como mostra a Figura 3.3.

Figura 3.3 Diferentes tipos de ação na educação corporativa

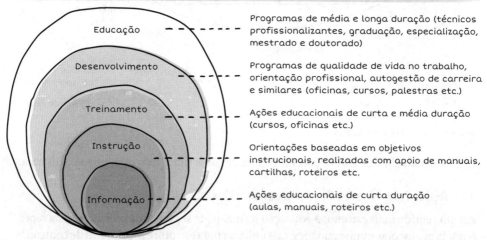

Fonte: adaptada de VARGAS; ABBAD, 2006.

---

[4] MENESES, P. P. M.; ZERBINI, T.; ABBAD, G. S. *Manual de treinamento organizacional*. Porto Alegre: Artmed, 2010.

As chamadas **soluções educacionais** abrangem esses vários tipos de ação, sendo geralmente expressas em produtos e/ou experiências de aprendizagem tangíveis, como eventos instrucionais, objetos de aprendizagem e trilhas de conhecimento.

Convém lembrar que várias experiências bem-sucedidas em educação corporativa estão fundamentadas na modalidade a distância e na utilização intensiva de mídias e tecnologias para criar um ambiente organizacional propício à aprendizagem. Esse aspecto tem-se mostrado essencial para aumentar a autonomia dos aprendizes e descentralizar o processo, favorecendo assim a aprendizagem de forma concreta, e não apenas retórica.

As ações formais também podem ser categorizadas de acordo com o público corporativo que atingem, como mostra o Quadro 3.3.

Quadro 3.3 Tipos de ações formais na educação corporativa, segundo o público-alvo atingido

Tipos de ação formal	Público-alvo
Estratégicas	Alta administração com influência sobre a direção da organização
Gerais ou táticas	Gerentes e responsáveis pela administração de aspectos operacionais da organização
Funcionais ou operacionais	Ocupantes de função específica, como marketing ou recursos humanos

Fonte: elaborado pela autora.

No entanto, de acordo com pesquisas do Center for Creative Leadership, o modelo mais utilizado pelas empresas é o chamado **70/20/10**,[5] em referência à porcentagem das ações de aprendizagem realizadas no mundo corporativo:

- 70% referentes às experiências vividas e/ou à aprendizagem proveniente do trabalho prático e real;
- 20% resultantes das interações com outras pessoas no ambiente de trabalho, incluindo as observações de outros que servem como modelos e os *feedbacks* que surgem desse relacionamento;
- 10% relacionados a atividades estruturadas, como cursos, seminários etc.

Ou seja, nesse modelo, 90% da aprendizagem acontece de maneira informal, enquanto apenas 10% se realiza formalmente.

O modelo 70/20/10 se conecta aos princípios da andragogia e da aprendizagem em rede, por atribuir ao profissional/aprendiz o papel protagonista de sua aprendizagem – seja realizada individualmente ou no formato social.

---

[5] Embora o conceito de aprendizagem vinculado a trabalho já tivesse sido explorado por diversos autores no âmbito da aprendizagem de adultos, muitas fontes creditam a popularização do termo 70/20/10 a Morgan McCall, Michael M. Lombardo e Robert A. Eichinger, pesquisadores do Center for Creative Leadership, instituição educacional sem fins lucrativos que, nos anos 1980, estudou executivos bem-sucedidos e suas experiências comuns (ALVES, M. M.; ANDRÉ, C. F. Modelo 70 20 10 e o microlearning: alternativas para problemas modernos na educação corporativa. *TECCOGS – Revista Digital de Tecnologias Cognitivas*, São Paulo, n. 16, p. 39-53, jul./dez. 2018).

PARTE I Bases teóricas

No entanto, vemos também movimentos para sistematizar o que acontece nas ações informais de educação corporativa e incorporar essas práticas às ações formais, a fim de obter melhores resultados em prazos menores justamente pela formalização do que, de outro modo, levaria muito tempo a ser realizado espontaneamente.[6]

3.1.2 Ações informais na educação corporativa

As ações informais são realizadas no dia a dia, geralmente de maneira não intencional, estruturada ou rigidamente organizada, podendo incluir visitas técnicas, estágios, trabalho voluntário, *coaching, job rotation* (rodízio de funções), autoinstrução, coordenação ou participação em projetos interdepartamentais, atividades voluntárias, entre outros.

Podemos estender os exemplos anteriores com um sumário de experiências típicas de aprendizagem informal, como mostra o Quadro 3.4.

Quadro 3.4 Experiências típicas de aprendizagem informal na educação corporativa

Mecanismo de aprendizagem	Mnemônico	Experiência ou evento de aprendizagem
Prática e repetição	P	Iteração/reiteração (fazer algo repetidas vezes com melhora gradual)
		Exercício e prática
		Ensaio (mental ou físico antes de uma atividade ou evento)
		Preparação e planejamento (antes de uma atividade ou evento)
		Overlearning e *overtraining* (ir além do mínimo para o desempenho competente)
Reflexão	R	Autoanálise / autoavaliação
		Reflexão sobre a ação (depois de uma atividade ou evento)
		Reflexão em ação (durante uma atividade ou evento)
		Reflexão antes da ação (antes de fazer algo)
		Reflexão em grupo / coletiva
		Exame prático (por exemplo, exame médico)
		Diário reflexivo
		Reflexão sobre como os outros fazem coisas
		Reprise mental (de um evento ou experiência)
		Interrogatório
		Aprender a partir do fracasso (analisar o que deu errado e por quê)

▷▷

---

[6] A respeito desses movimentos, ver ações informais e trilhas aceleradas nas seções a seguir.

Desenvolver e implementar soluções educacionais inovadoras nas organizações

Mecanismo de aprendizagem	Mnemônico	Experiência ou evento de aprendizagem
Observação e imitação	O	Observação crítica / estruturada dos outros
		Uso de modelo de papel positivo (tentar fazer algo como outra pessoa)
		Uso de modelo de papel negativo (tentar fazer algo como outra pessoa)
		Seguir / acompanhar (*shadowing*)
		Sintetizar / emular / realizar (vários níveis de modelagem de papéis)
		Modificação de abordagem observada (para desenvolver seu próprio estilo)
Feedback	F	Avaliação / revisão de desempenho
		Aprender a partir de críticas / reclamações
		Feedback / avaliação 360°
		Revisão por pares
		Avaliação por pares
		Exercícios de avaliação
		Escuta efetiva (o que os outros estão dizendo sobre seu desempenho)
		Aprender a partir de clientes / pacientes / outros profissionais
		Leitura de linguagem corporal (como as pessoas estão reagindo a você?)
Transferência extraocupacional	E	Experiências pré-entrada (no trabalho ou no treinamento)
		Experiência transferida de ocupações anteriores
		Experiência de degustação (antes de entrar na profissão)
		Aprendizagem fora do trabalho (lazer, *hobbies*, trabalho voluntário....)
Atividades de expansão	S (*stretching*)	Trabalhar acima da média
		Experiências profundas
		Tarefas ou problemas complexos
		Experiências amplas / holísticas (com exigência de múltiplas habilidades e compreensão global)
		Experiências multifacetadas
		Inovação (desenvolver novas ideias ou abordagens)
		Experiências traumáticas
		Experiências desafiadoras
		Atividades pioneiras

PARTE I Bases teóricas

Mecanismo de aprendizagem	Mnemônico	Experiência ou evento de aprendizagem
Mudança de perspectiva	S (*perspective switching*)	Transferência de papéis
		Transferência temporária / rodízio de papéis
		Trabalho trans equipe
		Trabalho transcultural (por exemplo, trabalhar fora)
		Mudança de perspectiva mental
		Inspiração repentina ou *insight*
		Experiências na estrada de Damasco (referência à conversão do apóstolo Paulo)
Interação com mentor / *coach*	I	*Coaching*
		Aconselhamento
		Tutoria
		Mentoria de vida / carreira / ocupação
		Atividades "caixa de ressonância" (lançar ideias para outras pessoas)
		Instrução / demonstração
		Interrogação (questionar alguém mais experiente)
Osmose ou absorção inconsciente	O	Trabalhar ao lado de colegas mais experientes
		Parcerias com colegas de profissão (*networking*)
		Trabalhar ao lado de um modelo de papel
		Passar tempo com *experts*
		Atuar como aprendiz ou pupilo (trabalhar com um mestre)
Dispositivos psicológicos / neurológicos	N	Uso de modelos mentais (para ajudar a entender algo)
		Representação gráfica (uso de modelos, mapas, gráficos...)
		Conceitualizar, teorizar, criar hipóteses
		Pensamento positivo
		Otimismo forçado / deliberado (olhar para o lado bom, esperar os melhores resultados)
		Visualização
		Autocomunicação
		Técnicas de programação neurolinguística
		Preparação mental (adotar a mentalidade adequada)
		Aprender por associação (linkar ideias com outras ideias)
		Técnicas de pensamento lateral
		Mudança / quebra de paradigma
		Escolher a abordagem de aprendizagem adequada (para o que você está tentando aprender)
		Técnicas de aprendizagem "*whole brain*" (explorar as partes criativas / artísticas e lógicas do cérebro)
		Simplificação (de ideias complexas em partes componentes)

Mecanismo de aprendizagem	Mnemônico	Experiência ou evento de aprendizagem
Articulação	A	Ensinar / tutorear / instruir / mentorear outros
		Escrever artigos, relatórios, *papers*...
		Ministrar palestras
		Falar em conferências
		Justificar / defender / explicar ações
		Comentar simultaneamente à ação
		Desenvolver materiais didáticos
Colaboração e conexão	L	Trabalho em equipe
		Projetos colaborativos
		Aprender com colegas de profissão (por exemplo, médicos aprendendo com enfermeiros)
		Aprender com clientes / pacientes
		Colaborar com clientes / pacientes (por exemplo, para resolver problemas)
		Colaborar com pessoas de outras áreas / disciplinas
		Trabalhar em equipes multidisciplinares
		Colaboração internacional
		Exercícios de construção de times

Fonte: adaptado de CHEETHAM, G.; CHIVERS, G. How professionals learn in practice. *Journal of European Industrial Training*, v. 25, n. 5, 2001.

Na verdade, a aprendizagem informal representa um processo *always on* ("sempre ativo"), sobre o qual podemos traçar um paralelo, considerando as inovações tecnológicas e metodológicas recentes. Se, em um contexto não digital, os espaços de aprendizagem e trabalho são física e temporalmente separados pelas limitações de infraestrutura e cronograma, no cenário atual essa separação pode ser superada por dispositivos móveis e pela conexão contínua.

Assim, considerando que a aprendizagem móvel e ubíqua pode acontecer em qualquer lugar, em qualquer horário, a ponte entre a aprendizagem formal e informal se torna muito mais praticável. Isso fica ainda mais claro se agregarmos as facilidades de acesso proporcionadas pela microaprendizagem (microconteúdos, microatividades, micro ou nanocertificações) e pela aprendizagem adaptativa e personalizada.

Na verdade, seguindo a esteira das metodologias ágeis, o conceito de **trilha de aprendizagem** pode ser entendido como uma "série cronológica de atividades, eventos e experiências que vão do 1º dia em uma empresa ou função até o dia da independência produtiva".[7]

Na visão de Williams e Rosembaun,[8] existe um período "misterioso" entre a data em que um funcionário termina um treinamento formal e o momento em que ele alcança a **proficiência** ou a independência produtiva, isto é, quando se torna capaz de produzir os resultados desejados de maneira independente, com velocidade, competência, fluência e consistência.

---

[7] WILLIAMS, J.; ROSENBAUM, S. *Learning paths*: increase profits by reducing the time it takes employess to get up-to-sepeed. San Francisco: Pfeiffer/ASTD, 2004.

[8] WILLIAMS; ROSENBAUM, 2004.

PARTE I Bases teóricas

Esse período se refere a ações de aprendizagem informal que ocorrem naturalmente no ambiente de trabalho, mas que podem ser formalizadas, a partir de um estudo do percurso personalizado de cada funcionário, e incorporadas à aprendizagem formal a fim de acelerar o tempo até a independência produtiva em novos processos de treinamento & desenvolvimento.

Visando a um ganho de até 30% desse tempo, os autores recomendam ainda uma revisão das trilhas de aprendizagem formais, de modo a transformar processos mais longos em soluções limitadas a 30 dias ou menos, substituir classes presenciais por soluções autoestudo adequadas ao ritmo individual, transformar treinamento técnico em treinamento *on-the-job* (no trabalho), enxugar materiais de treinamento página a página e incluir vivências práticas no treinamento convencional.

O Gráfico 3.1 representa graficamente essa visão de trilhas de aprendizagem aceleradas.

Gráfico 3.1 Trilhas de aprendizagem aceleradas

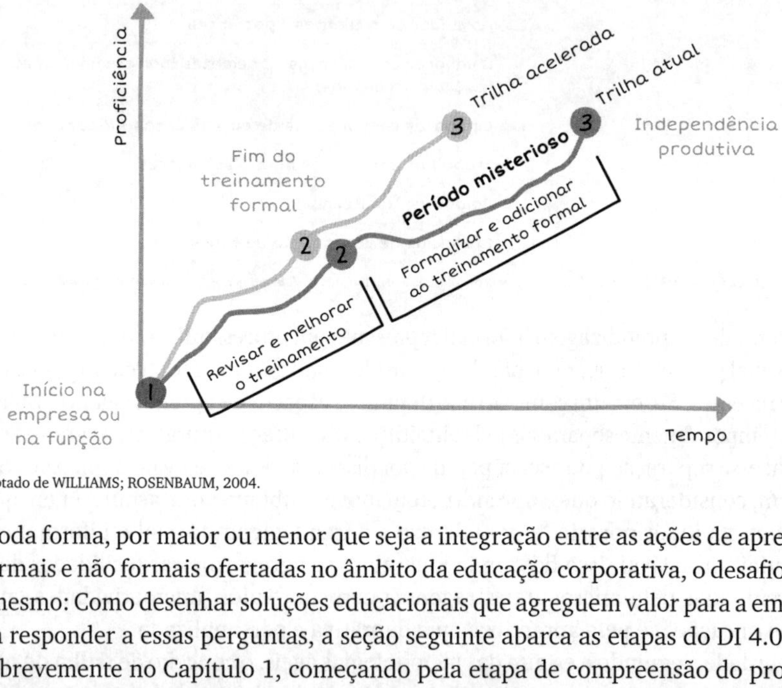

Fonte: adaptado de WILLIAMS; ROSENBAUM, 2004.

De toda forma, por maior ou menor que seja a integração entre as ações de aprendizagem formais e não formais ofertadas no âmbito da educação corporativa, o desafio continua o mesmo: Como desenhar soluções educacionais que agreguem valor para a empresa?

Para responder a essas perguntas, a seção seguinte abarca as etapas do DI 4.0 anunciadas brevemente no Capítulo 1, começando pela etapa de compreensão do problema educacional e suas relações com as necessidades reais do negócio, para, em seguida, projetar, desenvolver e implementar ações que façam sentido tanto em termos individuais como organizacionais.

3.2 AS ETAPAS DO DI 4.0

Do ponto de vista macro, as grandes etapas do DI 4.0 – compreender o problema, projetar uma ou mais soluções, desenvolver e implementar a solução projetada – podem ser detalhadas nas atividades de análise, design e desenvolvimento, entrega e avaliação, que se assemelham muito às etapas do DI tradicional, como mostra a Figura 3.4.

Figura 3.4 Etapas do design instrucional

Compreender o problema	Projetar e desenvolver uma ou mais menções	Implementar a solução	Avaliar a solução
ANÁLISE DE NECESSIDADES	DESIGN E DESENVOLVIMENTO	ENTREGA	AVALIAÇÃO
Estrutura da força de trabalho Resultados de pesquisas com funcionários Necessidades de desenvolvimento em estreito alinhamento com o planejamento estratégico Definição de KPIs para confrontar progresso x necessidades	Design da solução a partir da análise de necessidades e competências Identificação de requisitos do projeto Gestão de fornecedores Briefing para todos os envolvidos	Gestão do projeto, com acompanhamento do início à entrega Alinhamento entre parceiros internos e externos Entrega da solução educacional	Avaliação de: Satisfação Geração de conhecimento Aplicação da aprendizagem Resultados para o negócio Avaliação do retorno sobre o investimento (ROI)

Fonte: adaptada de KOLO, 2013.

As etapas do DI 4.0 também guardam semelhança com as seis disciplinas que transformam a educação em resultados para o negócio, como mostra a Figura 3.5.

Figura 3.5 As seis disciplinas que transformarão a educação em resultados para o negócio

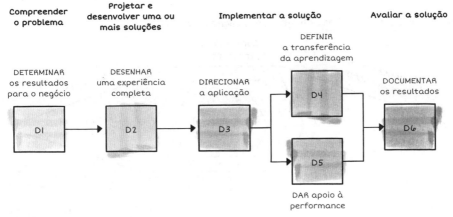

Fonte: adaptada de WICK, POLLOCK; JEFFERSON, 2011, p. 6.

No DI 4.0, a forma de realizar essas atividades difere devido aos conceitos de (cri)atividade, agilidade, imersão e orientação a dados que caracterizam as metodologias inov-ativas em educação.

Assim, os processos testados e comprovados de como desenhar soluções educacionais precisam ser revistos e complementados para que as inovações sejam efetivamente incorporadas. Nesse sentido, novas perspectivas de design – como o DT e o design da experiência educacional – são incorporadas de modo a assegurar que as soluções desenvolvidas sejam centradas nas pessoas e alinhadas às necessidades do negócio.

As seções a seguir exploram mais detalhadamente como isso ocorre.

3.2.1 Etapa 1 – Compreender o problema

Sem uma análise cuidadosa do problema ou necessidade que se quer atender no contexto da educação corporativa, as soluções projetadas poderão se transformar em um grande investimento que simplesmente não valerá a pena. Sem a análise, podem ocorrer problemas como o desenvolvimento de soluções que não correspondem às necessidades das pessoas ou da empresa, a elaboração de materiais pobres ou ineficientes e o desenvolvimento de ambientes pouco atraentes ao público a que se destinam.

A análise contextual identifica fatores contextuais que podem restringir ou favorecer em diferentes graus os processos de ensino-aprendizagem, seja em termos temporais, seja em níveis de abrangência.[9]

Em termos temporais, como mostra a Figura 3.6, a análise inclui:

- **contexto de orientação** – anterior à aprendizagem, influencia a motivação futura do aluno e o prepara cognitivamente para aprender;
- **contexto de instrução** – geralmente determinado temporalmente pelo evento instrucional (curso, programa, aula, solução educacional), envolve os recursos físicos, sociais e simbólicos que fazem parte da experiência de aprendizagem;
- **contexto de transferência** – posterior à ação de aprendizagem propriamente dita, envolve basicamente o ambiente ou a situação no qual o que foi aprendido será aplicado. Na educação corporativa, corresponde à parte mais importante do processo – quando os objetivos de aprendizagem "casam" com os objetivos do negócio, gerando um desempenho diferenciado por aqueles que passaram pelo contexto de instrução.

Figura 3.6 Elementos do contexto da educação corporativa

Fonte: elaborada pela autora a partir de FILATRO, 2004, p. 122.

Como indicado pela Figura 3.6, esses três contextos se expressam em diferentes níveis de abrangência:

- **perspectiva individual** – característica do indivíduo;
- **perspectiva imediata** – característica do entorno (gestores e pares);
- **perspectiva organizacional** – característica da empresa, instituição ou organização.

O Quadro 3.5 apresenta detalhadamente os elementos da análise contextual.

---

[9] TESSMER, M.; RICHEY, R. C. The role of context in learning and instructional design. *Educational Technology Research and Development*, v. 45, n. 2, p. 85-115, 1997.

Quadro 3.5 Elementos da análise contextual

	Contexto de orientação	Contexto de instrução	Contexto de transferência
Individual	• Perfil do colaborador (dados demográficos, estilo de aprendizagem, *background* educacional, tempo na empresa, histórico de promoções, função atual) e experiências anteriores de aprendizagem. • Definição de objetivos que influenciam estados cognitivos e afetivos do aluno. • Responsabilidade do colaborador pela própria aprendizagem. • Percepção de que a aprendizagem será útil (poderá ser transferida). • Percepção de que a aprendizagem individual terá consequências sobre o ambiente de trabalho e sobre a organização.	• Percepção do papel do colaborador como aluno (o que e como aprender, o que esperar do professor, dos pares e dos materiais didáticos). • Compreensão da tarefa do aluno (objetivos de aprendizagem envolvidos, conteúdos a serem estudados e processo de aprendizagem propriamente dito).	• Percepção da utilidade e aplicabilidade da aprendizagem. • Percepção dos recursos disponíveis (ferramentas, equipamentos, software, auxílios nas tarefas, professores e pares). • Consciência das limitações de transferência da aprendizagem e desenvolvimento de habilidades para superá-las. • Experiência anterior na aplicação do conhecimento a novas situações e solução de novos problemas.
Imediato	• Suporte social para a aprendizagem (apoio do gestor e dos pares). • Histórico anterior de sucessos e fracassos em ações de treinamento & desenvolvimento. • Nível de integração entre a unidade de negócio ou departamento e o sistema de educação corporativa.	• Condições de ambientes físicos e digitais para sustentar atenção, interesse e motivação e suportar experiências autênticas de aprendizagem. • Percepção do papel do educador (como palestrante e/ou como mentor). • Cronogramas de aprendizagem (quantidade e regularidade de atividades). • Facilidade e adaptabilidade dos materiais didáticos e dos equipamentos de apoio.	• Oportunidades de transferência da aprendizagem. • Suporte social (apoio dos pares e dos gerentes). • "Dicas" situacionais (*feedback* por meio de revisões, avaliações ou testes), sistemas de suporte ao desempenho, modelagem. • Clareza sobre os fatores críticos de sucesso.
Organizacional	• Cultura organizacional sobre a importância da aprendizagem e nível de maturidade da educação corporativa. • Incentivo à aplicação de novas habilidades, com destinação de tempo e recursos para esse fim. • Política de recursos humanos. • Envolvimento das partes interessadas.	• Significados, crenças e valores compartilhados e expressos por meio de rituais, sistemas de recompensas, políticas e linguagem. • Apoio ao ensino e à aprendizagem (planejamento do tempo, suporte técnico, disponibilidade de ambientes físicos e virtuais, equipamentos e instalações acessíveis).	• Cultura de transferência (valorização da educação corporativa). • Incentivos pelo uso, penalidades por erros, comprometimento orçamentário e sistema de *feedback*. • Sistemática de avaliação de resultados. • Prestação de contas às partes interessadas.

Fonte: adaptado de FILATRO, 2004; TESSMER; RICHEY, 1997.

Para ajudar a garantir o sucesso da solução educacional projetada, uma análise contextual deve ser realizada antes de iniciar uma experiência de aprendizagem. Normalmente, envolve compreender as necessidades de aprendizagem, caracterizar a audiência e levantar as restrições e potencialidades do contexto institucional.

3.2.1.1 Análise de necessidades de aprendizagem

Uma necessidade de aprendizagem aponta para um problema ou lacuna entre o desempenho real e o desempenho esperado no contexto organizacional. Sem uma necessidade a ser atendida, qualquer solução educacional terá valor muito baixo, por mais agradável que seja em termos estéticos.

No contexto corporativo, as necessidades de aprendizagem se referem tanto às necessidades pontuais das pessoas como às necessidades organizacionais mais amplas.

Quanto às necessidades das pessoas, o DI procura atender a um dos seguintes tipos de lacunas de aprendizagem:[10]

- **falta de conhecimento** – é difícil fazer algo se uma pessoa não sabe o que deve fazer ou não consegue entender suas implicações.
- **falta de habilidade** – uma pessoa sabe conceitualmente como operar um equipamento, mas se falta prática, ela ainda possui uma necessidade de aprendizagem, ou seja, dominar uma habilidade é ser capaz de aplicar um conhecimento na prática.
- **falta de confiança** – uma pessoa domina um conteúdo e tem a capacidade vocal de apresentá-lo, mas lhe falta confiança para falar em público; o aspecto emocional precisa ser tratado para que a aprendizagem seja completa.
- **falta de motivação** – uma pessoa pode ter todo o conhecimento, habilidade e confiança do mundo, mas, se não quiser fazer algo, entra em cena o aspecto volitivo e é bastante improvável que o faça.
- **falta de recursos ou ferramentas** – uma pessoa não pode realizar determinadas ações se não tiver os recursos ou as ferramentas necessárias; por vezes, a aprendizagem visa a corrigir um problema que impede que uma pessoa motivada, experiente, qualificada e confiante faça o que deseja ou necessita fazer.

Assim, a maneira mais segura de projetar uma experiência de aprendizagem que atenda às necessidades individuais é trabalhar de trás para frente, isto é, a partir do resultado desejado, respondendo a algumas perguntas orientadoras:[11]

- O que se espera que alguém seja capaz de fazer ou alcançar?
- O que essa pessoa precisa saber para poder fazer isso?
- O que precisa ter (habilidades, confiança e motivação) para conseguir fazer isso?
- Quais equipamentos ou recursos deve possuir para realizar o que se espera?

---

[10] INTERATION DESIGN FOUNDATION (IDF). *Learning experience design*: the most valuable lessons [s.d.]. Disponível em: <https://www.interaction-design.org/literature/article/learning-experience-design-the-most-valuable-lessons>. Acesso em: 25 abr. 2019.

[11] Questões inspiradas em IDF [s.d.].

Desenvolver e implementar soluções educacionais inovadoras nas organizações

Do ponto de vista das necessidades organizacionais – da empresa como um todo ou de uma unidade de negócio, área funcional ou departamento em particular –, é importante questionar:[12]

- O que a empresa/unidade está tentando alcançar?
- Quais são as principais metas e iniciativas da liderança?
- O que a liderança aponta como ameaças competitivas e cenários adversos?
- O que tira o sono da equipe?
- Quais são as causas para um desempenho mediano ou insatisfatório que ações de aprendizagem podem ajudar a resolver?
- Quais são as ineficiências e inconsistências que desperdiçam tempo e energia da equipe?
- Em que pontos um programa efetivo de educação corporativa pode reduzir os riscos do fracasso e aumentar a probabilidade e a magnitude do sucesso?

No DI tradicional, é comum que essas perguntas sejam respondidas pelo analista de RH/treinamento ou por um designer instrucional a partir de uma conversa com o gerente responsável pela área – em geral, após a pesquisa de documentação interna, como planos estratégicos, relatórios de desempenho, avaliações de programas anteriores, entre outros.

Além disso, quando a gestão por competências está plenamente implementada na organização, as necessidades de aprendizagem já foram parcialmente mapeadas e a providência seguinte é identificar quais funcionários específicos precisam participar de uma ou mais ações de aprendizagem.

Embora desenhar experiências educacionais funcionais, engajadoras, atrativas e memoráveis seja um dos objetivos do DI 4.0 (como vimos no Capítulo 2), está claro que a educação corporativa vai muito além do que ocorre durante uma ação de aprendizagem específica.

Como vimos, o que cada pessoa aproveita de uma experiência de aprendizagem específica é moldado por seu contexto de orientação: suas expectativas, atitudes, experiências anteriores, conhecimentos prévios, estilos de aprendizagem e estado emocional. E, em última instância, sua experiência de aprendizagem é também influenciada por seu contexto de transferência: oportunidades de uso, apoio e encorajamento, reforço e sucessos e fracassos anteriores, entre outros. Mas, na verdade, a experiência de aprendizagem completa é resultado também do contexto imediato (envolvendo gestores e pares) e do contexto institucional da organização.

A Figura 3.7 resume os fatores que influenciam a experiência de aprendizagem, segundo as seis disciplinas que transformam a educação em resultados para o negócio: [13]

---

[12] Questões inspiradas em WICK, C.; POLLOCK, R.; JEFFERSON, A. *6Ds*: as seis disciplinas que transformam educação em resultados para o negócio. São Paulo: Évora, 2011.

[13] Ver WICK; POLLOCK; JEFFERSON, 2011.

Figura 3.7 Fatores que influenciam a experiência de aprendizagem, impactam sua transferência e afetam os resultados

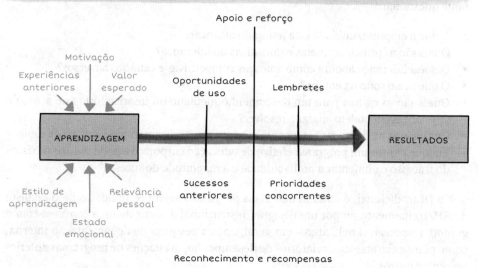

Fonte: adaptada de WICK, POLLOCK; JEFFERSON, 2011, p. 66.

Assim, todo levantamento de necessidades de aprendizagem precisa ser traduzido em resultados desejados, a fim de que as soluções educacionais sejam realmente efetivas. Um recurso de grande ajuda é a Roda de Planejamento dos Resultados, como mostra a Figura 3.8.

Figura 3.8 Roda de Planejamento de Resultados

Fonte: adaptada de WICK; POLLOCK; JEFFERSON, 2011.

Desenvolver e implementar soluções educacionais inovadoras nas organizações

Espera-se como resposta à Questão 1 a forma como o negócio será beneficiado se a ação de aprendizagem for bem-sucedida: com menos erros, menos acidentes de trabalho, mais velocidade na entrega, menor custo, maior satisfação dos clientes etc.

A Questão 2 diz respeito a como os participantes colocarão em prática o que aprenderam para demonstrar um comportamento diferente do anterior, além de descrever como se comportam os profissionais de ponta com relação às necessidades de aprendizagem analisadas para verificar na prática quais resultados são esperados das pessoas após uma ação de aprendizagem que busca desenvolver esse nível de comportamento.

A Questão 3 indica formas de avaliar se a ação de aprendizagem está ou não produzindo os resultados esperados. Em primeiro lugar, quem será afetado pelas mudanças: o cliente, o gestor, os colegas de trabalho? Em seguida, que outras mudanças poderão ser observadas? Alguns exemplos incluem fidelização dos clientes, retenção de funcionários, clima organizacional e volume de negócios.

Na Questão 4, refinam-se as respostas da pergunta 3, indicando o que, de fato, será medido, quando isso será feito e qual é a intensidade da mudança necessária para que se considere a solução educacional bem-sucedida. Estamos falando aqui em métricas mensuráveis, que, além de exequíveis, são compartilhadas com a liderança e com a equipe previamente, de modo que haja convergência de esforços para alcance dos resultados.

Feitas essas observações cruciais sobre o levantamento de necessidades de aprendizagem, no DI 4.0 somam-se a essas ações a análise cuidadosa do perfil de quem passará pelas experiências de aprendizagem propostas, de preferência com a participação dessas pessoas e de outras partes interessadas.

3.2.1.2 Caracterização da audiência

Uma das principais atividades da análise contextual é a caracterização do público-alvo, visando a identificar (ou confirmar) o perfil demográfico e organizacional, conhecimentos prévios, experiências educacionais anteriores, estilos e preferências de aprendizagem, aspectos motivacionais e do contexto de aplicação futura. No DI tradicional, essa caracterização costuma acontecer por meio da análise de documentação, incluindo pesquisas internas ou de mercado, estatísticas gerais do setor e outros documentos institucionais.

O DI 4.0 utiliza estratégias de DT e de LXD para definir mais a fundo o perfil das pessoas envolvidas.

A **persona** é uma das técnicas mais utilizadas para traçar o perfil de grupo e é também conhecida como composição de perfil de participante. Trata-se de uma estratégia de síntese na qual se criam personagens fictícios com as mesmas características do aprendiz típico – um funcionário que fará um curso, participará de uma trilha de aprendizagem, acessará um objeto de realidade virtual ou aumentada, participará do desenvolvimento de um projeto etc.

Uma persona normalmente inclui dados demográficos, metas, necessidades, um dia típico de trabalho, a vida e as experiências anteriores que o grupo de pessoas representado vivenciou.

A criação de uma persona pode ser feita a partir de entrevistas ou observações que permitam coletar informações sobre o público-alvo ou, melhor ainda, por meio de *sprints* com

PARTE I **Bases teóricas**

a participação de representantes do público e das partes interessadas, a fim de aumentar a empatia e eliminar, ou ao menos reduzir, preconceitos e vieses de análise.

A persona pode ser criada de forma livre, usando cartolina, blocos de notas autoadesivos, canetinhas coloridas, figuras de revistas ou de bancos de imagens, cola e tesoura. A partir daí, o grupo define um nome criativo para o perfil a ser criado, levanta características pessoais (sexo, idade, estado civil, profissão, *hobbies* etc.), objetivos, motivações, sonhos e desafios, e desenha a persona ou inclui uma imagem que a represente. Por fim, o grupo redige uma frase emblemática que traduza o lema dessa persona em relação à necessidade de aprendizagem em questão.

A Figura 3.9 mostra alguns exemplos de personas criadas livremente.

Figura 3.9 Exemplos de personas

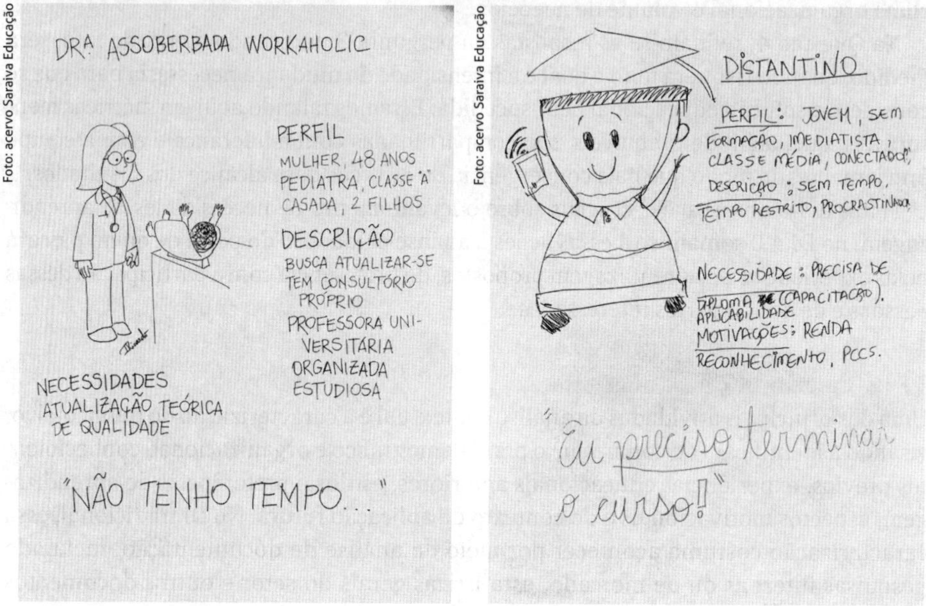

Fonte: CAVALCANTI; FILATRO, 2017, p. 168.

Em alguns casos, cria-se uma persona para o professor ou tutor típico e até para o gestor imediato, a fim de levantar as características similares de cada grupo de pessoas envolvidas no problema educacional a ser resolvido.

A Figura 3.10 mostra um modelo estruturado para a criação de personas e um exemplo de persona para um professor-especialista.

112

Desenvolver e implementar soluções educacionais inovadoras nas organizações

Figura 3.10 (a) Modelo para criação de persona; (b) Exemplo de persona estruturada com base no modelo de criação

Escolha um nome criativo		
Desenhe a persona	**Descreva perfil e características**	**Descreva motivações**
	Descreva necessidades	
		Crie um lema

(a)

Escolha um nome criativo		
Sua excelência, a competência		
Desenhe a persona	**Descreva perfil e características**	**Descreva motivações**
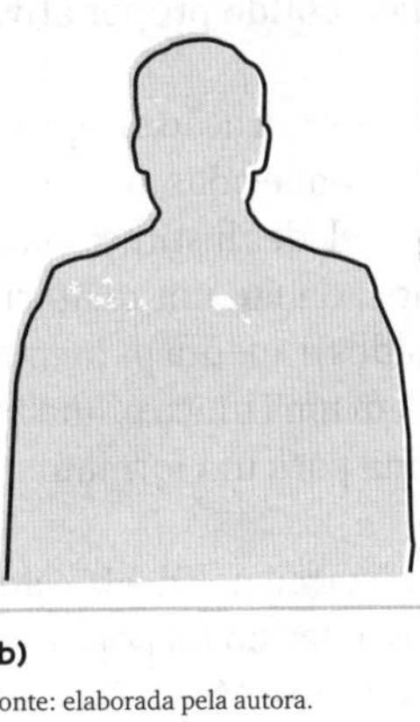	Homem, 35-40 anos, concursado, com 4-10 anos de serviço público, boa formação acadêmica, cargo de gerência ou superior, visão sistêmica, capacidade crítica, facilidade na comunicação oral e escrita, organização e foco	Orgulho de ser servidor e docente Capacidade de contribuir para a melhoria do serviço público Necessidade de fazer diferença Complementação de renda
	Descreva necessidades	**Crie um lema**
	Ser ouvido pela coordenação Compartilhar experiências Receber informações a um clique, de preferência no formato *"push"* em vez de *"pull"* Vislumbrar possibilidade de engajamento de longo prazo	"Penso, logo ensino"

(b)

Fonte: elaborada pela autora.

3.2.1.3 Fatores institucionais

A próxima área a ser considerada na análise contextual engloba os fatores institucionais que podem afetar positiva ou negativamente a produção ou a utilização de determinadas soluções educacionais, como orçamento, equipe disponível e experiência anterior.

PARTE I Bases teóricas

Para isso, são levantadas (ou confirmadas) informações a partir de algumas perguntas orientadoras:

- Quantos e quais profissionais estão disponíveis para a criação e a entrega da solução educacional?
- Existem restrições técnicas para a produção e/ou utilização da solução educacional?
- Quais são as limitações orçamentárias?
- Quais são os prazos críticos?
- Há questões legais envolvidas (direitos autorais, direitos de imagem, questões de privacidade etc.)?
- Quais questões culturais e experiências institucionais anteriores podem influenciar as escolhas sobre estratégias, ambiente de aprendizagem, duração ou tipo de interação social?
- Um aspecto importante a ser observado é o ambiente no qual a aprendizagem deve ocorrer. Algumas perguntas ajudam a definir o ambiente ideal:
  - Uma sala de aula tradicional onde as pessoas se reúnem presencialmente é adequada para o que será apresentado?
  - Um ambiente virtual pode exibir os conteúdos com os quais as pessoas vão interagir?
  - A aprendizagem também envolverá atividades práticas? Essas atividades exigem uma configuração diferenciada do ambiente presencial? Requerem ferramentas digitais de apoio?
  - Há necessidade de simular digitalmente a prática? Nesse caso, a ação de aprendizagem deve acontecer em um ambiente realista, em um cenário mais estilizado ou mesmo em um cenário fictício, totalmente impossível na vida real?[14]

Outra questão a ser examinada é: A aprendizagem requer a formação de grupos? Se a necessidade de aprendizagem estiver relacionada a vários grupos interagindo e trabalhando juntos para atingir uma meta ou resolver um problema, faz sentido propor atividades coordenadas em que os aprendizes trabalhem juntos.[15]

As respostas a esse conjunto de questões dão um direcionamento sobre a ação de aprendizagem a ser desenvolvida a partir das potencialidades e restrições conhecidas, ou seja, a solução educacional é criada dentro da caixinha dos limites e possibilidades institucionais.

No processo tradicional de DI, a análise contextual é sistematizada em um relatório formal, que descreve textualmente os diferentes aspectos examinados e aponta para uma proposta de curso. O DI 4.0, por sua vez, utiliza o formato Canvas: em uma única prancha, articula as várias dimensões contextuais analisadas e as encaminha para um formato de solução educacional a partir da análise feita.

Aqui vale uma breve explicação sobre o formato Canvas e sua utilização no DI 4.0. *Canvas* é o termo inglês para "tela de pintura". No mundo dos negócios, o termo foi popularizado por Alex Osterwalder, que, em meados dos anos 2000, criou o Business Model Canvas, uma metodologia criada para promover a inovação e geração de modelos de negócio.[16]

Por ser uma ferramenta extremamente visual, e não apenas textual, o Canvas possibilita a visão integrada de diversos blocos de informação, que juntos formam um mapa

---

[14] A esse respeito, ver a seção "Tecnologias imersivas", no Capítulo 2.

[15] Nesse sentido, ver Capítulo 1.

[16] OSTERWALDER, A.; PIGNEUR, Y. *Business model generation*: inovação em modelos de negócios. Rio de Janeiro: Alta Books, 2011.

Desenvolver e implementar soluções educacionais inovadoras nas organizações

descritivo de um negócio, processo, produto, projeto ou serviço. Além disso, os blocos de ideias são dispostos em uma única folha ou tela na forma de post-its ou anotações, podendo ser facilmente atualizados, o que favorece a cocriação.

Por esses motivos, o Canvas tem sido utilizado em diferentes aplicações de design, inclusive no DI, como é o caso da metodologia Trahentem para Design de Aprendizagem.[17]

O Quadro 3.6 e a Figura 3.11 mostram dois formatos possíveis para sistematizar a análise contextual.

Quadro 3.6 Exemplo de relatório de análise contextual estruturado

I. IDENTIFICAÇÃO DE NECESSIDADES DE APRENDIZAGEM
1.1 Qual é a demanda ou necessidade educacional?
1.2 Por que o curso é necessário?
1.3 No que o novo curso se diferencia de outros cursos?
1.4 Por que o curso deve ser oferecido neste momento?
1.5 Por que o curso deve ser oferecido no formato a distância?

2. CARACTERIZAÇÃO DOS ALUNOS
2.1 O que os alunos já sabem a respeito do tema do curso?
2.2 O que os alunos precisam ou querem saber?
2.3 Quais são os estilos de aprendizagem dos alunos?
2.4 Em que situação os alunos aplicarão o que tiverem aprendido?

3. LEVANTAMENTO DE POTENCIALIDADES E RESTRIÇÕES

3.1 Quantos e quais profissionais estão disponíveis?

	Quantos?	Quais?	Regime de trabalho
Autoria			
Equipe de produção			
Equipe de mídias			
Tutores			

3.2 Quais são as restrições técnicas para o desenvolvimento do curso?
3.3 Quais são as restrições legais para o desenvolvimento do curso?
3.4 Quais são as restrições orçamentárias para o desenvolvimento do curso?
3.5 Quais são os prazos-limite a implementação do curso?
3.6 Quais são as exigências dos *stakeholders* para o curso?

---

[17] ALVES, F. *Design de aprendizagem com uso de Canvas*: Trahentem. São Paulo: DVS, 2016.

PARTE I Bases teóricas

4. PROPOSTA DE CURSO		
4.1 Carga horária		
4.2 Duração		Semanas Meses
4.3 Unidades		
4.4 Modelo educacional	Informativo ( ) Essencial ( ) Colaborativo ( ) Imersivo ( ) Ubíquo (móvel)	
4.5 Modelo de autoria	( ) Conteúdos inéditos ( ) Curadoria de materiais de terceiros ( ) Autoria colaborativa de conteúdos inéditos ( ) Adaptação de conteúdos prontos	
4.6 Formatos de conteúdos digitais	( ) PDF interativos ( ) Livros digitais (e-books) ( ) Objetos de aprendizagem ( ) Jogos	
4.7 Recursos complementares	( ) Áudio ( ) Vídeo ( ) Animação	
4.8 Formatos de áudio e vídeo	( ) Videoaulas expositivas ( ) Videoaulas práticas ( ) Entrevistas ( ) Debates ( ) Rôtisserie de opiniões ( ) Reportagem ( ) Consultas externas ( ) Audiocast ( ) Videocast ( ) Screencast ( ) Narrativas instrucionais	
4.9 Recursos de vídeo complementares	( ) Closed caption ( ) Libras ( ) Locução profissional ( ) Rótulos textuais ( ) Trilha incidental	
4.10 Instrumentos de avaliação da aprendizagem	( ) Banco de questões ( ) Rubricas ( ) Projetos ( ) Monografia ( ) Checklist ( ) Gamificação	
4.11 Requisitos para certificação	( ) Entrega de atividades [informar porcentagem] ( ) Nota mínima [informar nota de corte]	

Desenvolver e implementar soluções educacionais inovadoras nas organizações

4.12 Instrumentos de avaliação do curso	( ) Avaliação de reação ( ) Avaliação da aprendizagem ( ) Avaliação de impacto no trabalho ( ) Avaliação de resultados para o negócio ( ) ROI
4.13 Modelo de tutoria	( ) Proativa ( ) Reativa ( ) Máster ( ) Monitoria
4.14 Tipo de inscrição	( ) Matrícula contínua ( ) Formação de turmas ( ) Turmas fechadas
4.15 Oferta inicial	( ) Turma-piloto ( ) Oferta direta
Observações	

Fonte: elaborado pela autora.

Figura 3.11 Análise contextual visual

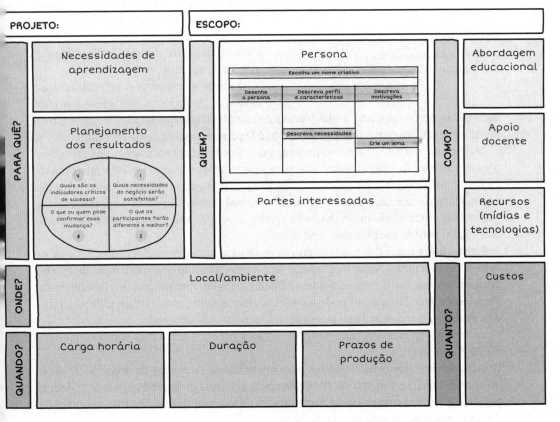

Fonte: elaborada pela autora.

117

PARTE I Bases teóricas

Incluir uma proposta de solução na análise contextual é uma estratégia bem-sucedida, se considerarmos a prática tradicional de DI, mas, em alguns casos, o resultado pode ser mais restritivo do que criativo, devido ao poder limitador das restrições institucionais, que podem funcionar como bloqueios à capacidade de imaginar experiências de aprendizagem inovadoras.

Considerando que criatividade é um requisito indispensável no cenário de transformações e inovações em que a empresa está inserida hoje, no DI 4.0, sugere-se adotar estratégias de DT e de LXD para liberar a criatividade e gerar ideias "fora da caixa".

3.2.2 Etapa 2 – Projetar a solução

Projetar soluções educacionais inovadoras requer tomada de decisão em relação a vários elementos do processo de ensino-aprendizagem: objetivos de aprendizagem, conteúdos, atividades, ferramentas, carga horária, instrumentos de avaliação etc.

Um dos riscos do DI tradicional é focar esses elementos separadamente, deixando de lado sua integração interna (sua Gestalt) ou mesmo sua relação com outras experiências de aprendizagem e com os resultados desejados para o negócio.

Gestalt

termo de origem alemã que significa forma, padrão ou estrutura unificada. A psicologia da Gestalt, movimento originado na Berlim nos anos 1920, busca entender como a mente humana percebe as coisas em sua totalidade, em vez de seus elementos individuais constituintes.

Além disso, em soluções calcadas exclusivamente na entrega de conteúdo, o processo de DI convencional oferece estratégias já testadas de autoria e roteirização para mídia impressa e digital, áudio, vídeo e objetos de aprendizagem multimídia.

Quando agregamos à solução educacional a perspectiva das metodologias inov-ativas, acrescentamos também graus de complexidade que implicam novas estratégias de planejamento e design. O DT e o LXD podem auxiliar nessa direção.

No entanto, um erro comum ao projetar experiências de aprendizagem é não ter objetivos específicos, formais ou informais, para as interações pretendidas. Algumas organizações criam ou adotam soluções de aprendizagem inovadoras com resultados vagos de aprendizagem e nenhum plano de avaliação formal. Então, depois de alguns meses de inatividade e sem nenhum resultado de aprendizagem visível, a organização abandona as soluções porque não parecem produtivas.

Felizmente, muitos dos mesmos processos usados para desenvolver soluções educacionais convencionais podem ser usados no desenvolvimento de experiências de aprendizagem inovadoras. O próprio modelo ADDIE (do inglês, *Analysis, Design, Development, Implementation* e *Evaluation*) pode ser adotado em conjunto com o DT e o LXD para criá-las, mesmo que o objetivo seja promover a aprendizagem informal.

3.2.2.1 Matriz de DI

Um dos documentos mais utilizados para organizar os elementos do processo de ensino-aprendizagem é a matriz de DI. Ela articula objetivos de aprendizagem, atividades, papéis, conteúdos, ferramentas e instrumentos de avaliação, na unidade de um curso ou durante uma ação de aprendizagem.

Em seu formato clássico, a matriz de DI tradicional se assemelha a um plano de aulas, como mostra a Figura 3.12.

Figura 3.12 Matriz de DI tradicional

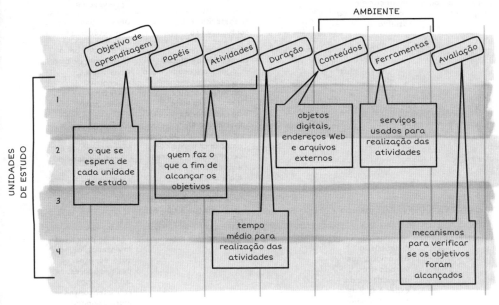

Fonte: FILATRO, 2016, p. 232.

Mesmo clássica, a matriz de DI consegue absorver boa parte das mudanças na aprendizagem representadas pelas metodologias inov-ativas. O Quadro 3.7 faz um resumo dessas mudanças para cada um dos principais elementos do ensino-aprendizagem.

PARTE I Bases teóricas

Quadro 3.7 Resumo das mudanças nos principais elementos da matriz de DI

Elemento	Descrição	Subitens	De (passado e presente)	Para (presente e futuro)
Objetivos de aprendizagem	O que se espera alcançar em cada unidade ou atividade	Perspectiva	Objetivos instrucionais	Objetivos de aprendizagem
		Foco	Transferência de conhecimento	Desenvolvimento de competências
		Domínio	De acordo com a **taxonomia de Bloom**: • Cognitivo (recuperação ou reconhecimento da informação e desenvolvimento de habilidades intelectuais) • Afetivo (modo de lidar emocionalmente com sentimentos, valores, entusiasmo, motivação e atitudes) • Psicomotor (movimentação física, coordenação e uso de habilidades motoras)	De acordo com a taxonomia de Bloom revisitada • Cognitivo • Afetivo • Psicomotor + • Metacognitivo[18] (consciência da amplitude e profundidade de conhecimento adquirido; interdisciplinaridade)
Atores/ papéis	Representam a dimensão associada aos verdadeiros animadores da experiência de aprendizagem e seu alvo principal	Principal ator	Professor	Rede de pares (mentores, alunos, tutores, *experts*, pesquisadores, testemunhos, representantes institucionais)
		Alvo	Estudantes	Trabalhadores do conhecimento, produtores do conhecimento e partes interessadas públicas e privadas
Atividades	Caracterizam os processos e a dinâmica da prática da aprendizagem	Abordagem	Teoria antes da prática	Integração entre teoria e prática (problemas, projetos, processos, casos)
		Tipologia da interação	Unidirecional (professor *versus* estudante)	Colaborativa (rede de pares)
		Estilo	*Top-down*	*Bottom-up* (da base para o topo)
Conteúdos	Descrevem a arquitetura do conhecimento que alimenta a experiência de aprendizagem	Conhecimento	Conhecimento conceitual baseado em disciplinas	Conhecimento experiencial interdisciplinar
		Arquitetura	Bem estruturada, estática e específica a domínios	Hiperlinkada, dinâmica e multidomínio
		Recursos	Livros e raramente PC	Biblioteca digital, *e-books*, *wikis* e *blogs*, repositórios Web, cursos abertos e livres

---

[18] Domínio relativo à metacognição, que diz respeito à consciência sobre a cognição (a capacidade de adquirir conhecimentos, de aprender e de gerir o próprio aprendizado).

Desenvolver e implementar soluções educacionais inovadoras nas organizações

3

Elemento	Descrição	Subitens	De (passado e presente)	Para (presente e futuro)
Mídias e tecnologias	Ilustram o papel das ferramentas e dos suportes no sistema de aprendizagem	Papel das mídias e das tecnologias	Marginal	Pervasivo e flexível, com uso de ferramentas interativas e sistemas de áudio e vídeo em tempo real
Espaço	Descreve características físicas e virtuais do ambiente de aprendizagem	Local/ ambiente	Sala de aula fechada	Laboratórios, comunidade aberta e espaço físico e virtual
		Contexto	Ambíguo e geral	Bem definido e orientado ao local de trabalho
		Escopo	Local	Global
Tempo	Apresenta as características temporais das atividades de aprendizagem	Frequência	Fixa e agendada	Sob demanda
		Duração	Limitada	Ilimitada e por toda a vida
Métricas	Destacam o procedimento de avaliação e os princípios para medir a eficácia e os resultados da aprendizagem	Avaliação	Exame individual baseado em teoria	Soluções e resultados baseados em grupos e colaborativos

Fonte: adaptado de ELIA, 2010, p. 22, 27-30.

Taxonomia de Bloom

estrutura de classificação dos objetivos de aprendizagem organizada por uma comissão multidisciplinar de especialistas de várias universidades dos Estados Unidos, liderada por Benjamin S. Bloom, em meados da década de 1950.[19] Em 1990, a classificação passou por um processo de revisão até ser publicada em 2001 por Lorin W. Anderson e David R. Krathwohl, coautor da versão original.[20] Na taxonomia revisada, o tipo de conhecimento passou a ser designado por substantivos e os processos para atingi-lo passaram a ser descritos por verbos. Os níveis de conhecimento, compreensão e síntese foram renomeados para relembrar, entender e criar, respectivamente, como pode ser observado na Figura 3.13.

---

[19] Conforme BLOOM, B. S. *et al. Taxonomia de objetivos educacionais*, v. 1 e 2. Porto Alegre: Globo, 1979.

[20] ANDERSON, L. W.; KRATHWOHL, D. R. (Eds.) *A taxonomy for learning, teaching, and assessing*: a revision of Bloom's taxonomy of educational objectives. New York: Longman, 2005

PARTE I   Bases teóricas

Figura 3.13 Comparação entre a taxonomia de Bloom original e sua versão revisada

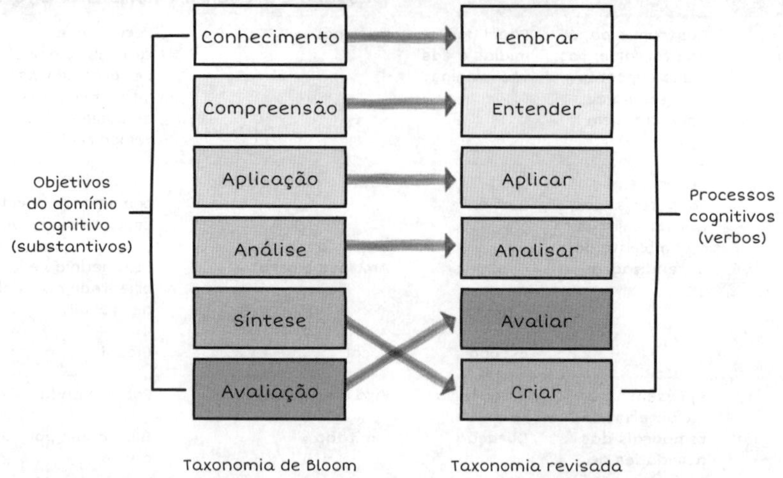

Objetivos do domínio cognitivo (substantivos)

Conhecimento → Lembrar
Compreensão → Entender
Aplicação → Aplicar
Análise → Analisar
Síntese → Avaliar
Avaliação → Criar

Processos cognitivos (verbos)

Taxonomia de Bloom   Taxonomia revisada

Fonte: adaptada de UTFPR, 2014.

A matriz de DI clássica tem sido utilizada amplamente para desenhar cursos tradicionais, em que um modelo único de aprendizagem atende a um mesmo grupo de pessoas buscando o mesmo objetivo de aprendizagem. Nesse formato, cumpre bem a função de informar a todos os envolvidos do que trata a experiência de aprendizagem proposta.

Um exemplo de matriz enxuta, transformada em mapa de curso disponibilizado aos participantes, é apresentado na Figura 3.14.

Figura 3.14 Exemplo de mapa de curso derivado de matriz de DI

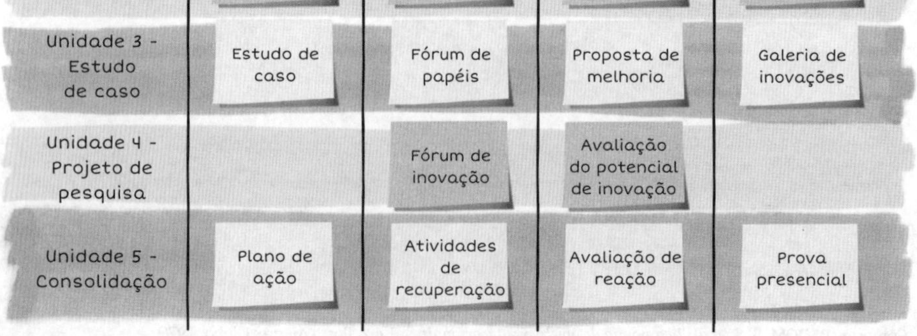

Mapa do curso Design Instrucional para nativos e imigrantes digitais

Unidade 1 - Abertura	Roteiro de estudo	Teste	Seleção de vídeos	Galeria de inovações
Unidade 2 - Fundamentos	Seleção de referências	Teste	Fórum de situação-problema	Materiais complementares
Unidade 3 - Estudo de caso	Estudo de caso	Fórum de papéis	Proposta de melhoria	Galeria de inovações
Unidade 4 - Projeto de pesquisa		Fórum de inovação	Avaliação do potencial de inovação	
Unidade 5 - Consolidação	Plano de ação	Atividades de recuperação	Avaliação de reação	Prova presencial

Fonte: adaptada de ESCOLA NACIONAL DE ADMINISTRAÇÃO PÚBLICA (ENAP). *Mapa do curso Design Instrucional para nativos e imigrantes digitais*. Brasília: ENAP, 2018.

Para projetar soluções educacionais mais inovadoras, a rigidez de uma matriz de DI nem sempre consegue comunicar variações de formato. O exemplo mostrado na Figura 3.15, no formato de mapa para acesso direto pelos alunos, traz abertura para escolha do participante entre duas trilhas: uma conceitual, personalizada ao ritmo individual; e outra prática, realizada no formato de rede. A dimensão sequencial, contudo, permanece inalterada na sequência de unidades a serem cursadas.

Figura 3.15 Exemplo de mapa de curso derivado de Matriz de DI convencional

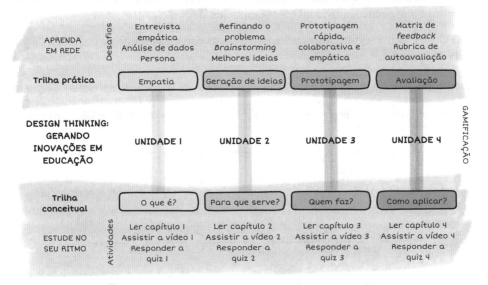

Fonte: elaborada pela autora.

Diante dessa diversidade, surge um questionamento importante: Como planejar a experiência de aprendizagem se as atividades inov-ativas pressupõem maior liberdade das pessoas em relação a uma sequência preestabelecida? A resposta pode ser encontrada a seguir.

3.2.2.2 O mapa da jornada do aprendiz

Uma técnica proveniente do campo do design da experiência do usuário permite representar graficamente as etapas de relacionamento entre uma pessoa e um produto ou serviço, descrevendo os passos percorridos desde a decisão de compra ou utilização até o descarte ou finalização do ciclo: a jornada do usuário.

Ao mapear os passos da jornada, é possível analisar o comportamento e as expectativas do usuário em cada momento, bem como prever possíveis falhas e comportamentos inesperados, de maneira a criar formas de atender melhor e surpreendê-lo, em diferentes fases do processo.

Aplicada ao LXD, essa técnica pode ajudar a representar os passos que uma pessoa segue ao se relacionar com a solução educacional. Desse modo, a jornada do aprendiz identifica quais rotas os alunos precisam fazer para chegar ao destino final.

PARTE I Bases teóricas

Basicamente, a jornada do aprendiz consiste em:

- mapear como as pessoas interagem com a experiência de aprendizagem, de preferência a partir da consulta a essas mesmas pessoas;
- organizar essas interações em início, meio e fim para facilitar o entendimento;
- verificar se o mapeamento indica momentos "mágicos" e momentos "de dor" para os alunos;
- confrontar a jornada proposta com os objetivos de aprendizagem e as necessidades do negócio e, se houver lacunas, incluir o que for necessário para obter o alinhamento entre a perspectiva individual e a organizacional.

O Quadro 3.8 a seguir mostra um passo a passo visual da criação de um mapa da jornada do aprendiz.

Quadro 3.8 Passo a passo para a criação de um mapa da jornada do aprendiz

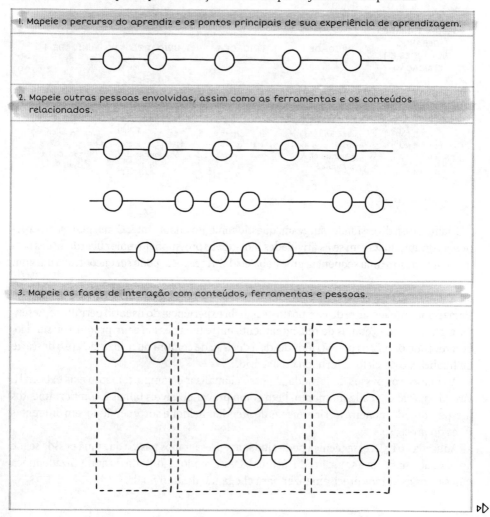

Desenvolver e implementar soluções educacionais inovadoras nas organizações

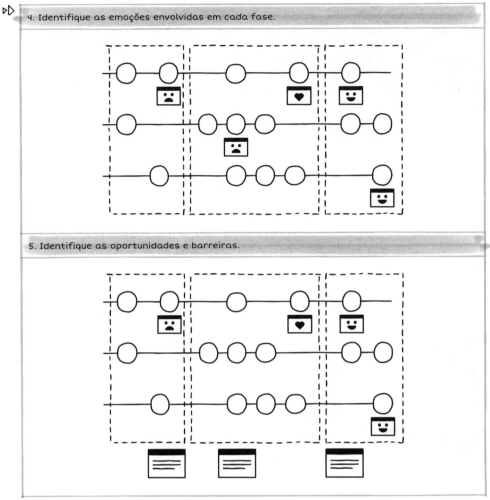

Fonte: inspirado em SEITZINGER, 2017.

Do ponto de vista do DI 4.0, pode-se usar uma adaptação da matriz de DI convencional, colocando no eixo vertical as pessoas e suas interações com ferramentas, conteúdos e outras pessoas, em vez de dedicar a maior atenção ao sequenciamento das unidades de estudo.

Assim, o mapa da jornada do aprendiz no DI 4.0 assume um formato mais flexível que a matriz de DI convencional, ao mesmo tempo que, de alguma maneira, registra os elementos centrais do processo de ensino-aprendizagem.

Dessa forma, é possível relacionar as fases de interação com os grupos de atividades de aprendizagem inov-ativas apresentados anteriormente, assim como, inclusive, incorporar experiências típicas da aprendizagem não formal, de modo a compor trilhas aceleradas.

Embora o objetivo do mapa não seja aprisionar o aprendiz em uma sequência predeterminada, após o mapeamento das fases de interação, é natural agregar no eixo horizontal datas ou períodos para realização das atividades, incluindo aquelas que acontecem antes e depois de eventos formais de aprendizagem, como mostram os Quadros 3.9 e 3.10 a seguir.

Quadro 3.9 Mapa da jornada do aprendiz

	Fases de interação			
	A	B	C	...
Aprendiz				
Pares				
Professor / especialista				
Gerente				
Fornecedores				
Ferramentas				
Conteúdos				
Ambiente				
...				

(coluna lateral: **Pessoas e recursos**)

Fases de interação

Pessoas e recursos	Preparação (1 semana)	Preparação (30 min)	Orientação conceitual (20 min)	Guided tour (90 min)	Fish Bowl (45 min)
Aprendiz	Acessar artigos, vídeos, reportagens sobre os tópicos do curso	(em grupos) Responder ao desafio gamificado	Comentar, levantar dúvidas, exemplificar conceitos apresentados	Visitar feira de expositores	
Pares				(em grupos) • Interagir com expositores • Experimentar inovações • Responder a roteiro de visita guiada	(na turma) Discutir as inovações experimentadas na feira de expositores
Professor / especialista		Coordenar disparo de gamificação	Expor e demonstrar conceitos		Coordenar inscrições e tempo para discussão
Gerente	Convocar e motivar participantes			Coordenar visita à feira de expositores	
Fornecedores				• Atender aos participantes • Demonstrar tecnologias • Esclarecer dúvidas	
Ferramentas	• Navegador Web • Adobe Reader	• Kahoot! • Projetor de slides • Kit multimídia	• PowerPoint • Vídeos selecionados • Projetor de slides • Kit multimídia	Celular SurveyMonkey	Cronômetro digital
Conteúdos	Documento "Referências prévias"	Questões sobre tendências emergentes em educação	Metodologias inov-ativas na educação	Roteiro de visita guiada com pontos a observar na feira de expositores	• Observações colhidas na visita guiada • Metodologias inov-ativas na educação
Ambiente	Livre	Sala de design thinking organizada em grupos	Sala de design thinking organizada em grupos	Espaço de exposições	Sala de design thinking em forma de aquário

Fonte: elaborado pela autora.

Comparando à matriz de DI, o Mapa da Jornada do Usuário coloca mais ênfase na experiência de aprendizagem que as pessoas vivenciarão do que nos elementos isolados do processo de ensino-aprendizagem. Por outro lado, assim como ocorre na matriz de DI convencional, o Mapa da Jornada do Usuário também pode ser convertido em uma mapa de curso para os participantes, como mostra a Figura 3.16 a seguir.

Figura 3.16 Exemplo de mapa de curso derivado do Mapa da Jornada do Aprendiz

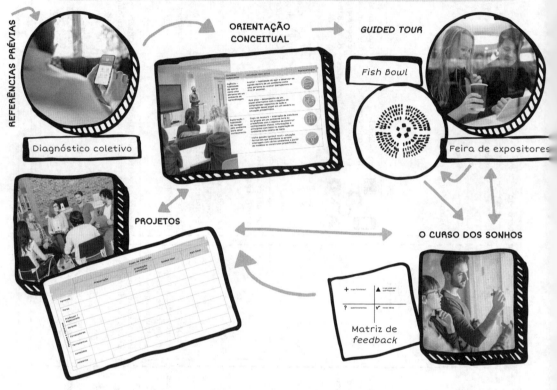

Fonte: elaborada pela autora.

Como é possível notar, ainda que os formatos se modifiquem, os elementos básicos permanecem e precisam, em alguma medida, ser detalhados até que tomem a forma de uma experiência de aprendizagem completa. A seção seguinte aborda as atividades de desenvolvimento e produção desses elementos.

3.2.3 Etapa 3 – Desenvolver a solução

Boa parte da etapa de desenvolvimento da solução educacional diz respeito à criação de conteúdos e de atividades de aprendizagem que serão acessados ou realizados em ambientes presenciais, digitais ou híbridos, na forma de autoestudo, em colaboração com grupos ou como parte de um coletivo mais difuso.

Nessa etapa do processo de DI 4.0, vamos então explorar o desenvolvimento de conteúdos (incluindo microconteúdos) e também de atividades, para que juntos propiciem aos alunos experiências de aprendizagem completas e efetivas.

3.2.3.1 Autoria de conteúdos educacionais

Em primeiro lugar, vamos conceituar o termo **conteúdo educacional**, que expressa tudo aquilo que se deve aprender, desde os conhecimentos mais concretos, como os fatos, conceitos e princípios, passando pelos conhecimentos procedimentais, como as habilidades, até os conhecimentos mais abstratos, como os valores e as atitudes.

Os conteúdos a serem elencados em uma experiência de aprendizagem podem ser de diferentes naturezas, como mostra o Quadro 3.11.

Quadro 3.11 Tipologia de conteúdos

Tipos de conteúdos		
Conceituais	**Procedimentais**	**Atitudinais**
Referem-se aos conhecimentos que uma pessoa acumula e estão relacionados à dimensão cognitiva	Relacionam-se à aplicação dos conhecimentos e correspondem à dimensão operacional e psicomotora	Vinculam-se a aspectos sociais, afetivos e emocionais que determinam a conduta de uma pessoa, relacionados à dimensão atitudinal
Fatos: pedaços de informação isolados e não articulados cuja existência pode ser constatada (por exemplo: datas, nomes, localidades e códigos)	**Habilidades ligadas à motricidade:** por exemplo, saltar, recortar e desenhar	**Atitudes:** tendências ou predisposições relativamente estáveis e consistentes sobre como agir
Conceitos: objetos concretos ou abstratos, acontecimentos e símbolos com características comuns; correspondem a uma representação mental e são identificados por um único nome	**Habilidades ligadas à cognição:** por exemplo, ler, inferir e traduzir	**Valores:** princípios ou ideias éticas que regulam o comportamento das pessoas e permitem emitir juízo sobre certas condutas (por exemplo: solidariedade, respeito ao próximo, responsabilidade)
Princípios: enunciados que descrevem como as mudanças que ocorrem em um conjunto de objetos, acontecimentos, situações ou símbolos se relacionam com as modificações que ocorrem em outros conjuntos de princípios	**Regras, técnicas, métodos e procedimentos, normas de ação, critérios e protocolos:** mostram o passo a passo de como realizar uma tarefa e são empregados praticamente da mesma forma em diferentes situações	**Normas:** padrões ou regras de comportamento que todos os membros de um grupo devem seguir

Fonte: adaptado de FILATRO, 2016, p. 19-20.

Nesse ponto, é necessário fazer uma pausa para refletir sobre como o DI tradicional estrutura os conteúdos na forma de cursos convencionais e como isso acontece no DI 4.0, que trabalha com (cri)atividade, agilidade, imersão e orientação a dados.

No DI tradicional, a estrutura do conteúdo reflete a ordem mais lógica na qual o conteúdo deve ser apresentado, em geral em mídias lineares, como a mídia impressa, os vídeos e os *podcasts*. Nesses casos, dependendo do problema a ser resolvido e da própria natureza dos conteúdos a serem apresentados, essa estrutura pode ser menos ou mais rígida.

Por exemplo, se o objetivo é aprender sobre aplicativos de escritório, não importa se começamos por processadores de texto, planilhas eletrônicas ou programas de apresentação de *slides*. Entretanto, se o objetivo é aprender a estacionar um carro, será preciso aprender primeiro a usar os espelhos, os pedais de aceleração e de freio, e a alavanca de câmbio. Se a pessoa não souber como mudar de marcha ou mover o carro com os pedais, não conseguirá aprender a manobrar.

Uma categorização da área do design da informação[21] resume na sigla LATCH os princípios para a organização de conteúdos, que pode ser aplicada no design tradicional de soluções educacionais, como mostra a Figura 3.17.

Figura 3.17 Princípios LATCH para a organização de conteúdos

L local
- Organização por referência geográfica ou espacial
- Para informações sobre distância ou questões geográficas, como mapas

A lfabeto
- Organização por sequência alfabética
- Para informações não lineares como itens de uma lista
- Quando não houver outro modo de organizar o conteúdo

T empo
- Organização por sequência cronológica
- Para linhas do tempo, instruções passo a passo, eventos históricos ou dispostos em calendário

C ategoria
- Organização por similaridade ou relacionamento
- Para catálogos de biblioteca, tabelas periódicas, itens de importância similar

H ierarquia
- Organização por ordem de prioridade e subordinação
- Do mais genérico para o mais específico, do maior para o menor

Fonte: FILATRO, A. *Como preparar conteúdos para EAD*. São Paulo: Saraiva, 2018, p. 65.

De acordo com os princípios LATCH, conteúdos organizados por tempo e hierarquia devem ser acessados de forma linear, pois o entendimento de um tópico depende do anterior. Nos demais tipos de organização, os conteúdos podem ser acessados livremente, inclusive no formato hipertextual.

Na perspectiva do DI 4.0, os conteúdos podem ser estruturados segundo os princípios LATCH, mas de forma componentizada, de modo que possam ser acessados tanto de maneira linear como livremente, à escolha das pessoas, ou ainda alimentar trilhas de aprendizagem personalizadas conforme o interesse ou a necessidade dos funcionários.

Além disso, na matriz de DI, os tópicos de conteúdo e até mesmo sua organização e estrutura podem ser indicados, mas esse é só o princípio do trabalho de criação de conteúdos para uma solução educacional.

Processos de autoria e curadoria fazem parte da etapa de desenvolvimento do DI 4.0 e, por mais tradicionais que sejam as atividades de escrita, seleção de fontes e de imagens, revisão e validação técnica, ainda há espaço para inovação.

---

[21] WURMAN, R. S. *Ansiedade da informação*. São Paulo: Editora de Cultura, 1991.

O processo de autoria de conteúdos educacionais pode ser tão minucioso quanto *time-consuming* nos modelos tradicionais de DI, uma vez que envolve o mapeamento detalhado dos tópicos de conteúdo, a pesquisa e seleção cuidadosa de fontes confiáveis, com a necessária observância de boas práticas de direitos autorais e, provavelmente a etapa mais complexa e temida, a escrita generativa de textos inéditos.

A escrita generativa é uma técnica desenvolvida por **Richard Boice**,[22] que combina duas capacidades necessárias à autoria de materiais inéditos: a criatividade e a crítica, como mostra a Figura 3.18.

Figura 3.18 Estratégia de escrita generativa

Fonte: adaptada de FILATRO, 2018, p. 78.

Na escrita espontânea, o autor produz, de forma livre e sem censura, um texto autêntico, que traz à tona sua voz como especialista, educador e pessoa. No entanto, o texto resultante nem sempre se ajusta às necessidades da audiência e às características do contexto, e em geral não faz o melhor uso da mídia na qual o conteúdo será apresentado. Por isso, o próprio autor alterna períodos de escrita espontânea com escrita consciente, quando procura corrigir eventuais inadequações.[23]

Uma vez que o texto produzido esteja relativamente maduro, ele é, em geral, submetido à roteirização de um designer instrucional, que fará a adaptação pedagógica e comunicacional à linguagem de mídia na qual o conteúdo será exibido. Na maioria das vezes, o material também é submetido à validação técnica de um parecerista ou revisor, que fará uma análise considerando critérios como precisão, atualização, validade, confiabilidade e representatividade.

Todos os ajustes solicitados por esses profissionais – e outros que eventualmente ocorram nas fases de diagramação, gravação de vídeo ou áudio etc. – dependem, porém, da anuência do autor, que é o responsável técnico pelo conteúdo produzido.

O processo de autoria é, portanto, constituído de várias versões que precisam ser documentadas e respeitadas até chegar a uma versão final adequada à distribuição.

---

[22] BOICE, R. *Professors as writers*: a self-help guide to productive writing. Stillwater: New Forums Press, 1990.
[23] Para um aprofundamento sobre a escrita generativa, recomenda-se, além do original citado em nota anterior, também FILATRO, A. *Produção de conteúdos educacionais*. São Paulo: Saraiva, 2016.

PARTE I Bases teóricas

Outra técnica de autoria de conteúdos é a **BookSprint**, pensada inicialmente por Tomas Krag em 2005 como um processo de escrita colaborativa que ocorreria ao longo de vários meses e, em 2008, estruturada por Adam Hyde como evento intenso de cinco dias no estilo *sprint* para escrever documentação para software livre.

A ideia é, a partir de uma necessidade de autoria ou documentação, desenvolver um livro ou um material didático de forma colaborativa, no espaço de uma semana ou algumas sessões do tipo *sprint*. Para isso, um grupo de especialistas se reúne presencialmente com o objetivo de coletar e criar conteúdo. A proximidade física possibilita uma interação vigorosa, enquanto o apoio de tecnologias de escrita colaborativa (como wikis) permite que o grupo trabalhe em uma cópia única aprovada por todos.[24]

O BookSprint pode ser aplicado de maneira simples, seguindo cinco grandes fases de desenvolvimento:

1. **Conceituação** – de 5 a 15 especialistas se reúnem sob a coordenação de um facilitador, que ajuda a equipe a construir um acordo sobre o escopo do projeto.
2. **Estruturação** – o caos criativo gerado pelas ideias do grupo é paulatinamente organizado em grandes temas, que são então mapeados em seções, capítulos e subcapítulos para construir um sumário provisório.
3. **Escrita** – utilizando uma plataforma digital, o grupo começa a redigir, individualmente e em equipes, o texto dos vários capítulos. Cada participante contribui para vários capítulos, assegurando que diferentes perspectivas sejam representadas ao longo do livro.
4. **Edição** – durante todo o processo os colaboradores leem, reestruturam, editam e reorganizam o texto, alternando-se entre os capítulos para que todos tenham a chance de colaborar.
5. **Produção** – os participantes decidem sobre o título, o design da capa e o projeto gráfico. Uma equipe de revisores e designers dedica-se às tarefas de editar, ilustrar e diagramar o texto em tempo real. Com a versão final aprovada, são gerados arquivos PDF e EPUB prontos para impressão e/ou distribuição on-line.[25]

Embora a ideia original de um BookSprint tenha nascido na área da documentação de software, a técnica vem sendo utilizada na autoria de manuais técnicos, livros-texto, artigos científicos e obras na área de pesquisa e inovação.

3.2.3.2 Autoria de microconteúdos educacionais

O cenário de transformações da Educação 4.0, no qual se aprofunda o papel das tecnologias digitais e móveis, requer um novo tipo de conteúdo, muito mais preciso e técnico, de criação colaborativa, como parte de um sistema mais amplo. Sua estruturação exige ainda maior complexidade, justamente para que sua utilização implique maior simplicidade para as pessoas na ponta.[26]

---

[24] ZENNARO, M. et al. *International journal of the book*: book sprint. Melbourne: Common Ground Publishing, 2006.

[25] A esse respeito, ver: <https://www.booksprints.net/>.

[26] GOLLNER, J. *Information 4.0 for Industry 4.0* (TCWorld 2016). 2016. Disponível em: <https://www.slideshare.net/jgollner/information-40-for-industry-40-tcworld-2016>. Acesso em: 26 abr. 2019.

Esse tipo de Conteúdo 4.0 pode ser mais bem descrito como "molecular", ou seja, um tipo de conteúdo que aborda uma única ideia, fato ou conceito principal, identificado por um rótulo e um significado claramente reconhecível, escrito e formatado para uso em qualquer lugar, a qualquer momento, com a finalidade de fornecer respostas específicas a perguntas específicas, oferecidas como parte de uma experiência de microaprendizagem.[27]

O Quadro 3.12 apresenta cinco características que distinguem os microconteúdos.

Quadro 3.12 Características distintivas dos microconteúdos

Característica	Descrição
Foco	Cada microconteúdo se refere a uma única ideia, um único tópico.
Estrutura	Cada microconteúdo possui descritores (metadados) que o detalham, como título, descrição, palavras-chave, autor, data de criação, permitindo a busca e o compartilhamento em bases de dados estruturadas como os repositórios de recursos didáticos.
Autossuficiência	Cada microconteúdo engloba todas as informações necessárias para sua compreensão e execução.
Indivisibilidade	Cada microconteúdo não pode ser dividido em pedaços menores sem que perca o significado.
Endereçamento	Cada microconteúdo pode ser identificado por um nome ou título único, que o distingue dos demais conteúdos.

Fonte: elaborado pela autora com base em LEENE, 2006 e SOUZA, 2013.

Pensando em estratégias específicas para a criação de microconteúdos, a teoria da escrita estruturada de Robert Horn, criada em 1960, aperfeiçoada nas últimas décadas e revisitada nesta era de Conteúdo 4.0, apresenta-se como uma forma interessante de analisar, organizar e apresentar a informação.[28]

Segundo a teoria da escrita estruturada de Horn, blocos de informação, e não parágrafos, são as unidades básicas de um material de estudo. Como unidades básicas, os blocos têm as seguintes características:

- são compostos por uma ou mais sentenças e/ou elementos visuais sobre um tópico delimitado;
- em geral, não ultrapassam o limite de cinco a nove sentenças;
- sempre claramente identificados por um rótulo ou descritor;
- normalmente fazem parte de uma estrutura maior de organização denominada mapa de informação.

---

[27] HANNA, R. Smarter enterprise collaboration through content 4.0 and microcontent. In: *The LavaCon Content Strategy Conference*, Spanning Silos, Building Bridges, Portland, 5-8 nov. 2017.

[28] HORN, R. E. Structured writing as a paradigm. In: ROMISZOWSKI, A.; DILLS, C. (Eds.). *Instructional development*: state of the art. Englewood Cliffs: Educational Technology Publications, 1998.

PARTE I Bases teóricas

Não há informação de transição entre os blocos de informação que compõem um microconteúdo, pois eles são acessados de forma independente; ainda assim, existe a necessidade de assegurar a coerência e a coesão interna. Isso é feito por meio de quatro princípios essenciais da teoria, como mostra o Quadro 3.13.

Quadro 3.13 Princípios essenciais da teoria da escrita estruturada

Princípio	Descrição
Chunking	Com base na pesquisa de George Miller, segundo a qual as pessoas são capazes de processar apenas 7 ± 2 pedaços de informação na memória de curto prazo,[29] agrupar as informações em blocos menores e gerenciáveis favorece o processamento cognitivo.
Rotulagem	Cada bloco segue um padrão de rotulagem sistemático que torna visível a estrutura do conteúdo, seja por apontar as funções daquele bloco na estrutura, seja por indicar respostas a perguntas específicas.
Relevância	Cada bloco deve conter apenas a informação que se relaciona com um assunto principal, com base no propósito ou função daquela informação para o leitor.
Consistência	Para assuntos semelhantes, devem-se usar palavras, rótulos, formatos, organizações e sequências semelhantes.

Fonte: elaborado pela autora com base em HORN, 1998.

Embora os blocos façam parte de uma estrutura maior de organização – um mapa da informação –, são facilmente isoláveis uns dos outros. Diferentemente de outros paradigmas de escrita e formatação, em que os conteúdos são entrelaçados em uma sequência indissociável, os blocos podem ser removidos, alterados ou substituídos facilmente, com implicações positivas para o ciclo de vida do conteúdo produzido.

Convém destacar que, na perspectiva do Conteúdo 4.0, a autoria de conteúdos é também colaborativa, facilitada por ferramentas de edição compartilhada como o Google-Docs e o Office On-line.

Há que se observar ainda a imensidão de conteúdos produzidos por terceiros, disponíveis para reutilização e, em alguns casos, tradução e até geração de versões adaptadas. São conteúdos de livre acesso, muitos deles sob licença aberta. Assim, além da criação de conteúdos e microconteúdos inéditos, a educação corporativa pode se beneficiar, por meio do processo de curadoria, da imensidão de conteúdos produzidos por terceiros.

3.2.3.3 Curadoria de conteúdos educacionais

Curadoria é um termo muito aplicado em artes plásticas para indicar a pessoa que concebe a montagem de uma exposição, reunindo obras de um ou mais artistas em uma sequência que cause o maior impacto à audiência.

---

[29] MILLER, A. G. The magical number seven, plus or minus two: some limits on our capacity for processing information. *Psychological Review*, v. 63, p. 81-97, 1978. Ver mais a respeito da teoria da carga cognitiva a seguir.

Na educação corporativa, a **curadoria de conteúdos** pode ser entendida como a metodologia para pesquisar, descobrir, filtrar, contextualizar e disponibilizar conteúdos em diferentes formatos, visando a necessidades educacionais específicas.

A curadoria típica do DI aberto,[30] em que o professor ou especialista em determinada área de conhecimento seleciona artigos, vídeos, sites e outros materiais produzidos por terceiros a partir da biblioteca universal de informações disponibilizada na internet, se justifica pelo fato de, nessa forma de criar soluções educacionais, haver pouco ou nenhum recurso financeiro, técnico e de pessoal para produzir conteúdos inéditos. Também é uma forma de trabalho típica da educação presencial, em que o professor está disponível para orientar uma turma de alunos com respeito a cada material recomendado.

No DI 4.0, que se aplica aos formatos a distância, híbrido e presencial apoiado por tecnologias, a curadoria visa a assegurar a agilidade na oferta de soluções educacionais, mantendo o foco nas pessoas atendidas que podem ter acesso a múltiplas fontes e perspectivas sobre um tema – o que por certo enriquece a experiência de aprendizagem como um todo.

No entanto, para o melhor uso da curadoria, é preciso ter em mente que ela vai além da indicação de acesso a referências externas ou da agregação de uma série de informações desconectadas. Na perspectiva do DI 4.0, o curador acrescenta valor ao conteúdo, atribuindo significado aos materiais curados.

Isso se traduz, por exemplo, em acompanhar a indicação de um vídeo produzido por terceiros com informações sobre a instituição responsável pela gravação e/ou publicação, a nacionalidade e a filiação institucional do apresentador, além da justificativa de por que esse material é importante para o alcance dos objetivos específicos de aprendizagem ao qual esse vídeo está sendo vinculado.

Ocorre que, em boa parte dos casos, os materiais curados não foram elaborados tendo em vista o contexto para o qual estão sendo recomendados: em geral, o público é outro, portanto, os objetivos, a linguagem utilizada e até a densidade informacional adotada podem ser distintas do que se necessita em determinada ação de aprendizagem. Assim, mesmo que um material de terceiros possua qualidade técnica e científica inquestionáveis, é altamente recomendado que seja acompanhado por um guia ou roteiro de estudo com orientações personalizadas ao uso específico que está sendo projetado.

São várias as formas de utilizar a curadoria para resolver a questão dos conteúdos por meio da seleção, atribuição de significados e divulgação dos materiais:

- previamente, na etapa de projetar a solução educacional;
- na etapa de desenvolvimento, quando se preparam roteiros de estudo;
- por toda a etapa de implantação da solução educacional, à medida que o professor ou especialista responsável ajusta a proposta original a partir das interações realizadas com os alunos;
- pela colaboração dos próprios participantes, que assumem o papel de curadores de conteúdos a partir de critérios compartilhados.

---

[30] Ver mais sobre modelos de DI no Capítulo 1.

O modelo SSS, criado por Harolde Jarche, em 2012, apresenta etapas simplificadas para obter esse resultado, como mostra a Figura 3.19.

Figura 3.19 O modelo SSS para curadoria de conteúdos

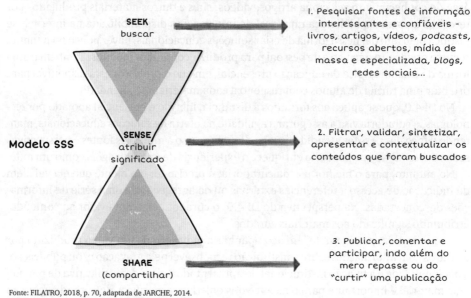

Fonte: FILATRO, 2018, p. 70, adaptada de JARCHE, 2014.

De forma resumida, a curadoria, inicialmente, busca (SEEK) livros, artigos, vídeos e outros materiais prontos e relacionados aos tópicos de conteúdo a ser abordado – a chave é selecionar fontes confiáveis que assegurem a qualidade dos conteúdos.

A seguir, ocorre a atribuição de significado (SENSE) aos materiais selecionados: o professor, o especialista ou os próprios alunos justificam suas escolhas e relacionam os materiais selecionados aos objetivos de aprendizagem, por exemplo, em um roteiro de estudo.

Por fim, é necessário compartilhar (SHARE) os materiais, provendo acesso às recomendações por meio de links externos, e articulando-os com outros recursos educacionais eventualmente disponibilizados.

Para fins educacionais, a seleção, a atribuição de significado e o compartilhamento dos materiais recomendados é feita por meio de um roteiro no qual o curador comunica:

- o que se espera que o aluno aprenda;
- como os materiais podem ser acessados;
- um resumo do material.

Nesse ponto, é importante salientar que aprender não se resume apenas a acessar conteúdos bem produzidos, da mesma forma que não basta estar presente diante de um professor que ministra uma aula com maestria para aprender algo. Há um conjunto de atividades a serem propostas para fomentar o envolvimento, a interação com conteúdos, ferramentas e outras pessoas envolvidas no processo de ensino-aprendizagem.

3.2.3.4 Planejamento e roteirização de atividades

As atividades de aprendizagem propõem às pessoas experiências diversas por meio das quais se pretende que aprendam (cri)ativamente mediante observação, investigação, discussão, pensamento crítico, solução de problemas, tomada de decisão e experimentação prática, por conta própria ou na interação com seus pares e outros atores (educadores, coordenadores pedagógicos, especialistas etc.).

Ou seja, em resposta à proposição de atividades de aprendizagem, o aluno explora um conjunto de conteúdos diferenciados, organiza e constrói conhecimentos, e, em geral, produz ele mesmo – individualmente ou em interação com seus pares ou colegas – conteúdos a serem apresentados como resultado de sua aprendizagem.

O DI 4.0 incorpora atividades de aprendizagem inov-ativas, como aquelas relacionadas à (cri)atividade – a solução de problemas, o desenvolvimento de projetos e a execução de processos –, microatividades com alto nível de interação, *feedback* imediato após cada ação do usuário, atividades de imersão e gamificação, e atividades personalizadas a seu perfil ou desempenho.

O Quadro 3.14 organiza vários tipos de atividades relacionadas às metodologias inov-ativas, em especial aquelas relacionadas a ambientes imersivos.

Quadro 3.14 Atividades inov-ativas de aprendizagem

Conceito subjacente	Atividade inov-ativa	Representação
Agência – habilidade de operar como uma persona em um ambiente de aprendizagem	**Avatar** – habilidade de agir e observar-se agindo dentro de um ambiente como uma persona ou avatar (perspectiva de 1ª e 3ª pessoa).	
	Role play – desempenho de um papel alternativo com o objetivo de compreender aspectos de ação e interação desse papel em um cenário ou situação predefinidos.	
Exploração – habilidade de navegar pelo ambiente para obter conhecimento	**Caça ao tesouro** – interação de indivíduos ou grupos em um ambiente livre ou predefinido com o objetivo de construir conhecimento (fatos, informações e princípios) com base na exploração do ambiente e/ou coleta de itens.	
	Visita guiada (*guided tour*) – situação formal em que indivíduos ou grupos interagem com vários ambientes a partir de modelos ou construtos predefinidos.	

Experiência – habilidade de se engajar em atividades, ter interações significativas e observar as consequências no ambiente	**Aprender fazendo** (*learning by doing*) – interação e manipulação de objetos com o objetivo de praticar determinadas habilidades e obter proficiência em funcionalidade ou desempenho.	
	Orientação conceitual – conjunto de atividades em que os alunos são apresentados a exemplos e contraexemplos com o objetivo de compreender conceitos-chave em determinada área de conhecimento ou prática.	
	Incidente crítico – plano para conduzir (ou reagir a) atividades inesperadas, pouco frequentes ou perigosas quando realizadas no mundo real, utilizando conhecimentos anteriores para resolver um problema.	
Conectividade – habilidade de interagir com outros e construir conhecimento e compreensão	**Cocriação** – arranjo social que permite a duas ou mais pessoas trabalharem juntas com o objetivo de criar algo novo (um objeto, uma ideia, um processo etc.).	
	Discussão em pequenos grupos – reunião projetada, com um pequeno número de participantes em um grupo coeso, com o objetivo de compartilhar, contribuir para uma área de conhecimento ou prática, ou apresentar/solicitar informação.	
	Fórum de grandes grupos – reunião projetada de um grande número de participantes em um grupo coeso com o objetivo de compartilhar, contribuir para uma área de conhecimento ou prática, ou apresentar/solicitar informação.	
	Redes sociais – criação de um ambiente em que os participantes possam se conectar informalmente uns aos outros com o objetivo de compartilhar conhecimento e criar algo novo.	

Fonte: adaptado de KAPP; O'DRISCOLL, 2010.

Embora muitas das estratégias citadas possam ser realizadas em ambientes físicos de aprendizagem, elas capitalizam as *affordances* (as possibilidades de ação) de ambientes de aprendizagem tridimensionais imersivos e funcionam como *building blocks* (blocos de construção) para as metodologias inov-ativas predominantemente baseadas em tecnologias digitais.

É possível observar ainda que essas estratégias favorecem o alcance de objetivos de aprendizagem não apenas do domínio cognitivo, mas também do domínio psicomotor e afetivo, e atendem a diferentes tipos de conteúdo, como mostra o Quadro 3.15 a seguir.

Quadro 3.15 Correspondência entre tipos de conhecimento e atividades de aprendizagem inov-ativas

Tipos de conhecimento	Descrição	Atividades de aprendizagem inov-ativas
Fatos, jargão técnico, vocabulário	Associação entre dois ou mais itens ou objetos	Visita guiada, caça ao tesouro, fórum de grandes grupos, avatar
Conceitos	Categorias usadas para agrupar ideias, eventos ou objetos similares ou relacionados	Orientação conceitual, *role play*, discussão em pequenos grupos, redes sociais, persona
Regras e procedimentos	Sequência de regras ou passos que um aprendiz precisa cumprir para realizar uma tarefa	*Role play*, aprender fazendo, redes sociais, persona
Princípios	Diretrizes para comportamentos ou ações não sequenciais	*Role play*, redes sociais, persona
Solução de problemas	Transferência de conhecimento prévio para enfrentar uma nova situação ou contexto	Incidente crítico, *role play*, cocriação, redes sociais, avatar
Domínio afetivo	Impacto sobre a emoção do aprendiz, como influenciar a atitude de uma pessoa em relação a algo, como qualidade, segurança ou diversidade	Orientação conceitual, *role play*, discussão em pequenos grupos, cocriação, redes sociais, avatar
Prática psicomotora	Imitação das ações e reações físicas que deveriam ocorrer dentro do ambiente de trabalho	Aprender fazendo, persona

Fonte: adaptado de KAPP; O'DRISCOLL, 2010.

Definidas as atividades a serem realizadas, a elaboração de **roteiros ou guias de orientação** apoia os alunos no pleno aproveitamento das experiências de aprendizagem propostas. Por exemplo, para usufruir de um ambiente imersivo tridimensional ou de um objeto de realidade aumentada, o aprendiz precisará de orientações não apenas sobre o funcionamento desses recursos, mas também sobre os objetivos de aprendizagem a alcançar, as ações esperadas, as formas de avaliar a aprendizagem e como toda essa experiência se relaciona à sua prática profissional diária.

A Figura 3.20 a seguir apresenta um exemplo simples de *template* para roteirização de atividades, com orientações diretas aos alunos, orientações para o professor ou especialista que irá propor as atividades e rubricas de avaliação.

Figura 3.20 Exemplo de *template* para roteirização de atividades

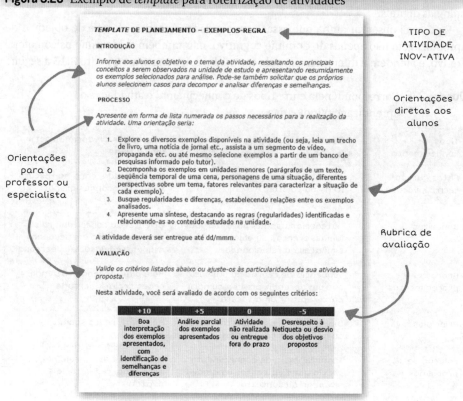

Fonte: adaptada de FILATRO, 2018, p. 123.

Roteirizar as atividades de aprendizagem para apoiar os alunos faz parte do DI 4.0, da mesma forma que, em muitos casos, é necessária também a **roteirização das atividades para a equipe de produção**.

Por exemplo, se é proposto o estudo de caso de uma situação de trabalho pode ser necessário desenvolver cenários, personagens e ações para apresentar esse tipo de narrativa – em formato de vídeo, áudio, história em quadrinhos ou animação. Atividades sociais requerem a organização de espaços físicos propícios à troca ou ferramentas digitais para comunicação e compartilhamento.

De igual modo, atividades baseadas em jogos e gamificação também exigem a parametrização de ferramentas e ambientes, e para isso também será necessário projetar toda a mecânica (as ferramentas usadas para definir o funcionamento do jogo), a dinâmica (a maneira pela qual as pessoas vão interagir com as ferramentas) e também a estética (a interface que traduz às pessoas a mecânica e a dinâmica) do jogo.

Nesse caso, a roteirização implica especificar uma **árvore de decisão** para subsidiar as escolhas

> **Árvore de decisão**
> representação visual de caminhos alternativos que um jogador segue em consequência de sua tomada de decisão. Reflete a lógica se-então (*if-then*): a cada escolha feita, o jogador obterá resultados diferentes.

do aluno-jogador, escrever orientações e *feedbacks*, indicar o formato e a quantidade de emblemas, criar o perfil de personagens e cenários e desenvolver um enredo para a narrativa (se houver) etc.

3.2.3.5 Prototipação da interface

Definidos os (micro)conteúdos e as (micro)atividades que farão parte da jornada do aprendiz, e especificadas as interações entre as pessoas, as ferramentas e os conteúdos, é necessário pensar na aparência da solução educacional.

Pressupondo que boa (ou a maior) parte das experiências de aprendizagem inov-ativas acontecerá no ambiente digital, será preciso comunicar implicitamente informações sobre a experiência que os aprendizes estão prestes a ter.

O tom dos conteúdos escritos, o design visual dos materiais e todos os aspectos sensoriais e cinestésicos devem representar a identidade organizacional e comunicar o clima da experiência de aprendizagem. Da mesma forma que o conteúdo deve ser estrategicamente estruturado, o design sensorial de todos os materiais e orientações – incluindo apresentações, guias, sites, planos de aula, planilhas, orientações de atividades, ambientes, objetos de aprendizagem etc. – deve ser coeso e consistente.

As pessoas, independentemente de suas preferências, são atraídas por materiais polidos e bem projetados e por uma comunicação clara. A camada sensorial cria uma experiência única e coerente que permite aos alunos se concentrarem em adquirir novas habilidades, e não em decifrar elementos do ambiente de aprendizagem. [31]

Uma área de pesquisa que busca compreender a interação entre a tecnologia e as pessoas que a utilizam é conhecida como interface humano-computador (HCI, do inglês Human Computer Interface). A HCI considera a interação de várias perspectivas, entre elas a usabilidade, que descreve a facilidade com que as interfaces podem ser usadas como pretendido pelos usuários,[32] e a experiência do usuário (UX), que descreve o contexto mais amplo de uso em termos de "percepções e respostas de uma pessoa que resultam do uso ou do uso antecipado de um produto, sistema ou serviço".[33]

A usabilidade e a interface humano-computador estão intimamente relacionadas com teorias de aprendizagem estabelecidas, como a teoria da carga cognitiva.

A **teoria da carga cognitiva** afirma que a aprendizagem significativa se baseia no processamento cognitivo eficaz; no entanto, um indivíduo tem apenas um número limitado de recursos necessários para processar as informações.[34]

Em decorrência, a aprendizagem é mais efetiva quando o processamento de informação está alinhado ao processamento cognitivo humano, ou seja, quando o volume de informações oferecidas ao aluno é compatível com sua capacidade de compreensão.

---

[31] PLAUT, A. Elements of learning experience design. *Boxes and Arrows*, jan. 2014.

[32] EARNSHAW, Y.; TAWFIK, A. A.; SCHMIDT, M. User experience design. In: WEST, R. E. *Foundations of learning and instructional design technology*: historical roots and current trends. Pressboooks, 2017.

[33] INTERNATIONAL ORGANIZATION FOR STANDARDIZATION (ISO). *ISO 9241-210 – Ergonomics of human-system interaction*. Seção Termos e Definições, parágrafo 2.15. 2010.

[34] SWELLER, J. *et al.* Cognitive architecture and instructional design. *Educational Psychology Review*, v. 10, n. 3, 1998; SWELLER, J.; AYRES, P.; KALYUGA, S. *Cognitive load theory*: explorations in the learning sciences, instructional systems and performance technologies. New York: Springer, 2011.

PARTE I Bases teóricas

A carga cognitiva refere-se ao trabalho imposto à memória de trabalh[...] determinado instante. Há sobrecarga cognitiva, que dificulta ou mesmo inviabiliza [...] prendizagem, quando várias fontes de informação competem entre si pela limitada capacidade de processamento. Contudo, nem todos os tipos de carga cognitiva são prejudiciais à aprendizagem.

O Quadro 3.16 apresenta os três tipos de carga cognitiva existentes.

Quadro 3.16 Tipos de carga cognitiva

Tipo de carga cognitiva	Descrição
Intrínseca	Carga imposta pela complexidade inerente a um conteúdo estudado e determinada principalmente pelos conhecimentos e habilidades associados aos objetivos de aprendizagem
F[...] ou [...]nte	Carga que "drena" valiosos recursos cognitivos que, de outra forma, poderiam ser destinados à carga cognitiva relevante
[...] e	Carga mental imposta por atividades que contribuem para o alcance dos objetivos de aprendizagem

Fonte: adaptado de FILATRO, 2018, p. 51.

É importante observar que os elementos da teoria da carga cognitiva são aditivos, o que significa que, para a aprendizagem ocorrer, a carga total não pode exceder os recursos de memória de trabalho disponíveis. Isso se alinha à perspectiva de que algumas dificuldades são desejáveis, na medida em que requerem atividades de codificação e/ou recuperação que apoiarão a aprendizagem efetiva.

Quando uma interface não é projetada tendo a usabilidade em mente, a carga cognitiva externa ou irrelevante é aumentada, o que impede uma aprendizagem significativa. Uma estrutura de navegação ruim pode exigir que o aluno exerça um esforço extra para explorar uma interface até encontrar informações relevantes.

Além disso, quando a interface usa termos desconhecidos que não se alinham com os modelos mentais das pessoas que irão utilizar uma solução educacional, essas pessoas deverão fazer um esforço adicional para entendê-la. Ou seja, a interface pode representar um tipo de dificuldade não desejável, na medida em que consome recursos cognitivos escassos que poderiam ser empregados em desafios mais relevantes.

Considerando tudo o que foi discutido até aqui, é importante no DI 4.0 criar um protótipo inicial da interface que possa ser validado pelas pessoas envolvidas, antes de partir para a programação propriamente dita.

No DI 4.0, a criação de interfaces para soluções educacionais corporativas é encarada de forma mais holística e orgânica, ou seja, busca-se uma visão integrada dos elementos do processo de ensino-aprendizagem, embalados pela perspectiva centrada nas pessoas e visando aos resultados para o negócio.

Para isso, podem ser utilizadas algumas estratégias de DT e de LXD, realizadas sempre em equipes interdisciplinares, que se reúnem em uma ou mais sessões do tipo *sprint* com o objetivo de gerar ideias para o design de interfaces inovadoras.

Entre as muitas estratégias disponíveis no DT e no LXD que podem ser aplicadas à prototipação de interfaces, encontram-se algumas de simples execução e bons resultados de curto prazo: *brainstorming*, escolha das melhores ideias e prototipagem rápida.

O Quadro 3.17 apresenta resumidamente cada uma dessas técnicas.

Quadro 3.17 Estratégias para o design de interfaces inovadoras

Estratégia	Descrição	Exemplos
Brainstorming 	A conhecida "tempestade de ideias" pode ser aplicada para que um grupo de pessoas (de preferência heterogêneo, incluindo representantes das diversas partes interessadas) possa responder à pergunta: "Que solução educacional atenderia às necessidades de aprendizagem mapeadas, para a audiência descrita, com as restrições e potencialidades institucionais?". Para ativar a criatividade, no entanto, a essa pergunta básica seguem outras "fora da caixa".	• Qual seria a solução educacional se não houvesse limitações orçamentárias? • E se não houvesse nenhum recurso financeiro? • E se estivessem à disposição os melhores profissionais do mercado?
Escolha das melhores ideias 	Tem por objetivo explorar as semelhanças, diferenças e inter-relações entre as ideias geradas no *brainstorming* e agrupá-las em ideias mais abrangentes. Deve-se indicar visualmente as ideias (por exemplo, com um círculo colorido ou uma estrela dourada). As ideias mais votadas devem seguir para a prototipagem rápida.	• Qual ideia melhor atende ao desejo e às preferências da audiência? • Qual ideia é mais prática e poderia ser facilmente implementada? • Qual ideia é mais inovadora e causaria enorme impacto, independentemente de ser viável ou acessível?
Prototipagem rápida 	A criação de protótipos permite que ideias e soluções sejam representadas visualmente e tornem tangíveis as ideias iniciais. Os protótipos também permitem uma avaliação rápida por parte da audiência e das partes interessadas.	Desenhos, histórias em quadrinhos, *storyboards*, dramatizações, maquetes, diagramas, esquemas e fluxogramas

Fonte: elaborado pela autora com base em CAVALCANTI; FILATRO, 2017 e FILATRO; CAVALCANTI, 2018a.

PARTE I Bases teóricas

Construído o protótipo da interface, este é apresentado às pessoas envolvidas no problema com a finalidade de obter *feedback* quanto à adequação da solução prototipada. O design thinking oferece uma estratégia específica para organizar os comentários, sugestões e dúvidas das partes interessadas em relação ao protótipo: a **matriz de** *feedback*.

Como mostra a Figura 3.21 a seguir, a matriz de *feedback* é um instrumento visual que permite sistematizar os dados coletados durante a etapa de testes. Utilizando *post-its* ou mesmo canetinhas coloridas, as partes envolvidas anotam o que funcionou, o que pode ser aperfeiçoado, questionamentos e novas ideias relativas ao protótipo apresentado, e a equipe responsável responde, justifica ou incorpora as contribuições postadas na matriz.

Figura 3.21 Matriz de *feedback*

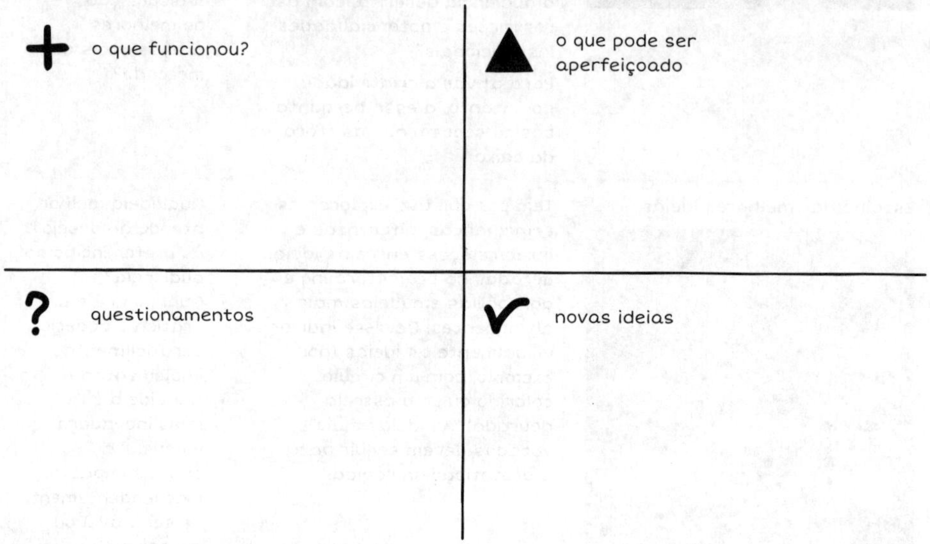

Fonte: CAVALCANTI; FILATRO, 2017, p. 207.

3.2.3.6 Produção

Uma vez testado e aprovado o protótipo, passa-se à fase de produção propriamente dita, quando a interface e as funcionalidades internas da solução educacional serão finalmente desenvolvidas.

Um ponto importante antes de encerrar esta seção sobre a etapa de desenvolvimento diz respeito à decisão **build or buy**, isto é, construir internamente ou comprar/encomendar soluções educacionais de terceiros. O dilema clássico se debruça entre construir soluções a partir do zero internamente ou contar com um fornecedor externo especializado. Em geral, a decisão se baseia no custo e em quão essencial é um recurso para a vantagem competitiva da empresa.

O custo é o fator mais óbvio e, à primeira vista, parece fácil comparar o custo de adquirir externamente com o custo estimado para construir internamente. No entanto, é importante lembrar que o custo de compra é geralmente fixo, enquanto o custo de construção é baseado em quanto supostamente algo vai custar, principalmente quando se trata de soluções inovadoras para as quais não existe histórico anterior de desenvolvimento na empresa.

Outros pontos a serem observados são o custo de manutenção/atualização e de suporte no futuro – há que se considerar a possibilidade de um novo navegador ou um novo sistema operacional serem lançados, determinando um custo adicional relativo a essa atualização.

Por fim, toda organização, não importa quão grande ou lucrativa seja, tem um número finito de recursos. Se alguns recursos forem alocados para um projeto, serão removidos de outro projeto potencial.

Outra questão a ser observada é o binômio "possibilidade de customização" × "facilidade de uso" no que diz respeito às ferramentas de autoria e programação. No que se refere às tecnologias mais inovadoras, o Gráfico 3.2 dá algumas pistas para a tomada de decisão.

Gráfico 3.2 *Build or buy*

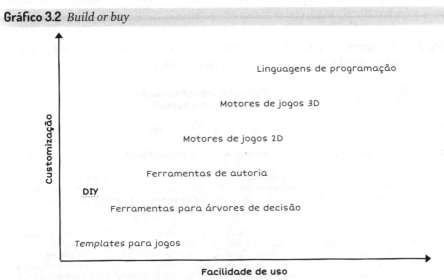

Fonte: adaptado de KAPP, 2018.

Em muitos casos, porém, os custos não são o fator que mais pesa na balança, principalmente quando a empresa considera estratégico desenvolver *know-how* interno, até mesmo para saber avaliar as propostas de fornecedores externos.

3.2.4 Etapa 4 – Implementar a solução

Na etapa de implementação, ocorre a experiência de aprendizagem propriamente dita. De acordo com o previsto no mapa da jornada do aprendiz, as pessoas vão interagir com conteúdos e microconteúdos recuperados de repositórios digitais ou distribuídos fisicamente, vão realizar atividades com o apoio de ferramentas analógicas e digitais, e vão interagir com outras pessoas em diversos formatos de agrupamentos – pequenos, grupos, comunidades, redes ou coletivos.[35] Aqui acontece a aplicação efetiva das atividades de aprendizagem

DIY (Do It Yourself)
sigla em inglês para a expressão "faça você mesmo" que indica a construção, reforma e/ou transformação de algo sem a ajuda de especialistas.

---

[35] A respeito dos diferentes formatos de agrupamento, ver a seção "Colaboração" no Capítulo 2.

inov-ativas. Nesse momento, são acessados dossiês para recuperar e armazenar dados relativos aos participantes que poderão alimentar a analítica da aprendizagem.[36]

No entanto, se para Kolb aprender é transformar experiência em conhecimento,[37] na educação corporativa temos de ir além e afirmar que aprender é transformar experiência em resultados para o negócio, reforçando que "o verdadeiro trabalho começa quando o curso termina".[38]

A partir dessa compreensão, Wick, Pollock e Jefferson[39] acrescentam à fase de preparação (que corresponde às etapas de entender o problema, projetar a solução de desenvolver a solução do DI 4.0) e à fase de aprendizagem propriamente dita outras duas fases: a de transferência (que, juntamente com a fase de aprendizagem, corresponde à etapa de implementar a solução do DI 4.0) e a fase de realização (que corresponde à etapa transversal de avaliar a solução educacional), como vemos no Quadro 3.18.

Quadro 3.18 As quatro fases da aprendizagem na educação corporativa, com destaque para a implementação da solução educacional

		Etapa de implementação da a solução educacional		
Fase	**I**	**II**	**III**	**IV**
Foco	**Preparação**	**Aprendizagem**	**Transferência**	**Realização**
Descrição	Leitura preparatória e outras atribuições	Aprendizagem estruturada/ formal/instrução/ curso	Transferência da aprendizagem e aplicação no trabalho	Avaliação e reconhecimento das realizações
Itens relacionados	• Análise de necessidades • Seleção dos participantes • Design do curso • Plano de avaliação • Convite • Marketing/ divulgação • Reunião com gestores • Leitura de fundo (referências) • Exercícios on-line • Avaliações	• Instruções em sala de aula presencial ou virtual • Discussões • Simulações • Exercícios • Role play • Ações de aprendizagem	• Estabelecimento de metas • Planejamento de ações • Acompanhamento • Discussão com gerente • Ensino a outros • Prática deliberada • Relatório de progressos • Reflexão • Colaboração	• Autoavaliação • Avaliação de terceiros (gestores, pares, subordinados diretos etc.) • Mudanças nas métricas de desempenho • Melhor produto de trabalho • Reconhecimento

Fonte: adaptado de WICK, POLLOCK; JEFFERSON, 2011, p. 69.

A fase de transferência é essencial para o desenvolvimento das competências e da proficiência, uma vez que requer prática e *feedback* em situações reais e contextos autênticos

---

[36] Ver mais sobre analítica da aprendizagem na seção "Metodologias analíticas" no Capítulo 2.
[37] KOLB, D. A. *Experiential learning*: experience as the source of learning and development. Englewood Cliffs: Prentice-Hall, 1984.
[38] Conforme WICK; POLLOCK; JEFFERSON, 2011, p. 91.
[39] WICK; POLLOCK; JEFFERSON, 2011.

de trabalho. De igual modo, a importância do período pós-curso (ou pós-ação de aprendizagem) se revela no valor de revisitar tópicos de conteúdo (o efeito espaçamento).[40]

Por essas razões, a experiência de aprendizagem precisa ser tratada como processo e não como evento, cujos responsáveis são tanto os gerentes dos profissionais que se submeteram às soluções educacionais como a equipe de educação corporativa. Como mencionamos anteriormente, com o avanço das metodologias inov-ativas, diminuem as barreiras entre o que é visto nas corporações como trabalho e o que é visto como aprendizagem.

Já a fase de realização completa o ciclo de aprendizagem na medida em que avalia se os participantes estão aplicando o que aprenderam. Na educação corporativa, é importante tornar claras as expectativas de desempenho desde o início, de modo que os participantes levem a fase de aprendizagem formal a sério e se sintam eles mesmos responsáveis pelo alcance e avaliação dos resultados. Ademais, o próprio processo de avaliação é um tipo de aprendizagem, uma vez que exige a recuperação do que foi aprendido e proporciona *feedback* em relação à transferência do conhecimento. Aqui temos o que se entende por avaliação *para* a aprendizagem, em vez de apenas avaliação *da* aprendizagem.

No DI 4.0, a fase de realização corresponde ao que chamamos de "etapa transversal", como vemos na seção a seguir.

3.2.5 Etapa transversal – Avaliação na educação corporativa

A história da avaliação na educação corporativa começou no final dos anos 1950, quando Donald L. Kirkpatrick desenvolveu uma abordagem simples para avaliar o impacto do treinamento e de outras soluções educacionais sobre o desempenho dos funcionários.[41] De acordo com resultados de pesquisa realizada pelo CEB Learning & Development Leader Council, em 2014,[42] a maioria das organizações coleta dados de satisfação dos participantes em relação às soluções educacionais e os utiliza para avaliar o impacto da aprendizagem. Pouco mais da metade também fez progressos notáveis na captura e uso de dados sobre o aplicativo de aprendizagem. No entanto, menos de um terço mede o impacto da aprendizagem no desempenho do funcionário e nos resultados do negócio.

Mas por que medir a aprendizagem na educação corporativa? Primeiro, para determinar a eficácia ou o impacto do treinamento ou de outras soluções educacionais; segundo, identificar lacunas à melhoria contínua. Além disso, há que se considerar o fato de que as pessoas com frequência representam o maior custo indireto para uma organização (por exemplo, a folha de pagamento e os currículos de cada trabalhador), e qualquer coisa que torne esse custo mais efetivo agregará valor ao negócio.

Sem uma medição rigorosa, o que resta são apenas intuição e informações pouco precisas. E isso pode levar à ideia de que a educação corporativa é um centro de custo, em vez de um parceiro que pode influenciar positivamente os resultados de negócios. Para isso, é necessário conectar a educação corporativa a uma variedade de medidas críticas de negócios, incluindo retenção/rotatividade, promoções internas, qualidade, produção,

---

[40] BAHRICK, H.; HALL, L. The importance of retrieval failures to long term retention: a metacognitive explanation of the spacing effect. *Journal of Memory and Language,* v. 52, n. 4, p. 566-577, 2005.

[41] KIRKPATRICK, D. L. How to start an objective evaluation of your training program. *The Journal of the American Society of Training Directors.* may/jun., 1956. Ver também KIRKPATRICK, D. L. *Evaluating training programs*: the four levels. Alexandria: ASTD, 1998.

[42] CEB Learning & Development Leadership Council: Quick Poll Results, 2014, apud MATTOX II, J. R.; BUREN, M. *Learning analytics*: measurement innovations to support employee development. CEB, 2016.

PARTE I Bases teóricas

atendimento ao cliente, inovação, receita, vendas, participação de mercado, segurança, desenvolvimento de produtos e engajamento dos funcionários.

Nas seções a seguir, retomamos os modelos de avaliação da educação corporativa até chegar à contribuição das metodologias analíticas para esse processo.

O modelo de avaliação de Kirkpatrick

O modelo de avaliação de Kirkpatrick define quatro níveis de avaliação com um conjunto específico de questões, como mostra o Quadro 3.19.

Quadro 3.19 Os quatro níveis de avaliação de um treinamento ou solução educacional, segundo Kirkpatrick

Nível	Aspecto	Natureza	Instrumentos
1	Reação	Gostaram?	Formulários
2	Aprendizagem	Aprenderam?	Testes, exames, simulações
3	Aplicação	Estão utilizando?	Mensuração do desempenho
4	Resultados	Estão pagando?	Análise de custo-benefício (ROI)

Fonte: EBOLI, 2002, p. 2.

O nível 1 refere-se à avaliação de reação, focando as reações dos participantes a um treinamento ou solução educacional. Eles estão satisfeitos com a experiência de aprendizagem? O professor era capaz? Os objetivos foram alcançados? As outras pessoas participaram das atividades? Os recursos foram bem utilizados? O ambiente físico ou digital contribuiu para a entrega dos conteúdos e a realização das atividades?

O nível 2 diz respeito à avaliação da aprendizagem e se concentra na aquisição de conhecimentos e habilidades durante um programa de treinamento ou outra solução educacional. A questão básica é: Os participantes aprenderam novas informações e desenvolveram novas habilidades?

No nível 3, o foco está na avaliação do comportamento ou avaliação de impacto, ou seja, no efeito da aprendizagem sobre o desempenho individual dos participantes. Os aprendizes são capazes de aplicar o que aprenderam no trabalho? Em caso positivo, em que medida isso melhora o desempenho do indivíduo em suas diversas competências funcionais?

O nível 4 corresponde à avaliação de resultados ou avaliação de impacto no negócio. A indagação é: A solução educacional ajuda a melhorar as métricas críticas do negócio tais como a satisfação dos clientes, os resultados de venda, a produtividade, o faturamento, a moral dos empregados etc.?

Metodologia do retorno sobre o investimento (ROI)

No início dos anos 1980, Jack Phillips desenvolveu a metodologia do retorno sobre o investimento (ROI, do inglês, *return on investment*). Mantendo os quatro níveis de Kirkpatrick, Phillips acrescentou um quinto nível para abrigar uma avaliação monetizada do impacto da educação corporativa. [43] A avaliação tem por base uma fórmula facilmente compreensível por líderes de negócio:

---

[43] Ver PHILLIPS, P. P.; PHILLIPS, J. J. *Measuring ROI in learning & development*. Association for Talent Development, 16 fev. 2012.

Desenvolver e implementar soluções educacionais inovadoras nas organizações

$$ROI = \frac{(Benefícios - Investimentos)}{Investimentos}$$

A metodologia ROI também inclui um nível 0, referente às características da audiência que podem ser traduzidas em dados demográficos e sociais, por exemplo, sexo, idade, estado civil, tempo de casa, estilos de aprendizagem etc. Com o apoio de metodologias analíticas, esses dados podem ser cruzados com outras variáveis, como por exemplo metodologia empregada, mídias e tecnologias selecionadas, entre outros, para examinar as relações entre esses fatores e o retorno sobre investimentos por variável analisada.

Framework de medidas de impacto

Em 2007, Josh Bersin trouxe uma nova perspectiva ao debate sobre avaliação ao publicar o *The Training Measurement Book*,[44] com o objetivo de cobrir um aspecto importante do processo: o início. Nove medidas constituem um *framework* de medidas de impacto para definir se a solução educacional está alinhada às necessidades do negócio, conforme mostra o Quadro 3.20.

Quadro 3.20 *Framework* de medidas de impacto

Medida	Descrição
1. Satisfação	Captura o *feedback* direto dos participantes sobre vários aspectos do treinamento ou solução educacional (alinhada com o nível 1 – avaliação de reação de Kirkpatrick)
2. Aprendizagem	Reflete se os participantes do treinamento ou de outra solução educacional ganharam conhecimento e habilidade (corresponde ao nível 2 – avaliação de aprendizagem de Kirkpatrick)
3. Adoção	Porcentagem do público-alvo que completou determinado programa
4. Utilidade	Aproveitamento do curso por aprendizes individuais ou grupos de trabalho, relacionado a um indicador de desempenho
5. Eficiência	Medida das atividades de aprendizagem divididas pelos custos, incluindo custo por hora de conteúdo desenvolvido, custo por aprendiz e custo por hora de entrega
6. Alinhamento	Processo contínuo de assegurar que os programas de treinamento ou outras soluções educacionais endereçam os problemas mais urgentes e críticos da organização; as medidas incluem investimento, processo, gerenciamento, finanças, urgência e prazos
7. Alcance dos objetivos do cliente	Satisfação do cliente (*stakeholders*) com capacidade de os programas de treinamento ou outras soluções educacionais atenderem às necessidades do negócio
8. Desempenho individual	Desempenho *on-the-job* dos participantes nos treinamentos ou em outras soluções educacionais (remete ao nível 3 - avaliação do comportamento ou impacto de Kirkpatrick)
9. Desempenho organizacional	Capacidade de demonstrar o link entre treinamento (ou solução educacional), desempenho individual e desempenho melhorado das métricas de negócio, incluindo engajamento dos empregados, retenção da força de trabalho, flexibilidade e mobilidade, taxas de contratação etc.

Fonte: adaptado de MATTOX II; BUREN, 2016.

---

[44] BERSIN, J. *The Training measurement book*: best practices, proven methodologies, and practical approaches. San Franciso: Pfeifer, 2008.

PARTE I Bases teóricas

Comparado aos modelos propostos por Kirkpatrick e Phillips, o modelo de Bersin é mais abrangente uma vez que consolida medidas de adoção ou eficiência, medidas de eficácia (satisfação com o treinamento ou a solução educacional, utilidade e alinhamento) e medidas de resultados para o negócio (objetivos do cliente, desempenho individual e desempenho organizacional), como mostra o Quadro 3.21.

Quadro 3.21 Medidas-chave de desempenho para aprendizagem e desenvolvimento

Medidas de eficiência ou adoção	Medidas de eficácia	Medidas de resultado para o negócio
Número de pessoas treinadas	Satisfação com o treinamento ou a solução educacional	Aumento na satisfação do cliente
Número de pessoas treinadas por metodologia adotada (por exemplo, e-learning, presencial com apoio docente etc.)	Conhecimentos e habilidades adquiridos durante uma experiência de aprendizagem	Melhoria no desempenho dos empregados
Alcance (porcentagem de pessoas treinadas no público-alvo)	Intenção de aplicar a aprendizagem no trabalho	Redução de riscos
		Redução de custos
Custo de treinamento ou solução educacional por programa	Expectativa de que o treinamento ou solução educacional vai melhorar o desempenho individual no trabalho	Aumento nas vendas
Custo de treinamento ou solução educacional por participante		Aumento na receita
Custo de treinamento ou solução educacional por hora estimada	Expectativa de que a melhoria no desempenho individual levará à melhoria do desempenho organizacional	
	Retorno sobre as expectativas	

Fonte: adaptado de MATTOX II; BUREN, 2016.

The Success Case Method (SCM)

Em 2005, Brinkerhoff elaborou uma metodologia para avaliar o impacto do treinamento ou outra solução educacional, denominada Método do Caso de Sucesso (SCM, do inglês The Success Case Method).[45]

Abarcando todas as dimensões desenvolvidas por Kirkpatrick e Phillips, o SCM destaca uma perspectiva "macro" ao propor a avaliação como um meio de atingir resultados positivos para a organização como um todo e para o processo formativo em si mesmo, incluindo os atores envolvidos.

O coração do SCM gira em torno de dois públicos: os bem-sucedidos e aqueles que não o são. O objetivo é determinar os impulsionadores de sucesso e fracasso para ambos os grupos, por meio da reunião de uma amostra de dados quantitativos dos participantes – geralmente resultante de uma breve pesquisa respondida imediatamente após o treinamento ou a solução educacional. As questões se concentram nos aspectos-chave do programa que podem contribuir para um desempenho bem-sucedido.

---

[45] BRINKERHOFF, R. *The Success Case Method*: find out quickly what's working and what's not. San Francisco: Berrett-Koehler Publishers, 2003.

Desenvolver e implementar soluções educacionais inovadoras nas organizações 3

Diferentemente da avaliação de reação clássica, contudo, o SCM foca as pontuações extremas, isto é, os altos e baixos da distribuição das respostas, em vez de trabalhar com as pontuações médias. O objetivo é identificar as pessoas que serão (ou foram) bem-sucedidas ao aplicar conhecimentos e habilidades no trabalho, bem como aqueles que não serão (ou não foram) bem-sucedidos.

A partir daí, são organizadas entrevistas ou grupos de foco com pessoas-chave para que um avaliador obtenha informações específicas sobre os direcionadores de desempenho relacionados ao treinamento ou solução educacional. Os resultados do SCM são qualitativos e fornecem uma descrição rica do desempenho individual e organizacional.

Nesse sentido, o SCM aproxima-se da abordagem de DT, que também adota o princípio da heterogeneidade ao ouvir pessoas com **visões extremas** a respeito do contexto analisado a fim de obter uma perspectiva mais ampla do problema em questão.[46]

Resumo de abordagens sobre avaliação na educação corporativa

Como se vê, a temática da avaliação na educação corporativa conta com uma boa base teórica. O Quadro 3.22 faz uma rápida comparação entre os modelos de avaliação estudados até aqui.

Quadro 3.22 Comparação entre os modelos de avaliação

Nível	Modelo de avaliação em quatro níveis (Kirkpatrick)	Return on Investment – ROI (Phillips)	Framework de medidas de impacto (Bersin)	The Success Case Method – SCM (Brinkerhoff)
0		Inputs	Adoção e eficiência	
1	Reação	Reação e ação planejada	Satisfação	Qualquer ou todas essas métricas podem ser utilizadas para reunir informações quantitativas via pesquisa; a partir daí, conduzir entrevistas ou grupos focais com os índices mais altos e mais baixos
2	Aprendizagem	Aprendizagem	Aprendizagem	
3	Comportamento	Aplicação	Desempenho individual	
4	Resultados	Impacto	Desempenho organizacional	
5		ROI		
Outros		Intangíveis	Utilidade, alinhamento e alcance dos objetivos do cliente	

Fonte: adaptado de MATTOX II; BUREN, 2016.

---

[46] É interessante observar que a abordagem de DT também procura capturar a perspectiva de usuários extremos – por exemplo, os mais e os menos familiarizados com determinado problema a ser resolvido. Ver CAVALCANTI, C. C.; FILATRO, A. *Design thinking na educação presencial, a distância e corporativa*. São Paulo: Saraiva, 2017.

PARTE I Bases teóricas

Infelizmente, processos rigorosos de avaliação são caros e difíceis de implementar. Hoje, o desafio é aplicar os rigorosos métodos científicos de avaliação de maneira econômica e escalável. A tecnologia é a chave, principalmente no que diz respeito à análise de dados educacionais.

Contribuições da analítica da aprendizagem para a avaliação

A análise de dados não é novidade na educação corporativa: escalas de Likert, cálculos de Kirkpatrick e horas de treinamento fazem parte das medidas de desempenho adotadas há tempos. Mas, em geral, essas análises não constituem uma estratégia integrada para entender o processo e os resultados de aprendizagem, como ocorre na analítica da aprendizagem (*learning analytics*).

A questão é que a análise de dados, embora planejada desde o início do processo de DI, costuma ocorrer de fato apenas após a etapa de implementação.

Por essa razão, a maior parte das decisões é tomada com base na intuição, mais que em fatos, e essa lógica não faz sentido em um ambiente digital. Os alunos de hoje acessam conteúdos digitais centenas, se não milhares, de vezes ao dia, resultando em períodos de atenção extremamente instáveis. Em contraste com um ambiente de sala de aula, em ambientes de aprendizagem digitais os alunos simplesmente fecham o navegador e partem para outro espaço digital se não estiverem interessados no conteúdo.

Avaliação somativa
realizada ao final de um programa, curso ou uma unidade, visando a avaliar o rendimento global alcançado pelo aprendiz.

Avaliação formativa
ocorre durante uma ação de aprendizagem e é considerada uma avaliação para a aprendizagem (direcionada ao futuro), no lugar de uma avaliação da aprendizagem passada.

Por isso, não é mais suficiente que a avaliação seja **somativa**, ou seja, feita ao término da implementação. Ela precisa ser também **formativa** ou processual, baseada em dados que hoje podem ser coletados durante todo o período em que ocorre uma experiência de aprendizagem (e que podem ser confrontados com dados anteriores e posteriores a essa ação).

Esse é o campo da chamada **analítica da aprendizagem** (*learning analytics*), que pode ser definida no campo da educação corporativa como "a ciência e a arte de coletar, processar, interpretar e relatar dados relacionados à eficiência, eficácia e impacto nos negócios dos programas de desenvolvimento projetados para melhorar o desempenho individual e organizacional e informar as partes envolvidas".[47]

O objetivo principal da analítica da aprendizagem é verificar se uma experiência de aprendizagem é ou não eficaz. Em sua forma mais simples, a eficácia pode estar relacionada ao conhecimento e às habilidades adquiridas durante uma ação de treinamento ou outra solução educacional. Uma medida mais complexa pode ser o impacto da experiência de aprendizagem em uma métrica de negócios, como o crescimento de vendas ou da receita.

Nesse ponto, vale a pena diferenciar dois tipos de informação: descritiva e avaliativa. A **informação descritiva** reflete um registro do que aconteceu. A **informação avaliativa** resume um conjunto de dados e fornece um julgamento sobre se os dados são bons ou ruins.

---

[47] MATTOX II; BUREN, 2016.

3

Desenvolver e implementar soluções educacionais inovadoras nas organizações

Quais tipos de dados são descritivos na educação corporativa? Dados relacionados ao número de pessoas treinadas, à metodologia adotada e ao custo por aluno tendem a ser descritivos. Os LMSs são basicamente descritivos – focados apenas no número de transações processadas pelo sistema. As principais funções oferecidas por esses sistemas incluem o armazenamento e o acesso a informações (por exemplo, cursos), perfis de pessoal, informações de conformidade, históricos e percursos de aprendizagem. Como o nome descreve, esses sistemas gerenciam dados do aluno. Sua função principal não é avaliativa.

Quais tipos de dados são avaliativos na educação corporativa? Pesquisas de avaliação, testes e dados de resultados de negócios são dados avaliativos. Esses dados, na maioria das vezes, se referem às opiniões dos alunos sobre a qualidade de um programa ou solução educacional, se os participantes adquiriram conhecimento e habilidades, se pretendem aplicar sua aprendizagem e se a aplicação melhorará seu desempenho. Grupos focais e entrevistas também podem ser usados para coletar informações qualitativas para fins de avaliação, mas não são tão escalonáveis quanto as pesquisas. Testes, particularmente, o uso combinado de exames pré e pós-curso, fornecem informações sobre quanto conhecimento e habilidades os alunos adquiriram. Dados de negócios como vendas, satisfação do cliente e receita podem ser influenciados por programas de desenvolvimento e precisam ser avaliados para comprovar o impacto.

Em casos específicos, alguns LMSs coletam dados avaliativos. Outros possuem ferramentas de avaliação que registram dados de desempenho – geralmente pontuações de testes – para os alunos antes e depois dos programas. Alguns ainda possuem ferramentas de avaliação incorporadas que reúnem opiniões dos alunos sobre a qualidade do programa. À medida que os LMSs avançam, eles incorporam recursos que reúnem dados avaliativos para a tomada de decisões.

Uma vez que a educação corporativa é projetada para melhorar o desempenho no trabalho nos negócios, faz mais sentido avaliar o impacto nas métricas de negócios, e não apenas as medidas de eficiência e eficácia. Ou seja, estamos falando aqui sobre os níveis mais avançados do modelo de avaliação de Kirkpatrick e do modelo ROI de Phillips.

Nesse caso, a analítica da aprendizagem precisará extrapolar os limites dos dados gerados em ações pontuais de treinamento & desenvolvimento para coletar informações de outros sistemas corporativos, seja da área de recursos humanos (no chamado *people analytics*), seja nos sistemas de ERP (Enterprise Resource Planning, ou sistema integrado de gestão empresarial) ou CRM (Customer Relationship Management, ou gestão de relacionamento com o cliente).

Além do foco nos resultados, a analítica da aprendizagem também fornece dados para melhoria contínua. Os resultados ajudam a determinar o que precisa ser mudado ou aprimorado, como os materiais do curso, os instrutores, o ambiente e as atividades de aprendizagem.

É nesse ponto que entra o DI orientado a dados, também conhecido como Data Driven Learning Design (DDLD), partindo do

> *People analytics* (analítica de pessoas) termo criado por Mike West, da Google, para descrever o processo de coleta e análise de dados voltado para a gestão de pessoas nas organizações. Consiste na coleta, armazenamento e análise de um volume imenso de dados para melhorar a gestão de pessoas, diminuindo a rotatividade, retendo e atraindo talentos, aumentando a satisfação e a eficiência dos colaboradores.

PARTE I Bases teóricas

reconhecimento de que o aluno é o responsável por todas as interações digitais e, portanto, o design deve ser adaptado às suas preferências.[48]

No âmbito do marketing, desde 2010 utiliza-se o termo Linguagem Corporal Digital (DBL, do inglês Digital Body Language) para designar a ciência de rastrear e analisar os hábitos on-line dos clientes, como cliques e não cliques, em um esforço para entender melhor o ciclo de vendas de um produto ou serviço e detectar *leads* (potenciais consumidores).[49]

Em educação, cada clique, compartilhamento ou saída do espaço digital corresponde a um aluno anunciando bem alto seus gostos e desgostos. Essas ações são equivalentes digitais dos gestos de revirar os olhos, sorrir e cruzar os braços na sala de aula convencional, os quais, se forem estudados e decodificados, ajudarão a melhorar as decisões de projeto com base no que os aprendizes querem, em vez do que se supõe que eles querem.

O propósito do DDLD é triplo, como mostra a Figura 3.22 a seguir.

Figura 3.22 Propósito do Data Driven Learning Design (DDLD)

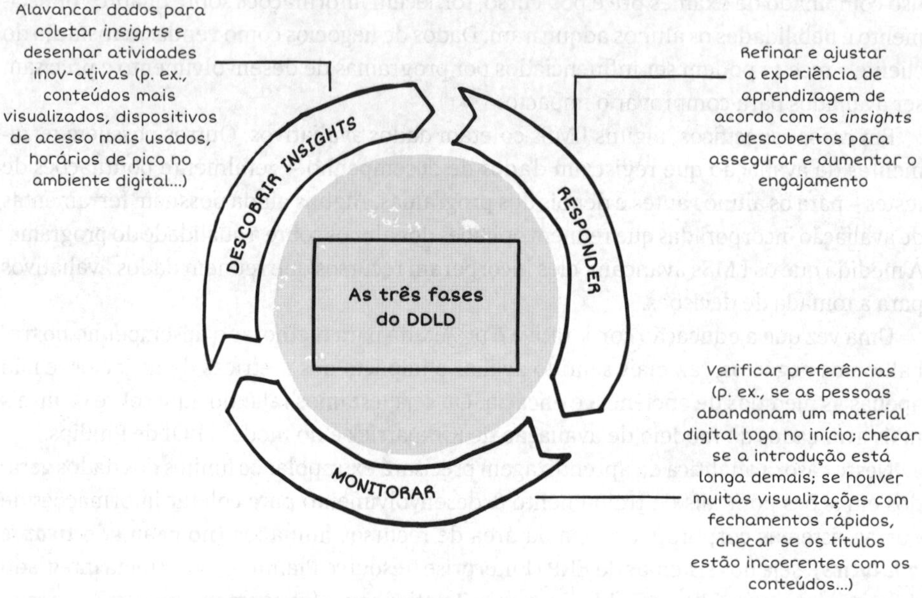

Fonte: adaptada de NILES-HOFMANN, 2016, p. 8.

A analítica de aprendizagem pode ajudar a descobrir as razões pelas quais o aluno abandona uma experiência de aprendizagem, em especial quando se trata de microconteúdos e microatividades testados antes mesmo que uma solução completa seja desenvolvida. Entretanto, isso não quer dizer que o monitoramento e a avaliação devam se restringir à fase inicial, pois tanto as preferências do aluno podem mudar como a cultura organizacional pode evoluir.

---

[48] NILES-HOFMANN, 2016.
[49] WOODS, S. *Digital body language*. Danville: New Year Publishing, 2010.

Desenvolver e implementar soluções educacionais inovadoras nas organizações

É importante notar que o DDLD não se resume à personalização, isto é, a criar conteúdo em vários formatos de mídia e fornecer a um aluno a versão que lhe parece preferível, uma vez que isso é caro e oneroso de manter. Da mesma forma, o DDLD não equivale à criação de sofisticados algoritmos para prever quais conteúdos interessarão a um aluno, algo semelhante ao que a Amazon faz ao recomendar: "Pessoas que compraram isso também compraram X". Em vez disso, o DDLD se mantém atento à experiência do aprendiz e responde constantemente para manter o envolvimento.

Além disso, o DDLD vai além da análise de dados exclusivos de uma experiência de aprendizagem. Chega ao ponto de linkar o conteúdo de solução educacional à lista dos principais termos pesquisados na intranet da instituição, por exemplo. Isso permite examinar em tempo real as necessidades das pessoas para, a partir daí, prover conteúdo de aprendizagem mais ágil e responsivo.

A lógica do velho e bom DI é: se quisermos que um aluno realize X, precisamos ensinar X. Mas a lógica do DDLD simplifica o design e diminui os custos de desenvolvimento, na medida em que, em vez de criar soluções para todos os resultados esperados, é possível identificar quais conteúdos são intuitivamente descobertos pelos usuários e projetar soluções educacionais apenas para o que realmente precisa ser ensinado.

Fundamentos sólidos de DI nunca saem de moda. Ainda assim, a migração para metodologias inov-ativas exige um novo relacionamento com o aluno. A prova é uma pergunta fundamental: Os alunos vão primeiro ao Google ou ao LMS da companhia quando estão à procura de algum conteúdo?

Para que a educação corporativa mantenha sua relevância diante dos funcionários e da organização como um todo, precisa adotar o paradigma centrado nas pessoas. E isso demanda disposição para ouvi-las, seja pelas estratégias do DT e do LXD, seja por meio do DI orientado a dados.

CONTINUA...

Os capítulos seguintes tratam de casos reais de inovação na educação corporativa: o Capítulo 4 registra uma série de inovações na educação executiva praticada pela Fundação Dom Cabral (FDC); o Capítulo 5 propicia uma reflexão importante sobre como as inovações têm acontecido pelo longo período em que a educação corporativa é praticada na Petrobras; e o Capítulo 6 descreve as iniciativas da Universidade Corporativa Bradesco (UniBrad).

PARTE II

CASOS PRÁTICOS

CAPÍTULO 4
INOVAÇÃO NA FUNDAÇÃO DOM CABRAL

– com Carolina Costa Cavalcanti

Estudo e trabalho com educação há 20 anos. Fiz essa escolha, pois o modelo tradicional de ensino, centrado no professor, sempre me incomodou e decidi que queria me dedicar à pesquisa e prática de uma educação inovadora e relevante para o aprendiz. Por acreditar que as tecnologias poderiam ser ferramentas úteis para o desenho de modelos pedagógicos mais interativos e engajadores, decidi ingressar no mestrado em Tecnologias Educacionais, onde tive o primeiro contato com o Design Instrucional (DI).

Entretanto, ao atuar em programas de educação a distância, logo percebi que as tecnologias deveriam ser adotadas como um meio para alcançar objetivos de aprendizagem previamente delineados, e não como um fim em si mesmas. Notei ainda que um dos grandes desafios dos educadores estava no processo de design, produção e execução de cursos e programas centrados no aluno. Por isso, no doutorado da USP, aceitei o desafio lançado pelo meu orientador de pesquisar o design thinking (DT), uma abordagem centrada no ser humano e aplicada ao campo educacional.

Ao articular elementos que emergiram na pesquisa com a minha prática profissional em instituições públicas e privadas, foi natural encontrar fortes conexões entre o DI e o DT. Em 2016, atuei, em parceria com Andrea Filatro, no desenho de um projeto de educação corporativa em que articulamos esses dois campos do design. O resultado foi a criação de um programa *blended* inovador e que abarcava os quatro grupos de metodologias inov-ativas.[1]

---

[1] FILATRO, A.; CAVALCANTI, C. C. Articulação do design instrucional e design thinking para solução de problemas na educação mediada por tecnologias. In: CONTECSI USP – International Conference on Information Systems and Technology Management, 2018, São Paulo. *Anais do CONTECSI USP*. São Paulo, 2018b.

Algum tempo depois, em 2018, comecei a atuar como professora convidada na Fundação Dom Cabral (FDC) e encontrei nessa instituição um ambiente organizacional propício para o design e a oferta de programas inovadores e centrados no aluno. Inicialmente, notei o grande interesse da instituição em desenvolver seus professores e gerentes de projeto para a criação de soluções educacionais diferenciadas.

Na FDC, atuei como palestrante nas trilhas de desenvolvimento de professores de dedicação exclusiva e gerentes de projeto, além de ministrar palestras sobre estratégias de design para articular a educação on-line e presencial no Encontro Anual de Professores do Executive MBA, em novembro de 2018, bem como contribui, como consultora, no macro e micro design de programas e soluções educacionais de curta, média e longa duração, no formato *blended*. Entre os diversos projetos, estão principalmente aqueles vinculados à formação de professores e ao design de soluções educacionais embasadas em metodologias ativas.

No contato com profissionais de diferentes áreas, e ao conhecer com maior profundidade alguns dos programas ofertados, pude perceber quais fatores fazem com que a FDC ocupe uma posição de destaque entre as escolas de negócios do Brasil e fora do país.

Ao vislumbrar a pluralidade dos projetos e programas, fiquei atenta às diferentes práticas e resultados que revelam que inovar faz parte de sua cultura institucional. Na Fundação, a inovação emerge em maior ou menor grau na definição dos objetivos de aprendizagem de cursos, no macrodesign dos programas educacionais, no processo de revitalização daqueles que são a marca registrada da instituição, no design fino de soluções educacionais para indivíduos e organizações, no uso de metodologias e tecnologias, na avaliação da aprendizagem e no processo de desenvolvimento interno dos colaboradores, entre outros aspectos.

Para obter uma visão mais ampla de práticas inovadoras adotadas na FDC, entrevistei três gestores que desempenham papéis estratégicos na Fundação e que gentilmente concordaram em falar sobre os diversos temas abordados neste capítulo. Durante as conversas, emergiram ricas narrativas dos entrevistados que ampliaram minha visão sobre o processo de concepção de práticas inovadoras na FDC e seus respectivos impactos. Suas contribuições permeiam todo o texto deste capítulo, e algumas de suas declarações são destacadas em caixas de texto – elas trazem a voz e a visão desses gestores.

Ao coletar dados para organizar e redigir este capítulo, pude identificar algumas práticas adotadas na FDC bastante alinhadas com a proposta do DI 4.0 e que resultam em programas impactantes e relevantes. Espero que esta leitura o inspire a encontrar novos caminhos para criar e colocar em prática cursos, programas e projetos de educação corporativa inovadores.

Carolina Costa Cavalcanti

ROTEIRO

Neste capítulo, retratamos a FDC como exemplo de educação executiva inovadora. Inicialmente, apresentamos a instituição, com destaque para sua missão, objetivos e princípios, bem como sua estrutura funcional, os produtos oferecidos, o perfil dos clientes e a visão de ensino-aprendizagem adotada em vários dos programas oferecidos.

Em seguida, descrevemos algumas inovações implementadas, salientando como a FDC alinha o escopo de seus projetos de educação executiva com as macrotendências estratégicas das empresas nos programas customizados e de executivos atendidos nos programas abertos; explicamos como se dá a parceria entre a escola de negócios e as organizações para oferta de programas de desenvolvimento organizacional; e buscamos delimitar alguns aspectos intangíveis relacionados à geração de inovações na educação executiva e o que representam para a instituição em termos de resultados, custos e tempo.

Por fim, apresentamos casos específicos, relacionados aos programas oferecidos pela Fundação, que se destacam por inovar no que se refere à proposta de valor, ao desenho curricular, ao design de experiências de aprendizagem (LXD) no formato *blended*, ao processo de avaliação, ao uso de tecnologias de ponta e à avaliação de resultados de aprendizagem de seus participantes.

Navegue pelo conteúdo deste capítulo para conhecer a filosofia e a prática de inovação na FDC.

Nosso roteiro será:

4.1 Apresentação geral da FDC
4.2 Inovação nos processos de educação corporativa da FDC
    4.2.1 O movimento CEO Legacy
    4.2.2 O TREE Lab
    4.2.3 Xperience Room
    4.2.4 O DECK Design
    4.2.5 O Executive MBA
4.3 O DI 4.0 na FDC
    4.3.1 Metodologias inov-ativas na FDC
    4.3.2 O DI centrado nas pessoas na FDC

Inovação na Fundação Dom Cabral

4

4.1 APRESENTAÇÃO GERAL DA FDC

A FDC é uma escola de negócios brasileira, fundada em 1976, com dois *campi* na região de Belo Horizonte, um no Rio de Janeiro e outro em São Paulo. Por meio de parcerias com instituições nacionais (associadas locais), atua em praticamente todos os estados do Brasil para ofertar programas de curta e longa duração.[2]

Também mantém alianças estratégicas e acordos de cooperação com instituições educacionais internacional renomadas na América Latina, Estados Unidos, Europa, China, Índia e Rússia, visando à troca de experiências, à produção colaborativa de conhecimentos e ao acesso a ferramentas inovadoras que podem ser adotadas na gestão empresarial.[3]

Há mais de uma década, a FDC tem sido avaliada como uma das 20 melhores escolas de negócios do mundo. De fato, em 2018, foi eleita pela 13ª vez consecutiva pelo Ranking de Educação Executiva do jornal inglês *Financial Times* como a melhor escola de negócios da América Latina e a 12ª de todo o mundo.[4]

A FDC reconhece como seu negócio a oferta de soluções educacionais para o desenvolvimento empresarial e tem como objetivo "ser referência no desenvolvimento de executivos e organizações", recebendo, anualmente, em média, 27 mil executivos em seus programas.

Para a Fundação, é fundamental ser uma grande parceira no desenvolvimento de executivos, empresários e gestores públicos, e também no atendimento a médias empresas e grandes organizações atuantes em vários segmentos e regiões geográficas. Isso se traduz na oferta de programas que respeitam a identidade das pessoas e das organizações, entendendo as peculiaridades dos desafios enfrentados em seu âmbito profissional e no mercado em que atuam. Assim, a FDC tem por missão "contribuir para o desenvolvimento sustentável da sociedade por meio da educação, da capacitação e do desenvolvimento de executivos, empresários e gestores públicos".[5]

Os princípios que norteiam as ações institucionais da FDC são:

1. utilidade para construção da sociedade;
2. parceria com pessoas, instituições e empresas para propor soluções relevantes;
3. valorização da pessoa pelo acolhimento e construção conjunta;
4. autonomia embasada no mérito e na liberdade de escolha, desde que condizentes com os princípios e valores da instituição;
5. ousadia e tenacidade para sonhar, superar desafios e ser uma instituição de referência;
6. qualidade e inovação para oferecer o melhor para o cliente;
7. ética e integridade para agir com lealdade, confiança e transparência, reconhecendo erros e corrigindo rumos;

---

[2] A lista completa de associados nacionais está disponível em: <https://www.fdc.org.br/localizacao>. Acesso em: 26 abr. 2019.

[3] A lista completa de parceiros internacionais está disponível em: <https://www.fdc.org.br/sobreafdc/parcerias-internacionais>. Acesso em: 26 abr.2019.

[4] O *ranking* completo pode ser consultado em: <http://rankings.ft.com/businessschoolrankings/executive-education-open-2018>. Acesso em: 26 abr. 2019. Em 2018, o jornal britânico enviou sua pesquisa a 1,1 mil escolas de negócios do mundo, obtendo retorno de 57%. Entre os critérios de avaliação estão satisfação de quem estuda e das empresas, custo-benefício do curso, diversidade dos alunos (segundo gênero e nacionalidade), projeção internacional da instituição e competências ensinadas.

[5] Conforme disponível em: <https://www.fdc.org.br/sobreafdc>. Acesso em: 26 abr. 2019.

PARTE II Casos práticos

8 autossustentação por meio da busca pelo crescimento autossustentável, cultivo da independência intelectual, austeridade e eficiência.

Pautada no objetivo, na missão e nos princípios apresentados, a busca da FDC pela inovação – o tema de interesse deste capítulo – é um meio para alcançar o propósito maior de ser relevante ao gerar valor para os indivíduos, as organizações e a sociedade, visando ao desenvolvimento de um mundo mais sustentável.

No âmbito individual, a FDC busca desenvolver profissionais que atuam em cargos de gestão ou almejam exercer liderança no ambiente corporativo. No âmbito organizacional, oferta programas de desenvolvimento para empresas de médio porte, grandes organizações e setor público. Para isso, muitas vezes, cria e entrega soluções educacionais customizadas.

O portfólio de programas educacionais ofertado pela Fundação é organizado em cinco grandes categorias, como mostra o Quadro 4.1.

Quadro 4.1 Panorama geral do portfólio de programas ofertados pela FDC

Tipo de programa	Categorias	Características
Programas abertos voltados ao desenvolvimento de indivíduos	Executive MBA e pós-graduação	Programas com diversos níveis de formação destinados a gestores, incluindo especializações, Executive MBA e Mestrado Profissional em Administração
	Cursos de curta duração	Cursos para executivos que abordam diferentes temas da área de gestão de negócios
Programas customizados voltados ao desenvolvimento de organizações	Médias empresas	Soluções educacionais para empresas de médio porte se desenvolverem pela gestão eficaz e crescimento sustentável
	Grandes organizações	Soluções sob medida desenhadas e ofertadas para grandes empresas, levando em consideração sua estrutura, seus desafios e, principalmente, seus valores
	Gestão pública	Soluções criadas especificamente para a gestão pública, buscando soluções sustentáveis para seus desafios organizacionais

Fonte: elaborado pelas autoras.

A FDC conta também com núcleos de pesquisa e desenvolvimento que visam a fomentar a reflexão, pesquisa e produção de novos conhecimentos, cases e metodologias relevantes para a compreensão de cenários e tendências do mundo corporativo. Os núcleos são organizados por área e abordam os seguintes temas:

1 inovação e empreendedorismo;

2 desenvolvimento de pessoas e liderança;

3. sustentabilidade;
4. estratégia e negócios internacionais;
5. logística, *supply chain* e infraestrutura.

A estrutura organizacional da FDC conta com uma diretoria executiva responsável pela operação da instituição, com a realização do plano anual de trabalho e de suas iniciativas estratégicas. A Figura 4.1 mostra a composição da diretoria executiva.

Figura 4.1 Composição funcional da diretoria executiva da FDC

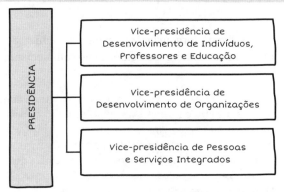

Fonte: elaborada pelas autoras.

É interessante observar que a estrutura organizacional da FDC hoje reflete as mudanças na forma como a carreira é encarada no mundo dos negócios. Cláudia Botelho, gerente de projetos e diretora estatutária na FDC, explica que a preocupação com o desenvolvimento de indivíduos está vinculada à demanda atual pelo *lifelong learning* (aprendizagem por toda a vida).

"Inicialmente, o relacionamento da FDC era primordialmente com as organizações, que buscavam soluções educacionais para grupos ou indivíduos. A decisão pelas ações de desenvolvimento era das organizações, com o propósito de enfrentar seus desafios estratégicos. Não tínhamos um relacionamento direto com os indivíduos, que vinham à FDC por meio da organização, com a missão de se capacitar para atender a determinado projeto organizacional.

Hoje, mantemos o nosso relacionamento com as organizações, mas estamos ampliando o atendimento direto aos indivíduos que buscam se desenvolver nas atuais posições que ocupam e/ou para se prepararem para mudanças na carreira. Alteramos essa abordagem devido às transformações atuais do mundo do trabalho no que se refere à **carreira proteana** e à **carreira sem fronteira**, em que o protagonismo no desenvolvimento e na movimentação pertence ao

Carreira proteana
refere-se a uma nova configuração de carreira resultante das demandas atuais do mundo do trabalho, como múltiplas formas de organizar as relações entre colaboradores e organização, além da demanda por constante desenvolvimento profissional.

Carreira sem fronteira: modelo de relação com as organizações, em que cabe às pessoas a responsabilidade por seu próprio desenvolvimento e pelas habilidades necessárias à mobilidade profissional.

indivíduo. Observa-se que cada vez mais os indivíduos arcam com o total do investimento nos programas de educação executiva (inclusive o Executive MBA) ou o fazem em parceria com a sua organização. Isso sinaliza para nós que a decisão de se desenvolver é do indivíduo que quer dar um rumo específico para a sua vida e carreira, independentemente de estar vinculado à empresa X, Y ou Z. Então, como escola de negócios, passamos a olhar mais para esse mercado e ajustamos a estrutura organizacional para potencializar esse atendimento com foco no indivíduo, e não somente na organização, como nosso cliente."

Por outro lado, o interesse das organizações em oferecer educação executiva de qualidade a seus colaboradores se mantém crescente, como complementa Cláudia Botelho.

"Temos parcerias com empresas de vários portes, públicas e privadas, que procuram a FDC para construir soluções educacionais alinhadas aos seus desafios estratégicos. Iniciamos a nossa parceria por meio da escuta, isto é, ouvimos não somente o RH, mas todos os *stakeholders* relacionados à demanda que se beneficiarão e contribuirão para que os resultados esperados sejam alcançados. Começamos assim, porque na FDC atuamos orientados pela premissa de "fazer com o cliente" e não "para o cliente".

Essa escuta tem um caráter de transformação, pois trata-se de um processo de diálogo que, à medida que evolui, permite, tanto à FDC como ao cliente, aumentar o nível de compreensão da organização e da demanda. Nesse diálogo, a FDC tem a oportunidade de aportar seus conhecimentos e experiências, contribuindo para o entendimento e construção da solução. O aumento do nível de consciência é o início da mudança.

Após essa etapa, coconstruimos a solução educacional com profissionais indicados pela organização, como o RH, lideranças ou representante de participantes. Aqui praticamos um outro princípio da FDC: aliar teoria e prática. Os aportes conceituais e metodologias devem contribuir para aumentar o repertório dos participantes para resolverem os problemas de sua prática.

Na entrega da solução, procuramos trazer para o processo de aprendizagem as situações do dia a dia, os problemas e projetos desafiantes, para discuti-los à luz de conceitos de ponta na área de gestão, utilizando metodologias específicas. Muitas vezes os executivos da empresa atuam como facilitadores da aprendizagem e recebem capacitação para exercer esse papel.

No sentido de sustentar o processo de aprendizagem e contribuir para que as transformações desejadas aconteçam, adotamos metodologias e mecanismos organizacionais de suporte, atuando no contexto organizacional, para que este se torne favorável à prática dos novos comportamentos desenvolvidos pelos participantes. Finalmente, avaliamos os resultados por meio de processos e dispositivos alinhados ao que foi contratado. A FDC tem o compromisso de gerar impacto para os indivíduos e as organizações".

---

[6] REIS, E. *A startup enxuta*: como empreendedores atuais utilizam a inovação contínua para criar empresas extremamente bem-sucedidas. São Paulo: Lua de Papel, 2012.

Inovação na Fundação Dom Cabral

Na estrutura organizacional da FDC, não existe uma área específica para atender a um mercado fortemente vinculado à inovação: as **startups**. Cabe mencionar, no entanto, que algumas *startups* são convidadas a participar de fóruns presenciais, mediados por professores da FDC. Nessas reuniões, representantes das *startups* e executivos ligados a comunidades de prática administradas pelos Núcleos de Pesquisa e Desenvolvimento compartilham experiências e estudam potenciais parcerias.

Em uma das entrevistas, emergiu a narrativa de Aldemir Drummond, vice-presidente executivo de Desenvolvimento de Executivos, Professores e Educação, que esclarece a relação da FDC com esse grupo de jovens empresas.

Startup
trata-se de uma nova empresa, criada e mantida por um grupo de empreendedores que buscam consolidar um modelo de negócio que seja sustentável e escalável trabalhando em condições de extrema incerteza. Em geral, estão fortemente vinculadas ao setor de tecnologia ou utilizam de forma intensiva recursos tecnológicos para ofertar soluções inovadoras a setores estabelecidos ou até mesmo para criar novos mercados e modelos de negócio.[6]

"Atualmente, a FDC tem por clientes indivíduos (executivos), médias empresas e grandes organizações. Devido ao tipo de programas que oferecemos, as *startups* não são nossas clientes diretas e sim parceiras em diversas iniciativas. Em Belo Horizonte, por exemplo, apoiamos a Orbi, que é uma aceleradora de *startups* mantida por empreendedores locais e grandes empresas como Banco Inter, Localiza e MRV Engenharia. Com frequência, a FDC é convidada a participar de eventos na Orbi e encaminha professores que ministram palestras, apresentam pílulas de conhecimento e promovem ações de desenvolvimento. Além disso, a FDC organiza encontros criativos entre *startups* e executivos. Isso acontece, por exemplo, no programa de Transformação Digital, em que várias *startups* têm participado como convidadas."

O posicionamento da FDC como escola de negócios que atua na educação corporativa em médias e grandes organizações é ser uma grande parceira na oferta de programas que estejam alinhados aos valores e demandas das empresas. Dessas parcerias emergem soluções muitas vezes customizadas, que se configuram como inovadoras no contexto das organizações em que são aplicadas.

Cláudia Botelho descreve como essa parceria ocorre:

"As escolas de negócios, as consultorias e os professores externos têm o papel de levar conteúdos e metodologias adequadas para os programas de desenvolvimento. Na minha visão, essa é uma parceria profícua que ventila o interno com o externo. Nesse sentido, escolas como a FDC são fornecedoras daquilo que não é conhecimento específico das organizações."

165

Na FDC, os gerentes de projeto são responsáveis por atuar de forma muito próxima das organizações privadas e do setor público na prospecção, desenho e gestão de projetos e soluções educacionais. Cabe a esse profissional entender quais são as demandas de desenvolvimento – que por vezes não estão muito claras nem mesmo para o grupo de profissionais responsáveis pela área de desenvolvimento na organização. O desafio abrange, para além disso, identificar o orçamento disponível para a criação das soluções customizadas, considerando as tendências do mercado no qual as instituições estão inseridas, entre outros aspectos.

Drummond destaca que hoje existe uma sofisticação maior nos tipos de demandas apresentadas pelas organizações. Isso se deve, entre outras coisas, à maior complexidade do ambiente de atuação das organizações, bem como ao fato de que vários gestores possuem uma sólida formação acadêmica (mestrado ou doutorado), o que resulta em maior exigência quanto à consistência da solução educacional a ser desenhada. Muitas vezes, o gerente de projetos convida um professor para participar da reunião com o cliente para, juntos, entenderem a demanda. Em uma próxima etapa, desenham a solução educacional em parceria, de maneira a atender às expectativas do cliente.

No âmbito do desenvolvimento individual, os programas de formação para executivos visam a apresentar temas atuais e tendências futuras, propor discussões profundas, provocar reflexões relevantes e estimular a adoção de novas práticas vinculadas à realidade dos executivos. O processo de desenvolvimento geralmente ajuda os executivos atendidos pela FDC a detectar necessidades das suas organizações e a vislumbrar ações a serem tomadas. Nesse sentido, emerge o papel fundamental da educação executiva para gerar consciência nos líderes sobre a necessidade de impulsionar ações de educação corporativa em suas organizações.

Aldemir Drummond explica que grande parte das escolas de negócios define seu portfólio de programas a partir dos temas que seus professores conhecem e pesquisam. Além de fazer isto, a FDC adota a prática de olhar para fora, ou seja, investe em pesquisas que relevam tendências de mercado, estilos de vida e demandas para uma liderança eficaz e com propósito. Dessa perspectiva, a FDC tem investido em novos programas que focam duas grandes áreas:

1. **Aprendizagem por toda a vida** – possibilita que o participante pense em sua formação como um processo que durará por toda a vida. Por isso, pode ingressar em programas presenciais e/ou on-line articulados entre si e voltados a demandas de aprendizagem que emergem em diferentes momentos da vida. Nessa linha, a Fundação está desenvolvendo programas voltados ao jovem profissional (que usualmente não é cliente direto da FDC), que ainda carece de conhecimentos técnicos e teóricos mais aprofundados e alinhados a experiências práticas na área de atuação. Também oferece programas para gestores que enfrentam os desafios da liderança organizacional, além de promover a participação em redes de ex-alunos, o envolvimento em comunidades de prática e até mesmo a possibilidade de ingressar em programas pós-carreira (destinados a executivos que estão prestes a se aposentar ou que já são aposentados).

2. **Design de carreira** – viabiliza uma jornada personalizada na qual o participante desenha, com o apoio de um facilitador, a trilha de aprendizagem a ser cursada com o apoio de uma plataforma digital, em um período de vários meses.

Esses novos programas vão ao encontro da visão de carreira proteana descrita por Cláudia Botelho, além de responder às demandas do mundo contemporâneo e à necessidade de aprender por toda a vida.

4.2 INOVAÇÃO NOS PROCESSOS DE EDUCAÇÃO CORPORATIVA DA FDC

A concepção de programas inovadores em diferentes frentes é resultado de ações sistematizadas e de vanguarda adotadas pela FDC para mapear tendências, identificar demandas e ofertar soluções educacionais compatíveis com as necessidades do mercado corporativo e executivo.

Nesta seção, descrevemos algumas iniciativas proeminentes que sustentam a cultura de inovação na FDC, explicamos de que forma programas como CEO Legacy têm promovido profundas reflexões, quebras de paradigmas e transformação, e mencionamos a adesão da Fundação em movimentos exploratórios, como propostos no **Jobs to be Done**,[7] ferramenta criada por **Clayton Christensen** que permite identificar as reais necessidades de clientes ao olhar para suas motivações.

Jobs to be Done
estrutura baseada na ideia de que sempre que os usuários "contratam" um produto, eles o fazem para um "trabalho" específico (ou seja, para alcançar um resultado específico); resulta em um conjunto de jobs que corresponde a uma lista abrangente de necessidades do usuário.

Apresentamos ainda espaços como a Xperience Room e o TREE Lab, espaços onde o executivo tem acesso a soluções tecnológicas de ponta e que propiciam a aprendizagem colaborativa e experiencial. Por fim, exploramos com mais profundidade o caso do Executive MBA, que reúne o processo de design, implementação e avaliação do programa.

4.2.1 O movimento CEO Legacy

Voltando o olhar para o futuro, em 2013, a FDC criou o movimento CEO Legacy, com o objetivo de mapear os desafios atuais e emergentes enfrentados por executivos de grandes empresas. O movimento começou com uma ampla revisão da literatura sobre gestão, questões de futuro e liderança. Uma pesquisa também foi realizada com as 20 melhores escolas de negócio do mundo segundo o Ranking de Educação Executiva do *Financial Times*. Além disso, foram entrevistados 158 CEOs, conselheiros, *headhunters*, empresários e profissionais de diferentes áreas e setores. Os resultados das pesquisas embasaram discussões de líderes organizacionais em encontros realizados a partir de 2014.[9]

Aldemir Drummond comenta a evolução dessa iniciativa inovadora nos últimos dois anos na FDC.

---

[7] WUNKER, S. Six steps to put Christensen's Jobs-to-be-Done theory into practice. *Forbes*, 7 fev. 2012.
[8] WUNKER, 2012.
[9] Ver mais a respeito em FUNDAÇÃO DOM CABRAL (FDC). Relatório anual. *DOM: a revista da Fundação Dom Cabral*. Nova Lima, v. 10, n. 29, p. 12, 24, mar./jul. 2016. Disponível em: <https://www.fdc.org.br/sobre-a-fdc-site/responsabilidade-social-site/Documents/relatorio_anual2016.pdf>. Acesso em: 27 abr. 2019.

"Hoje vejo como inovador na FDC que trabalhamos com uma nova abordagem de liderança. Essa visão considera que não é possível pensar somente em um líder ou empresa cujo objetivo seja exclusivamente alcançar bons resultados financeiros nos negócios. Esse tipo de organização e liderança terão cada vez menos espaço, pois é também sua responsabilidade olhar para a sociedade e pensar em maneiras de promover mudanças.

O CEO Legacy parte do pressuposto de que o legado de um líder deve focar o impacto social, ou seja, como transformar a sociedade. É uma iniciativa que contou com grande envolvimento do presidente executivo da FDC, Antonio Batista, que convidou pessoalmente vários presidentes de grandes organizações para participarem de encontros que ocorrem como parte de um ciclo anual. Nesses encontros, os executivos elegem um projeto de impacto social como foco dos trabalhos. Posso mencionar dois dos projetos realizados no ano passado: um na favela do Grajaú, na zona sul de São Paulo, sobre a inclusão pela educação, e outro que visa a criar uma governança social no município de Holambra, em São Paulo.

Recentemente, vários presidentes de empresa têm procurado o Antonio perguntando como podem participar da iniciativa do CEO Legacy. Isso demonstra que esses líderes compreendem que seu legado pode ter um impacto mais amplo."

Uma matéria publicada em janeiro de 2019, na revista *Época Negócios*,[10] traz uma descrição do programa CEO Legacy e apresenta a fala impactante de um executivo que atua no projeto do Grajaú:

> No Legacy, a agenda de aulas em Minas é apenas uma parte do curso, que gera outra agenda, dos vários encontros entre os colegas no fim de semana. Hoje um dos alunos mais engajados, Abdo Kassisse, diretor-geral da Faurecia Clean Mobility para o Mercosul, quase desistiu. Só não o fez por incentivo da mulher – familiares são bem-vindos às aulas. Membro do grupo do Grajaú, ele conta que aprendeu a contestar o RH para que um número maior de negros participasse dos processos seletivos da empresa, além de se interessar mais pelo tema da violência contra a mulher. Ele diz: "Mudei. E muito. Descobri que, com boa vontade, todos podem falar a mesma língua".

---

[10] BOCCIA, S. CEOs que querem mudar o mundo. *Época Negócios*, p. 7, 2019.

4.2.2 O TREE Lab

A FDC investe constantemente em inovação e reconhece que as novas tecnologias podem apoiar o processo de aprendizagem. Por isso, em 2017, inaugurou, no Campus Aloysio Faria, em Minas Gerais, o TREE Lab.[11] O laboratório foi chamado de TREE (árvore, em português) para representar o processo de aprendizagem que começa como uma semente, cresce e gera frutos do conhecimento.[12]

O ambiente, projetado em parceria com a IBM e a MRV Engenharia, é um espaço multifuncional que propicia a experimentação, a criação e a inovação ao possibilitar aos líderes que participam dos programas da Fundação acesso a soluções tecnológicas de ponta que enriquecem o processo de aprendizagem, conectando-os à aprendizagem artesanal que ocorre durante a elaboração de protótipos com a alta tecnologia.

A principal função do TREE Lab é ser um espaço utilizado para alcançar uma intencionalidade educacional prevista nos diversos programas ofertados pela FDC. A equipe da Gerência de Educação e Inovação da FDC orienta os professores na elaboração de atividades que permitam aos executivos utilizar os recursos tecnológicos para ampliar o potencial de construção de novos conhecimentos.

No laboratório, os executivos têm acesso a tecnologias de ponta, como o Watson – ferramenta de inteligência artificial (IA), mais especificamente de computação cognitiva, criada pela IBM para lidar com a análise de dados não estruturados. O Watson tem sido utilizado em atividades específicas dos programas para sanar dúvidas, apresentar informações e explorar tendências a partir da interação por voz.

A professora Marta Pimentel é coordenadora técnica do laboratório e conduz as atividades do TREE Lab Experience[13] – vivências preparadas para enriquecer a aprendizagem de líderes participantes de programas sobre transformação digital. As vivências articulam *roleplaying* e a fluência digital para explorar casos de gestão como:

- **caso de seleção cognitiva** – o participante assume o papel de um membro do comitê de gestão de pessoas de uma organização. Como parte de seu trabalho, deve selecionar um executivo sênior para atuar na empresa. Durante a vivência, os recursos do Watson apoiam os participantes na escolha do executivo a partir da consulta a relatórios e dados que ajudam na tomada de decisão.

---

[11] O leitor pode visualizar o espaço do TREE Lab por meio dos vídeos institucionais da FDC, disponíveis em: <https://www.youtube.com/watch?v=oWAwVVdbp1w> e <https://www.youtube.com/watch?v=9EHVFFNccu4>, além do vídeo preparado pela IBM para explicar a parceria com a Fundação, disponível em: <https://www.youtube.com/watch?v=6cYZaO5gfuQ>. Acesso em: 27 abr. 2019.

[12] A metáfora da árvore também é usada pelo fundador da FDC, Emerson de Almeida, ao abordar o tema da perenidade em seu livro *Plantando carvalhos* (Rio de Janeiro: Elsevier/Campus, 2011), aspecto que também influenciou a escolha do nome do laboratório. No livro, o autor apresenta sua perspectiva sobre o processo de construção FDC.

[13] FUNDAÇÃO DOM CABRAL (FDC). TREE Lab experience. FDC, [s.d.]. Disponível em: <https://hotsites.fdc.org.br/hotsites/mail/forumanual/hotsite/tree_lab.html>. Acesso em: 27 abr. 2019.

PARTE II Casos práticos

- **caso opções estratégicas digitais com inteligência ampliada** – o participante assume o papel de membro do comitê estratégico de uma organização. Seu desafio é propor soluções para a transformação digital da empresa onde atua. O uso da inteligência ampliada do Watson ajuda na criação das estratégias.
- **caso BEE with Us** – o participante vivencia e explora tecnologias de ponta (como Internet das Coisas e computação cognitiva). A BEE, avatar e assistente virtual do Watson, é usada em atividades interativas, ao responder a perguntas apresentadas pelos participantes e pelo facilitador da atividade.

Além disso, o professor que usa o laboratório para conduzir uma vivência ou aula pode organizar o mobiliário (mesas, cadeiras, sofás, poltronas, quadros brancos etc.) da forma que considerar adequada, uma vez que o design do TREE Lab prevê a flexibilização do ambiente para atender a múltiplos objetivos de aprendizagem.

4.2.3 Xperience Room

O Xperience Room[14] é uma sala de aula altamente tecnológica, projetada pela Steelcase, empresa americana centenária na produção de mobiliário para escritórios, escolas e hospitais, com o apoio de arquitetos, engenheiros, pedagogos e ergonomistas, que criaram o ambiente ideal para promover interação entre os participantes de programas da FDC. A sala-conceito, lançada em 2015 no Campus Aloysio Faria, em Minas Gerais, tem como objetivo promover a aprendizagem ativa na educação executiva com suporte tecnológico. A sala tem formato de X – o que muda a configuração da sala de aula tradicional em que o professor assume o papel de expositor de conteúdos. Essa disposição cria um ambiente capacitante que estimula a interação entre os participantes, organizados em grupos de oito pessoas.

Os professores e gerentes de projeto podem reservar a sala para acomodar aulas embasadas em metodologias ativas que demandem a cocriação. O uso do Xperience Room geralmente está vinculado ao uso de narrativas, *roleplaying* e apresentação de casos que visam a promover a tomada de decisão e a vivência de experiências colaborativas. Com apenas um tablet nas mãos, o professor[15] se posiciona no centro da sala e pode controlar vários aspectos da aula, que vão desde a iluminação desejada para momentos específicos, até a projeção em telas grandes dos conteúdos que preparou ou daqueles produzidos por grupos que acompanham a aula.

Presencialmente, a sala acomoda 48 pessoas que podem conectar-se a uma rápida rede de Wi-fi e interagir, em tempo real, com até 200 pessoas presentes em outras localidades. A sala dispõe de quadros interativos com duas câmeras embutidas que facilitam a comunicação de pessoas localizadas em diferentes espaços físicos. Além disso, o professor pode explorar recursos multimídia em lousas digitais e fazer anotações que também

---

[14] LAGUARDIA, H. Fundação Dom Cabral investe US$ 2 milhões em sala tecnológica. *O Tempo*, 6 fev. 2016. Disponível em: <https://www.otempo.com.br/interessa/tecnologia-e-games/fundação-dom-cabral-investe-us-2-milhões-em-sala-tecnológica-1.1227750>. Acesso em: 27 abr. 2019.

[15] KLINKE, A. A sala de aula do futuro já existe. *Valor Econômico*, Seção Blue Chip, 19 jan. 2016. Disponível em: <https://www.valor.com.br/cultura/blue-chip/4395812/sala-de-aula-do-futuro-ja-existe>. Acesso em: 27 abr. 2019.

podem ser acessadas nos computadores dos participantes. No final da aula, todo o material apresentado pelo professor ou pelos participantes pode ser salvo (na nuvem ou em um pen drive, por exemplo). Todas as mesas do Xperience Room possuem microfones que permitem a captação de áudio e o acompanhamento das discussões por pessoas que participam de forma remota.

4.2.4 O DECK Design

Para apoiar o processo de design, desenvolvimento e execução de soluções educacionais inovadoras, a FDC conta com uma Gerência de Inovação e Educação criada para atender a todos os gerentes de projeto e professores dos diversos programas da FDC.

As atribuições dessa gerência são:

1. ser um radar para identificar no mundo, de forma periódica, as tendências relacionadas às soluções educacionais, em termos de metodologias, tecnologias, estratégias, práticas e inovações adotadas na educação executiva e nas pesquisas acadêmicas;
2. atuar, em parceria com as áreas de mercado e marketing, na gestão do portfólio de produtos da FDC;
3. coordenar a área de tecnologias educacionais que apoia todos os programas na seleção e utilização de recursos tecnológicos;
4. apoiar os professores para que adotem tecnologias e metodologias compatíveis com o modelo educacional do curso ou programa;
5. criar dispositivos e recursos para apoiar os gerentes de projeto na construção de soluções educacionais.

Sobre a criação de dispositivos e ferramentas de apoio aos gerentes de projeto, Cláudia Botelho explica:

"Como a Fundação é plural na variedade em termos dos tipos de programas, o desafio de desenvolver as soluções educacionais também é plural. Temos programas como o mestrado, a especialização e o Executive MBA, que são programas de longa duração e seguem regulamentações específicas. Temos outros programas abertos de curta duração que abordam temáticas de gestão, são os programas de gestão geral, comum nas várias escolas de negócio, mas também aqueles que devem refletir as mudanças e inovações do mercado; estes precisam ser bem estruturados e exigem renovação constante. E, por fim, há ainda o grande desafio de responder às demandas das organizações que chegam todos os dias com desafios específicos, para os quais temos que criar soluções customizadas.

Para atender a todas essas demandas, criamos o DECK Design.

Começamos a observar no mercado e na academia um movimento de criação de metodologias ágeis para a solução de problemas, que, de modo geral, têm como premissas envolver, em um mesmo espaço e tempo, todos os atores que podem contribuir de forma relevante para a solução, com um método que faça as pessoas trabalharem juntas, em um contexto no qual a criatividade e a inovação estejam presente.

PARTE II Casos práticos

> O DECK Design possui *templates* que orientam a reflexão e os passos a serem seguidos, desde a análise da demanda até o desenho da solução educacional. No processo de construção, envolvemos professores, gerentes de projetos, cliente, profissionais da gerência de inovação e educação e outros fornecedores internos e externos. Nesse contexto, cada um aporta suas contribuições e conhecimentos específicos. Como resultado, além da solução educacional desenhada, promovemos a disseminação e o compartilhamento de conhecimentos. Assim, o gerente pode levar a inovação decorrente de nossas pesquisas direto para a ação."

Na visão de Cláudia Botelho, existem alguns aspectos intangíveis no processo de design de soluções educacionais inovadoras. São eles:

- **tempo da equipe** – a Fundação precisa alocar profissionais para realizar pesquisas, desenhar metodologias, testar tecnologias, projetar soluções, e isso tem um custo que precisa ser previsto;
- **incerteza** – nunca podemos garantir que uma solução educacional terá sucesso. Propor uma iniciativa como o CEO Legacy, por exemplo, representou vários riscos. O principal deles foi o fato de que os executivos deveriam dispor de tempo pessoal para participar de atividades como voluntários nos fins de semana;
- **mudança de paradigma por parte dos professores** – os professores precisam abraçar as inovações como parte fundamental de seu papel de educar em um mundo complexo e repleto de diversidade;
- **problemas mal definidos** – falta de clareza sobre qual problema deve ser resolvido pela solução educacional.

Por essa razão, para adotar ferramentas como o DECK Design, além das tecnologias disponíveis no TREE Lab ou metodologias experienciais utilizadas em programas como CEO Legacy, é preciso que tanto professores como gerentes de projetos sejam capacitados a assumir o papel de designers da experiência educacional.

Aldemir Drummond elucida que, por vários anos, a FDC não ofertava trilhas de desenvolvimento específicas para professores (que recebiam sua formação acadêmica e complementar na academia). Os gerentes de projeto, por outro lado, sempre tiveram a chance de cursar programas da própria Fundação – muitos deles recebem bolsa para cursar o Executive MBA, por exemplo, para que tenham uma visão mais ampla da gestão.

Entretanto, devido às inovações instauradas na instituição, ficou evidente a necessidade de criar trilhas de desenvolvimento específicas para os professores, os gerentes de projeto e outros grupos de colaboradores da instituição – ofertadas com a missão e os princípios da FDC.

4.2.5 O Executive MBA

O Executive MBA é um curso de pós-graduação clássico da FDC, uma vez que tem sido ofertado, com bastante sucesso, no modelo *blended*, há mais de 20 anos. É um dos programas mais conceituados da Fundação, contando em sua lista de ex-alunos com importantes executivos no cenário organizacional brasileiro.[16] É importante ressaltar que o Executive MBA da FDC é voltado para um público que já tem experiência relevante em cargos de gestão, o que o diferencia dos MBAs de outras instituições.

Em 2016, a FDC fez um grande investimento para que o Executive MBA passasse por uma completa revitalização. Esse processo durou aproximadamente um ano e contou com um trabalho minucioso de pesquisa, design, produção e avaliação da solução educacional desenhada.

O processo começou com um grupo multidisciplinar de professores e colaboradores da FDC que estudaram uma grande amostragem das avaliações de reação dos participantes de turmas anteriores do Executive MBA. A equipe também empreendeu um **benchmarking** profundo nas melhores escolas de negócios internacionais e com concorrentes locais, o que envolveu a análise da proposta de valor, os objetivos de aprendizagem, as metodologias adotadas, os formatos de entrega, as tecnologias de suporte ao processo de ensino-aprendizagem e o perfil do corpo docente, entre outros aspectos observados. Nesse processo, foram ouvidos diversos *stakeholders*: profissionais de RH que atuam em ambientes externos à FDC, executivos, participantes atuais do Executive MBA, participantes e *alumni* (ex-alunos), professores, outros colaboradores da FDC e pessoas externas à Fundação.

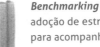

Benchmarking
adoção de estratégias do marketing para acompanhar produtos, processos e serviços de organizações (concorrentes ou não) que utilizam as melhores práticas em determinada área ou mercado.

Carla Adriana Arruda Vasseur, diretora de Programas MBA & Alumni Relations da FDC, conta que, em 2016, enquanto a equipe do Executive MBA liderada por ela fazia essa pesquisa, a FDC realizava o projeto Jobs to be Done, cujo objetivo era mapear o futuro da educação executiva e o perfil de líderes do século XXI. Nesse mesmo ano, a FDC sediou o evento Futurethon, um **hackaton** voltado para pensar o futuro, que contou com a participação de profissionais de diversas áreas, inclusive muitos externos que vieram a convite da Fundação.

Hackaton
do inglês *hack*, "quebrar", e *marathon*, "maratona", é uma maratona de programação na qual *hackers* se reúnem por horas, dias ou semanas, a fim de enfrentar desafios como desvendar códigos e sistemas, explorar dados abertos, discutir ideias e desenvolver projetos de software ou de hardware.

---

[16] Desde o início do Executive MBA, parte da carga horária das disciplinas é ofertada na modalidade a distância e outra parte é cursada presencialmente em encontros que ocorrem no Campus Aloysio Faria, em Nova Lima, Minas Gerais. A partir de 2019, o Executive MBA também passou a ser oferecido em São Paulo. Dados de 2018 apontam que 61% dos participantes atuam em cargos de gerência, 26% de diretoria, 7% de presidência e conselho e 5% outros cargos com funções gerenciais. Em termos demográficos, 74% dos participantes têm entre 30 e 40 anos, e 78% são homens, conforme *folder* do Executive MBA, disponível em: <https://www.fdc.org.br/pos-graduacao/executive-mba>. Acesso em: 27 abr. 2019.

A equipe analisou todos os dados para entender que aspectos inovadores poderiam ser incluídos no Executive MBA. Dessa forma, chegaram a uma proposta de valor bastante integrada para o curso, que se sustenta em quatro pilares: sociedade, indivíduo, organização e ambiente de negócios global.

Os pilares Sociedade, Ambiente de Negócios Global, Organização e Indivíduo visam ao desenvolvimento de líderes capazes de promover o crescimento sustentável das organizações em que atuam, enquanto inspiram e promovem a confiança na sociedade como um todo. Carla justifica a escolha desses quatro pilares:

"Em nosso *benchmarking*, vimos várias escolas de negócios do mundo ancoradas em pilares similares, mas, em vez de ancorarem em cada um dos quatro pilares, uma escolhia ancorar na 'sociedade' e na 'organização', enquanto outra na 'organização' e no 'indivíduo'. Cabe destacar que o pilar da 'organização' sempre está em todas as propostas de cursos do Executive MBA, pois visa a formar o indivíduo com foco em resultado, ou seja, entrega as ferramentas de gestão para que o executivo tenha uma performance melhor, desenvolve o pensamento crítico, a visão sistêmica e assim por diante. O pilar da organização está centrado nas características de formação de um programa de pós-graduação na área de gestão para executivos seniores. É nesse pilar que encontramos as disciplinas fundamentais do MBA: marketing, liderança, estratégia, finanças, dentre outras.

Mas queríamos ir além. Então pensei: Como dirigir um programa de formação de executivos com 19 meses de duração e não trabalhar a questão da sociedade? E como não querer que saiam desse programa verdadeiros 'embaixadores de confiança'? E, quando eu falo de confiança, não é autoconfiança. Isso os nossos participantes têm bastante. É muito além disso. Eu me refiro à confiança no sentido de desenvolver líderes cidadãos que tenham uma perspectiva humana e cívica ampliada. Líderes que no seu processo decisório considerem o todo e todos os *stakeholders*. Quando nos deparamos com a tragédia de Brumadinho, eu me pergunto: Lucro é importante? Com certeza é, mas o lucro nunca pode estar acima de tudo. Essa foi a grande preocupação ao trazer uma proposta de valor mais integrada de formação de líderes com propósito."

A proposta de valor do curso se mostrou bastante alinhada com a missão da FDC. O desafio, então, foi tornar essa visão tangível e factível.

Inicialmente, o projeto pedagógico do curso foi totalmente redesenhado. Várias disciplinas tradicionalmente consideradas essenciais para um MBA foram atualizadas para se adequarem à nova proposta de valor, enquanto outras foram substituídas por disciplinas consideradas fundamentais pela equipe gestora do programa.[17]

---

[17] As disciplinas que compõem atualmente o Executive MBA são: Ambientes e Cenários do Século XXI, Autoconhecimento e Desenvolvimento, Coaching, Comportamento Humano e Liderança, Confiança e Cidadania, Criatividade e Startup Thinking, Cultura e Mudança Organizacional, Digital Strategies & New Business Models, Estratégia Empresarial, Finanças Corporativas, Gestão Avançada de Organizações, Gestão de Marketing, Global Business Management, Humanidades e Gestão Contemporânea, Inovação e Criatividade, Inovação e Produtividade, Integrating Business, Jornada Colaborativa, Liderança e Desenvolvimento de Pessoas, Macroambiente: Uma Visão Estratégica, Macroeconomia: Uma Visão Conceitual, Metodologia do Projeto Aplicativo, Microeconomia para Gestão, O Legado da Liderança, Organizações: Sociologia Organizacional e Design, Propósito e Liderança Sustentável, Seminário Projeto, Simulação Empresarial, Sustentabilidade e Responsabilidade Social Corporativa.

Inovação na Fundação Dom Cabral

4

Para isso, foi necessário aumentar a carga horária do programa e incluir um módulo extra. Assim, os seis módulos do programa viraram sete, dois deles no formato de trilhas de conhecimento que podem ser cursadas segundo o interesse de cada participante. As trilhas são nomeadas como Criatividade & Startup Thinking, Gestão Avançada das Organizações, Global Business Management e Digital Strategies and New Business Models. Essas últimas duas são ofertadas em inglês, para proporcionar intercâmbios de alunos por meio de parcerias com escolas de negócios internacionais, favorecendo a internacionalização do programa e ampliando a rede de networking dos participantes, inclusive em âmbito internacional.

Nesse processo, os professores do Executive MBA foram convidados a reelaborar, com o apoio da direção do programa, da Gerência de Educação e Inovação e de professores convidados, as ementas das disciplinas ministradas, fazendo isso a partir de uma compreensão profunda dos resultados de aprendizagem delineados para cada uma delas e para o programa como um todo.

A diretora do Executive MBA explica que, no processo de criação, uma equipe multidisciplinar (composta por professores, colaboradores que atuam na Gerência de Educação e Inovação, equipe técnica, especialistas convidados, dentre outros) adotou a abordagem de DT para conceber as metodologias e os materiais para as disciplinas. A equipe participou de *workshops*, reuniões de criação e capacitação para uso de novas tecnologias e abordagens educacionais inovadoras.

Um grande esforço de toda a equipe nessa etapa foi a criação de ferramentas e a adoção de práticas que possibilitassem maior integração entre os momentos presenciais e on-line de cada disciplina do programa, uma vez que o Executive MBA é ofertado na modalidade *blended*. Os professores do on-line e do presencial aprenderam a trabalhar de forma articulada ao reconhecer que seguiam a mesma ementa e, como a disciplina é avaliada de forma única, embora cada professor tenha sua avaliação particular, ministram uma disciplina em que os momentos on-line e presenciais se complementam.

Elaborado por grupos de participantes ao longo do curso a partir de um tema considerado relevante e articulado às disciplinas cursadas, o Projeto Aplicativo foi incluído como parte essencial da proposta pedagógica, uma vez que foi desenvolvido tendo em vista a sua aplicação nas organizações em que os participantes atuam, na criação de um novo negócio ou em algum âmbito social. Dessa forma, pela cocriação, colaboração e interação, os participantes de cada grupo desenvolvem soluções para problemas reais que, de alguma forma, buscam também a perspectiva da sociedade.

Por fim, o Trabalho de Conclusão de Curso (TCC) no Executive MBA é feito no formato de **Portfólio de Realizações**. No decorrer do programa, os participantes fazem sete entregas nas quais expressam toda sua complexidade de pensamento, relatando o que estão aprendendo, como têm evoluído e se

Portfólio
consiste em uma coleção de artefatos acumulados que representam o que um aluno ou um grupo de alunos aprendeu ao longo do tempo. Pode incluir desde anotações de sala de aula, rascunhos e revisões de materiais e projetos até produções completas individuais ou coletivas, em formato físico ou digital. Constitui, assim, uma forma de avaliação autêntica, uma vez que são trabalhos representativos do desenvolvimento de competências e valores.[19]

175

PARTE II Casos práticos

transformado, e o que estão aplicando em seu dia a dia. A elaboração do portfólio é, portanto, uma coletânea das aprendizagens e principais avanços pelos quais o participante passa ao longo do percurso e deve ser feita de forma bastante reflexiva e crítica.

As entregas do portfólio são verificadas por professores portfolistas – em sua maioria, psicólogos que fazem uma análise da produção dos participantes para acompanhar seu desenvolvimento durante o programa, a cada entrega, apresentando um *feedback* por escrito. Em alguns casos, é necessário que conversem com os participantes para esclarecer dúvidas e aspectos que considerem relevantes. O objetivo não é atribuir uma nota, mas analisar o nível de esforço e dedicação do participante ao elaborar o portfólio. Nesse sentido, também cabe ao portfolista demonstrar ao executivo que a elaboração do portfólio é um aspecto importante de seu desenvolvimento.

Aliado a esse trabalho personalizado, o IBM Watson é adotado para análise dos conteúdos dos portfólios. Ou seja, além do aspecto humano, o Executive MBA está inovando ao trazer para o Portfólio de Realizações uma avaliação das habilidades adquiridas no decorrer do percurso de elaboração do portfólio, de forma diagnóstica, processual e de resultados, por meio da utilização da inteligência artificial IBM Watson.

Como isso funciona? Vejamos o relato de Carla Adriana Arruda Vasseur:

"Alimentamos o Watson com várias informações que nos ajudam a fazer uma análise diagnóstica da evolução do participante em quatro perspectivas: seu perfil socioemocional, seu perfil de liderança, seu domínio das competências para o trabalho e seu domínio da competência cognitiva, baseados na **taxonomia de Bloom**.

Então, por exemplo, no caso do perfil de liderança, nos baseamos nos quatro pilares do programa (a proposta de valor). Para tal, fizemos uma ampla pesquisa com os participantes do Executive MBA, *alumni*, professores da área de Liderança e outras pessoas, na qual pedimos que apresentassem exemplos de líderes relacionados aos quatro pilares. Em seguida, alimentamos o Watson com essas informações. Por exemplo, falamos sobre líder visionário e emergiram 20 nomes; então, incluímos vários textos sobre esses 20 líderes visionários nessa categoria. Além disso, alimentamos o Watson com textos que definem melhor o que são os pilares do Executive MBA, com materiais sobre as competências do século XXI e a taxonomia de Bloom."

A base de informações oferecida para análise da IA é o texto de ingresso do aluno no Executive MBA, no qual ele relata sua trajetória profissional, justifica sua inscrição e apresenta suas expectativas com o programa. Além disso, são utilizadas quatro versões do Portfólio de Realizações em que o aluno sintetiza e reflete sobre sua aprendizagem e descreve a aplicação do conhecimento adquirido ao longo do programa.

---

[18] FILATRO, A. *Design instrucional na prática.* São Paulo: Pearson, 2008a.

Com todos esses dados, o Watson faz uma análise das publicações do participante em quatro das sete entregas do Portfólio de Realizações e gera *"assessments"* (relatórios avaliativos) que demonstram as aprendizagens e as mudanças no discurso do executivo no decorrer do programa. O participante pode ler, analisar e discutir com o professor portfolista o relatório gerado pelo Watson.

Recebidos os dados, os participantes reforçam suas reflexões acerca dos pontos de desenvolvimento ainda existentes e os conectam com a produção do portfólio. Ao longo das semanas presenciais, por meio de dinâmicas estruturadas em determinados momentos do módulo, o participante tem a oportunidade de compartilhar com os demais seus desafios, e o processo por meio do qual tem construído seu portfólio e de que maneira esse processo é um instrumento legítimo em suas reflexões e transformações.

Carla Adriana Arruda Vasseur explica que a avaliação do desenvolvimento do líder que articula a dimensão humana associada a recursos tecnológicos sofisticados é uma inovação que demanda cuidados e investimentos:

"É muito importante destacar que esse é um processo em construção, porque precisamos alimentar o Watson constantemente. No início do processo, entendíamos que os *assessments* entregues pelo Watson deixavam muito a desejar em termos de didática e linguagem e, por isso, passamos por uma revisão bastante metódica de todo o processo, envolvendo profissionais de linguística, psicólogos, estatísticos e educadores, para que pudéssemos chegar a um relatório relevante para o desenvolvimento do participante. Hoje já estamos mais satisfeitos, mas ainda achamos que há muito a ser construído. Contratamos uma educadora que está fazendo um trabalho detalhado de 'alimentar' o Watson com tudo aquilo que acreditamos que trará bons resultados para o programa e para o participante. Ela tem despendido muitas horas para fazer isso porque para nós é muito importante que esses *assessments* sejam o mais próximo da realidade possível. Além disso, precisamos garantir que a máquina é 'treinada' para evitar vieses, preconceitos ou visões limitadas da realidade. O Watson é um '*work in progress*': quanto mais você o alimenta, mais preparado ele está para gerar os relatórios."

A diretora do programa destaca que o participante do Executive MBA também passa por um processo de *coaching*, com vistas a alcançar o objetivo de desenvolver líderes inspiradores e que se conheçam melhor. A inovação está no fato de o *coaching* ser realizado em grupos, ou seja, pessoas que passam por desafios semelhantes em determinada fase da vida têm a oportunidade de compartilhar experiências e resolver conflitos de forma coletiva, tanto presencialmente como virtualmente, em encontros on-line.

Durante a execução do programa, os professores assumem um papel central ao orquestrar todos os aspectos que compõem o desenho do Executive MBA: a proposta de valor, os objetivos de aprendizagem, o currículo, a articulação de momentos presenciais e on-line, o uso de tecnologias, as interações, dentre tantos outros aspectos. Carla explica:

"É um programa que faz a conexão entre teoria e prática – e essa prática vem de profissionais que atuam no mercado. Por isso, o papel do professor é muito importante. É ele quem deve tornar a nossa proposta de valor tangível. O projeto pedagógico foi elaborado, mas o professor faz essa entrega. Nosso papel é oferecer recursos para ele inovar na metodologia, nas experiências e nos formatos."

No sétimo módulo do Executive MBA, os líderes são desafiados a refletir sobre tudo o que viram e aprenderam no programa e a responder à seguinte pergunta: "Quero apenas melhorar a minha performance e a performance da minha empresa ou quero fazer isso enquanto olho para o progresso da sociedade e da nação?". Em disciplinas como Integrating Business e O Legado da Liderança, os participantes são convidados a fazer essa reflexão e a entender qual legado realmente podem e querem deixar para o mundo.

O testemunho de Carla reflete os resultados obtidos no programa:

"No final do programa esse pessoal está desenvolvendo projetos sociais, fazendo doações, participando de ações de impacto social... o programa realmente mexe muito com a cabeça desses líderes... E essa é exatamente a nossa expectativa [...]

Os participantes do programa falam tanto que o Executive MBA é transformador que ficamos na dúvida sobre o que isso realmente significa. Um dia gostaríamos de ter um índice que medisse se os objetivos de aprendizagem estabelecidos pelos próprios participantes no início do Executive MBA foram atingidos ao final. Acreditamos que a IA pode nos ajudar a alcançar esse objetivo, e já estamos trabalhando para chegar lá."

Net Promoter Score (NPS)
escala métrica usada por organizações de vários portes para medir o nível de lealdade e satisfação dos clientes com as empresas a partir de pesquisas realizadas periodicamente.

Para a diretora do programa, tudo indica que os investimentos realizados na revitalização do Executive MBA surtiram efeitos positivos não apenas na vida dos participantes, mas também na própria sustentabilidade do programa. Embora seja cedo para afirmar que resultados positivos decorrem exclusiva ou diretamente do processo de revitalização, em 2018 o número de participantes cresceu 25%, e 70% dos novos participantes procuram o programa por recomendação de um executivo participante ou ex-aluno. Além disso, seguindo os índices anteriores que já eram bastante altos, o **Net Promoter Score (NPS)** do Executive MBA é de 86%.

"O fato é que, a cada turma, o perfil está mais diferente, preocupado efetivamente com questões sociais e de propósito. Isso é muito bacana. Quem vem para cá querendo apenas as ferramentas de gestão para melhorar a performance de suas organizações e suas carreiras se surpreende com a formação integral do líder. Há quem já venha com essa perspectiva transformacional, e isso é um sinal da reputação que o programa está construindo para si. Isso é considerado excelência."

4.3 O DI 4.0 NA FDC

Para quem tem um olhar técnico, é quase imediato reconhecer nos programas da FDC as inovações descritas nos capítulos anteriores deste livro, tanto em termos da adoção de metodologias inov-ativas (ativas, ágeis, imersivas e analíticas) como do processo de construção de soluções educacionais de forma inovadora (basicamente, um DI centrado nas pessoas).

Evidentemente, a FDC avança no aperfeiçoamento de suas ofertas a despeito de uma ou outra teoria aqui citada, uma vez que tem robustez suficiente para criar sua própria abordagem de design para a educação e sua própria metodologia de ensino-aprendizagem.

Nesta seção, tomamos a liberdade, então, de aclarar para o leitor a ligação entre as iniciativas da FDC e os princípios de inovação na educação corporativa aqui discutidos.

4.3.1 Metodologias inov-ativas na FDC

Quando percorremos a descrição dos projetos inovadores desenvolvidos pela FDC nos últimos anos, saltam aos olhos várias aplicações das metodologias inov-ativas discutidas no Capítulo 2.

No caso das metodologias (cri)ativas, o protagonismo discente está declarado já nos princípios que embasam a atuação da Fundação, com a valorização da pessoa pelo acolhimento e construção conjunta e a autonomia embasada no mérito e na liberdade de escolha, mas também se faz presente nas duas grandes áreas que orientam a construção do portfólio: a aprendizagem por toda a vida e o design de carreira. Além disso, o envolvimento pessoal dos líderes em programas como o CEO Legacy e demonstram como esse princípio das metodologias (cri)ativas se concretiza na prática, mesmo para executivos com sólida formação e alto desempenho.

No Xperience Room, grupos de participantes em aulas presenciais ou remotas assumem o protagonismo no compartilhamento de informações, no desenvolvimento de projetos e na cocriação de soluções. Nesse contexto, o professor age como um maestro que rege as ações coordenadas, visando a alcançar objetivos de aprendizagem preestabelecidos.

Vemos a colaboração nos fóruns presenciais, mediados por professores da FDC, que reúnem representantes de *startups* e executivos ligados a comunidades de prática, e o binômio ação-reflexão se concretiza nas oportunidades de alinhar as experiências práticas na área de atuação dos participantes aos conhecimentos técnicos e teóricos discutidos nos diferentes programas oferecidos. Particularmente, o CEO Legacy deixa claro

PARTE II Casos práticos

quão valorizado é esse binômio na proposta da FDC, ao levar os executivos a refletirem sobre seus valores e o legado que querem deixar, de forma a alinhar tudo isso em suas práticas de liderança.

Quanto às metodologias ágeis, conforme os relatos dos entrevistados, a oferta de cursos de curta duração sinaliza uma tendência a flexibilizar a aprendizagem, ou seja, fragmentar e componentizar a aprendizagem para adequar-se às necessidades dos envolvidos. Também se observa o uso de metodologias ágeis na criação e utilização do DECK Design, baseado na metodologia e ferramentas do DT, como estratégia comum para o desenho de soluções educacionais.

Evidentemente, o TREE Lab é um palco de excelência para o exercício das metodologias imersivas, com o engajamento e a diversão assegurados por tecnologias imersivas que propiciam o envolvimento dos participantes em experiências de aprendizagem dinâmicas e interativas. Juntas, a realidade virtual e aumentada, a Internet das Coisas e a gamificação propiciam a vivência de desafios simulados que estimulam o desejado estado de fluxo e concentração.

O que nos chama muito a atenção é o emprego avançado das metodologias analíticas. A utilização do IBM Watson, em combinação com a análise criteriosa de portfolistas humanos, é um exemplo claro de como a inteligência humano-computacional pode ser colocada em prática para ir além do monitoramento quantitativo, possibilitando o acompanhamento qualitativo e individualizado dos aprendizes ao longo de um programa de estudos. A articulação entre inteligência humana e tecnologia também ajuda na tomada de decisão com inteligência aumentada a partir das análises de dados produzidas pelo Watson.

De igual modo, as trilhas de conhecimento no Executive MBA demonstram claramente como é viável flexibilizar a oferta de caminhos alternativos mesmo em programas com menor número de participantes.

4.3.2 O DI centrado nas pessoas na FDC

Quando pensamos no DI centrado nas pessoas e analisamos o contexto de inovações na FDC, o Portfolio de Realizações do Executive MBA é um exemplo primoroso de como viabilizar o DI baseado em realizações discutido no Capítulo 3.

Essa forma de avaliação da aprendizagem, no contexto do Executive MBA, ganha *status* superior ao contemplar o registro de entregas intermediárias de cada aprendiz e submetê-las a uma avaliação comparada com critérios de maestria, no caso específico, relacionados a tipos de liderança a serem desenvolvidos (com propósito, visionária, com foco em resultados e inspiradora).

O apoio para a realização das tarefas se desdobra em novos papéis docentes – o participante é beneficiado pela *expertise* do professor que conduz as aulas presenciais das disciplinas, do professor que modera as atividades no ambiente virtual de aprendizagem e do portfolista que analisa a produção discente e interage com os participantes para discutir sua evolução.

A tecnologia também assume novas funções, provendo um ambiente de aprendizagem complementar ao presencial e auxiliando os executivos e a equipe docente a entender e a corrigir lacunas e avanços no processo de desenvolvimento.

Inovação na Fundação Dom Cabral

No que tange especificamente às práticas de design, podemos notar, no processo de revitalização do Executive MBA, a clara adoção dos processos de DI e de DT para compreender o problema educacional (ou seja, a necessidade de inovação), projetar uma solução (a partir de pesquisas, debates e sessões de DT) e implementar a solução projetada (o Executive MBA revitalizado, com currículo expandido em novos módulos e disciplinas, reestruturado em trilhas de conhecimento, contemplando ainda a internacionalização).

Mesmo não utilizando a terminologia "design instrucional" para descrever o processo de construção e aperfeiçoamento de soluções educacionais, o "gerente de projetos" desempenha, entre outras atribuições, algumas atividades tradicionalmente relacionadas ao perfil do designer instrucional. Particularmente, podemos mencionar as atividades de análise, montagem, orçamentação, elaboração de propostas e implementação de projetos, junto a clientes e potenciais clientes, considerando toda a oferta de soluções educacionais da FDC; o planejamento, a negociação e a gestão de todos os recursos e apoios necessários para a realização do projeto; bem como a coconstrução da solução educacional e seu respectivo conteúdo com professores e clientes, referenciando-se no portfólio de soluções educacionais, visando à melhor solução para o desafio do negócio.

A despeito da incontestável *expertise* dos professores responsáveis pelas disciplinas, cujo peso tende a favorecer a adoção de um modelo de DI aberto, as entrevistas indicam um movimento institucional por integrar em uma metodologia de trabalho comum as ações das várias partes interessadas. Nesse sentido, o DECK Design materializa o propósito de reunir as competências de várias disciplinas e atores para o planejamento e design integrado de cursos e programas.

O Quadro 4.2 faz um resumo dos pontos discutidos nesta seção, esclarecendo ao leitor como os princípios reunidos sob o guarda-chuva do DI 4.0 podem ser encontrados em uma prática de excelência voltada à educação executiva.

PARTE II Casos práticos

Quadro 4.2 Resumo do DI 4.0 nos programas da FDC

Caraterísticas do DI 4.0	Princípios essenciais	Adoção na FDC
Metodologias ativas (Capítulo 2)	• Aprendizagem ativa e colaborativa: – protagonismo do participante – colaboração – ação-reflexão	• Atividades on-line e presencial • Portfólio de Realizações • *Coaching* coletivo • Interações e coproduções que ocorrem no Xperience Room • Atividades do CEO Legacy
Metodologias ágeis (Capítulo 2)	• Experiencial e imersiva: – economia da atenção – microtudo – mobilidade tecnológica e conexão	• Conteúdos no AVA • Atividades on-line • Atividades propostas no programa TREE Lab Experience • Uso do DECK Design
Metodologias imersivas (Capítulo 2)	• Microaprendizagem e *just-in-time learning*: – engajamento de diversão – experiência de aprendizagem – tecnologias imersivas	• Projeto Aplicativo • Atividades do programa TREE Lab Experience
Metodologias analíticas (Capítulo 2)	• Adaptativa e personalizada – analítica da aprendizagem – adaptação/personalização – inteligência humano--computacional	• Trilhas de conhecimento • Atividades on-line • *Assessments* do Watson para as entregas do Portfólio de Realizações • Atividades do programa TREE Lab Experience
DI centrado nas pessoas (Capítulo 3)	• DI baseado em realizações individuais • DI baseado em tarefas (ou atividades) • DI personalizado	• Portfolio de Realizações • IBM Watson • Ambiente virtual de aprendizagem
Novos papéis para professores, alunos e tecnologias (Capítulos 3 e 4)	• Professor como codesigner, facilitador e mentor • Participantes com uma postura ativa e autodirigida • Tecnologia para planejamento, para instrução, de e para avaliação, para registro	• Docência distribuída entre o professor presencial, o professor virtual e o portfolista • Participantes com poder de personalizar percursos a partir de trilhas de conhecimento predefinidas • Ambiente virtual de aprendizagem
Integração entre práticas de DI e DT (Capítulo 4)	• Compreender o problema • Projetar uma solução • Desenvolver a solução • Implementar a solução	• Trabalho colaborativo • Sessões de DT • DECK Design

Fonte: elaborado pelas autoras.

182

UMA PALAVRA FINAL SOBRE INOVAÇÃO NA FDC

Das muitas boas práticas em inovação da educação corporativa que a FDC nos permitiu conhecer neste capítulo, combinando grande esforço institucional para continuamente inovar e renovar-se como escola de negócios e recursos tecnológicos de ponta, o que mais nos inspira é a visão integrada dos quatro pilares da proposta de valor do Executive MBA – sociedade, ambiente de negócios global, organização e indivíduo – que visam ao desenvolvimento individual de líderes capazes de promover o crescimento sustentável das organizações nas quais atuam, cultivar uma visão de negócios global e, ao mesmo tempo, inspirar e promover a confiança na sociedade como um todo.

Ao refletir sobre as características dos modelos de design emergente que discutimos no Capítulo 2, podemos perceber, no Executive MBA da FDC, que é totalmente viável praticar um pensamento integrativo, em um processo de sinergia orientado a propósito, com uma postura de *accountability* e cocriação consciente.

O cuidado em aceitar a complexidade e a incerteza, com a responsabilidade de desenvolver nas pessoas uma visão holística e calcada na prática, é uma grande lição para todos nós que vemos na educação o caminho mais promissor para a felicidade das pessoas, das organizações e das nações.

CAPÍTULO 5
INOVAÇÃO NA UNIVERSIDADE PETROBRAS

– com Delmir Peixoto de Azevedo Junior

Em 2003, ingressei na Petrobras e tive o primeiro contato com a educação corporativa da companhia no programa de formação de novos empregados. Ao longo de 10 meses, além dos conhecimentos técnicos adquiridos, pude observar e compreender a relevância da educação corporativa e me interessar pela atuação na área.

Como já possuía experiência pregressa como professor universitário em educação presencial e a distância, tive a oportunidade de me efetivar no quadro da universidade corporativa. Atuei inicialmente na gerência responsável pelo desenvolvimento de cursos na modalidade da educação a distância (EAD), quando comecei a me especializar em design instrucional (DI) e atuar no gerenciamento de projetos de produção de conteúdos educacionais.

Após dois anos de atuação exclusiva com EAD, mudei de gerência e passei a atuar de forma mais ampla na orientação didática para cursos oferecidos pela escola de engenharia e tecnologia existente na época. Nesse papel, minha função era compreender as necessidades de capacitação da área de tecnologia da informação e comunicação, auxiliar na concepção dos programas de capacitação, planejar, controlar e avaliar a realização desses programas. Foram 10 anos atuando nessa função, tendo passado por vários momentos da companhia – de expansão, de retração, de equilíbrio –, mas sempre colaborando para que a educação corporativa pudesse dar sua melhor contribuição à companhia nos diversos cenários.

Ao longo desse período como orientador didático, também passei a integrar o quadro de professores que atuam na formação dos instrutores da companhia, ministrando cursos de planejamento educacional, DI e tecnologias educacionais, uma experiência muito enriquecedora pela diversidade de profissionais que passam pelo programa: engenheiros, geólogos, psicólogos, médicos, administradores e mais uma infinidade de especialistas que se preparam para ser multiplicadores e instrutores em ações educacionais promovidas pela companhia. Passei a ter uma visão mais abrangente das variadas necessidades de capacitação, das possibilidades de atendimento, das restrições e dificuldades, considerando os variados contextos de atuação dos profissionais: plataformas, refinarias, centros de pesquisa e vários outros.

Há três anos, percebendo maiores restrições ao ensino presencial e ao mesmo tempo uma crescente demanda por desenvolvimento de novas competências, propus a criação do Laboratório de Didática (LABDI), um projeto que visa à excelência do ensino por meio do uso intensivo de novas metodologias e tecnologias educacionais. Neste capítulo, apresento uma consolidação do olhar sobre esses 15 anos de atuação da educação corporativa Petrobras, destacando o aspecto da inovação em nossos processos e ações educacionais e mergulhando na atuação do LABDI da Universidade Petrobras (UP).

Delmir Peixoto de Azevedo Junior

ROTEIRO

Neste capítulo, apresentamos a UP como exemplo de educação corporativa inovadora. Inicialmente, destacamos a missão, as atribuições e os princípios que regem as práticas da UP, bem como sua estrutura funcional, os produtos oferecidos, o perfil dos colaboradores atendidos e a visão de ensino-aprendizagem adotada em vários dos programas oferecidos.

Em seguida, descrevemos algumas inovações implementadas, salientando como a UP alinha o escopo de seus projetos com as diretrizes estratégicas da companhia nos vários programas ofertados; explicamos como se dá a oferta de programas de desenvolvimento organizacional pelas Academias Técnica e de Gestão e Liderança da UP; e buscamos delimitar aspectos intangíveis relacionados à geração de inovações na UP e o que representam para a instituição em termos de resultados, custos e prazos.

Por fim, apresentamos o caso específico do Laboratório Didático, criado em 2016, com o objetivo de tornar as ações educacionais da UP mais acessíveis e efetivas por meio de inovações em metodologias e tecnologias educacionais.

Navegue pelo conteúdo deste capítulo para conhecer a filosofia e a prática de inovação na UP.

Nosso roteiro será:
5.1 Apresentação geral da UP
5.2 Contexto de aprendizagem na educação corporativa da Petrobras
    5.2.1 O papel do orientador didático
    5.2.2 O papel do docente
5.3 A transformação digital no setor de Óleo & Gás e seu impacto nas competências requeridas
5.4 Inovação nos processos de educação corporativa da UP
    5.4.1 Laboratório de Didática (LABDI)
        5.4.1.1 Processo de planejamento e produção de ações de desenvolvimento com o apoio do LABDI
5.5 Programa de inovação e transformação digital na educação corporativa
5.6 O DI 4.0 na UP
    5.6.1 Metodologias inov-ativas na UP
    5.6.2 O DI centrado nas pessoas na UP

Inovação na Universidade Petrobras 5

5.1 APRESENTAÇÃO GERAL DA UP

A educação corporativa na Petrobrás existe desde os primórdios da companhia, na década de 1950. A empresa foi constituída em 1954, e já em 1955 foi criado em sua estrutura o Centro Nacional de Aperfeiçoamento e Pesquisa de Petróleo (CENAP), com o objetivo de preparar técnicos para as operações da companhia e criar um corpo docente brasileiro especializado. Ao longo da história da companhia, a atividade de desenvolvimento de recursos humanos (DRH) foi evoluindo e se adaptando a cada novo desafio, ocupando, sob diferentes nomes, novas posições na estrutura funcional até chegar à atual UP, criada em 2005 e sediada no Rio de Janeiro.

A UP atua no desenvolvimento de pessoas para o alcance das metas de negócio e preservação da capacidade técnica única e de gestão da companhia. Sua missão é

> gerir o desenvolvimento dos empregados, focado nas competências críticas, através de soluções educacionais desenvolvidas interna e externamente visando o atendimento às estratégias da organização e voltada para os Resultados do Negócio, de acordo com a Política de Recursos Humanos, no âmbito do Sistema Petrobras.[1]

É interessante observar o papel essencial da educação corporativa em assegurar a inovação da qual depende a companhia para sobreviver no competitivo mercado de Óleo & Gás, como coloca Hermes Gomes Filho, Diretor da UP no período de 2017 a 2019.

"A universidade prepara a companhia para capacitação em novas alavancas de geração de valor, diferentes das atuais. Hoje temos um foco bem definido na força motriz de geração de valor, concentrada na exploração e produção do pré-sal, para atuar e operar competitivamente o parque de refino. Mas o cenário externo aponta para negócios mais atrativos no futuro. Então, a inovação precisa começar por aí, ou seja, identificar essas novas alavancas de valor e desenvolver a capacitação dos empregados da companhia. Inovar é preparar a nossa força de trabalho para a atuação em fontes de geração de valor que hoje não são a força motriz. É claro que o orgânico da força motriz também precisa entrar; agora o que é inovador é isso: novos negócios."

Quanto às suas atribuições, a UP deve:

1. garantir implantação das diretrizes de DRH, viabilizando mecanismos para o atendimento das necessidades dos empregados, no país e no exterior, de forma customizada às demandas do negócio e com trilhas e planos de desenvolvimento aderentes aos objetivos estratégicos da companhia;
2. gerir trilhas de desenvolvimento e carteira de soluções educacionais, oferecendo cursos de formação e ações de aprendizagem de educação continuada customizadas, disponibilizadas presencialmente ou por EAD, com uso intensivo de tecnologia educacional;

---
[1] Documentação interna UP.

187

3. garantir a implantação metodologia de identificação de empregados que detenham conhecimentos críticos para os negócios da companhia, sustentando o processo de desenvolvimento de soluções educacionais da Petrobras;
4. realizar ações de incentivo à produção e publicação de trabalhos técnicos, livros, materiais didáticos, periódicos e docência, permitindo a disseminação de conhecimento e desenvolvimento de competências no âmbito da Petrobras;
5. disponibilizar a prestação de serviço técnico-educacional especializado para todo o Sistema Petrobras, contribuindo para o aprimoramento dos resultados de processos e projetos das unidades atendidas;
6. gerir o processo de participação de empregados da Petrobras em eventos ofertados por entidades externas e cursos de idiomas estrangeiros.
7. garantir a realização de parcerias com intuições externas, nacionais ou internacionais, de forma a atender as necessidades de qualificação de líderes e empregados.

Para que as ações de capacitação estejam alinhadas às necessidades de negócio da companhia, a UP realiza o desdobramento estratégico da educação corporativa a partir do Plano Estratégico e do Plano de Negócios (PE-PNG), definindo e validando anualmente com a diretoria o plano da educação corporativa da companhia. Esse processo é ilustrado pela Figura 5.1.

Figura 5.1 Estruturação do desdobramento estratégico da educação corporativa

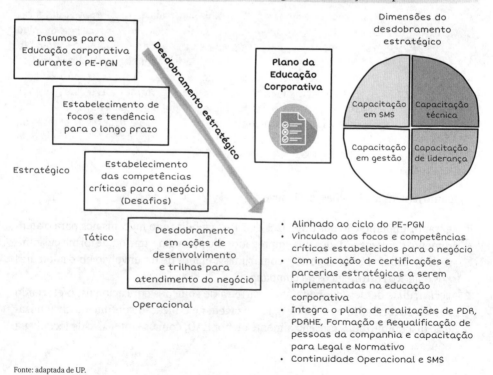

Fonte: adaptada de UP.

O desdobramento estratégico em ações de desenvolvimento e trilhas é coordenado pela UP no fórum dos comitês técnicos educacionais (ou comitês funcionais por área de conhecimento), composto por representantes das áreas da companhia que apresentam necessidades de desenvolvimento em detalhes, conforme esclarece Luiz Carlos Veiga de Oliveira, gerente setorial da Academia Técnica.

"O planejamento estratégico é apresentado de maneira bastante resumida para nós da UP. Por trás, tem muito conceito trabalhado por várias equipes em diversas áreas da companhia. Como precisamos de um detalhamento, de um desdobramento, a gente vai em cada área e pergunta quais são as metas para esse ano. Vamos checar nas nossas capacitações o que existe e o que precisa ser feito – e isso acontece dentro do escopo do Comitê Funcional."

O desdobramento estratégico com a participação dos comitês resulta então em um conjunto de ações para desenvolver competências, como capacitações, tutorias, mentorias, entre outras, e na definição de trilhas de desenvolvimento para determinadas competências. As trilhas são conjuntos de ações de desenvolvimento, em variados formatos, que juntas atuam no aperfeiçoamento da competência mapeada.

O Portfólio de Ações de Desenvolvimento oferecidas pela UP busca atender as necessidades de curto, médio e longo prazo. É importante pensar no futuro, trazendo e desenvolvendo conhecimento de ponta, mas também é preciso ter ações que garantam a continuidade operacional do que está em andamento.

A UP atua na formação inicial dos profissionais admitidos e na formação continuada de todos os profissionais da companhia.

No programa de formação inicial, os novos empregados recebem um complemento à formação básica do mercado com os conhecimentos específicos necessários ao início da atuação na companhia. Os programas possuem duração variada para cada cargo – em alguns casos, quando a formação básica oferecida pelo mercado precisa ser complementada, como no caso de geólogos e engenheiros de petróleo, a capacitação chega a durar 10 meses.

Na formação continuada dos empregados já atuantes nas áreas, a UP oferece um portfólio de ações e trilhas focadas no desenvolvimento de competências críticas para o negócio.

A cada ano, visando a priorizar as ofertas de capacitação alinhadas às necessidades atuais do negócio, a UP privilegia uma cartela de capacitações a ser ofertada à companhia, conforme apresenta a Figura 5.2.

Figura 5.2 Processo de desenvolvimento de recursos humanos na Petrobras

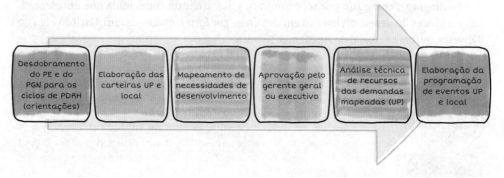

Fonte: adaptada de UP.

A UP possui um portfólio total de cerca de seis mil ações de desenvolvimento, organizadas em 65 áreas de conhecimento. Para o planejamento de realizações em 2019 e 2020, foram disponibilizadas 1.867 ações em 15 modalidades, como mostra o Quadro 5.1.

Quadro 5.1 Panorama geral do portfólio de programas ofertados pela UP

Modalidade	Estimativa 2019/2020
Presencial	1.370
EAD autoinstrucional	203
Transmissão de evento presencial	203
Treinamento externo	30
Outros	24
Cursos híbridos (compostos de mais de uma modalidade)	11
Conclaves (seminários, fóruns etc.)	9
EAD com professor	8
TLT (treinamento no local de trabalho)	7
Simuladores e jogos	2

Fonte: UP.

Para esse ciclo, foram planejadas 344 mil demandas, distribuídas conforme mostra o Quadro 5.2.

Quadro 5.2 Demandas planejadas para o ciclo 2019/2020

Tipo de Demanda	Estimativa 2019/2020
Ações negociadas entre gestores e empregados	241.000
Treinamentos legais e normativos	63.000
Liderança	40.000

Fonte: UP.

A composição das carteiras de capacitações é conduzida por duas academias, a **Academia de Gestão e Liderança**, que cuida do desenvolvimento dos programas corporativos de gestão e liderança, e a **Academia Técnica**, especializada nas áreas de negócio da companhia, como Exploração e Produção, Refino e Gás Natural, Engenharias, entre outras. As academias são responsáveis pela criação dos programas e das ações de desenvolvimento e contam com o suporte de outras áreas transversais no provimento dos recursos educacionais necessários, como suporte metodológico e tecnológico, bem como na realização dos processos de secretaria acadêmica, planejamento, realização e controle dos ciclos anuais de capacitação.

5.2 CONTEXTO DE APRENDIZAGEM NA EDUCAÇÃO CORPORATIVA DA PETROBRAS

A Petrobras está geograficamente distribuída por todo o país e também fora dele. Os empregados atuam em ambientes como plataformas, refinarias, instalações em campos e navios, entre outros, o que gera um contexto de aprendizagem muito heterogêneo, com regimes de trabalho variados – nem todos estão vinculados ao mesmo regime administrativo de horário, muitos trabalham em turnos e alguns em teletrabalho – e diferentes possibilidades de acesso à internet – algumas unidades restringem o uso diário de internet, outras não possuem acesso por grandes períodos quando situadas em obras ou oferecem cabines que possibilitam a interação em webconferências e salas de videoconferência.

A Petrobras não é abrangente apenas quanto à sua distribuição geográfica, mas também o é quanto às suas atividades, que englobam Pesquisa, Exploração, Produção de Óleo & Gás, Refino, Distribuição, além de várias outras áreas de Suporte. Portanto, a diversidade do contexto se dá também pela variedade de assuntos e tipos de conhecimento. Essas características agregam maior complexidade à análise de contexto para o desenvolvimento de soluções educacionais.

Para realizar essas atividades, a UP possui um papel-chave em seu quadro: o dos orientadores didáticos, que se especializam em determinada área de conhecimento/processo da companhia, sendo capazes de melhor compreender e identificar as necessidades da área e propor soluções educacionais customizadas.

5.2.1 O papel do orientador didático

Nas academias, os orientadores didáticos são responsáveis pela criação das soluções educacionais, sendo guiados pelo mapeamento das competências necessárias e pelo conhecimento direto das necessidades das áreas, como destaca Filipe Leandro de Figueiredo Barbosa, gerente da Academia Técnica.

"A orientação didática envolve modelar o curso que será oferecido, dizendo qual carga horária, qual público-alvo, qual objetivo a ser atingido. Esse profissional é especializado em entender qual é a necessidade da companhia para poder ofertar a melhor solução que vai atender à necessidade do empregado que está realizando determinada função ou atividade."

Alguns desses profissionais são especialistas em importantes processos da companhia e referências em suas áreas de atuação. Além de ministrarem cursos, realizam serviços técnico-educacionais na forma de consultorias técnicas para a resolução de problemas, as quais se desdobram em novas soluções educacionais que visam a transmitir as lições aprendidas, multiplicando assim o conhecimento na companhia.

Esse perfil profissional especializado é um diferencial na educação corporativa da Petrobras por ser um catalizador de aprendizagem de várias áreas e que, por possuir uma lotação centralizada na UP, consegue ter uma visão global da companhia sobre determinados temas, conectando experiências e consolidando a aprendizagem organizacional em materiais didáticos, conteúdos de educação a distância e publicações.

A universidade oferece ao orientador didático um programa de capacitação no qual pode obter conhecimentos sobre sua área educacional. Entre as disciplinas ofertadas, estão planejamento educacional, projeto instrucional, didática e prática de ensino. Para manter o conhecimento técnico dos orientadores didáticos atualizado, a UP também promove, de tempos em tempos, o rodízio de alguns desses profissionais, que passam por um período de estágio na área que desempenha o processo sobre o qual são especialistas e conduzem capacitações.

Outra ação importante na atualização técnica desses profissionais é a participação em fóruns internacionais de suas áreas de conhecimento. É o que confirma Luiz Carlos Veiga de Oliveira.

"Para garantir estar *up to date* com tudo o que há de tecnologia e de conhecimento no mundo, é preciso ter contatos externos o tempo todo. Uma das coisas importantes, tanto para a UP como para os técnicos das áreas, é a participação em fóruns internacionais, técnicos e científicos. Não só na área de engenharia de petróleo (EP), mas também nas áreas mais acadêmicas, como o Geological International Congress. Esses congressos têm áreas específicas sobre petróleo, então os mais importantes cientistas, acadêmicos e técnicos de empresas estarão lá. É uma oportunidade não apenas de conhecer o trabalho que estão publicando, mas também de estabelecer contato com eles."

Os conhecimentos adquiridos nesses fóruns são então disseminados para os demais profissionais da UP e para toda a companhia por meio de relatórios disponibilizados na biblioteca e eventos de disseminação de experiências.

5.2.2 O papel do docente

Muitos orientadores didáticos atuam como docentes, mas os empregados das diversas áreas de negócio da companhia também ministram aulas. A UP possui uma trilha para capacitação de docentes, apresentada na Figura 5.3.

Figura 5.3 Trilha de desenvolvimento do docente na UP

Fonte: adaptada de UP.

5.3 A TRANSFORMAÇÃO DIGITAL NO SETOR DE ÓLEO & GÁS E SEU IMPACTO NAS COMPETÊNCIAS REQUERIDAS

A chamada transformação digital nas indústrias também chegou ao setor de energia. Segundo dados do Fórum Econômico Mundial,[2] as novas tecnologias digitais proporcionam inovações disruptivas na forma que produzimos, fornecemos e comercializamos energia. Na indústria de Petróleo & Gás, em especial, vários são os impactos e projetos inovadores em andamento. O avanço no poder computacional, de armazenamento, processamento e transmissão de dados tem viabilizado tecnologias como *big data*, *blockchain*, inteligência artificial, realidade virtual e aumentada, entre outras, e proporcionado novas formas de atuação na exploração, passando pela produção até a comercialização.

Atenta a esse novo cenário de mudanças, a Petrobras criou a Gerência Geral de Transformação Digital para orquestrar as ações direcionadas à transformação digital em toda a companhia.

---

[2] WORLD ECONOMIC FORUM (WEF). *Digital transformation initiative*: in collaboration with Accenture. Executive summary. Maio 2018.

PARTE II Casos práticos

Entretanto, a transformação em curso não é apenas tecnológica, uma vez que é viabilizada principalmente pelas pessoas. É preciso que os indivíduos sejam capazes de adotar novas tecnologias para agir de forma diferente e inovar no contexto em que atuam, reinventando a companhia para modelos que gerem mais valor. Para isso, as pessoas precisam desenvolver continuamente novas competências.

Como postula a **Lei de Moore**,[3] o poder de processamento dos computadores cresce exponencialmente. Como consequência, nos vemos diante de ciclos de atualização tecnológicos cada vez mais curtos, em diversos campos do conhecimento. Logo, o conhecimento fica obsoleto mais rapidamente, o que é um risco constante para a competitividade das organizações em uma era em que o conhecimento organizacional é um ativo intangível de extremo valor.

> **Lei de Moore**
>
> em 1965, o cofundador da Intel, Gordon Earle Moore, previu que o número de transistores em um *chip* dobraria a cada 24 meses, previsão que se tornou conhecida popularmente como Lei de Moore.

Para sobreviver à transformação digital, portanto, é necessário que haja uma transformação na relação com o conhecimento e na forma de desenvolvê-lo, pois os modelos tradicionais não possuem a agilidade necessária para acompanhar o ritmo da inovação tecnológica atual. Novas teorias de aprendizagem, como o conectivismo, apontam caminhos para uma nova relação homem/conhecimento/trabalho. Não se trata apenas de maior produtividade nas atividades realizadas, mas de requalificação contínua para a criação de novas atividades.

A contribuição da educação corporativa da Petrobras tem sido no sentido de complementar a formação acadêmica do novo empregado para inseri-lo no nível de desenvolvimento requerido pelos processos organizacionais atuais, mantê-lo atualizado ao longo dos anos e auxiliar a companhia a desenvolver novos conhecimentos ainda não disponíveis no mercado que serão habilitadores de inovação nos negócios.

Para que essa contribuição seja compatível com o avanço tecnológico, ela precisa ser ágil e eficaz. É preciso uma inteligência de aprendizagem organizacional que dê conta de desenvolver e manter os empregados com uma capacidade técnica única no mercado.

5.4 INOVAÇÃO NOS PROCESSOS DE EDUCAÇÃO CORPORATIVA DA UP

Visando a superar o desafio de desenvolver competências no ritmo necessário aos negócios, a UP investe continuamente na inovação de seus processos de desenvolvimento de recursos humanos. Esse investimento se dá de várias formas:

* mantendo no quadro da UP especialistas em áreas de conhecimentos-chave para a companhia;
* mantendo a qualificação dos orientadores didáticos e docentes que atuam nas ações de desenvolvimento, por meio de programas de capacitação internos e externos,

---

[3] Ver INTEL CORPORATION. *Moore's Law inspires Intel innovation*, 2011. Disponível em: <http://www.intel.com/content/www/us/en/silicon-innovations/moores-law-embedded-technology.html>. Acesso em: 28 abr. 2018.

rodízios técnicos, atuação com entidades externas em projetos de cooperação técnica, entre outros;
- investindo em inovação nas metodologias e tecnologias educacionais.

A inovação é o vetor de origem que sustenta a educação corporativa na companhia, como mostram as falas de Hermes Gomes Filho e Luiz Carlos Veiga de Oliveira.

"Hoje temos um foco bem definido, que é uma força motriz de geração de valor, concentrada na exploração e produção do pré-sal, em atuar e operar competitivamente o parque de refino. Mas o cenário externo aponta para negócios mais atrativos no futuro. Então, a inovação precisa começar por aí, ou seja, identificar essas novas alavancas de valor e capacitar os empregados da companhia. Inovar é preparar a força de trabalho para atuar em fontes de geração de valor que hoje não são a força motriz."

(Hermes Gomes Filho)

"Considero a educação corporativa na Petrobras, presente desde os anos 1950, uma vantagem competitiva perante as outras empresas. Temos um *continuum* de inovação de conhecimento mantido dentro da companhia que é compartilhado com cada nova geração, as quais, por sua vez, vão deixando mais informações, mais tarde novamente repassadas, sempre num crescente."

(Luiz Carlos Veiga de Oliveira)

A seguir, são apresentados alguns exemplos concretos da atuação inovadora da UP nas ações de desenvolvimento.

1. **Uso de simuladores:**
   De acordo com Luiz Carlos Veiga de Oliveira:

"A UP se colocou como certificadora junto aos órgãos internacionais. Temos simuladores de ponta para ver o que o indivíduo aprende. Ele aprende que todo mundo que embarca para perfurar um poço deve passar por uma certificação a cada dois anos. Não é apenas uma questão de normatização, mas de segurança e de aprendizagem. Essas situações de emergência são simuladas nos nossos computadores para que o indivíduo, em uma situação de **blowout** ou de perfuração errada, saiba como atuar. Ele aprende a simulação e depois tem as provas. Aí que entra a certificação. Se não passar, ele não é certificado e não pode embarcar. É uma inovação em termos tecnológicos: eu tenho os simuladores. Mas a grande inovação é manter esse processo continuamente."

Blowout
fluxo descontrolado de hidrocarbonetos, gás ou água saindo de um poço de petróleo devido a alguma falha no seu sistema de controle de pressão.

PARTE II Casos práticos

② **Inteligência artificial (IA):**
De acordo com Hermes Gomes Filho:

"Há muitas ações de desenvolvimento, não apenas no básico, em que já estamos colocando questões de IA em nível avançado. Começamos uma parceria com a Universidade do Texas, vamos incluir a Universidade Federal de Minas Gerais (UFMG) esse ano nessa parceria, em que pegamos todos esses avanços e tratamos uma montanha de dados geológicos para definição de nossas locações, isto é, onde vamos furar os poços – algo que vai trazer um resultado concreto."

③ **Pares digitais:**
De acordo com Luiz Carlos Veiga de Oliveira:

"Você pode pegar as refinarias e criar uma planta digital motorizada que apresenta todas as operações em andamento, da entrada do óleo à saída dos derivados. Em tempo real, é possível testar mudanças nesse processo para ver como se comporta dentro da refinaria. Se vai aumentar o custo, se vai criar um problema, se pode ou não pode. Isso é um processo. Em vez de testar fisicamente, na planta verdadeira, ou na planta piloto como no Centro de Pesquisas Leopoldo Américo Miguez de Mello (CENPES), você testa isso num processo que simula exatamente as mesmas condições da realidade. O segundo ponto é que você pode utilizar esses simuladores digitais para acompanhar o processo da refinaria em tempo real. Que operação está realizando hoje? Se em algum momento acontecer algum problema, a simulação já pode dizer qual será a consequência. Caso alguma modificação seja feita, o sistema pode dizer o que foi alterado e onde. O nosso pessoal de processamento está hoje dentro de um projeto com todas as refinarias para criar a versão digital de cada uma delas – e isso pode ser levado para qualquer outro processo que a gente faz."

④ **Laboratórios especiais:**
De acordo com Filipe Leandro de Figueiredo Barbosa:

"O primeiro ponto de inovação são as nossas instalações físicas e a oportunidade que podemos dar aos participantes de vivenciar experiências práticas em nossos laboratórios especiais. As simulações propiciam aos empregados ambientes de estudos controlados que permitem simular situações que poderiam acontecer na realidade do trabalho de cada um. Por exemplo, o Laboratório de Imersão em Simulações de Processos e Equipamentos (LISP) permite que você consiga fazer medições de uma planta piloto instalada. A planta piloto roda um processo de água, faz várias medições e então você consegue controlar o processo e medir as variáveis. Também é possível medir a temperatura do laboratório e de que forma as pessoas que ali circulam a modificam. Cria-se um ambiente de experiência de aprendizagem em que o próprio participante influencia a medição do processo."

(5) **Acesso remoto a laboratórios:**
De acordo com Luiz Carlos Veiga de Oliveira:

"No LISP, quem está dando aula em Macaé, por exemplo, aciona a planta [de uma instalação que está rodando no modo de simulação] simulada na sede da UP e mostra para o pessoal no [laboratório] digital em Tuí. E pode até mostrar imagens da planta aqui funcionando lá."

5.4.1 Laboratório de Didática (LABDI)

O Laboratório de Didática (LABDI) foi criado em julho de 2016 com o objetivo de tornar as ações educacionais da UP mais acessíveis e efetivas por meio de inovações em metodologias e tecnologias educacionais. É o elemento central na estratégia da UP de reduzir os custos de seus treinamentos, mantendo o mesmo nível de oferta e excelência na entrega das soluções por meio da intensificação do uso de tecnologias educacionais, como mostra a fala de Hermes Gomes Filho.

"Foi emblemático o que o LABDI trouxe, o que conseguiu produzir, a abrangência que alcançou e a escala que atingiu, a partir do investimento feito. Todos os congressos e *workshops* são teletransmitidos. Isso foi algo em que evoluímos muito e que trouxe muitos benefícios."

A atuação do LABDI contempla ações em três grandes dimensões: processos, pessoas e tecnologias, como mostra a Figura 5.4.

Figura 5.4 Dimensões de atuação do LABDI

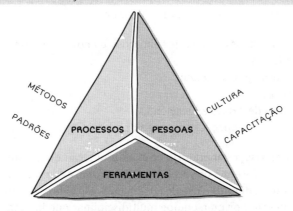

Fonte: adaptada de UP.

Na dimensão **processos**, para que a equipe do laboratório possa vivenciar as necessidades de capacitação e experimentar as dificuldades presentes na criação das soluções educacionais, ela participa da produção de conteúdos digitais em variados formatos, mas a UP também conta com contratos com produtores externos. As especificações técnicas dos contratos externos são realizadas com base na *expertise* desenvolvida no LABDI ao longo da produção interna.

Dessa forma, a partir das experiências das produções realizadas no laboratório para os variados contextos da companhia, a equipe do LABDI tem condições de orientar e normatizar os serviços realizados por empresas contratadas, além de zelar pela qualidade dos produtos desenvolvidos externamente. Essa experimentação de novas metodologias e tecnologias no contexto da companhia é a base para a definição de novos produtos e serviços oferecidos pela educação corporativa e viabilizados por meios de contratos em maior escala.

Em termos de **ferramentas**, o processo interno de produção do LABDI também é uma ferramenta importante para a atuação prospectiva, uma vez que, a partir do atendimento a demandas reais, o laboratório tem condições de realizar experimentações de novas metodologias e tecnologias educacionais nos contextos específicos da companhia, como confirma Filipe Leandro de Figueiredo Barbosa.

"Esse é um papel que hoje o LABDI tem como atribuição: fazer prospecções no mercado e, por meio do contato com fornecedores, vislumbrar o que vem sendo aplicado na prática fora da nossa realidade Petrobras, para poder trazer melhores soluções. Em compensação, as nossas academias também têm essa atribuição de olhar na área de conhecimento de cada um o que vem sendo desenvolvido e o que está sendo apresentado como nova tecnologia, para que isso seja incorporado nas nossas soluções."

Alguns exemplos de prospecções incorporadas nos produtos a partir da experimentação em projetos desenvolvidos no laboratório foram:

- uso apropriado de estilos variados de animações, como *motion graphics* e *hand drawing* em preleções digitais;
- narrativas em formato *webcomics*;
- vídeos interativos;
- formatos variados de vídeos educacionais;
- inclusão de vídeos e animações em apostilas digitais.

Na dimensão **pessoas**, o laboratório atua na promoção do uso de novos métodos e tecnologias na prática docente, oferecendo oficinas como as de produção de videoaulas, produção de conteúdos digitais e uso de ferramentas específicas de autoria.

O LABDI é composto por uma equipe multidisciplinar que integra contribuições de diferentes campos de conhecimento, entre os quais educação, comunicação e tecnologias da informação. O espaço físico do laboratório é composto por três áreas:

1 desenvolvimento – destinada ao projeto das soluções educacionais;

2 autoria – destinada à elaboração e à produção de conteúdos, composta de:

a) cinco cabines para criação de conteúdo, com softwares de autoria disponíveis para uso pelas escolas;

b) um estúdio de vídeo;

c) um estúdio simplificado com lousa interativa (*smartboard*).

3 colaboração – destinada a integrar as atividades síncronas com profissionais distribuídos geograficamente, composta de:

a) **sala de colaboração** – possibilita a realização de exposições e trabalhos em grupos por meio de recursos de videoconferência;

b) **cabine de autoria** – oferece ao docente ou especialista recursos para a criação de conteúdos digitais de forma autônoma, com softwares de autoria, mesa digitalizadora e espaço e equipamentos adequados para uma boa captação de áudio e vídeo.

5.4.1.1 Processo de planejamento e produção de ações de desenvolvimento com o apoio do LABDI

Com os ciclos de atualização tecnológica cada vez menores, a UP tem o desafio de tornar o profissional da companhia atualizado em tempos cada vez menores. Fazer da aprendizagem um processo mais eficiente e ágil é uma das grandes contribuições do LABDI.

Atualmente, alguns instrumentos ajudam a definir os melhores caminhos e as melhores estratégias de ensino-aprendizagem para cada necessidade de capacitação, considerando tanto aspectos pedagógicos como restrições do ambiente corporativo, por exemplo, acesso à infraestrutura de comunicação nos vários ambientes da companhia, como plataformas e refinarias, e disponibilidade de especialista interno para a produção de conteúdos e para a realização de aulas.

Um desses instrumentos é a Matriz de Apoio à Seleção de Modalidades e Formatos de Ensino. A partir de critérios como complexidade do objetivo educacional, tamanho da demanda, disponibilidade de conteudista e de professor/tutor, dispersão geográfica do público-alvo, estabilidade do conteúdo, acesso do público-alvo à infraestrutura de comunicação e prazo disponível para a criação da solução educacional, o orientador didático toma uma decisão sobre a modalidade e o formato de ensino daquela ação de desenvolvimento específica.

O Quadro 5.3 apresenta um exemplo desse instrumento para uma disciplina do portfólio da Academia Técnica.

PARTE II Casos práticos

Quadro 5.3 Exemplo de análise multicritério para definição de modalidade e formato de ensino

DISCIPLINA: CAFIE – Montagem de máquinas (módulo teórico)
Modalidade / Formato atual: Presencial 40 horas

Critério	Diagnóstico	EAD			Presencial
		Auto-instrucional	Tutoria assíncrona	Tutoria síncrona	
Complexidade do objetivo educacional	Conhecimento e compreensão				
Tamanho da demanda anual	Baixo				
Disponibilidade de conteudista	Médio				
Disponibilidade de professor/ tutor	Médio				
Dispersão geográfica do público-alvo	Alta				
Estabilidade do conteúdo	Alta				
Acesso do público-alvo à infraestrutura de comunicação	Sim				
Prazo disponível para a criação da solução educacional					

Análise e recomendações

Avaliação: O público é pequeno, porém muito disperso, favorecendo a modalidade EAD. A demanda é pequena, mas como conteúdo é estável, o investimento no EAD se justificaria em função da longa vida útil do curso, atendendo a demandas ao longo de vários anos. Um ponto de atenção é a disponibilidade de conteudista, que precisa ser negociada. Devido à variedade de assuntos do conteúdo, e potenciais dúvidas e curiosidades, seria difícil contemplar todas as informações no autoinstrucional, sendo interessante deixar um tutor disponível para complementar e ampliar os assuntos.
Recomendação: Oferecer na modalidade EAD com tutoria assíncrona.

Fonte: LABDI/UP.

Outro exemplo é o Instrumento de Seleção de Formato de Videoaula. O LABDI definiu alguns formatos padrões para videoaulas na companhia, considerando público e tipo de conhecimento, e destacando para cada um dos formatos seus pontos positivos, negativos e recomendação de formato para contextos de aprendizagem, como mostra o Quadro 5.4.

Quadro 5.4 Instrumento de apoio à definição de formato de videoaulas

VIDEOAULAS – Orientação para escolha do formato

Uma vez definida a produção de uma videoaula, no planejamento de uma solução educacional, este instrumento auxiliará na escolha do formato a ser desenvolvido.

	Estúdio profissional	Lousa interativa	Slides narrados	Gravação de desktop
Descrição	Gravada em estúdio e com edição profissional. Pode conter recursos mais elaborados como *croma key*, animações 2D e 3D, entre outros.	Assemelha-se à gravação de uma aula presencial. Apresenta imagem do professor e de seus *slides*.	Apresenta somente *slides* com a narração do professor. Entretanto, podem ser inseridos alguns pequenos trechos de vídeo com a imagem do professor.	Vídeo capturado de tela do computador, em especial na demonstração de algum software, com narração do professor. Podem ser inseridos pequenos trechos de vídeo com a imagem do professor. Pode possuir simulações quando for disponibilizado no LMS (Saba).
Pontos fortes	• Qualidade final da exposição • Atratividade • Síntese • Riqueza de recursos de exposição • Maior afetividade	• Facilidade para o professor • Curto tempo de produção • Baixo custo	• Menor tempo de produção • O professor pode fazer sozinho • Menor custo	• Menor tempo de produção • O professor pode fazer sozinho • Menor custo
Pontos fracos	• Exige maior planejamento • Maior tempo e custo de produção	• A qualidade dependerá da qualidade dos *slides* em termos de tipografia, diagramação, densidade e animações	• Maior risco de monotonia • Baixa afetividade • Qualidade depende da habilidade de oratória do professor e da riqueza de elementos visuais e animados nos *slides*	• Atrativo apenas para conteúdos voltados à demonstração de uso de softwares
Recomendação (exemplos de características que direcionam para o formato)	• Associados a grandes campanhas • Objetivos afetivos • Conhecimentos estratégicos • Públicos gerenciais • Desenvolvimento de atitudes • Públicos acima de 1.000 pessoas	• Quando requerem grande detalhamentos nos conteúdos • Para conteúdos técnicos voltados a segmentos de público muito específicos	• Quando requerem grande detalhamento nos conteúdos • Para conteúdos técnicos voltados a segmentos de público muito específicos • Quando o professor não quer aparecer no vídeo	• Para demonstrar operação de softwares

Seja qual for o formato utilizado, recomendamos cuidado com os direitos autorais no uso de imagens ou outros elementos inseridos no conteúdo das videoaulas.

Fonte: LABDI/UP

O LABDI oferece quatro tipos de serviços de desenvolvimento de conteúdos, conforme ilustra o Quadro 5.5.

Quadro 5.5 Tipos de serviço de desenvolvimento de conteúdos oferecido pelo LABDI

Tipo de serviço	Descrição	Responsabilidades			
		Roteirização	Produção		Homologação
			Produção dos conteúdos	Encapsulamento	
Encapsulamento	Disponibilização de vídeos enviados pelo orientador didático ou conteudista no formato necessário para rodar no Saba ou SIRH (pacote SCORM)	Orientador didático / conteudista	Orientador didático / conteudista	LABDI	Orientador didático / conteudista
Slides narrados	Desenvolvimento de conteúdo com ênfase na gravação de slides feitos pelo orientador didático e/ou conteudista.	Orientador didático / conteudista, com revisão do LABDI	Orientador didático / conteudista, com apoio do LABDI	LABDI	LABDI
Web interativo	Desenvolvimento de curso composto por recursos multimídia, como textos, imagens, sons, interações, animações e vídeos.	(1) LABDI ou (2) orientador didático / conteudista, com revisão do LABDI	LABDI com participação do orientador didático / conteudista	LABDI	LABDI
Material didático	Produção e apoio nos ajustes necessários a e-book (PDF), apresentação de PPT, infográficos, animações e vídeos para inserção em apostilas, resumos didáticos e afins	Material bruto	Produção		
		Orientador didático / conteudista	LABDI		

Fonte: LABDI/UP.

Todo conteúdo educacional desenvolvido pelo LABDI passa por um processo coordenado que envolve quatro etapas: planejar, roteirizar, produzir, homologar.

Figura 5.5 Padrão de planejamento e produção de ações de desenvolvimento com o apoio do LABDI

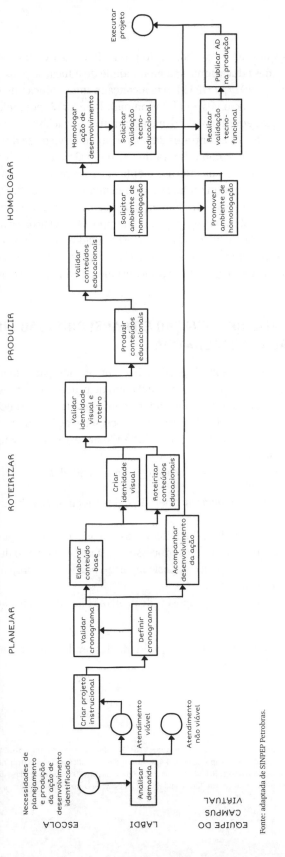

Fonte: adaptada de SINPEP Petrobras.

Nos últimos dois anos, o laboratório produziu cerca de 100 conteúdos instrucionais digitais para ações educacionais na modalidade de educação a distância.[4]

Em outubro de 2017, a UP já havia alcançado uma redução de R$ 88,4 milhões/ano dos seus custos operacionais, quando comparados a 2015, por meio da intensificação do uso de tecnologias educacionais, o que permitiu otimização de suas instalações, redução dos gastos com viagens e contratos de prestação de serviços de docência externa.

Cursos a distância, como o Regra de Ouro e o Guia de Conduta e Código de Ética, desenvolvidos com recursos internos e aplicados à maior parte da força de trabalho do Sistema Petrobras, geraram grande economia financeira e de HH (hora homem), viabilizando a execução massiva de treinamentos fundamentais para a consecução dos objetivos estratégicos da Petrobras em um espaço de tempo inviável no caso de turmas presenciais.

Em 2017, o LABDI foi um dos projetos reconhecidos no Fórum de Boas Práticas do RH, um evento interno anual que avalia e seleciona os projetos da área da Gestão de Pessoas que mais se destacaram como boas práticas para a companhia em função dos resultados alcançados.

5.5 PROGRAMA DE INOVAÇÃO E TRANSFORMAÇÃO DIGITAL NA EDUCAÇÃO CORPORATIVA

No primeiro semestre de 2018, a UP realizou um estudo para identificar o potencial uso de novas tecnologias digitais na remodelagem de processos e ações de desenvolvimento de pessoas. O estudo objetivou o aprimoramento de eficiência e eficácia da educação corporativa por meio de inovações em seus processos e ações educacionais, incorporando novas tecnologias digitais, visando ainda a reduzir custos físicos e financeiros, bem como o tempo para tornar o empregado autônomo.

No estudo foram desenvolvidas as seguintes atividades:

- diagnóstico de tendências em metodologias e tecnologias digitais aplicadas à educação corporativa;
- análise de aplicabilidade/benefícios das novas tecnologias na Carteira de Ações de Desenvolvimento da UP e nos processos de Desenvolvimento de Recursos Humanos;
- definição do método para composição de um portfólio de projetos de inovação digital na educação corporativa;
- elaboração e seleção de propostas de projetos pilotos para testar o uso das novas tecnologias.

A Figura 5.6 apresenta a lista consolidada das tendências de metodologias e tecnologias mapeadas no estudo.

---

[4] Alguns cursos produzidos pelo LABDI: Cálculo e Avaliação de Trocadores de Calor, Certificação SBS, Riscos Ocupacionais (DSMS), Encarregados de BP, Hidrorrefino, Instrução de Bolso, Introdução à Certificação SOx, Matemática Financeira para a Contração (SBS), Novo Modelo de Atuação do RH, NR-20, Oficina de Videoaula para SBS, Oficina de Videoaula UP, Prevenção contra a Lavagem de Dinheiro e o Financiamento do Terrorismo (PLDFT), Regras de Ouro para a Segurança e Transferências Marítimas.

Figura 5.6 Lista consolidada das tendências de metodologias e tecnologias

AÇÕES DE DESENVOLVIMENTO

Metodologias
- Gestão de competências
- Trilhas de desenvolvimento
- Abordagem 70/20/10
- Metodologia 6D
- Metodologias que priorizem métodos ágeis no aprendizado como Design Thinking e **Thinking Environment**
- Metodologias ativas de aprendizagem
- Aprendizagem adaptativa
- Sala de aula invertida
- Metodologias lúdicas (*gamification*)
- Blended

Tecnologias
- Realidade virtual
- Inteligência artificial
- Sensores
- Realidade aumentada
- Telepresença robótica
- Simuladores virtuais
- Jogos
- Infraestrutura básica de suporte dos ambientes de ensino/aprendizagem
- Videoconferências
- Avaliação digital e preditiva

PROCESSOS

Processos
- Identificação de necessidade de desenvolvimento
- Divulgação/inscrições em ações de desenvolvimento
- Realização de ações de desenvolvimento
- Certificação de conhecimento
- Avaliação de impacto
- Desenvolvimento de trilhas e ações de desenvolvimento

Tecnologias
- Tecnologias móveis (acessíveis por *tablets* e celulares)
- Conexão remota
- LMSs – integração com outros sistemas
- Sistema de gestão de vídeos
- Certificados digitais
- Avaliação digital e preditiva
- Certificados digitais

Fonte: adaptada de DRH/UP.

Thinking Environment
metodologia criada em 1984 por Nancy Kline, envolvendo práticas de *coaching* e facilitação de processos de aprendizagem ou prática profissional, para a criação de um ambiente de respeito entre as pessoas qu possibilite a escuta criativa, a geração de ideias, a remoção de bloqueios de pensamento e a tomada de decisão.

PARTE II Casos práticos

A análise da aplicabilidade dessas tecnologias no contexto da educação corporativa da Petrobras é apresentada no Quadro 5.7.

Quadro 5.7 Análise da aplicabilidade e dos benefícios potenciais de tendências tecnológicas e metodológicas para a educação corporativa da Petrobras

Tecnologia	Aplicabilidade
Open microcredential / digital badges	• Currículo digital de competências do empregado • Registro de ações de desenvolvimento realizadas • Registro das certificações • Inclusão de credenciais externos • Aplicável a toda a carteira UP, a todos os locais e trilhas de aprendizagem
Avaliação digital e análise preditiva	• Avaliação da eficácia das trilhas de desenvolvimento (da trilha como um todo ou de caminhos específicos) • Avaliação de realização de ações de desenvolvimento • Aplicação em toda a carteira UP, PNs e trilhas
Aprendizagem adaptativa	• Customizar conteúdos em uma mesma ação de desenvolvimento, adequando-os a variações de contexto de aplicação e de público-alvo
Integração híbrida de plataformas	• Possibilitar o uso de múltiplos ambientes virtuais de aprendizagem • Integrar resultados de treinamentos realizados em múltiplas plataformas, inclusive externas
Realidade virtual e aumentada	• Facilitar a compreensão de estrutura e funcionamento de equipamentos e sistemas produtivos • Desenvolver objetivos psicomotores relacionados à percepção para aspectos visuais de um ambiente, como questões de SMS • Apoiar práticas psicomotoras, como operação de equipamentos, inclusive de forma remota • Auxiliar a prática de projetos e elementos tridimensionais e sua visualização e análise em grupo, em contextos reais
Tecnologia de sensores	• Realizar simulações a partir de dados reais ou híbridos de equipamentos e sistemas variados
Telepresença robótica	• Treinamentos EAD que requeiram interação • Estratégias de trabalho em grupos à distância, como estudos de caso

Fonte: LABDI/UP.

Cruzando o estudo de aplicabilidade com as características das ações de desenvolvimento oferecidas pela UP em 2017, por meio de uma análise junto às academias, foi identificado o potencial de aplicação das principais tecnologias na carteira da UP.

As academias e áreas de apoio da UP puderam propor projetos pilotos para a experimentação dessas metodologias e tecnologias ao longo de 2019. Foram apresentados 22 projetos candidatos, dos quais 12 foram selecionados: oito projetos visam à inovação nas estratégias de ensino por meio do uso de novas tecnologias e quatro projetos visam à inovação em processos na forma de oferta e consumo das soluções educacionais, como mostra o Quadro 5.8.

Quadro 5.8 Portfólio de projetos pilotos de inovação e transformação digital na educação corporativa

Projetos de inovação nas estratégias de ensino	
Introdução ao processamento primário e utilidades nas instalações de produção do Exploração & Produção	O projeto visa a explorar novas oportunidades de utilização de tecnologias de realidade virtual (visualização 3D) e/ou realidade aumentada em soluções educacionais relacionadas às áreas de processamento primário de fluidos e instalações de superfície. Essas tecnologias serão aplicadas em ações de desenvolvimento nas quais a percepção espacial das instalações e equipamentos, incluídas aí suas dimensões, posições relativas e arranjo, seja importante para a compreensão global das características e funcionamento dos sistemas estudados. Complementarmente, poderão ser utilizados sensores de variáveis de processo a fim de ilustrar suas condições de operação. Pretende-se que nas etapas iniciais do projeto (fase piloto) sejam utilizados recursos já existentes na companhia (softwares próprios ou que não requeiram aquisição de novas licenças e modelos 3D já existentes). A partir daí, pretende-se ampliar o escopo do projeto, explorando aspectos de imersividade e interatividade com os modelos estudados, por meio da aplicação de novas ferramentas de realidade aumentada disponíveis no mercado.
Diagnóstico de condição por imagem em instalações de equipamentos dinâmicos	Esse projeto pressupõe a utilização de recursos digitais que facilitam a compreensão de fenômenos físicos complexos que ocorrem nos equipamentos, facilitando o estudo. Abrange diversas soluções educacionais e tem como grande mérito a visualização pelos alunos (literalmente) de fenômenos vibratórios e térmicos que ocorrem em equipamentos dinâmicos, saindo de um tratamento abstrato e puramente matemático. Tecnologias envolvidas: • Medição de movimento não visível ao olho humano. • Quebra de paradigma na medição de vibração: acelerômetro -> vídeo. • Câmera industrial de alta velocidade. • Métodos e algoritmos patenteados de processamento para extração de dados significativos e amplificação do movimento (software). • Transformação de cada pixel em um sensor que mede vibração ou movimento.

PARTE II Casos práticos

Laboratório de integração de disciplinas de Exploração & Produção	O projeto visa a implantar um espaço de aprendizagem associado à utilização de tecnologias digitais com duas vertentes principais: 1 prover um ambiente de estímulo à análise integrada de diferentes disciplinas técnicas da área de E&P, associando a utilização de diferentes softwares de análise matemática, simuladores de processo, sistemas de aquisição de dados, ferramentas de visualização etc., de forma a eliminar possíveis lacunas de conhecimento existentes nas interfaces entre essas disciplinas técnicas; 2 prover a infraestrutura necessária para a implementação do próprio projeto e de outros projetos de transformação digital já submetidos, os quais requerem instalações e equipamentos especializados, tais como ferramentas de simulação, hardware de alto desempenho, ambientes de visualização etc. O projeto poderá beneficiar aproximadamente 50 ações de desenvolvimento das carteiras de Reservas e Reservatórios, Elevação e Escoamento, Processamento e Medição de Fluidos e Automação de Projetos.
Modelagem física geológica com realidade aumentada	• Simulação de relevo e superfícies geológicas/geográficas por meio da união da modelagem física com a projeção de imagem. • Ferramenta de visualização e simulação visual de sistemas deposicionais que pode ser montada no Espaço Terra e Petróleo e utilizada nas visitas ao espaço e em vários cursos das geociências.
Automação Industrial na Indústria 4.0	Ambiente de treinamento, unindo a realidade física dos equipamentos e da instrumentação industrial (muitos dos quais já existentes no laboratório LISPE) a elementos de transformação de aprendizagem via: • realidade aumentada, conectando o diagnóstico on-line por sistemas inteligentes aos procedimentos de campo via óculos de realidade aumentada; • telepresença robótica, permitindo que empregados possam remotamente se deslocar pelo laboratório; • simuladores virtuais, conectados aos equipamentos reais do laboratório; • comunicação sem fio com equipamentos e instrumentos da planta, integrando medidas, informações de diagnóstico e configuração dos instrumentos, nos moldes da Indústria 4.0.
Simplifica Petrobras	Ação de desenvolvimento para promover maior engajamento e motivação da força de trabalho a participar do Projeto Simplifica Petrobras. Deverá ter uma forma simples, lúdica e fora dos padrões tradicionais de cursos a distância oferecidos pela companhia.
Radiografia industrial – convencional e digital	O projeto tem por objetivo simular as condições reais de avaliação de imagens radiográficas realizadas por um inspetor laudista, previstas as seguintes etapas: • criação de banco de dados de imagens radiográficas (aquisição de banco de dados em meio digital, digitalização de filmes radiográficos e resultados simulados); • confecção dos gabaritos das imagens radiográficas; • montagem dos conjuntos de treinamento; • definição das avaliações a serem realizadas pelo participante; • criação de algoritmo para focar o treinamento nos tipos de indicações de maior incidência de erros de avaliação.

Inovação na Universidade Petrobras

5

Transformação digital no curso Segurança e Saúde nos Trabalhos em Espaços Confinados – NR-33	Simulação da entrada em espaços confinados nas situações mais críticas, entre elas na presença de fumaça, insuficiência de oxigênio, ausência ou deficiência de iluminação, presença de gases e vapores tóxicos. A indicação dessas características se faz por sensores e/ou simuladores. Isso permite ao treinamento a simulação de atividades críticas sem necessidade de exposição ao risco.

Projetos de inovação em processos

Tecnologias para integração híbrida entre LMSs	Consiste na integração da plataforma de treinamentos a distância da Petrobras (LMS Saba – SIRH) com outras plataformas, para a realização de cursos à distância em entidades externas, com vistas a facilitar o acesso aos conteúdos e, por consequência, o registro dessas atividades no histórico de treinamento dos empregados. A partir da integração do LMS – SIRH com outras plataformas externas, os cursos EAD ofertados estarão disponíveis na plataforma Petrobras (LMS – EAD) como parte da carteira de treinamentos, podendo ser acessados por qualquer empregado. Ao acessar o conteúdo, o empregado será direcionado à plataforma da entidade externa para a realização do treinamento e, ao concluí-lo, o resultado é automaticamente registrado no LMS – EAD sem a necessidade de qualquer ação do empregado e/ou do RH.
Tecnologias para Web Conference	A UP atualmente disponibiliza alguns sistemas para Web Conference, como Polycom RealPresence, Videoconferência Corporativa e Sametime, que não têm apresentado a flexibilidade necessária para todas as situações de capacitação. O projeto também visa a definir processos estruturados para viabilizar capacitações nesse formato, como monitoria de suporte ao aluno e rotinas de testes de acesso iniciais, entre outras. Os benefícios esperados ao término desse projeto são a potencial redução de custos, pois os alunos e os professores deixariam de se deslocar do seu local de trabalho para interações; a usabilidade e a experiência do usuário, com softwares simples e a ampliação do uso do formato EAD na carteira UP, visto que cursos com objetivos de maior complexidade poderão utilizar sessões síncronas para exercícios e discussões.
Acesso *mobile* às ações de desenvolvimento	Concentra-se na verificação das funcionalidades do LMS disponíveis para tablets e celulares, a fim de analisar sua adequação aos processos Petrobras e às regras de proteção da informação, de modo que tais funcionalidades possam ser utilizadas tanto na gestão como na realização de treinamentos. No escopo do projeto, também se prevê a adequação dos conteúdos à versão *mobile*.

PARTE II Casos práticos

> **Cabines de autoria nos PNs**
>
> Abarca a criação de cabines de autoria de conteúdos nas instalações dos PNs locais, com suporte metodológico do LABDI. O objetivo é estabelecer um modelo para a implantação de cabines de autoria descentralizadas, englobando aspectos estruturais (equipamentos e programas) e metodológicos (orientações gerais de uso) que deem vazão às demandas locais, independentemente dos recursos da UP.
>
> O projeto justifica-se pelo fato de que os PNs possuem demandas para desenvolvimento de EAD para suas carteiras locais que não podem ser prontamente atendidas por limitação de recursos (humanos e técnicos) da UP e porque os próprios PNs não possuem *expertise* na elaboração de cursos nem a estrutura necessária para essa atividade.
>
> O projeto visa ainda a uma potencial redução de custos, ao evitar que os professores se desloquem para gravar conteúdos na UP. A redução de custos também pode se dar em função de a produção interna reduzir a necessidade de contratação externa.

Fonte: LABDI/UP.

Os projetos encontram plena implementação em 2019 e espera-se que, a partir das experiências com os pilotos, seja definido o projeto de implantação definitivo e de larga escala das tecnologias que se mostrarem benéficas e alinhadas aos objetivos esperados.

5.6 O DI 4.0 NA UP

A educação corporativa Petrobras desempenha há décadas o papel fundamental de manter a competitividade da companhia e, de certo modo, sua própria sobrevivência, na medida em que é responsável por formar e aculturar novos funcionários que ingressam nos primeiros degraus da carreira por meio de concurso público.

Assim, o alinhamento estratégico com o negócio e a responsabilidade de manter todos os colaboradores em prontidão para lidar com os desafios organizacionais não são novidade para a companhia, mas fazem parte do DNA da educação corporativa antes mesmo que estivesse estruturada como uma universidade.

Evidentemente, ao longo de sua atuação, a UP tem avançado na adoção de metodologias e tecnologias inovadoras à medida que se fazem necessárias para manter sua missão.

É interessante notar o posicionamento recente da UP, primeiro em direção à modalidade a distância e logo em seguida a novas soluções educacionais que guardam semelhança com as metodologias inov-ativas (ativas, ágeis, imersivas e analíticas). De maneira semelhante, também podemos observar algumas iniciativas relacionadas ao DI 4.0, em especial no que tange à sistematização dos processos de seleção e à construção de ações de desenvolvimento.

Nas seções a seguir, elencamos esses pontos de ligação entre as práticas da UP e o que discutimos nos capítulos anteriores.

5.6.1 Metodologias inov–ativas na UP

Quando percorremos a descrição dos projetos inovadores desenvolvidos pela UP nos últimos anos, saltam aos olhos várias aplicações das metodologias inov-ativas discutidas no Capítulo 2.

No caso das metodologias (cri)ativas, fica evidente que, sem a apropriação cultural do paradigma de transformação digital pelas pessoas, não há arsenal tecnológico que faça a inovação avançar na companhia. Também existe uma crença profunda de que são as pessoas – o pessoal técnico, a liderança, os orientadores didáticos – que fazem o sucesso da companhia, a qual depende diretamente dos conhecimentos técnicos e dos valores organizacionais que detêm.

Além disso, a aprendizagem social está de certa forma assegurada pelo predomínio das ações presenciais, mesmo quando calcadas na prática profissional ou fortemente apoiadas por tecnologias de simulação e virtualização da realidade.

Nas várias entrevistas realizadas, observamos uma clara preocupação com a questão do tempo – formar pessoas em um intervalo menor, responder mais rapidamente às mudanças de mercado, e por aí vai. Se as metodologias ágeis ainda não estão plenamente assimiladas na forma de microconteúdos e microatividades, alguns movimentos, como o das cabines de autoria descentralizadas, buscam um processo mais ágil para a criação de conteúdos. O processo de acesso móvel às ações de desenvolvimento também aponta para o reconhecimento inicial da necessidade de adequação dos conteúdos a essa modalidade de aprendizagem.

Porém, é nas metodologias imersivas que temos os maiores exemplos de incorporação de inovações – laboratórios físicos dotados de simuladores, sensores, realidade virtual e aumentada respondem às demandas por aprendizagem prática em situações críticas, sem os riscos e os custos de deslocamento até ambientes de difícil acesso, como refinarias e plataformas de petróleo. Também vale a menção do uso de gamificação como estratégia para engajamento em projetos de largo alcance na companhia.

No que diz respeito às metodologias analíticas, a UP ruma à integração de vários sistemas utilizados interna e externamente, a fim de centralizar os dados dos participantes – passo fundamental para implementar uma analítica de dados mais robusta. Alguns projetos pilotos preveem o uso de inteligência artificial, como é o caso do projeto de avaliação digital de imagens radiográficas, com o objetivo de aumentar a precisão dos exames realizados nas etapas de fabricação, construção e montagem, e a inspeção em serviços de equipamentos das plantas industriais, visando a garantir a integridade das instalações industriais, sua continuidade e sua segurança operacional.

Um ponto interessante a observar é que, em uma companhia com um perfil tão técnico, com requisitos de excelência desde a base até o topo da força de trabalho, a adoção de metodologias inov-ativas está condicionada ao crivo dos especialistas internos, que analisam o real potencial de tecnologias e metodologias na manutenção do padrão de qualidade existente e no impulsionamento das inovações necessárias.

Não por acaso os orientadores didáticos vão a campo periodicamente para retroalimentarem o sistema e valoriza-se tanto a participação dos funcionários em congressos e eventos técnicos.

5.6.2 O DI centrado nas pessoas na UP

Quando pensamos no DI centrado nas pessoas e analisamos o contexto de inovações na UP, percebe-se a abertura para sistematizar estratégias do DI e experimentar estratégias de design thinking (DT) que permitam entender melhor o contexto de realização das ações de desenvolvimento.

Embora no LABDI exista uma ênfase na produção de conteúdos, existe também forte consciência de que tanto a formação inicial dos novos funcionários como a formação continuada dos demais se baseia em realizações individuais, e não no tempo de estudo.

No que tange especificamente às práticas de DI – planejar, roteirizar, produzir e homologar – se aproximam bastante das etapas do DI 4.0, com destaque para a roteirização, visando à construção dos conteúdos em diferentes formatos, e a etapa de homologação, que se ocupa da necessária validação técnica dos conteúdos produzidos.

Instrumentos interessantes como a Matriz de Apoio à Seleção de Modalidades e Formatos de Ensino e o Instrumento de Seleção de Formato de Videoaula são típicos da tomada de decisão que ocorre no DI e comprovam como o LABDI catalisa o *know-how* da companhia para a criação de soluções educacionais digitais para a modalidade a distância, híbrida ou presencial apoiada por tecnologias.

Mesmo não utilizando a terminologia "design instrucional" para descrever o processo de construção e aperfeiçoamento de soluções educacionais, o orientador didático desempenha, entre outras atribuições, atividades tradicionalmente relacionadas ao perfil do designer instrucional, apoiando as unidades técnicas na criação de conteúdos, cursos e avaliações – inclusive de forma descentralizada, dando mais poderes de construção de conhecimento pelas unidades locais por meio das cabines de autoria.

O Quadro 5.9 faz um resumo dos pontos discutidos nesta seção, esclarecendo ao leitor como os princípios reunidos sob o guarda-chuva do DI 4.0 podem ser encontrados em uma prática de excelência voltada à educação corporativa.

Inovação na Universidade Petrobras

Quadro 5.9 Resumo do DI 4.0 nos programas da UP

Caraterísticas do DI 4.0	Princípios essenciais	Adoção na UP
Metodologias ativas (Capítulo 2)	• Aprendizagem ativa e colaborativa: – protagonismo do participante – colaboração – ação-reflexão	• Ações de desenvolvimento presenciais • Rodízios técnicos
Metodologias ágeis Capítulo 2)	• Microaprendizagem e *just-in-time learning*: – engajamento de diversão – experiência de aprendizagem – tecnologias imersivas	• Cabines de autoria • Acesso *mobile* às ações de desenvolvimento
Metodologias imersivas (Capítulo 2)	• Experiencial e imersiva: – economia da atenção – microtudo • Mobilidade tecnológica e conexão	• Gamificação • Laboratórios físicos dotados de simuladores, sensores, realidade virtual e aumentada
Metodologias analíticas (Capítulo 2)	• Adaptativa e personalizada: – analítica da aprendizagem – adaptação/personalização – inteligência humano-computacional	• Integração entre sistemas • Algoritmos para apoiar exames digitais
DI centrado nas pessoas (Capítulo 3)	• DI baseado em realizações individuais. • DI baseado em tarefas (ou atividades). • DI personalizado	• Formação inicial de novos funcionários • Formação continuada de funcionários concursados
Novos papéis para professores, alunos e tecnologias (Capítulos 3 e 4)	• Professor como codesigner, facilitador e mentor • Alunos em postura ativa e autodirigida • Tecnologia para planejamento, para instrução, de e para avaliação, para registro	• Orientadores didáticos como designers • Técnicos das unidades locais como produtores de conteúdo • Instrumentos para seleção e criação de conteúdos e atividades
Integração entre práticas de DI, DT e LXD (Capítulo 4)	• Compreender o problema • Projetar uma solução • Desenvolver uma solução • Implementar a solução	• Etapas de planejar, roterizar, produzir e homologar

Fonte: elaborado pela autora.

UMA PALAVRA FINAL SOBRE A INOVAÇÃO NA UP

Das muitas boas práticas em inovação da educação corporativa que a UP nos permitiu conhecer neste capítulo, a que mais chama a nossa atenção é o equilíbrio entre a necessidade de preparar os funcionários para manter os padrões de excelência técnica atuais e a necessidade de prepará-los também para o futuro, na certeza de que, sem o contingente de pessoas preparadas para os desafios que virão e mentalmente dispostas a inovar, a companhia falhará em manter-se competitiva no cenário internacional de transformação.

CAPÍTULO 6
INOVAÇÃO NA UNIVERSIDADE CORPORATIVA BRADESCO (UNIBRAD)

– com Osvaldo Nogueira

"A educação, em toda a minha trajetória, sempre se mostrou impulsionadora de transformação das pessoas, das empresas e da sociedade. Então, é fundamental que sempre se renove e busque novas formas e formatos de ensino que coloquem o indivíduo ao centro de sua atuação.

Desde a sua fundação, um dos principais valores da Organização Bradesco é acreditar na potencialidade das pessoas e, como parte de sua filosofia, investir em profissionais em início da carreira, de forma com que cresçam na Organização. Com isso, surge forte uma cultura organizacional apoiada na crença de que é possível aprender e atingir o que desejar.

Acreditar no desenvolvimento de pessoas e ter forte paixão pela educação percorre toda a trajetória de sucesso da Organização Bradesco, tornando-a uma das maiores instituições financeiras do país.

Educação sempre foi uma preocupação deste banco, que, por meio da Fundação Bradesco, atua na formação fundamental de crianças e jovens. Esse olhar estendeu-se para a formação profissional de seus colaboradores, a qual foi evidenciada ao longo dos anos com as oportunidades e os investimentos em desenvolvimento do capital humano da Organização. Nasce em 2013 a Unibrad como forma de materialização de todo esse compromisso com o aprendizado ao longo da vida das pessoas.

Hoje, a atuação transborda os muros da Organização com um olhar de como contribuímos com a transformação social por meio da educação nas empresas e na sociedade, conectando soluções educacionais e criando oportunidades para organizações e pessoas se desenvolverem com protagonismo e autonomia."

Osvaldo Nogueira

ROTEIRO

Neste capítulo, apresentamos a Universidade Corporativa Bradesco (UniBrad), com destaque para sua criação em 2013, em sequência às atividades de treinamento desenvolvidas no banco desde sua fundação.

Além da missão e visão, o texto descreve a estrutura organizacional da UniBrad, com suas 10 escolas de educação corporativa e seu processo formal de construção de soluções educacionais.

A esse respeito, o leitor tem a oportunidade de conhecer metodologias e práticas inovadoras realizadas pela universidade, tais como Treinet, Biblioteca Virtual, Hackatons, o b.Quest e a Bradesco Inteligência Artificial (BIA), podendo refletir ainda sobre a perspectiva de inovação da UniBrad trazida a público por dois funcionários que colaboram na autoria deste capítulo.

Navegue pelos conteúdos deste capítulo para conhecer a filosofia e a prática de inovação na UniBrad.

Nosso roteiro será:

6.1 Apresentação geral da UniBrad
6.2 A perspectiva da inovação na UniBrad
    6.2.1 Inovação nos processos de educação corporativa da UniBrad
        6.2.1.1 Trilhas de aprendizagem e gestão por competências
        6.2.1.2 Treinet
        6.2.1.3 Biblioteca Virtual
        6.2.1.4 Aplicativo b.Quest
        6.2.1.5 Soluções "hacka"
        6.2.1.6 Bradesco Inteligência Artificial (BIA)
        6.2.1.7 O InovaBra e a educação corporativa
6.3 O DI 4.0 na UniBrad
    6.3.1 Metodologias inov-ativas na UniBrad
    6.3.2 O DI centrado nas pessoas na UniBrad

Inovação na Universidade Corporativa Bradesco (UniBrad)

6.1 APRESENTAÇÃO GERAL DA UNIBRAD

O Bradesco foi fundado em 1943 e é hoje um dos maiores grupos financeiros do Brasil, com mais de 70 milhões de clientes, 4.600 agências e quase 8.500 pontos de atendimento.[1]

A educação é um valor fundamental para o banco, o que é expresso pelas ações educacionais da Fundação Bradesco,[2] pelos projetos de incentivo cultural destinados à comunidade e pelo esforço intenso de capacitação profissional e desenvolvimento de equipes.[3]

A UniBrad surgiu em 2013, a partir da longa tradição do banco, que remonta pelo menos aos anos 1970, em realizar treinamento e capacitação de funcionários. Nessa época, as pessoas eram treinadas para desempenhar funções específicas, por exemplo, o caixa era treinado para operar essa função particular. Em uma fase posterior, por meio de um grande centro de capacitação e desenvolvimento, as pessoas começaram a ser preparadas também para desenvolver aspectos gerenciais, que envolviam questões comportamentais e temas que extrapolavam a pura capacitação profissional.

O projeto da UniBrad foi desenvolvido durante dois anos por cerca de 200 pessoas trabalhando na identificação, análise, formação de escolas e implantação da universidade corporativa. O projeto contou com a consultoria da maior especialista da área no país, Marisa Eboli, responsável pelo estudo de viabilização e implantação da UniBrad.

Hoje, a UniBrad continua oferecendo cursos de capacitação técnica, específicos para determinada atividade, mas agora as escolas dentro da universidade obedecem a uma estratégia de organização das competências essenciais para a empresa.

A UniBrad tem como missão "a educação para a excelência profissional e a mobilidade social, visando à perpetuidade dos negócios do Bradesco" e como visão "tornar-se referência em formação de competências e lideranças, fortalecendo o valor da marca e o compromisso social".[4]

A UniBrad segue a Política de Treinamento & Desenvolvimento da Organização Bradesco, cujas diretrizes incluem:

- disseminar o compromisso corporativo com o processo de desenvolvimento do capital humano e com a efetividade dos resultados organizacionais;
- garantir a adoção das melhores práticas de educação corporativa para a gestão e a disseminação do conhecimento na organização;
- assegurar a disponibilidade de ações de capacitação e de desenvolvimento que valorizem a cultura organizacional e o princípio de carreira interna e promovam a sucessão em todos os níveis da organização;

---

[1] O caso do Banco Bradesco pode ser encontrado em: EBOLI, M. *Educação corporativa no Brasil*: mitos e verdades. São Paulo: Gente, 2004.

[2] Data de 1956 a inauguração da primeira escola da Fundação Bradesco, pelo fundador Amador Aguiar. Atualmente são 40 escolas que oferecem educação gratuita em todos os estados brasileiros, tornando-se um dos maiores projetos socioeducacionais privados do país.

[3] EBOLI, 2004.

[4] Documentação interna da UniBrad.

PARTE II Casos práticos

- estimular os profissionais a buscarem o autodesenvolvimento e o protagonismo na condução de sua formação e carreira;
- assegurar que todos os programas de capacitação e de desenvolvimento estejam alinhados à estratégia e ao negócio da organização, além de aderentes às leis, aos códigos de regulação e aos normativos internos e externos aplicáveis;
- definir as regras de patrocínio educacional para as ações de formação, de capacitação e de desenvolvimento do capital humano, e garantir seu cumprimento;
- promover constantes ações para o desenvolvimento das lideranças, em todos os níveis da organização.

A estrutura organizacional da UniBrad é considerada integradora e interdisciplinar, uma vez que os executivos se alternam nas áreas da universidade. O Escritório Consultivo de Educação atende a toda a organização, identificando e analisando demandas específicas de cada área, em alinhamento com os objetivos a serem alcançados em termos de mudança de comportamento, incremento nos negócios, melhoria nos processos e desafios estratégicos atendidos por determinada ação educacional.

Para atender a toda a organização, a UniBrad está estruturada em 10 escolas, instituídas com base nos indicadores estratégicos da organização:

1. Excelência Operacional;
2. Gente;
3. Identidade Organizacional;
4. Inteligência de Negócios;
5. Liderança;
6. Negócios;
7. Relacionamento com o Cliente;
8. Segurança e Solução Operacional;
9. Cidadania e Sustentabilidade;
10. Digital.

As escolas de educação corporativa são responsáveis pelo desenvolvimento de todas as soluções de aprendizagem entregues à organização. Para isso, contam com profissionais especialistas nos assuntos relacionados aos pilares de cada escola para desenvolver cada conteúdo entregue à organização ou à sociedade, buscando sempre as principais e mais inovadoras metodologias.

Além das escolas, conta ainda com uma Secretaria de Tecnologia e Comunicação, que busca aprimorar as tecnologias para a aprendizagem a qualquer momento e em qualquer lugar; uma Comunidade do Conhecimento, cujo foco está na pesquisa aplicada, na gestão do conhecimento e no desenvolvimento de atividades de mapeamento, compartilhamento, disseminação e aplicação do conhecimento na organização; e, por fim, uma área de Gestão de Resultados, cujo objetivo é pesquisar, conceber e implantar o modelo de mensuração e avaliação de resultados dos programas educacionais.

No total, são 155 funcionários e 33 estagiários, que atuam em 12 *campi* regionais, com 67 salas de aula e 11 auditórios distribuídos por todo o país. Com essa capacidade de atuação, a UniBrad está presente em 146 cidades, alcançando, integralmente, suas

Inovação na Universidade Corporativa Bradesco (UniBrad) 6

equipes e comunidades locais. Essa presença fortalece uma cultura que busca, desde a sua fundação, atender a todos, inclusive à população não bancarizada, impulsionando sempre a economia local e a sustentabilidade das comunidades.

Em 2018, para os 98 mil funcionários do Bradesco, foram investidos R$ 174 milhões em capacitação e desenvolvimento,[5] gerando 824.708 participações, 79% delas via e-learning, em mais de 90 cursos on-line, com 665 pessoas treinadas presencialmente por dia.[6]

O fato de não existirem universidades que formam bancários ajuda a entender os altos investimentos da organização na educação corporativa. Paralelamente, a universidade tem uma importância fundamental na manutenção da cultura organizacional, calcada nas seguintes premissas:

- o cliente como razão de ser da organização;
- a transparência em todos os relacionamentos;
- o respeito à concorrência;
- o comprometimento com a melhora contínua de qualidade;
- a crença no valor e na capacidade de desenvolvimento das pessoas;
- o respeito à dignidade e à diversidade do ser humano.

Quando um recém-formado é contratado no início de sua carreira profissional, precisa receber uma capacitação para se tornar um bancário e aprende a profissão dentro da própria empresa. Daí a valorização inquestionável da educação corporativa no contexto organizacional, como destaca Elka Juttel Silva, gerente departamental de Recursos Humanos no Bradesco:

"Somos um banco de carreira. A capacitação é extremamente importante para a continuidade e a sustentabilidade da organização. Não contratamos um gerente; formamos um gerente."

Para sedimentar a importância da carreira interna, a UniBrad também conta com soluções de aprendizagem baseadas em *storytelling* (narrativas ou contação de histórias), em que altos executivos compartilham sua trajetória e ascensão com o objetivo de aproximar o funcionário da direção da organização, de humanizar as relações e de inspirar a busca pelo contínuo desenvolvimento de suas potencialidades.

No entanto, o valor mais importante no desenvolvimento dos funcionários é a promoção da autonomia e o protagonismo na escolha das soluções de aprendizagem. Essa concepção, implantada desde o lançamento da Universidade Corporativa, fortalece a ideia de que o funcionário é quem melhor sabe o que é necessário para o seu desenvolvimento, cabendo à UniBrad dar o suporte para sua aprendizagem. Nas palavras de Elka:

---

[5] BRADESCO. *Relatório Integrado 2018*. Departamento de Relações com o Mercado, p. 11.
[6] Apresentação institucional UniBrad, 2019.

PARTE II Casos práticos

"O protagonismo é um valor estimulado corporativamente. Você é responsável pelo seu aprendizado. A Universidade Corporativa disponibiliza o conteúdo."

Além de atender aos colaboradores internos, a UniBrad oferece programas a fornecedores, terceiros e empresas parceiras. À comunidade, disponibiliza o Portal de Educação Financeira, que mantém mais de 20 cursos gratuitos, entre eles Foco no Resultado, Mercado Financeiro, Finanças Pessoais, Matemática Financeira, Língua Portuguesa e Apresentações de Impacto. Outro canal educativo disponível é o *blog* "Saber para Crescer" no Facebook, que reúne cerca de 515 mil seguidores, e o Portal MEI (microempreendedor individual), implantado em 2018, que traz uma série de informações gratuitas que podem ajudar o empreendedor – cliente ou não – no início do seu negócio.

De fato, o compromisso de gerar valor para todos os *stakeholders* envolvidos é de tal ordem que a UniBrad, alinhada à filosofia do Bradesco, procura levar soluções de aprendizagem às mais distantes localidades, ultrapassando o objetivo de capacitar seus funcionários. Com suas soluções, alcança os setores privado, público e o terceiro setor, proporcionando a oportunidade de as pessoas compreenderem a importância da administração financeira e as características da economia local – o que concorre para a construção de uma consciência de cidadania e de responsabilidade social.

Todo esse histórico e amplitude de atuação tornaram a UniBrad uma das mais respeitadas universidades corporativas do Brasil e do mundo. Nos últimos dois anos, a UniBrad foi premiada com o Global CCU, em 2017, como Melhor Universidade Corporativa do Mundo, e com o CUBIC Awards, em 2018, como Líder de Aprendizagem do Ano, além de, também em 2018, ter sido reconhecida como o Melhor Case de Educação no EduCorp e de ter recebido o prêmio de Learning & Performance Ecosystem: Cultura de Inovação Digital pela MicroPower.

6.2 A PERSPECTIVA DA INOVAÇÃO NA UNIBRAD

A organização reconhece que estamos vivendo uma mudança de era, não apenas no setor financeiro, mas na forma como os negócios são feitos e no relacionamento com os clientes, colaboradores, parceiros, competidores e reguladores. Nesse cenário, evoluir ou adaptar-se já não é suficiente, sendo necessário mudar o paradigma para ter condições mínimas de competitividade – e essa mudança só se faz por meio da inovação.

Nesse sentido, o que já estava presente desde as primeiras ações de treinamento e se intensificou com o lançamento da UniBrad, agora se tornou questão central. Várias ações têm sido realizadas no âmbito da educação corporativa para fomentar uma *mindset* totalmente voltado à inovação.[7]

---

[7] Apenas para citar algumas iniciativas, o *Relatório 4T2018 – Capital humano da organização Bradesco* menciona a Semana da Inovação, a UniBrad Experience, os Hackathons Corporativos, a Semana Agile e o Programa Agile People. BANCO BRADESCO. *Relatório 4T2018 – Capital humano da Organização Bradesco*, 2018. Mais informações disponíveis em: <https://www.bradescori.com.br/siteBradescoRI/uploads/file/Capital_Humano_%20Bradesco_4T2018_Anexo(1).pdf>. Acesso em: 30 abr. 2019.

Inovação na Universidade Corporativa Bradesco (UniBrad)

Destaca-se que a Escola Digital foi criada posteriormente à implantação da UniBrad, para catalisar a mentalidade digital já presente na organização como um todo e acompanhar as atualizações e as tendências do mercado. Assim, a UniBrad está sempre disposta a ajustar seus métodos e a reinventar sua atuação, impulsionando a cultura e os resultados da organização em face da era de mudanças na qual vivemos.[8] Osvaldo Nogueira, gerente na Universidade Corporativa Bradesco, explica o papel da Escola Digital no contexto institucional.

"A criação da Escola Digital em 2015, dois anos após o lançamento da UniBrad, é fruto de um pensamento já inerente à universidade corporativa. A Escola Digital tem uma natureza transversal, porque o pensamento digital já permeava as outras escolas. Há um papel fundamental em qualquer sistema de educação corporativa de ser um provocador, um incentivador, um impulsionador da transformação digital. Como a UniBrad já exercia essa mentalidade de maneira contínua, pensando cada vez mais em metodologias disruptivas e em trazer o digital para perto das suas práticas, isso aconteceu naturalmente. Assim, apesar de haver uma data para a criação da Escola Digital, e também para o lançamento da BIA (inteligência artificial) e do Next (banco digital), eles são frutos do pensamento que a UniBrad incentiva, mas que é um valor contínuo da organização desde os primórdios."

A despeito da importância da Escola Digital no cenário de transformações atuais, Elka Juttel Silva observa que, assim como a escola surgiu, ela pode desaparecer, à medida que o digital se disseminar pela organização a ponto de dispensar uma ação direcionada e específica.

"Não sabemos até quando a Escola Digital vai existir. Imagine um momento em que ela será tão natural que não precisará haver algo específico para falar sobre o digital. Já vai fazer parte do contexto. Do jeito que ela chegou, pode sair, e fazer parte do fluxo normal de aprendizagem da UniBrad."

Aliás, a Escola Digital não é o único motor de inovação no âmbito da UniBrad e no contexto organizacional mais amplo, como deixa claro Elka.

"Pela própria natureza da Escola Digital, ela está um passo à frente em relação à inovação. As pessoas ali devem estudar mais para ficar antenadas sobre as novas metodologias e tecnologias. Por sua natureza, são muito mais afeitas ao mercado em relação a isso. Mas a Comunidade do Conhecimento também está superantenada em tudo o que está acontecendo no mercado. A própria área de Conexão, responsável por *benchmark*, recebe muitas empresas e também fica antenada no que cada uma está fazendo, e aí as outras áreas acabam bebendo dessa fonte."

---

[8] BANCO BRADESCO, 2018.

Assim, mesmo com o sentido de urgência que envolve a temática da inovação, a UniBrad adota uma postura que leva em consideração tudo o que a organização já fez no passado e seu direcionamento para a melhoria contínua. É o que reforça Osvaldo Nogueira.

"Eu, particularmente, acredito que, em se tratando de educação, a inovação ocorre quando a estrutura permite um novo olhar constante sobre as metodologias e soluções. No caso da UniBrad, isso significa ter uma estrutura aberta a revisar seus processos, a olhar novas metodologias, porque a inovação está acontecendo o tempo inteiro e, quando se trata de educação, isso acontece em um exponencial enorme. Então, a estrutura precisa ser adaptável para receber novas propostas o tempo todo. A inovação é transversal a tudo – todos buscam uma forma de se renovar e inovar o tempo todo. Por exemplo, a própria Escola de Excelência Operacional está sendo inovadora na metodologia na medida em que traz o Lean, o Scrum, para olhar os projetos de uma forma mais ágil, e tem perpetuado isso para toda a organização, a ponto de a metodologia virar corporativa. A Escola de Gente está o tempo todo olhando as competências do futuro, para que os funcionários tenham um olhar para as novas coisas que podem surgir e como se adaptar a isso. Cada escola, com sua especialidade e pilar de por que existir, traz esse olhar de inovação."

6.2.1 Inovação nos processos de educação corporativa da UniBrad

Mais do que cursos presenciais, a distância e até em universidades tradicionais, as ações da UniBrad extrapolam os limites da sala de aula para abarcar a leitura de livros, revistas, resumos e artigos completos, o acesso a videoaulas e *podcasts*, a participação em fóruns de discussão e hackatons, e a aprendizagem *on the job*.

Elka Juttel Silva comenta sobre as várias metodologias empregadas na UniBrad, e o balanço entre propostas inovadoras e propostas já testadas.

"Nunca achamos que uma metodologia é antiga ou deixou de existir. Temos o tradicional, que é a sala de aula, porque para alguns públicos esse formato é importante e precisa ser oferecido. Temos os vídeos que agora estão em alta, mas há alguns anos, há 10 anos, por exemplo, o formato vídeo foi quase extinto do nosso catálogo, porque as pessoas simplesmente não assistiam. Penso que uma metodologia nova ou algo que seja importante daqui para frente é tudo o que seja colaborativo. A gente resgatou uma metodologia que é o *hackaton*, em voga alguns anos atrás e hoje novamente em alta, porque é uma forma colaborativa de alcançar a solução de problemas com vários pensamentos diferentes. Vejo que não podemos nunca eliminar alguma metodologia e devemos sempre estar atentos ao público que queremos alcançar porque para cada público haverá um método diferente de entregar a solução."

O processo de construção de soluções educacionais se dá com base no modelo 6D de seis disciplinas,[9] a primeira delas voltada à definição dos resultados para o negócio. Para cumprir essa primeira etapa, o Escritório Consultivo de Educação utiliza um modelo de

---

[9] O modelo das seis disciplinas (6D) é mencionado na seção "Análise de necessidades de aprendizagem" do Capítulo 3.

Diagnóstico de Necessidade de Aprendizagem (DNA) como ferramenta de compreensão das áreas internas, de suas demandas, objetivos estratégicos, comportamentos esperados, aplicação da solução de aprendizagem e métricas para avaliação de resultado, conforme relata Osvaldo Nogueira.

"O Escritório Consultivo é responsável por fazer todo o mapeamento e o DNA – nome simbólico para descrever justamente a essência, aquilo que codifica toda a necessidade da aprendizagem. O DNA é composto por perguntas feitas em uma entrevista guiada a partir do modelo de seis disciplinas, que é a forma como nos estruturamos processualmente e sobre a qual toda a nossa governança está baseada."

Parte-se do DNA para desenhar uma experiência de aprendizagem completa. Com esse objetivo, os analistas das escolas de educação corporativa são responsáveis por pensar na melhor metodologia para atender às necessidades diagnosticadas, bem como definir como o cliente (funcionários ou outros públicos) serão envolvidos, onde, como e quando.

O design da experiência de aprendizagem (LXD) pode ser feito pelas escolas, que decidem como a solução educacional será criada; por meio de desenvolvimento interno a partir da própria escola; como resultado da contratação de um fornecedor externo ou mesmo com a ajuda de um facilitador interno.

Os facilitadores estão vinculados aos *campi* e fazem a gestão das estruturas espalhadas pelo Brasil. São funcionários da UniBrad ligados diretamente com as escolas, cuja responsabilidade é replicar *in loco* o que foi desenhado por elas.

Na UniBrad também contamos com multiplicadores – funcionários técnicos, por exemplo da área de crédito, que em alguma solução específica ministrarão ou participarão de alguma solução desenvolvida.

É importante esclarecer ainda a função dos **sponsors**. Assim, o alinhamento é garantido continuamente, desde a formulação do DNA até o patrocínio dos *sponsors* nas escolas.

No que diz respeito à avaliação, embora a UniBrad adote o modelo de Kirkpatrick e o ROI de Phillips,[10] inclusive com um profissional certificado para utilizá-la,[11] isso é feito de maneira seletiva, como aponta Elka Juttel Silva.

"Fazemos a avaliação de maneira seletiva, nem para tudo, nem para todos. Temos alguns critérios: não mensuramos treinamentos a distância nem treinamentos de formação. Treinamentos mais caros são mensurados para avaliar a efetividade. Só que mensurar não é algo fácil, ou melhor, é trabalhoso, é custoso e requer tempo. Muitas vezes, quando mensuramos, não conseguimos fazer isso logo após o treinamento; é preciso esperar um tempo para aplicar o que foi aprendido. Em seis meses,

Sponsors
executivos das escolas que garantem o alinhamento das soluções educacionais com a estratégia organizacional.

---

[10] Ver mais a esse respeito na seção "Etapa transversal – Avaliação na educação corporativa", do Capítulo 3.
[11] CASSIMIRO, W. Série UniBrad Bradesco | 5 de 6 | Desafios na avaliação de resultados. *Expresso 3*, 6 jul. 2016. Disponível em: <https://espresso3.com.br/serie-unibrad-bradesco-5-de-6-desafios-na-avaliacao-de-resultados/>. Acesso em: 20 ago. 2019.

PARTE II Casos práticos

> há diversas variáveis que podem influir no resultado da avaliação: o gestor que estava acompanhando o funcionário muda, e outras coisas acontecem no meio do caminho. Já mensuramos e chegamos até o ROI em alguns treinamentos, mas, normalmente, ficamos no 3º nível de Kirkpatrick, da avaliação da aplicação do aprendizado no trabalho, que é o mais importante para nós."

6.2.1.1 Trilhas de aprendizagem e gestão por competências

Há pelo menos dez anos, o Bradesco vem fazendo um mapeamento de competências dos profissionais e, em 2011, já havia incluído mais de 80% dos seus 100 mil colaboradores.

A educação corporativa ofertada pela UniBrad não segue uma estrutura curricular formal, mas o trabalho é realizado com base em trilhas elaboradas com o objetivo de facilitar o planejamento de carreira, sugerindo alternativas de aprendizagem que levam em conta as atividades técnicas ou gerenciais desenvolvidas, o nível de maturidade na função e as competências que cada profissional precisa adquirir para seu pleno desenvolvimento.

As trilhas de aprendizagem são um conjunto integrado e orgânico de ações de desenvolvimento que representam uma rota de navegação na qual cada profissional é protagonista de seu desenvolvimento profissional e pessoal.

Tendo como base as estratégias da organização e as competências corporativas, a UniBrad desenvolve continuamente soluções de aprendizagem que compõem diversas trilhas de conhecimento, algumas direcionadas para públicos específicos, outras abertas a todos os funcionários do Bradesco. Alguns destaques são:[12]

- Agronegócios.
- Formações para os Segmentos.
- Relacionamento Interpessoal.
- Trilha de Crédito.
- Trilha de Criatividade.
- Trilha de Empreendedorismo.
- Trilha de Ética.
- Trilha de Investimento.
- Trilha de Liderança.
- Trilha de Planejamento Estratégico.
- Trilha de Qualidade De Vida.
- Trilha de Cidadania e Sustentabilidade.
- Vendas Consultivas.

Está claro para o colaborador que, para seguir uma carreira mais comercial dentro do banco, é necessário seguir uma trilha que assegure essa formação. E esse colaborador, juntamente com seu gestor, pode montar seu percurso e planejar sua carreira na empresa.

Ao lado da aprendizagem formal, o sistema de *job rotation* (rodízio de funções) funciona plenamente como um antídoto para a entropia dos profissionais, que constroem toda a sua carreira dentro do banco, dando ao colaborador a oportunidade de trabalhar com várias experiências diferentes.

---

[12] BANCO BRADESCO, 2018.

Inovação na Universidade Corporativa Bradesco (UniBrad) 6

As seções a seguir descrevem ações e soluções educacionais dentro do escopo da UniBrad, destacando ainda sua integração com outros setores da organização.

6.2.1.2 Treinet

Desde 2000, a educação a distância é disponibilizada e disseminada na organização através do Treinet, a plataforma de e-learning do Bradesco. São, portanto, cerca de duas décadas utilizando tecnologias na entrega de treinamentos.

A facilidade de disseminar conhecimentos nesse formato é fundamental para uma instituição com a capilaridade do Bradesco assegurar a agilidade na disponibilização de informação atualizada a todas as agências do país.

Com o objetivo de oferecer igualdade de oportunidade de aprendizagem a todos e em qualquer localidade, o Treinet é composto por conteúdos que atendem a políticas e normas internas e externas, além de boas práticas de governança.

O Treinet abrange treinamentos técnicos (como matemática financeira e comunicação escrita), operacionais (que ensinam como preencher um cadastro de crédito e fazer abertura de contas) e também comportamentais (em temas como liderança e *coaching*). O Treinet ainda atende profissionais autônomos de corretoras e concessionárias que vendem seguros do banco.

Cursos de caráter obrigatório como os treinamentos de Segurança da Informação, Prevenção à Lavagem de Dinheiro e Financiamento ao Terrorismo, Ética e Conduta, embora realizados on-line, ocorrem exclusivamente no local de trabalho, sendo considerados parte da jornada de trabalho.

Em 2018, foram mais 280 cursos disponibilizados nas trilhas essenciais para o banco: cursos corporativos, cursos de integração, formação, aprimoramento comercial, aprimoramento administrativo e operacional, aprimoramento técnico, gestão, especialização/certificação, cursos para executivos, competências corporativas, cartilhas, vídeos e programa de capacitação para novos funcionários.

Por meio do Treinet, por exemplo, os recém-contratados participam do programa de integração (*onboarding*) que existe antes mesmo da incorporação da internet como recurso de aprendizagem. Entre os cursos, há um que foca na cultura organizacional, explicando qual é a visão e os valores da empresa – particularmente ética, cliente como foco, compromisso com a sociedade, inovação e pioneirismo, carreira e desenvolvimento, respeito e disciplina, solidez e abrangência.

A propósito, o programa de integração é um exemplo de como a UniBrad busca continuamente soluções inovadoras para atender a necessidades de aprendizagem da organização. Elka Juttel Silva explica a combinação de metodologias presenciais e virtuais para promover uma experiência significativa aos recém-contratados.

"Desde o início de 2017, usamos tecnologias imersivas em treinamentos de integração para novos funcionários. O funcionário que acabou de entrar em uma agência, independentemente do local onde esteja no Brasil, vem a São Paulo para conhecer a matriz, e, consequentemente, sua cultura organizacional e estratégia. Como o novo funcionário vai trabalhar em uma agência, por meio dos óculos de realidade virtual, ele entra em uma agência virtual e conhece todas as áreas e procedimentos, incluindo o autoatendimento, como atender o cliente e como deve ser sua abordagem na agência. É uma parte técnica que também abrange comportamento, porque estamos falando de atendimento. São públicos jovens, que desde os primeiros dias já fazem uma imersão no mundo Bradesco."

6.2.1.3 Biblioteca Virtual

Desde 2013, a UniBrad disponibiliza aos funcionários uma Biblioteca Virtual que busca atender à demanda por facilidade e praticidade no acesso a conteúdos que possam incentivar seu próprio autodesenvolvimento.

Criada em parceria com a empresa getAbstract,[13] a plataforma se propõe a oferecer uma solução de aprendizagem inovadora, baseada no *microlearning*, que disponibiliza a todos os funcionários resumos dos mais importantes livros de negócios do mundo, em apenas cinco páginas.

Dados de 2018 informam que há cerca de 16 mil títulos disponíveis (800 deles em português), com mais de 95 novos títulos adicionados mensalmente. Desde o início do projeto, foram registrados mais de 3 milhões de downloads.

Essa solução on-line, disponível para acesso via Web e dispositivos móveis, permite que os colaboradores se atualizem sobre diferentes temas em áreas como liderança, relacionamento e outras temáticas importantes para o funcionário.[14]

Osvaldo Nogueira destaca como a oferta desses recursos informacionais segue uma linha de aprendizagem adaptativa, na medida em que existe uma estratégia de inteligência por trás do sistema de oferta de títulos.

"A Biblioteca Virtual é fruto da parceria com uma empresa que faz isso mundialmente, e nós a disponibilizamos para todos os funcionários. São resumos mundiais de livros, com desenho tecnológico e curadoria da universidade junto à empresa, a partir do Plano de Desenvolvimento Individual (PDI) do funcionário. Há uma inteligência por trás da biblioteca para que, após o meu *feedback* do PDI, seja identificada uma necessidade de aprimoramento, por exemplo, na competência de comunicação. A plataforma é, então, alimentada com esse resultado e a partir daí o sistema vai sugerindo os resumos mais adequados."

A Biblioteca Virtual também funciona como um repositório de conteúdos para ações pré e pós-cursos, conforme Elka Juttel Silva descreve a seguir.

"Muitas vezes, usamos os resumos de livros como uma preparação para cursos presenciais. Aí fazemos uma curadoria para saber o que indicar para os profissionais antes ou após o treinamento. Se vamos oferecer um curso de liderança e falar sobre liderança situacional, então selecionamos alguns resumos sobre esse tema."

---

[13] GET ABSTRACT. Disponível em: <https://www.getabstract.com/pt/>. Acesso em: 30 abr. 2019.
[14] CASSIMIRO, W. Série UniBrad Bradesco | 3 de 6 | Inovação em práticas educacionais. *Expresso 3*, 30 jun. 2016. Disponível em: <https://espresso3.com.br/serie-unibrad-bradesco-i-3-de-6-i-inovacao-em-praticas-educacionais/>. Acesso em: 20 ago. 2019.

6.2.1.4 Aplicativo b.Quest

O b.Quest é um aplicativo desenvolvido pela *startup* de educação Qranio, que possui uma versão exclusiva para os colaboradores do Bradesco. Trata-se de uma plataforma estruturada no modelo de perguntas e respostas, com o objetivo de promover o autodesenvolvimento e a colaboração entre os funcionários de forma leve, divertida e motivacional.

O aplicativo permite duas modalidades de jogo: *single player*, em que o funcionário testa seus níveis de conhecimento individualmente, e *multiplayer*, que permite desafiar os colegas de trabalho sobre determinado tema, proporcionando a interação entre os funcionários de diversas localidades do Brasil. Além disso, há a modalidade trilha, na qual o conteúdo é estruturado por módulos e o funcionário vai evoluindo pelos subtemas, testando o conhecimento aprendido a cada ciclo.

A ideia é potencializar o autodesenvolvimento dos funcionários, de modo lúdico e interativo, por meio de jogos de perguntas e respostas e de "duelos" que permitem acumular pontos. Por trás dessa solução educacional, estão os conceitos de aprendizagem social e gamificação.[15]

O b.Quest tem sido utilizado de forma integrada a outras ações da UniBrad. Um exemplo dessa integração foi o Hackaflag, descrito na seção a seguir.

6.2.1.5 Soluções "hacka"

O Hackaflag, citado anteriormente, faz parte da metodologia "hacka". Em linhas gerais, trata-se de uma maneira de examinar profundamente como algo funciona de modo a poder manipulá-lo, muitas vezes de forma criativa, seguindo a linha de abrir uma máquina ou dispositivo para ver como funciona, estudar rapidamente seus componentes e fazer ajustes para ver o que acontece.

Entre as ações patrocinadas pela UniBrad, os *hackatons* têm por objetivo encontrar soluções de forma engajadora para problemas reais, com foco nas necessidades das pessoas em diversos contextos. Em 2018, foram desenvolvidos vários *hackathons* corporativos com a participação de funcionários do Varejo, do Departamento de Recursos Humanos e até mesmo alunos da Fundação Bradesco do Ensino Médio.

A primeira dessas iniciativas é descrita com detalhes por Elka Juttel Silva.

"Há dois anos, fizemos o 1º *hackaton* na UniBrad e, por conta do sucesso, fizemos mais outros sete só em 2018. São dois dias inteiros com públicos diversos debruçados sobre o tema 'inovação', com mentores distribuídos em grupos de trabalho (somando aproximadamente 100 pessoas), cada grupo com um desafio. Por exemplo, o desafio na Cidade de Deus, que é grande, mas tem uma dificuldade em relação às vagas de estacionamento, foi: "Como melhorar a questão dos carros dentro da Cidade de Deus?". Outro desafio foi: "O que fazer no tempo vago na hora do almoço na Cidade de Deus?". Os grupos de trabalho desenvolveram soluções para esse tipo de problemas e surgiram com a ideia da carona solidária. Há uma banca examinadora, normalmente formada por executivos que têm relação com aquele tema e que atribuem notas para decidir se a solução será ou não implementada."

---

[15] Ver mais sobre aprendizagem social e gamificação nos Capítulos 2 e 3, respectivamente.

É interessante destacar o papel de uma estratégia como o Hackaton corporativo no desenvolvimento de competências humanas, como observa Osvaldo Nogueira.

"Apesar de o objetivo final ser agregar valor na inovação em si, que é a proposta do *hackaton* enquanto metodologia, é essencial permeá-lo com diversas doses e oportunidades de trabalhar o desenvolvimento de competências dos funcionários para poder usá-lo como metodologia inovadora de educação. Além da criação de todo o contexto que o *hackaton* já permite – ter um desafio gerando valor e interesse para quem está ali, seguindo as bases da andragogia –, à medida que o funcionário é provocado a criar algo em que vê valor, o caminho é permeado por aprendizados. A metodologia é inovadora nesse sentido. Usamos design thinking (DT)[16] para isso."

O Hackaflag foi realizado em 2018, no escopo da Garage Week, um evento sobre segurança e tecnologia que ocorreu na Cidade de Deus e em Alphaville, São Paulo.

A iniciativa proporcionou experiências que tangibilizaram conceitos de tecnologia por meio de oficinas e conteúdos diversos, com uma ampla programação de palestras, cujo foco era a tecnologia e a inovação voltadas para a segurança da informação corporativa.

Esse campeonato educacional levou funcionários de todo o Brasil para testarem seus conhecimentos em um evento presencial sobre tecnologia e segurança, competindo para descobrir quem dominava mais os conceitos apresentados. O desafio principal era hackear um servidor inativo, mas com toda a estrutura de um servidor ativo, a fim de encontrar falhas no sistema.

Nesse contexto, o b.Quest, abordado na seção anterior, funcionou como uma ferramenta para selecionar quais funcionários participariam do evento presencial, como descreve a seguir Osvaldo Nogueira.

"O processo de inscrição no Hackaflag foi baseado em duelos realizados no b.Quest, aplicativo que usa gamificação. A partir dos duelos, foram mapeados os conhecimentos que os funcionários já tinham sobre aquele desafio, e, de acordo com os resultados, esses funcionários foram convidados a participar do *hacka*. O tema específico era Segurança da Informação, e conseguimos gerar engajamento tanto por aqueles que já tinham conhecimento sobre o tema como por aqueles que poderiam vir a se desenvolver nesse sentido. E, na medida em que o duelo era gamificado, esse interesse foi gerado desde o início da ação por todos os critérios da gamificação: bonificação, pontuação e recompensas."

Elka Juttel Silva destaca um benefício extra possibilitado pelo uso do aplicativo de gamificação no caso do *hackflag*.

---

[16] O Capítulo 3 faz referência ao DT como abordagem para construção de soluções educacionais. Para um aprofundamento na perspectiva do DT como metodologia ativa de ensino-aprendizagem, ver: CAVALCANTI, C. C.; FILATRO, A. *Design thinking na educação presencial, a distância e corporativa*. São Paulo: Saraiva, 2017.

"A proposta teve como grande sacada a seleção on-line dos participantes por meio de um jogo, dando oportunidade de qualquer pessoa participar, mas apenas aqueles que tinham mais afinidade com o assunto é que acabaram comparecendo ao evento presencial. Isso permitiu conhecer melhor o funcionário para fazer um recrutamento interno."

6.2.1.6 Bradesco Inteligência Artificial (BIA)

A BIA é um chat cognitivo que se relaciona com o cliente do Bradesco, responde a perguntas sobre produtos e serviços e o auxilia em transações, utilizando o IBM Watson, plataforma de inteligência artificial (IA) da IBM que proporciona uma conversa amigável e eficiente com o cliente, tirando dúvidas sobre serviços e funcionalidades do banco, a qualquer hora, sete dias por semana, com agilidade e fluidez.

Caso o cliente deseje falar com o time de consultores, em situações que necessitem de intervenção humana, a BIA direciona automaticamente a conversa, sem interrupção no atendimento. Em 2018, a BIA passou a atender também por meio do WhatsApp, está integrada ao Google Assistente e já responde sobre mais de 83 produtos e serviços do banco.

Para além do uso comercial da ferramenta, a BIA também apoia os processos de gestão de pessoas e, particularmente no caso da UniBrad, ajuda a promover uma experiência completa para o funcionário (***employee experience***), de modo que ele consiga se guiar e acessar os produtos e as soluções educacionais.[17]

Embora seu uso seja recente e incipiente, as perspectivas de aplicação à educação corporativa são imensas, como se pode notar nos comentários de Osvaldo Nogueira.

Employee experience
a "experiência do funcionário" pode ser definida como a percepção holística da pessoa sobre o relacionamento com a organização empregadora, ao longo de sua jornada organizacional, que abrange desde o relacionamento pré-contratação (recrutamento e seleção, oferta e aceitação), passando pelo período de contratação propriamente dito (integração, contribuição, desenvolvimento, crescimento), até a pós-contratação (separação, conexão e reemprego).[17]

"Há um olhar de que a IA é bem ampla. Dito isso e diante de tudo o que a BIA tem nos ensinado, esperamos muito dessa ferramenta. Queremos que a BIA instrua o funcionário em algumas dúvidas. Temos buscado cada vez mais conectar isso com as estratégias de educação, porque é uma forma de alavancar a aprendizagem, mas a educação sempre terá as nuances de contato humano, que precisamos desenvolver. A BIA já atende nosso funcionário, mas, por outro lado, temos aprendido com a BIA como trabalhar a IA. Nesse sentido, a BIA ajuda a limpar tudo o que é fácil de ensinar, especialmente as competências técnicas, para que consigamos trabalhar as competências humanas de forma mais direta e mais próxima."

No campo da IA, o Departamento de Recursos Humanos também conta com uma plataforma de *machine learning* (aprendizado de máquina) que integra vários subsistemas de RH e não por acaso é batizada como Integra RH.

---

[17] PLASKOFF, H. Employee experience: the new human resource management approach. *Strategic HR Review*, v. 16, n. 3, p. 136--141, 2017.

Osvaldo Nogueira dá um panorama sobre como esse recurso inovador tem sido utilizado.

"Dentro da IA, também temos o *machine learning* para ofertar soluções que são do interesse dos funcionários. Hoje já temos uma ferramenta que nos ajuda a ler o que o funcionário tem buscado, as palavras-chave que pesquisa, os programas que os colegas na mesma função ou cargo procuram para se desenvolver, e conseguimos, por meio da IA, identificar se os produtos de educação e as soluções de aprendizagem estão adequados, se estão gerando interesse e se os funcionários estão aprendendo ou não por meio do *machine learning*. A partir do PDI, o funcionário é vinculado às nossas soluções de aprendizagem e pode ver as possibilidades de carreira dentro da organização. Por exemplo, se um funcionário está se candidatando a alguma vaga interna, essa oportunidade também está conectada no sistema, e o funcionário consegue ver um *match* do seu currículo com a vaga proposta. Esse recurso permite uma visão unificada da UniBrad e dos outros sistemas de RH."

É interessante observar a posição da UniBrad em relação às metodologias analíticas, visto que essa temática sempre desperta o questionamento sobre até onde a IA pode chegar em atividades hoje desempenhadas por humanos. Elka Juttel Silva traça um paralelo com o período em que o e-learning também foi introduzido nas organizações e suscitou discussões de natureza muito semelhante.

"O e-learning foi implementado em 2000, e a pergunta era praticamente a mesma que fazemos sobre a relação entre IA e o desenvolvimento de competências comportamentais: O que poderia ser colocado no e-learning? O que não era comportamental era colocado ali. O primeiro curso ofertado foi Matemática Financeira. Foi preparado um passo a passo extremamente didático para o acesso a distância, porque não era necessário estar em sala de aula para receber explicações de um professor. Havia um consenso de que isso era diferente em um curso mais comportamental, por exemplo, sobre negociação, em que se poderia apresentar o teórico no formato e-learning, mas para a parte prática o presencial era o mais indicado. O que está relacionado com comportamento humano precisa de algo mais emocional. Então, essa discussão sobre o que vai para a IA é muito parecida com a que tivemos há 20 anos."

6.2.1.7 O InovaBra e a educação corporativa

O InovaBra é uma plataforma de inovação do Bradesco que funciona como um verdadeiro ecossistema para promover a inovação dentro e fora do banco por meio de programas baseados no trabalho colaborativo entre organização, empresas, *startups*, investidores e mentores, a fim de solucionar desafios, atender às necessidades dos nossos clientes e garantir a sustentabilidade dos negócios no longo prazo.

Ao combinar condições favoráveis para compartilhar visões futuras de negócios, materializar a inovação no mercado financeiro, fomentar parcerias e acelerar a busca por soluções disruptivas, o InovaBra se consolida como um direcionador estratégico dos esforços organizacionais em relação à inovação, acelerando avanços e ampliando ainda mais o

Inovação na Universidade Corporativa Bradesco (UniBrad)

leque de benefícios para os participantes desse ecossistema. O ecossistema é composto por oito programas:

1. **InovaBra Polos** – em vigor desde 2012, é o programa de inovação interna que incentiva os funcionários a praticar a criatividade e o empreendedorismo, disseminando a cultura de inovação na organização. Os projetos de inovação são priorizados, estruturados e conduzidos desde a etapa de concepção, passando por todo o processo de construção e validação do modelo de negócio, até o lançamento ao mercado. São mais de 100 funcionários de várias áreas de negócios, interagindo entre si e com *startups* externas, com foco em gerar soluções inovadoras para proporcionar melhores experiências aos clientes.

2. **InovaBra Startups** – lançado em 2014, é um programa de inovação aberta, planejado para possibilitar parcerias estratégicas entre o Bradesco e *startups* que possuam soluções aplicáveis ou com possibilidade de adaptação aos serviços financeiros e não financeiros que possam ser ofertados ou utilizados pela organização. Para as *startups*, oferece a oportunidade de trabalharem com clientes reais, testarem suas soluções na prática e crescerem em escala. Desde julho de 2018, o programa deixou de ser anual e passou a ser mensal.

3. **InovaBra Ventures** – fundo de capital proprietário lançado em 2016, atualmente com R$ 200 milhões. Sua gestão é realizada pela área de Private Equity, para investir em *startups* com tecnologias e/ou modelos de negócios inovadores, contribuindo para o crescimento do *valuation* (avaliação) dessas *startups* e para a ampliação do ambiente empreendedor, assim como e, principalmente, quando envolvem soluções que atendam às necessidades dos clientes Bradesco.

4. **InovaBra Inteligência Artificial** – lançado em 2016, é um Centro de Excelência Bradesco Inteligência Artificial, que conta com uma equipe multidisciplinar dedicada, composta de cientistas de dados e especialistas em linguagem natural. É responsável pela estratégia e aplicação da IA na organização, assim como pela busca da fronteira do conhecimento nesse assunto.

5. **InovaBra Hub** – lançada em 2017, essa plataforma digital colaborativa conecta, sem fronteiras, os participantes do ecossistema de empreendedorismo e inovação brasileiro. Empresas, *startups* e profissionais de empreendedorismo e inovação têm acesso a conteúdos, trocam experiências e realizam negócios. São mais de 5 mil usuários, dos quais 1,1 mil são *startups*.

6. **InovaBra Lab** – inaugurado no final de 2017, é um ambiente de 1,7 mil m², localizado no Núcleo Bradesco em Alphaville, que centraliza 16 laboratórios das áreas de tecnologia, projetado para operar em um modelo de trabalho colaborativo com grandes parceiros de tecnologia residentes nesse ambiente. Esse modelo proporciona ganhos em eficiência operacional, com a otimização e a aceleração dos processos de avaliação e certificação de novas tecnologias (hardware e software), de prototipação, de experimentação, de provas de conceito, lançamentos e soluções de novos desafios. Além disso, proporciona condições favoráveis para conectar as áreas de negócios com as áreas de TI e parceiros de tecnologia, aproximando a organização das fronteiras de tecnologias emergentes.

7. **InovaBra Internacional** – inaugurado no início de 2018, é um programa estruturado em um ambiente de inovação, sediado em Nova York com conexões em Londres,

com radar no ecossistema de inovação e empreendedorismo global de *startups*. Um time de funcionários dedicado trabalha em um espaço colaborativo em parceria com empresa especializada, visando a identificar soluções que agreguem valor aos negócios da organização e acompanhar tendências tecnológicas e comportamentais.

8. **InovaBra Habitat** – lançado em 2018, é um prédio com mais de 22 mil m², situado no grande centro econômico de inovação e cultura de São Paulo, onde grandes empresas, *startups*, investidores e mentores trabalham de forma colaborativa para coinovar e gerar negócios. Conta com mais de 180 *startups* e 60 grandes empresas, residentes no ambiente, totalizando 1,5 mil pessoas trabalhando de forma colaborativa para inovar. Além de fomentar o universo de empreendedorismo no Brasil e a cultura de inovação nas organizações, o Habitat tende a contribuir com o país na busca por uma posição de maior protagonismo na inovação global.

No que diz respeito à colaboração do InovaBRA para a universidade corporativa, um ponto de destaque está no fato de que, à medida que as tecnologias de apoio à aprendizagem vão ficando cada vez mais sofisticadas e requerem profissionais de alto nível de especialização, torna-se necessário contar com o apoio de outras áreas da organização.

Osvaldo Nogueira salienta quão importante é essa parceria, inclusive como modelo de negócio e de estrutura organizacional que possibilite a absorção e o impulsionamento das inovações.

"O objetivo da Escola Digital é ter uma área que cuide desses aspectos. Nessa linha, a colaboração é o futuro. É trabalhar com pessoas de outras áreas, mais do que ter alguém especializado em *analytics* internamente. Conseguir agrupar as diversas especialidades, as diversas empresas, esse é um olhar que o InovaBRA tem trazido para nós, por exemplo, trazendo *startups* que fornecem uma tecnologia específica para processos específicos."

Por trás dessas iniciativas que se apoiam em dois pilares fundamentais – gente e tecnologia – está o conceito de colaboração, compartilhado por toda a empresa, que Osvaldo Nogueira traduz a seguir.

"O futuro da educação e a própria UniBrad estão apontando cada vez mais no sentido da colaboração – e esse termo deve ser usado no máximo de sua potencialidade. A colaboração entre os times e entre as próprias escolas da UniBrad permite pensar metodologias que estejam conectadas em todos os aspectos, colocando o ser humano no centro, no sentido de estar conectado como indivíduo e conectado a tecnologias que nos auxiliem a ser mais rápidos e mais flexíveis. As escolas todas estão olhando isso. Acreditamos muito nisso na UniBrad, e estamos caminhando para que não só dentro do Bradesco, mas em outras áreas e outras empresas, possamos colaborar para construir uma educação diferente para a sociedade."

6.3 O DI 4.0 NA UNIBRAD

Nas diversas iniciativas da UniBrad descritas neste capítulo, conseguimos identificar com clareza a adoção de metodologias inov-ativas (ativas, ágeis, imersivas e analíticas) e uma

Inovação na Universidade Corporativa Bradesco (UniBrad)

estreita proximidade com o processo de construção de soluções educacionais de forma inovadora (basicamente, um DI centrado nas pessoas).

Por certo, a UniBrad tem sua própria estratégia de construção de soluções educacionais, não utilizando necessariamente a terminologia ou a fundamentação teórica adotada nos capítulos anteriores. O lastro histórico e a orientação para o futuro comprovam sua solidez e sua ousadia como sistema de educação corporativa.

Feitas essas considerações, buscamos nas seções a seguir evidenciar ao leitor os pontos de interface entre as iniciativas da UniBrad e os princípios de inovação na educação corporativa discutidos neste livro.

6.3.1 Metodologias inov-ativas na UniBrad

Ao entrar em contato com a descrição de soluções inovadoras desenvolvidas pela Uni-Brad, percebemos várias aplicações das metodologias inov-ativas discutidas no Capítulo 2.

No caso das metodologias (cri)ativas, o protagonismo individual é um valor muito mais organizacional do que apenas educacional. O próprio desenvolvimento da carreira profissional dentro da organização depende fortemente do autodirecionamento individual para aprender continuamente, agregando-se a orientação para a criatividade e a solução de problemas por meio de estratégias como os *hackatons* e o DT.

Quanto à colaboração, os gestores a posicionam claramente como uma tradução para a ideia de inovação no contexto da educação corporativa. Portanto a aprendizagem colaborativa é uma prática real, dentro e fora de soluções formais ofertadas pela UniBrad.

Quanto às metodologias ágeis, ao lado da abordagem de microaprendizagem que embasa o uso da Biblioteca Virtual, observamos que a demanda por agilidade operacional no negócio "banco" tem se expandido também para as práticas de recursos humanos e da universidade corporativa propriamente dita, como comprova a adoção das abordagens Scrum e *lean*.

E o que nos chama muito a atenção é o emprego avançado das metodologias analíticas. A utilização da BIA nas atividades-fim da organização (basicamente, transações bancárias) tem seu paralelo no Departamento de Recursos Humanos. Cada vez mais, a capacidade de mapear de forma mais precisa o contexto, por meio da analítica de dados dos usuários, torna a IA, e particularmente, o *machine learning*, uma promessa de melhores subsídios para a tomada de decisão humana com respeito às melhores soluções educacionais ofertadas.

6.3.2 O DI centrado nas pessoas na UniBrad

Analisando o processo de construção de soluções educacionais pela UniBrad, fica evidente a centralidade nas pessoas como valor fundamental. É verdade que esse valor se equilibra com o foco nos resultados para o negócio. No entanto, como no horizonte dos colaboradores está uma longa e progressiva carreira no banco, de certa forma essas duas orientações se retroalimentam.

No que tange especificamente às práticas de design, a metodologia 6D está muito próxima das etapas do DI 4.0, em especial no que se refere ao DNA (Diagnóstico de Necessidades de Aprendizagem), em correspondência à etapa 1 – Compreender o problema (com foco nos resultados para o negócio); e à disciplina D2 – Desenhar uma experiência completa, que tem a ver com as etapas 2, 3 e 4 – Projetar, Desenvolver e Implementar a solução educacional. Embora as disciplinas D3 – Direcionar a aplicação, D4 – Definir a transferência da aprendizagem, D5 – Dar apoio à performance e D6 – Documentar os resultados tenham sido exploradas apenas indiretamente neste capítulo, elas guardam semelhança com a perspectiva contextualizada do DI 4.0.

PARTE II Casos práticos

Por fim, ainda que a expressão "design instrucional" corresponda a apenas uma parte da formação dos analistas de educação corporativa, é patente que existe uma correspondência com as funções desempenhadas pelo designer instrucional.

O Quadro 6.1 faz um resumo dos pontos discutidos nesta seção, esclarecendo ao leitor como os princípios reunidos sob o guarda-chuva do DI 4.0 podem ser encontrados em uma prática de excelência voltada à educação corporativa.

Quadro 6.1 Resumo do DI 4.0 nos programas da UniBrad

Caraterísticas do DI 4.0	Princípios essenciais	Adoção na UniBrad
Metodologias ativas (Capítulo 2)	• Aprendizagem ativa e colaborativa: – protagonismo do participante – colaboração – ação-reflexão	• Educação como valor organizacional • Autodirecionamento do funcionário quanto ao seu próprio desenvolvimento e gestão de carreira • Colaboração em diversos níveis
Metodologias ágeis (Capítulo 2)	• Microaprendizagem e *just-in-time learning*: – economia da atenção – microtudo – mobilidade tecnológica e conexão	• Microconteúdos na Biblioteca Virtual • Aplicativos móveis • Abordagem Scrum • Abordagem *lean*
Metodologias imersivas (Capítulo 2)	• Experiência imersiva: – engajamento de diversão – experiência de aprendizagem – tecnologias imersivas	• Uso de realidade aumentada • Gamificação • Aplicativos móveis
Metodologias analíticas (Capítulo 2)	• Adaptativa e personalizada: – analítica da aprendizagem – adaptação / personalização – inteligência humano-computacional	• Trilhas de aprendizagem • BIA • *Machine learning*
DI centrado nas pessoas (Capítulo 3)	• DI baseado em realizações individuais • DI baseado em tarefas (ou atividades) • DI personalizado	• Treinet • *Hackatons* • Visão de experiência do usuário/do funcionário
Novos papéis para professores, alunos e tecnologias (Capítulos 3 e 4)	• Professor como codesigner, facilitador e mentor • Participantes em postura ativa e autodirigida • Tecnologia para planejamento, para instrução, de e para avaliação, para registro	• Responsabilidade compartilhada entre analistas, facilitadores, multiplicadores e *sponsors* • Participantes com poder de personalizar trilhas de aprendizagem a partir do seu PDI • Ambiente virtual de aprendizagem • Integra RH
Integração entre práticas de DI, DT, LXD (Capítulo 4)	• Compreender o problema • Projetar uma solução • Desenvolver a solução • Implementar a solução	• Modelo 6D: – D - Determinar os resultados para o negócio – D2 - Desenhar uma experiência completa – D3 - Direcionar a aplicação – D4 - Definir a transferência da aprendizagem – D5 - Dar apoio à performance – D6 - Documentar os resultados[18]

Fonte: elaborado pela autora.

---

[18] Ver WICK, C.; POLLOCK, R.; JEFFERSON, A. *6Ds*: as seis disciplinas que transformam educação em resultados para o negócio. São Paulo: Évora, 2011.

UMA PALAVRA FINAL SOBRE INOVAÇÃO NA UNIBRAD

Entre as boas práticas e as reflexões sobre inovação na educação corporativa que a Uni-Brad nos permitiu conhecer neste capítulo, muito nos inspira a ideia de perenidade da organização frente a tantas novidades metodológicas e tecnológicas lançadas pelo mercado com a promessa de transformação.

Essa perenidade é encontrada em várias dimensões: da visão de "banco de carreira" que possibilita de fato uma proposta de educação "ao longo da vida" para os funcionários, passando por uma postura serena diante do potencial disruptivo das tecnologias, a ponto de as mudanças serem de fato incrementais porque a organização está caminhando junto e não a reboque das inovações, até chegar a uma clara compreensão do que é a essência da educação corporativa e de como as inovações servem a essa essência, e não o contrário.

Além disso, cabe destacar a ênfase na colaboração como vetor de inovação nas várias dimensões às quais a UniBrad está relacionada – colaboração como abordagem educacional, expressa em atividades em equipe combinadas a ações individuais; colaboração entre as escolas de educação corporativa; colaboração entre as áreas, departamentos e iniciativas do banco; colaboração com outros bancos, outras empresas, outras instituições; colaboração com representantes da sociedade –, o que nos faz pensar que a UniBrad caminha para o modelo de *stakeholder university*, discutido na Abertura deste livro.

Também é digno de nota que a educação é de fato um valor central para a organização, uma vez que se concretiza explicitamente no braço da Fundação Bradesco, mas está viva e presente no discurso e na prática da universidade corporativa – e isso faz muita diferença, por conferir à educação corporativa um *status* diferenciado ao lado das atividades-fim da organização.

Por essa razão, não há por que temer as inovações, mesmo aquelas que implicam quebra de paradigmas. É como se o eixo central no qual se apoia a educação corporativa estivesse tão profundamente enraizado e ao mesmo tempo tão aberto à mudança que a inovação surge de dentro para fora, fruto da reflexão sobre o que já foi feito, o que tem sido feito e o que pode ser feito para perpetuar esse valor no futuro.

ENCERRAMENTO

Diante de tantas transformações no ambiente de trabalho, na indústria e na educação, e de tantas novidades tecnológicas, metodológicas e processuais, só há uma certeza: a preponderância da aprendizagem continuada na vida das pessoas e das organizações.

A despeito de prognósticos sobre a substituição das pessoas por máquinas e sistemas inteligentes, as atividades da educação corporativa continuarão a existir por muito tempo, mas, provavelmente, de maneiras diferentes daquelas que somos capazes de imaginar hoje.

O certo é que a área responsável pela aprendizagem das pessoas nas organizações precisa inovar continuamente seus processos com metodologias e estratégias emergentes a fim de desenhar soluções que possam alcançar os resultados de negócio esperados.

É essencial reconhecer o novo ecossistema de educação corporativa e integrar as ações não formais de aprendizagem e soluções educacionais de ponta, como a microaprendizagem, os ambientes imersivos, a customização de conteúdos e o design instrucional orientado a dados.

Observamos essa orientação nos casos apresentados na Parte II do livro, cada um com sua particularidade, e todos demonstrando a necessidade e a possibilidade de reinventar as formas de aprender e ensinar dentro das organizações.

Considerando tanto as necessidades presentes como as futuras, a educação corporativa – seja como sistema ou como universidade –, precisa assumir o protagonismo no suporte à execução das estratégias empresariais, no sentido de gerar impactos positivos sobre os negócios ou mesmo de fazer parte da formulação das estratégias de médio e longo prazo.

Esse posicionamento implica uma mudança cultural no nível organizacional e uma mudança de *mindset* (mentalidade) no nível individual. É o que Armando Lourenzo, diretor da Universidade Corporativa da EY (Ernst Young) para Brasil e Latam Sul e Presidente do Instituto EY (Ernst Young), premiado como um dos três melhores "Learning Leader of the Year" pelo IQPC em US (2016 e 2017), chama de *rebranding learning* (mudança de percepção).

Para que essa mudança aconteça de fato, as organizações precisam:

1. conectar a educação corporativa com o negócio, por meio da integração com a governança corporativa, a proximidade das áreas de negócios e o patrocínio da liderança;
2. mudar as abordagens de ensino-aprendizagem junto a facilitadores e alunos, levando em conta dois requisitos fundamentais:
   a) reduzir o foco na análise de indicadores operacionais ou de rotina (como número de pessoas treinadas, horas de treinamento oferecidas e resultados de avaliações de reação) e focar em *key performance indicators* (KPIs ou indicadores-chave de desempenho) que estejam conectados de fato à estratégia organizacional mais ampla;
   b) compreender e adotar a forma de aprender e agir das novas gerações, incorporando metodologias e estratégias inov-ativas bem como práticas avançadas de design para a construção de soluções educacionais e experiências de aprendizagem inovadoras.
3. comunicar contínua e intensamente os resultados alcançados, utilizando para isso o poder computacional e a inteligência artificial (IA) combinadas à tomada de decisão pelas pessoas.

Esse desafio torna mais complexa e desafiadora a atuação dos profissionais da educação corporativa.

Espera-se que o responsável pela condução das atividades de educação corporativa assuma o papel de *chief learning officer* (CLO), participando da direção da empresa de maneira estratégica, ajudando a definir os direcionadores da aprendizagem e sua integração por toda a organização.

Para apoiar o CLO, a equipe de educação corporativa precisa ser cada vez mais composta de verdadeiros especialistas em aprendizagem (*learning specialists*), entre os quais se destacam novas profissões surgidas na esteira das inovações educacionais, como os cientistas de dados educacionais e os designers de experiência de aprendizagem.

Os próprios designers instrucionais podem estender suas competências para atuarem como analistas das necessidades de aprendizagem e das necessidades do negócio, especialistas em mídias e tecnologias educacionais, gestores de projeto e analistas de dados.

Além dessa multiplicidade de papéis para os designers instrucionais, é importante ressaltar a função de "agentes de mudança social" na medida em que, embora exista uma variedade de modelos e diretrizes de DI em vigor, a constante mudança no campo exige que esses profissionais utilizem a mentalidade de design para propor novas e criativas soluções para os problemas educacionais.

Além disso, pelo fato de o processo de DI se realizar inevitavelmente por meio de comunicação, colaboração e compartilhamento com outros atores (gestores de áreas, conteudistas, especialistas em mídia, em tecnologia...), esses profissionais não são apenas influenciados pelas mudanças culturais, tecnológicas e econômicas, mas são eles mesmos vetores de transformação educacional e organizacional.

O DI 4.0 não apenas suporta a adoção de metodologias (cri)ativas, ágeis, imersivas e analíticas para fomentar novas formas de aprender e ensinar, mas é, ele mesmo, um processo ancorado nos princípios da (cri)atividade, agilidade, imersão e orientação a dados para fazer o melhor uso das abordagens emergentes de design centradas nas pessoas, como o DT e o LXD.

As diferentes estratégias empregadas no DI 4.0 traduzem esses princípios – da análise contextual visual aos modelos de avaliação enriquecidos pela analítica da aprendizagem, da caracterização empática da audiência à cuidadosa preparação de (micro)conteúdos e (micro)atividades, da prototipação de interface à tomada de decisão sobre desenvolver internamente ou firmar parcerias para encomenda de soluções educacionais inovadoras.

O Quadro E.1 evidencia esse conjunto de recursos, articulando-os às grandes etapas do DI 4.0.

DI 4.0: Inovação na educação corporativa

Quadro E1 Visão panorâmica das etapas e estratégias do DI 4.0

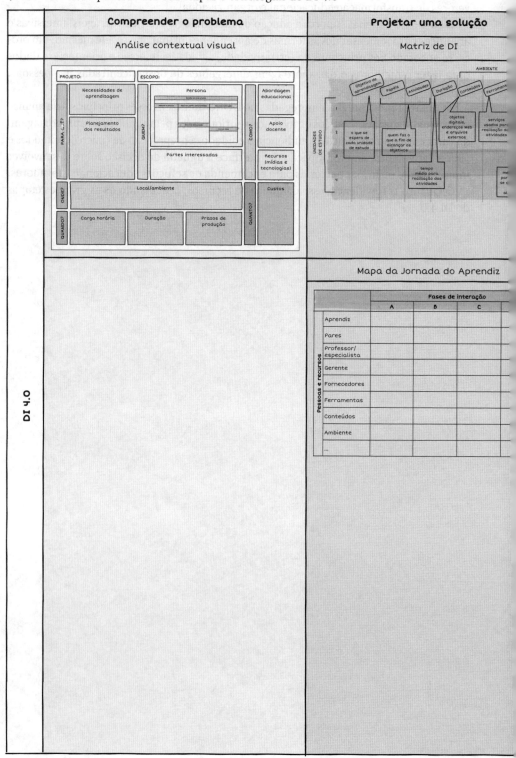

Encerramento

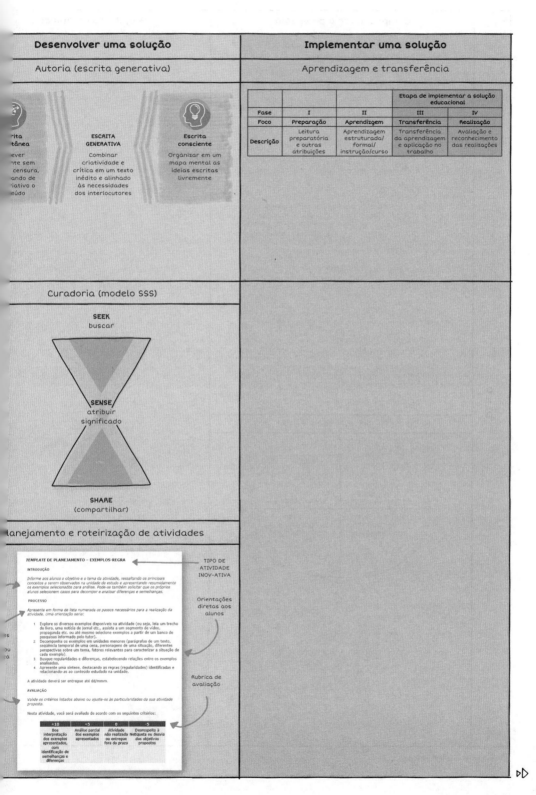

DI 4.0: Inovação na educação corporativa

	Compreender o problema	Projetar uma solução
	Análise contextual visual	Matriz de DI

DI 4.0

Roda de Planejamento de Resultados

4 — Quais são os indicadores críticos de sucesso?	1 — Quais necessidades do negócio serão satisfeitas?
O que ou quem pode confirmar essa mudança? (3)	O que os participantes farão diferente e melhor? (2)

Fonte: elaborado pela autora.

Encerramento

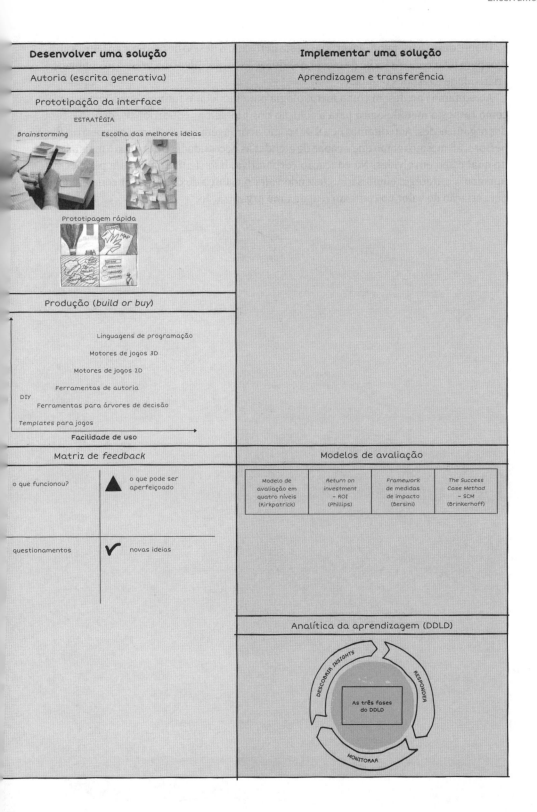

243

Diante desse panorama, encerramos este livro com o desejo de oferecer ao leitor subsídios para lidar com o desafio de inovar na educação corporativa – na prática, combinando criatividade e responsabilidade.

Acreditamos no design como metodologia para modelar o futuro. Acreditamos no DI como resposta metodológica para a solução dos problemas educacionais, dentro e fora das organizações. Acreditamos no DI 4.0 como abordagem que captura a perspectiva das pessoas, ao mesmo tempo que é capaz de atender às necessidades do contexto mais amplo no qual estão envolvidas. Na educação corporativa, isso significa alinhar a perspectiva humana à estratégia empresarial, fazendo valer o esforço de desenvolver competências para criação de valor no contexto real de uma organização.

ÍNDICE REMISSIVO

(Auto)biografias
  como narrativas, 66
(Cri)atividade, 52, 53, 56, 58, 62, 105, 129, 137, 239
(Socio)construtivismo, 58
"Lego"
  abordagem tipo, 12
  educação no formato, 69
"Microtudo", 65, 67-69
  microatividades, 30, 67, 103, 137,154, 211
  microcertificações / nanocertificações, 69, 103
  microconteúdos, 30, 67, 68, 78, 85, 103, 128, 132-134, 145, 154, 234
  micromomentos, 67
  Ver também Metodologias ágeis
"Período misterioso" entre a conclusão de uma ação formal e a proficiência individual, 104
3D, 6, 7, 8, 145, 201, 207, 243
  ambientes virtuais de aprendizagem, 43
  experiência imersiva, 82
  mundos, 43
  redes sociais, 82
6D (seis disciplinas), 109, 205, 222
  D1. Determinar os resultados para o negócio, 233, 234
  D2. Desenhar uma experiência completa, 233, 234
  D3. Direcionar a aplicação, 233, 234
  D4. Definir a transferência da aprendizagem, 233, 234
  D5. Dar apoio à performance, 233, 234
  D6. Documentar os resultados, 233, 234
70/20/10, modelo, 99, 205

A

Abordagem de cenários baseados em metas, 67
Absorção inconsciente, mecanismo de aprendizagem informal, 102
Ação de aprendizagem, fase da aprendizagem, 28, 29, 36, 75, 8687, 106, 111, 114, 135, 152
Ação-reflexão, 51, 57, 62-64, 179, 182, 213, 234. *Ver também* Metodologias (cri)ativas
Accountability, XX, 183
Acessibilidade, 12
Acionistas, 15
Ações de aprendizagem ou de desenvolvimento, XX, 60, 86, 95, 99, 104, 109, 146, 163, 163, 165, 187, 188, 189, 190,

191, 195, 196, 199, 203, 204, 205, 206, 207, 209, 211, 213, 224
Acreditação, organismos de, 37
Adaptação
  ao contexto computacional, 71
  ao contexto do usuário. 71
  ao contexto físico, 71
  ao contexto temporal, 71
  da interface, 88
  da sequência de objetos e/ou atividades de aprendizagem, 88
  do agrupamento de usuários, 88
  e LMSs, 89
  pedagógica de conteúdos, 71, 88
ADDIE (Analysis, Design, Development, Implementation e Evaluation), modelo, 27, 28, 41, 52, 118
Administração
  ciências da, 36
Adoção, medida de impacto, 149. *Ver também* Medidas de eficiência
Adversários. *Ver Jogos*
Afetivo, domínio, 139
Affordances (possibilidades de ação), 138
Agência, em ambientes aprendizagem, 137
Agente(s)
  pedagógico virtual, 49
  pessoais, 21
AGILE
  abordagem, 31, 33-34
Agile-Teaching/Learning Methodology – ATLM, 64
Agilidade
  curadoria para oferta de conteúdos, 135
Agrupamento(s)
  adaptação de, 88
  níveis de granularidade, 61
Ajudas de trabalho, 67
Alcance
  dos objetivos do cliente, medida de resultado para o negócio, 149, 151
  porcentagem de pessoas treinadas no público-alvo, medida de eficiência, 150
Alfabeto, princípio LATCH para organização de conteúdos, 130
Algoritmo(s), 37, 52, 66, 83, 90, 91, 155, 207, 208, 213
Alianças, 20, 161

DI 4.0: Inovação na educação corporativa

Alinhamento com a estratégia de negócios / organizacional, 14, 105

Alinhamento, medida de impacto, 149

Alternância entre tópicos (intercalação), exemplo de dificuldade desejável, 74

Aluno
  como agente passivo, 56
  mudanças no papel do, 49
  protagonismo do, 51, 57-57, 83, 179 *Ver também* Metodologias (cri)ativas
  sinônimos, XXI

Always on (processo "sempre ativo"), 103
  Ver também Conexão contínua

Ambiente de trabalho
  colaborativo, 14
  mudanças, 95

Ambientes de aprendizagem
  3D, 43
  agência, 137
  conectividade, 71
  digitais de próxima geração. Ver NGDLEs
  experiência, 42, 77, 78, 79
  exploração, 137
  físicos, 16, 107, 121, 138
  imersivos. Ver Ambientes imersivos
  tridimensionais imersivos, 81, 138, 139
  versus unidades de estudo ou curso, 119

Ambientes Digitais de Aprendizagem de Próxima Geração *Ver* NGDLEs

Ambientes imersivos, 79-83
  construção de identidade, 80
  fidelidade representacional, 80
  interação, 80
  modelados por computador, 79
  mundos virtuais, 79
  propriedades básicas, 80
  realidade aumentada, 79
  realidade virtual, 79
  realistas, 79
  sensação de presença, 79, 80
  sensação de copresença, 80

Ambiguidade. *Ver* VUCA

Amigos, como filtros humanos, 66

Análise
  contextual. Ver Compreender o problema
  de dados. Ver Analítica da aprendizagem
  de necessidades de aprendizagem, 108-111
  etapa do DI, 27
  preditiva, 86

Analistas de treinamento & desenvolvimento, XIX

Analítica da aprendizagem, 83, 84-88
  análise preditiva, 86
  conceito, 84
  contribuições para a avaliação, 85
  e DI, 88
  potencial de inovação, 84
  paralelo com outros setores da sociedade, 84
  personalização orientada a dados, 83, 88
  questões relativas a pessoas, 87
  questões relativas a programas, 87
  questões relativas a recursos, 87
  tipos de dados educacionais, 85
  Ver também Metodologias analíticas

Analítica de pessoas. *Ver People analytics*

Andaimaria (*scaffolding*), 46, 48, 50
  just-in-time, 49

tipos de, 48

Andragogia, 57, 99, 228

Animação, 140
  na experiência de aprendizagem, 43, 78

API (Application Programming Interface), 12, 13
  da experiência. Ver xAPI 1.0

API da experiência. *Ver* xAPI 1.0

Aplicação da aprendizagem no trabalho
  avaliação da, 150
  intenção, medida de eficácia, 150

Apoio, fator que afeta a experiência, a transferência e os resultados de aprendizagem, 110

Application Programming Interface. *Ver* API

Aprender
  com erros, 74
  divertindo-se. Ver Edutainment
  em diferentes contextos sociais. Ver Mobilidade contextual
  em diferentes locais. Ver Mobilidade física
  em diferentes momentos. Ver Mobilidade temporal
  fazendo (*learning by doing*), 138
  no próprio ritmo, 46, 50, 60, 69, 77, 88, 104, 123
  Ver também Atividades de aprendizagem inov-ativas

Aprendiz
  experiência do. Ver Jornada do aprendiz
  jornada do, 123-128
  sinônimos, XXI

Aprendizado de máquina. *Ver Machine learning*; Inteligência humano-computacional; Metodologias analíticas

Aprendizagem
  (cri)ativa, 25, 51, 53, 54, 57
  a distância. Ver EAD
  a qualquer hora e em qualquer lugar, 5, 6, 70
  ações de. Ver Ações de aprendizagem
  adaptativa, 6, 11, 42, 51, 54, 83, 88, 89, 103, 205, 206, 226,
  ambientes de. Ver Ambientes de aprendizagem
  análise de necessidades de. Ver Análise de necessidades de aprendizagem
  analítica da. Ver Analítica da aprendizagem
  ativa e contínua, 4
  atividades de. Ver Atividades de aprendizagem
  avaliação da, 12, 147, 148, 152, 159, 180. *Ver também* Avaliação
  avaliação para a, 147, 152
  baseada em personalização, 12, 48, 50
  baseada em realizações individuais, 48, 50
  baseada em tarefas (ou atividades), 48, 50
  colaborativa, 43, 47, 51, 54, 57, 167, 182, 213, 233, 234
  como medida de impacto, 149
  como processo, 147
  como processo holístico de adaptação ao mundo, 62
  componentização da, 67
  confinada a um *desktop*, 71
  contrato ou plano de, 49
  de atitudes, 14, 21, 129, 201
  de conceitos, 63, 73, 129, 139
  de fatos, 65, 129, 137, 139
  de habilidades, 46, 48, 65, 79, 107, 120
  de informações, 129, 137
  de lembranças, 69
  de princípios, 129, 137, 137
  de regras, 129, 139
  de valores, 129
  digital, XX, 11, 86
  dinâmica e flexível, 71
  dos pares, 107
  e desempenho no trabalho, 89, 153
  em rede, 11, 14, 16, 99, 123
  estilos de. Ver Estilos de aprendizagem

Índice remissivo

experiencial. Ver Aprendizagem experiencial; Aprender fazendo
experiências de, XX, 43, 50, 58, 77, 79, 81, 83, 95, 96, 99, 118, 128, 141, 180, 38
formal. Ver Aprendizagem formal
fragmentação da, 67
híbrida, 212
imersiva, 11, 25, 51, 54, 72, 81, 182, 234
informal. Ver Aprendizagem informal
just-in-place, 12
just-in-time, 12, 51, 65
lacunas. Ver Lacunas de aprendizagem
móvel. Ver m-learning
não formal, 125
objetos de, 42, 68, 85, 97, 99, 118, 141
percursos de, 153
pílulas de, 21
personalizada, 29, 48, 51, 54, 65, 83, 103
presencial, XX, 25, 89, 114, 135, 146, 182
profunda, 63, 69
referenciada pela norma, 47
referenciada por critérios, 47
social. Ver Aprendizagem social
trilhas de. Ver Trilhas de aprendizagem
ubíqua. Ver u-learning

Aprendizagem experiencial, 51, 54, 72
ciclo de, 62, 63
condições básicas para, 62

Aprendizagem formal, 68, 86, 96, 97, 103, 104, 147, 224
ações estratégicas, 99
ações funcionais ou operacionais, 99
ações gerais ou táticas, 99
desenvolvimento, 98
educação, 98
informação, 98
instrução, 98
na educação corporativa, 97-100
treinamento, como ação formal na educação corporativa, 98

Aprendizagem informal, 12, 21, 68, 82, 97, 100-104, 118
absorção inconsciente, 102
articulação, 103
atividades expansivas, 101
atividades voluntárias, 100
autoinstrução, 100
coaching, 100, 102
colaboração e conexão, 103
coordenação ou participação em projetos interdepartamentais, 100
dispositivos psicológicos / neurológicos, 102
estágio, 100
feedback, 101
job rotation, 100
mentoria, 102
modelo 70/20/10, 99, 205,
mudança de perspectiva, 102
na educação corporativa, 100-103
observar e copiar (imitar, reproduzir), 101
osmose, 102
prática, 100
reflexão, 100
trabalho voluntário, 100
transferência extraocupacional, 101
visitas técnicas, 100

Aprendizagem social, 211, 227
colaboração, 57
níveis de granularidade, 60, 61
Ver também Metodologias (cri)ativas

Aprendizes, XXI, 21, 29, 30, 31, 34, 46, 49, 56, 58, 59, 70, 71, 78, 87, 96, 114, 148, 180

Arquitetura da informação, 41

Articulação, mecanismo de aprendizagem informal, 103

Artigos, 67, 69, 72, 127, 135, 136, 222

Assessores de desempenho para avaliação, 48

Atenção
administração da, 64
economia da, 65, 66
fluxo da, 66
gerenciamento da, 66
Ver também Metodologias ágeis

Atitudes, aprendizagem de, 13, 14, 21, 201
Atividades de aprendizagem inov-ativas, 125, 137-138
(cri)ativas. Ver Metodologias (cri)ativas
aprender fazendo (*learning by doing*), 138
avatar, 137
caça ao tesouro, 137
cocriação, 138
discussão em pequenos grupos, 138
fórum de grandes grupos, 138
incidente crítico, 138
orientação conceitual, 138
redes sociais, 138
role play, 137
visita guiada, 137

Atividades de aprendizagem, 27, 30, 60, 71, 74, 84, 86, 88, 121, 125, 137, 140, 145, 149, 153
"sob medida", 88
conceito, 137
discussão, 137
e conteúdos educacionais, 128
e matriz de DI, 118, 119, 121
expansivas, mecanismo de aprendizagem informal, 101
experimentação prática, 137
gamificadas. Ver Jogos; Gamificação
inov-ativas. Ver Atividades de aprendizagem inov-ativas
investigação, 81, 137
observação, 137
pensamento crítico, 137
planejamento no DI 4.0, 137
solução de problemas, 137
tomada de decisão, 137
voluntárias, ação de aprendizagem informal, 100

Atores do processo de ensino-aprendizagem
e matriz de DI, 118

Atualização de soluções educacionais, custos de, 145

Audiência, caracterização da, 111-113

Áudio
gravação, 131
na experiência de aprendizagem, 78

Aumento
na receita, medida de resultado, 150
na satisfação do cliente, medida de resultado, 150
nas vendas, medida de resultado, 150

Authorware, ferramenta de autoria Autodesenvolvimento, 12

Autodeterminação. *Ver* Teoria da autodeterminação

Autoinstrução, ação de aprendizagem informal, 100

Automated Essay Scoring – AES (Pontuação automatizada de ensaios), 91

Autonomia
de quem aprende e gamificação, 75
na teoria da autodeterminação, 75
Ver também Jogos

Autor. *Ver* Conteudista

Autoria
boas práticas de direitos autorais, 131

DI 4.0: Inovação na educação corporativa

colaborativa, 132
de microconteúdos, 132-134
de textos inéditos, 131
ferramentas de, 12, 68, 145, 243
licença aberta, 134
pesquisa e seleção de fontes confiáveis, 131, 136
Ver também Curadoria; Escrita de conteúdos educacionais
AutoTutor, sistema de tutoria inteligente, 43
Avaliação
baseada em critérios de maestria, 47, 50
comparação entre os modelos, 151
comparada com critérios de maestria, 180
comparada ao desempenho de outros alunos, 47
contribuições da analítica da aprendizagem, 83, 84-88
custo do treinamento, 150
da aplicação, 224
da aprendizagem, 12, 147148, 152, 159, 180
da satisfação dos participantes, 147
de impacto, 147, 148, 149, 150, 151, 153
de reação, 122, 148, 149, 151
de resultados para o negócio, 105, 150
do comportamento, 123, 148, 149
e matriz de DI, 118, 119, 1231, 122, 123,
eficácia, medidas de, 150, 153
eficiência, medidas de, 150, 153
etapa do DI, 27
etapa transversal do DI 4.0, 146, 147-155
formativa, 12, 46, 49, 152
instrumentos. Ver Instrumentos de avaliação
medidas de impacto. Ver Framework de medidas de impacto
metodologia empregada, 149
modelo de Bersin. Ver Framework de medidas de impacto
modelo de Kirkpatrick. Ver Modelo de avaliação de Kirkpatrick
modelo de Phillips. Ver ROI
para a aprendizagem, 147, 152
resultados para o negócio, medidas de, 150
Retorno sobre o Investimento. Ver ROI
somativa, 46, 49, 152
The Success Case Method. Ver SCM
Avatar, atividade de aprendizagem inov-ativa, 137

B

Banda larga, 12
Bate-papo, salas de, 43
Behaviorismo, 57, 58
e jogos, 75
Big data, 6, 7, 83, 193
Bioimpressão, 7, 8
Biotecnologias, 20
Blended learning. Ver Aprendizagem híbrida
Blockchain, 7, 193
Blocos
de construção. Ver Building blocks
de informação, na teoria da escrita estruturada, 133, 134
Blogs, 61, 69, 82, 120, 136
Bloom, taxonomia de. *Ver* Taxonomia de Bloom
Bônus. *Ver* Jogos
BookSprint, 132
Bradesco
aprendizagem social, 227
b.Quest (aplicativo), 227, 228
banco "de carreira", 219
BIA (inteligência artificial), 221, 229-232, 233, 234
Cidade de Deus, 227, 228
Conexão, área de, 221

cultura organizacional, 215, 217, 219, 225
dados gerais da UniBrand, 217-220
Departamento de Recursos Humanos, 227, 229, 233
educação como valor fundamental, 217
employee experience, 229
Fundação, 215, 217, 227, 235
Garage Week, 228
inovação, mindset voltado à, 220
InovaBRA, ecossistema de inovação, 231-232
Integra RH, integração inteligente entre sistemas, 229, 234
Next (banco digital), 221
PDI (Plano de Desenvolvimento Individual), 226, 230, 234
Política de Treinamento e Desenvolvimento, 217
Portal de Educação Financeira, 220
Portal MEI (microempreendedor individual), 220
Programa Agile People, 220
Saber para Crescer no Facebook, 220
Semana Agile, 220
Semana da Inovação, 220
Universidade Corporativa. Ver UniBrad
vídeos, uso de, 222, 225
Brainstorming, 123, 243
colaborativo, no modelo SAM, 32estratégia de DT, 39, 40, 41, 44, 142, 143
Bring Your Own Device. *Ver* BYOD
Build or buy. Ver Desenvolver internamente ou comprar / encomendar soluções educacionais
Building blocks (blocos de construção), 138-139
para metodologias inov-ativas, 155
Busca
mecanismos de, 66, 78, 92
BYOD (Bring Your Own Device), 71

C

Caça ao tesouro, atividade de aprendizagem inov-ativa, 137, 139
CAI (Computer Assisted Instruction), 12
Campo, experiência de, 82
Canvas, 43, 82, 86, 115
análise contextual visual, 117
formato, 114
persona, 117
Capacitações, XX, 69, 189, 191, 192, 209
Capital
humano, 215, 217, 218, 220
intelectual, 5
Carga cognitiva. *Ver* Teoria da carga cognitiva
Carga horária, 117, 118, 173, 175, 192
Categoria, princípio LATCH para organização de conteúdos, 130
Cavernas digitais. *Ver* Ambientes imersivos
CBT (Computer Based Training), 12
Celulares. *Ver* Mobilidade tecnológica
Cenário(s), XX, 2, 8, 9, 10, 11, 14, 15, 33, 50, 52, 59, 67, 77, 81, 93, 103, 114, 118, 132, 137, 140, 220
Centros de treinamento & desenvolvimento (T&D), 14, 98
Chatbots, 90. *Ver também* Inteligência humano-computacional
Ciclo de aprendizagem, 147
estrutura do, 67, 68
experiencial, 62, 63. *Ver também* Aprendizagem experiencial
Cidadania
princípio do sistema de educação corporativa, 5

248

Índice remissivo

Ciência de dados educacionais, 30

Cliente
- alcance dos objetivos, medida de resultado para o negócio, 150
- aumento da satisfação do, medida de resultado, 150

Coaching
- mecanismo de aprendizagem informal, 102

Cocriação, 38, 40, 115, 170, 178
- de conhecimento, 16
- atividade de aprendizagem inov-ativa, 138, 139

Codesigner, professor como, 49, 182

Código, exemplos de, 67

Cognitivismo, 45, 58

Colaboração, 12, 18, 20, 31, 36, 40, 46, 49, 57, 60-61, 65, 82, 97, 103, 128, 146, 182, 199, 213
- com outras pessoas envolvidas no processo de aprendizagem, 51
- competência do século XXI, 49
- mecanismo de aprendizagem informal, 103

Colaborador
- sinônimos, XXI

Colegas de trabalho, como filtros humanos, 66

Coletivos, nível de granularidade na aprendizagem social, 61

Companhia
- sinônimos, XX

Competências
- "leves". *Ver Soft skills*
- conceito, 14
- críticas, 3, 4
- do século XXI, 49
- empresariais, 2, 3, 14, 15
- gestão de pessoas com base em, 3, 4, 14
- humanas, 14, 228, 229
- obsolescência de, 9, 58
- organizacionais, 4
- para lidar com a vida e a carreira, 49
- percebidas, na teoria da autodeterminação, 75

Competição
- e gamificação, 75
- nos jogos, 75

Competitividade
- princípio do sistema de educação corporativa, 5

Complexidade
- na educação, 36, 39, 45
- na educação corporativa, 36
- *Ver também* VUCA; Wicked problem

Componentização, 67, 180
- de conteúdos, 130

Comportamentalismo. *Ver* Behaviorismo

Comportamento
- avaliação do, 148, 149
- responsivo, 20

Comprar / encomendar ou desenvolver internamente soluções educacionais, XIX, 144

Compreender o problema
- análise contextual, 27, 32, 41, 106, 107, 108, 113, 114, 115, 117, 118
- análise de necessidades de aprendizagem, 108-111
- caracterização da audiência, 111-113
- contexto institucional, 108,109
- etapa do DT, 40
- primeira etapa do DI 4.0, 52

Computação
- cognitiva, 11, 90, 169, 170
- em nuvem, 11, 12
- imersiva. Ver Ambientes imersivos

Computer Assisted Instruction. *Ver* CAI

Computer Based Training. *Ver* CBT

Comunicação, competência do século XXI, 49

Comunidade(s)
- de negócios abertas, 20
- de pessoas, 20
- e partes interessadas, 20

Conceitos
- aprendizagem de, 63, 64, 68, 73, 129, 138
- tipo de conhecimento, 139

Conceituação abstrata, prática, 63, 64. *Ver também* Aprendizagem experiencial

Conectividade
- em ambientes de aprendizagem, 20, 38, 71, 138
- princípio do sistema de educação corporativa, 5

Conectivismo, 11, 19, 57, 58, 60, 84, 194

Conexão
- contínua. Ver Conexão contínua
- mecanismo de aprendizagem informal, 103

Conexão contínua, 65, 70. *Ver também* Mobilidade tecnológica
- always on ("sempre ativo"), 103
- contas sincronizadas, 71

Confiança, falta de, lacuna de aprendizagem, 108

Conflito
- e gamificação, 75
- nos jogos, 75

Conhecimento
- cocriação de, 16,
- conceitos, tipo de, 139
- como vantagem competitiva nas empresas, 16
- compartimentalização entre disciplinas ou domínios, 59
- correspondência com atividades de aprendizagem inov-ativas, 139
- crescimento exponencial, 58
- descoberta dinâmica de, 82
- domínio afetivo, tipo de, 139
- e habilidades adquiridos durante uma experiência de aprendizagem, medida de eficácia, 150
- economia baseada no, 9
- experiência transformada em, 57
- falta de, lacuna de aprendizagem, 108
- fatos, tipo de, 139
- geração de, 90, 105
- gestão do. Ver Gestão do conhecimento
- globalização na organização do, 59
- instrumental, 13
- jargão técnico, tipo de, 139
- jornadas de. Ver Trilhas de aprendizagem
- obsolescência do, 11, 16
- percursos de. Ver Trilhas de aprendizagem
- prática psicomotora, tipo de, 139
- princípios, tipo de, 139
- procedimentos, tipo de, 139
- regras, tipo de, 139
- rotas de. Ver Trilhas de aprendizagem
- solução de problemas, tipo de, 139
- técnico, 13, 192
- trajetórias de. Ver Trilhas de aprendizagem
- transformado em experiência, 57
- trilhas de. Ver Trilhas de aprendizagem
- troca de, 29, 82, 161
- vocabulário, tipo de, 139

Construtivismo, 45, 60
- social. *Ver* (Socio)construtivismo

Conteudista, 21, 17, 199, 200
- responsável técnico, 202

DI 4.0: Inovação na educação corporativa

Conteúdo
"sob medida", 43, 88
4.0, 133, 134
agregação de, 67, 68, 69, 70, 135
atitudinais, 129
cocriado, 68
conceituais, 129
consumidores de, 68
diagramação de, 131, 132
digital, 20, 69
e matriz de DI, 118, 119, 120
em formato hipertextual, 130
em formato linear, 130
entrega de, 88, 118
formas de organização, 130
fragmentação de, 67, 68
gamificação de, 75
gravação de vídeos e podcasts, 36, 129
microconteúdos, XIX, 30, 67, 68, 78, 85, 103, 128, 132-134, 145, 154, 211, 234
moleculares, 133
princípios para organizar. Ver LATCH
procedimentais, 129
prossumidores de, 36, 68, 88
unidades de, 68, 98
Ver também Conteúdos educacionais

Conteúdos educacionais
acessados de maneira linear, 130
acessados livremente à escolha das pessoas, 130
autoria de, no DI 4.0, 129-132
componentizados, 130
conceito, 129
critérios de avaliação , 223
curadoria de, no DI 4.0, 134-136
e atividades de aprendizagem, 30
e trilhas de aprendizagem, 6, 89
entrega de, 88
escrita. Ver Autoria
estrutura linear, 95, 130
formas de organização de, 130
mapeamento de, 27, 131
microconteúdos educacionais, 67, 68, 78, 85, 103, 132- 134
revisão, 130
roteirização de. Ver Roteirização
seleção de fontes e imagens, 130
tópicos de, 130
tipos de, 67, 68, 139
validação técnica, 130, 131, 212
Ver também Conteúdo

Contexto
análise do. Ver Análise contextual
computacional, 71
dados do, 71
de orientação, 106
de instrução, 106
de transferência, 106
do usuário, 71
físico, 71
perspectiva imediata, 106
perspectiva individual, 106
perspectiva organizacional, 106
sensibilidade ao, 71
temporal, 71

Controle
e gamificação, 75

Convergência tecnológica, 20

Cooperação, 60, 161, 195
e gamificação, 75

Coordenação ou participação em projetos interdepartamentais, ação de aprendizagem informal, 100

Coordenadores pedagógicos, 137

Copresença, sensação de, em ambientes imersivos, 80

Criação de valor, 20, 34, 58
na empresa, 18, 20, 21, 51, 244

Criadores de conteúdo. *Ver* Conteudista

Criatividade
competência do século XXI, 49
DT como estimulador da, 39
na escrita generativa, 131

Crítica na escrita generativa, 131

CRM (Customer Relationship Management), 153

Cultura
maker, 58, 59. *Ver também* Metodologias (cri)ativas
organizacional, 2, 4, 107, 154, 215, 217, 219, 225

Curador, papel do, 135, 136

Curadoria
agilidade na oferta de conteúdos, 135
conceito, 134, 135
de conteúdos, 135
e DI aberto, 135
formas de utilizar, 135
guia ou roteiro de estudo para acompanhar a , 135
modelo SSS para, 136

Curiosidade
e gamificação, 75

Currículo
expandido, 49
novo, 49-51
reestruturado, 49
teoria do, 49

Cursos
on-line abertos e massivos. Ver Moocs
versus ambientes de aprendizagem, 16

Custos
de desenvolvimento de soluções educacionais, 28, 144
de manutenção / atualização de soluções educacionais, 145
de suporte, 145
por aluno, medida de eficiência, 149, 150, 153
por hora, medida de eficiência, 149, 150
por programa, medida de eficiência, 150
redução de, medida de resultado, 150

D

Dados
educacionais. *Ver* Dados educacionais
orientação a, 12, 52, 53, 56, 83, 105, 129, 239
personalização orientada a, 88

Dados educacionais, 30, 83, 88, 238
de acesso, 85
de desempenho, 85
de desempenho final, 85
de entrada, 85
de interação, 85
de participação, 85
de percepção dos alunos, 85
dispositivos de acesso, 85
temporais, 85

Data Driven Learning Design. *Ver* DDLD

DBL (Digital Body Language), 154

DDLD (Data Driven Learning Design), 153
comparação com o DI clássico, 155

Índice remissivo

conceito, 154
e a experiência de aprendizagem, 154
e criação de algoritmos, 155
e personalização,155
propósito, 154
Decisão. *Ver* Tomada de decisão em DI
Deep learning. *Ver* Aprendizagem profunda
DeepTutor, sistema de tutoria inteligente, 43
Desafio
e gamificação, 75
Descoberta de conhecimento em bases de dados. *Ver* KDD
Descoberta dinâmica de conhecimentos, 82
e Imernet, 82
Desempenho
assessores de, 48
dos empregados, melhoria, medida de resultado, 150
indicadores-chave. Ver KPI
individual, influência sobre o desempenho organizacional, 150, 151, 152
individual, medida de impacto, 149
no trabalho, aprendizagem e, 89
organizacional, influência do desempenho individual, 149
organizacional, medida de impacto, 149
ótimo, 79
real, 108
Desenvolver a solução, terceira etapa do DI 4.0, 52
autoria de conteúdos educacionais, 129-132
autoria de microconteúdos educacionais, 132-134
build or buy. Ver Desenvolver internamente ou comprar / encomendar soluções educacionais
curadoria de conteúdos educacionais, 134-136custo de desenvolvimento, 144-145
custo de manutenção/atualização, 145
custo de suporte, 145
design de interface, 142, 143
Know-how interno, 145
gamificadas, 123, 127, 137, 140
planejamento de atividades de aprendizagem, 137-141
Desenvolver internamente ou comprar / encomendar soluções educacionais, tomada de decisão, 144
Desenvolvimento
como ação formal na educação corporativa, 98
etapa do DI, 27
jornadas de. *Ver* Trilhas de aprendizagem
percursos de. Ver Trilhas de aprendizagem
rotas de. Ver Trilhas de aprendizagem
social, 16
trajetórias de. Ver Trilhas de aprendizagem
trilhas de. Ver Trilhas de aprendizagem
Design
abordagem que captura a perspectiva humana, 52
ágil, 38
centrado nas pessoas, 41
centrado no ser humano, 39
centrado no usuário, 78
ciências do, 40
da aprendizagem, XXI, 42
da experiência de aprendizagem. Ver Design da experiência de aprendizagem
da experiência do aprendiz, 42
da informação, 43
da interação, 41
de interface, 43, 142, 143
emergente, 38
etapa do DI, 27
gráfico, 27
industrial, 27

instrucional (DI). *Ver* Design instrucional
mentalidade de, 238
mindset para solução de problemas, 52
orientado para o futuro, 52
pensamento de, 40
pedagógico, XXI
sensorial, 141
thinking (DT). *Ver* Design thinking
tradicional, 38
universal , 12
Web design, 27
Design da experiência de aprendizagem (LXD), 42
campo irmão do DI e do DT, XXI
contribuições para o design de soluções educacionais, 43
jornada de aprendizagem, 42
objetivo, 42
Design instrucional (DI)
aberto, 28, 29
abordagem AGILE. *Ver* AGILE
adaptação da proposta de, 88
campo irmão do DT e do LXD, XXI
conceito, 27
contextualizado (DIC), 29-31
e analítica da aprendizagem, 83
etapas do DI, 27-28
fixo ou fechado, 28
matriz de, 27
modelo ADDIE. *Ver* ADDIE
modelos ágeis de, 31-35
modelos clássicos de, 28-31
modelos emergentes de, 36-45
mudanças no processo de, 96
nível macro, 47
orientado a dados. *Ver* Data Driven Learning Design (DDLD)
para um novo ecossistema educacional, 95-104
Rapid Instructional Design. Ver RID
Scrum. *Ver* Scrum
semelhanças e diferenças em relação do DT, 41
Successive Approximation Model. *Ver* SAM
versus design da experiência educacional, 45
Design thinking (DT)
aplicado à educação, 39-41
brainstorming, estratégia, 39, 41, 142
campo irmão do DI e do LXD, XXI
como abordagem centrada no ser humano, 39
como abordagem humanista, 39
contribuições para o design de soluções educacionais, 93
e SCM para avaliação da educação corporativa, 150, 151
escolha das melhores ideias, estratégia, 142
estratégias de, 39
persona, estratégia de, 39
prototipagem rápida, estratégia, 142
semelhanças e diferenças em relação ao DI, 41
usuários extremos, 151
Designer(s) instrucional(is), 33, 66, 93, 109, 131, 181, 212, 234, 238
e adaptação pedagógica de conteúdos, 131
novos papéis, 48-49
Desktop, aprendizagem confinada a um, 71
DI 4.0
como metodologia para construção de soluções educacionais inovadoras, XVII
conceito, 51
DI. *Ver* Design instrucional; DI 4.0
Diagramação de conteúdos educacionais, 131, 132
DIC. *Ver* Design instrucional contextualizado
Dificuldade(s)

desejáveis, 73, 74, 142
e relação com teoria da carga cognitiva, 142
indesejáveis, 73
níveis de, e gamificação, 75
Ver também Jogos

Digital Body Language. *Ver* DBL

Dinâmica dos jogos, 140

Direitos autorais, boas práticas. *Ver* Autoria; Licenças abertas

Discussão
atividade de aprendizagem, 137
em pequenos grupos, atividade de aprendizagem inov-ativa, 138, 139

Disponibilidade
princípio do sistema de educação corporativa, 5

Dispositivos móveis ou portáteis, 12, 70, 71, 86, 87, 103, 226
Ver também Mobilidade tecnológica

Dispositivos psicológicos / neurológicos, mecanismo de aprendizagem informal, 102

Distribuidores, 5, 15

Diversão, 72, 73, 81, 180, 182, 213, 234. *Ver também* Metodologias imersivas

DKD (Dynamic Knowledge Discovery). *Ver* Descoberta dinâmica de conhecimentos

Docente
sinônimos, XXI

Domínio afetivo
tipo de conhecimento, 139

DT. *Ver* Design thinking

Duolingo, 68

Dynamic Knowledge Discovery (DKD). *Ver* Descoberta dinâmica de conhecimentos

E

EAD (Educação a distância), 187, 190, 193, 200, 206, 209

Economia
baseada na inovação, 15
baseada no conhecimento, 16
da atenção, 65, 66-67
Ver também Metodologias ágeis

Ecossistema
DI e, 95-104
educacional, novo, 89, 95
organizacional, 16, 17

Educação
1.0, 9, 10
2.0, 9, 10
3.0, 9, 10
4.0, 10, 11
a distância. *Ver* EAD
ao longo da vida, 235
centrada nas pessoas, 45
ciências da, 36
como ação formal na educação corporativa, 98
continuada, 16, 98, 187
corporativa. *Ver* Educação corporativa
especialistas em, XIX, 34
formal, 6, 11,
híbrida, 25, 212
no formato Lego, 69
presencial, 29, 89, 135, 159, 185, 212
transformações na, 9-11

Educação corporativa
a distância, 99
ações estratégicas, 99

ações funcionais ou operacionais, 99
ações gerais ou táticas, 99
conceito, 3
desenvolvimento, 98
educação, 98
em rede, 3, 99, 123
finalidade, 3
informação, 11, 98
instrução, 13, 98
modelo 70/20/10, 99, 205
transformações na, 9-11
treinamento, 12, 13, 14, 21, 28, 32,43, 87, 96, 97, 98, 103, 104, 147, 149
Ver também. Sistema de educação corporativa; Universidade corporativa

Educador
sinônimos, XXI

Edutainment, 73

Eficácia. *Ver* Medidas de eficácia
conhecimentos e habilidades adquiridos durante uma experiência de aprendizagem, 150
expectativa de que a melhoria no desempenho individual levará à melhoria do desempenho organizacional, 150
expectativa de que o treinamento irá melhorar o desempenho individual no trabalho, 150
intenção de aplicar a aprendizagem no trabalho, 150
retorno sobre as expectativas, 150
satisfação com o treinamento, 150

Eficiência
alcance (porcentagem de pessoas treinadas no público-alvo) , 150
custo de treinamento por aluno, 150
custo de treinamento por hora, 150
custo de treinamento por programa, 150
número de pessoas treinadas, 150
número de pessoas treinadas por metodologia adotada (por exemplo, e-learning, presencial com apoio docente etc.) , 150
ou adoção, medidas de, 150
Ver Medidas de eficiência

e-learning
comparação com m-learning e u-learning, 70
fornecedores de, 12

E-mail
na experiência de aprendizagem, 77, 78

Emblemas. *Ver* Jogos

Emoção, no design, 139

Empatia
no DT, 11, 39, 44, 46, 52, 123

Employee experience. Ver Experiência do funcionário

Empregados
sinônimos, XXI

Empresa
conectada, paradigma emergente da, 20
de natureza mista, XIX
pública, XIX
privada, XIX
sinônimos, XX

Encomendar / comprar ou desenvolver internamente soluções educacionais, 144

Engajamento, 32, 38, 59, 73-76
combate a evasão, 72
falta de, 72
Ver também Metodologias imersivas

Engenharia do conhecimento, 17
conceito, 17
objetivos, 17

Enredo. *Ver* Narrativas

Índice remissivo

Ensinar, novas formas de, XIX, 6, 56-91. *Ver* Metodologias inov-ativas

Ensino
versus experiência de aprendizagem, 78

Entretenimento educacional. *Ver Edutainment*

Envolvimento
e gamificação, 75

Enxuta
abordagem. *Ver* Lean matriz de DI

Equidade, 16

Equipe, trabalho em, 60, 103

ERP (Enterprise Resource Planning), 153

Erros, aprender com, 74

Escolas, 56, 8, 77, 97, 98, 161, 165, 167, 170, 173, 175, 199, 217, 218, 223

Escolha das melhores ideias, estratégia de DT, 143

Escrita de conteúdos educacionais, 130, 131, 132, 133, 134
consciente, 131
espontânea, 131
estruturada, teoria da, 133
generativa, 131

Espaços
de aprendizagem informais, 103
e Imernet, 191
e matriz de DI, 121
virtuais em rede, 82

Especialista
em conteúdo. *Ver* Conteudista
em educação em geral, XIX
externo, como assessor de desempenho, 48

Estado
de fluxo, 76, 78, 180
emocional, fator que afeta a experiência, a transferência e os resultados de aprendizagem, 110

Estágio, ação de aprendizagem informal, 100

Estética dos jogos, 140. *Ver também* Interface

Estilos de aprendizagem
acomodadores, 63
assimiladores, 63
convergentes, 63
divergentes, 63
fator que afeta a experiência, a transferência e os resultados de aprendizagem, 110

Estratégia de negócios, 15, 21

Estratégias de aprendizagem. *Ver* Atividades de aprendizagem

Estudos de caso
como metodologia (cri)ativa, 58
como narrativas, 66

Evasão, combate a. *Ver* Metodologias imersivas

Expectativas
de que o treinamento irá melhorar o desempenho individual no trabalho, medida de eficácia, 150
de que a melhoria no desempenho individual levará à melhoria do desempenho organizacional, medida de eficácia, 150
retorno sobre, medida de eficácia, 150

Experiência
API da. *Ver* xAPI 1.0
anterior, fator que afeta a experiência de aprendizagem a transferência e os resultados de aprendizagem, 110
autotélica, 76
conhecimento transformado em, 57
de aprendizagem. *Ver* Experiências de aprendizagem
de campo, 82

do aprendiz, 42
do funcionário, 229
do mundo real para soluções educacionais mais significativas, 42do usuário. Ver UX
imersiva 3D, 82
omnichannel, 72
on-line, 72
off-line, 72
transformada em conhecimento, 57
transformada em resultados para o negócio, 146

Experiências de aprendizagem
animação, 43, 78
áudio e, 78
como planejar, 123
como processo, 147
conceito, 77
concretas, práticas, 41. *Ver também* Aprendizagem experiencial
conhecimentos e habilidades adquiridos durante, medida de eficácia, 150
diferentes para pessoas diferentes, 88
e-mail, 78
fatores que afetam, 110
imersivas. *Ver* Metodologias imersivas
jornada do aprendiz e, 123-128
livros e, 78
mecanismos de busca e, 78
mensagens instantâneas e, 78
na educação corporativa, 77-79
redes sociais e, 78
Ver também Metodologias imersivas
versus ensino, 78
versus experiência do usuário, 78
vídeo e,43, 78

Experimentação prática
atividade de aprendizagem, 137
Ver também Aprendizagem experiencial

Exploração, em ambientes de aprendizagem, 137

F

Facilitador
professor como, 49

Familiares, como filtros humanos, 66

Fases da aprendizagem
ação de aprendizagem, 146
preparação, 146
realização, 146
transferência, 146

Fatores críticos de sucesso, 107
institucionais que afetam a produção ou utilização de soluções educacionais, 113
que afetam a experiência, a transferência e os resultados de aprendizagem, 113

Fatos
aprendizagem de, 65
tipo de conhecimento, 139

Feedback
automático, exemplo de dificuldade desejável, 74
e gamificação, 75
mecanismo de aprendizagem informal, 101
oferecido por uma pessoa ou por um sistema, 21

Ferramentas
de produção, 12
e matriz de DI, 119, 121
Ver também Mídias e tecnologias

Fidelidade representacional
em ambientes imersivos, 80

Filtros humanos, 66

Flipped classroom. *Ver* Sala de aula invertida

Fluxo
estado de. *Ver* Estado de fluxo

Fontes confiáveis, pesquisa e seleção
na autoria de conteúdos educacionais, 131
na curadoria de conteúdos educacionais, 130

Fornecedores
de soluções educacionais, XIX

Fórum de grandes grupos, atividade de aprendizagem inovativa, 138

Fracasso produtivo, exemplo de dificuldade desejável, 74

Framework de medidas de impacto, 149
adoção, 149. *Ver também* Medidas de eficiência
alcance dos objetivos do cliente, 149
alinhamento, 149
aprendizagem, 149
desempenho individual, 149
desempenho organizacional, 149
eficácia. *Ver* Medidas de eficácia
eficiência. *Ver* Medidas de eficiência
resultado. *Ver* Medidas de resultado para o negócio
satisfação com o treinamento, medida de eficácia, 150
satisfação do cliente, medida de resultado para o negócio, 150
utilidade, 149

Funcionário/aprendiz
jornada do, 123-128
sinônimos, XXI

FDC (Fundação Dom Cabral)
apresentação geral, 161
blended, modelo, 173
carreira proteana e carreira sem fronteira, 163
CEO Legacy, 167-168
coaching coletivo, 182
coconstrução da solução educacional, 181
DECK, 171-172
design de carreira, 166
design thinking (DT), 175 , 180, 181
DI centrado nas pessoas, 179
e DI 4.0, 179
educação executiva, 161, 164, 166, 167, 170, 171, 173, 181
estrutura organizacional, 163
Executive MBA, 162
fazer com o cliente" e não "para o cliente", 164
Futurethon, *hackaton*, 173
Gerência de Educação e Inovação, 169, 175
gerentes de projeto, 166, 170, 171, 172
IBM Watson, 176, 180, 182
Jobs to be Done, 167, 173
lifelong learning, 163
metáfora da árvore, 169
metodologias ágeis, 171, 180, 182
metodologias analíticas, 180, 182
metodologias (cri)ativas, 179
metodologias imersivas, 180, 182
missão, 161Net Promoter Score (NPS), 178
novos papéis, 180, 182
núcleos de pesquisa e desenvolvimento, 162, 165
parceiros, 161
Portfólio de Realizações, 175
princípios, 161-162
Projeto Aplicativo, 174, 175, 182
programas, 161-181, 182
startups, 165, 179
TREE Lab, 167, 169-170
trilhas de aprendizagem, 166
visão, 161

G

Games. *Ver* Jogos educacionais

Gamificação, 6, 43, 68, 74-77
autonomia, 75
caminhos personalizados, 75
conflito, 75
competição, 75
controle, 75
cooperação, 75
curiosidade, 75
de conteúdo, 74, 75
desafio, 75
dificuldad e, níveis de, 75
envolvimento, 75
estado de fluxo, 76
estrutural, 75
feedback, 75
liberdade de falhar, 75
metas, 75
mistério, 75
pontuação, 75
progressão, 75
recompensas, 75
regras, 75
segurança, 75
storytelling, 75
surpresa, 75
Ver também Jogos, Metodologias imersivas

Geração de ideias, exemplo de dificuldade desejável, 74

Gestalt, 118

Gestão
com base em competências, 3, 4, 14
de pessoas, 3, 4, 14, 37, 153, 153, 169, 204, 229
do conhecimento, 3, 4, 14, 16, 218
flexível, 13

Granularidade, 30
níveis de, 60, 61
na aprendizagem social, 61

Gravação de vídeo ou áudio, 131

Grupos
discussão, 138, 139
formação de, 114
fórum, 138, 139
grandes, 138, 139
nível de granularidade na aprendizagem social, 61
pequenos, 138, 139, 145

Guided tour. *Ver* Visita guiada

H

Habilidades
aprendizagem de, 79
falta de, lacuna de aprendizagem, 108

HCD. *Ver* Design centrado no ser humano

HCI. *Ver* Interface humano-computador

Heutagogia, 57

Hierarquia, princípio LATCH para organização de conteúdos, 130

Histórias de vida
como narrativas, 66

Horizon Report, 12, 84

Human Center Design (HCD). *Ver* Design centrado no ser humano

Human Computer Interface (HCI). *Ver* Interface humano-computador

Índice remissivo

Humanismo, 45
Hypercard, ferramenta de autoria, 12

I

IA. *Ver* Inteligência artificial
Identidade, construção de
  em ambientes imersivos, 80
If-then, funções, 90. *Ver também* Inteligência humano-
  computacional
i-learning , 9, 19, 20, 56, 59
Imediação
  no i-learning, 19, 20, 22, 56
Imernet
  descoberta dinâmica de conhecimentos, 82
  espaços virtuais em rede, 82
  experiência imersiva 3D, 82
  redes sociais 3D, 82
Imersão. *Ver* Ambientes imersivos; Metodologias imersivas
Impacto
  medida de, 149
  no trabalho, avaliação do, 117, 147
  nos negócios, avaliação do, 148
Implementação, etapa do DI, 27
Implementar a solução
  etapa do DT, 40
  quarta etapa do DI 4.0, 52
  transferência da aprendizagem, 105
Impressão 3D, 6, 7, 8
Incerteza. *Ver* VUCA
Incidente crítico, atividade de aprendizagem inov-ativa, 138
Independência produtiva. *Ver* Proficiência
Indicadores-chave de desempenho. *Ver* KPI
Individualização
  no i-learning, 19, 21, 22
Indústria
  4.0, XXI, 13, 25, 208
  transformações na, 6-9, 95
Informação e comunicação,
  ciências da, 36
  tecnologias da, 31 70, 198
Informação
  aprendizagem de , 129, 130
  avaliativa, 152
  blocos de, na teoria da escrita estruturada, 133
  como ação formal na educação corporativa, 98
  descritiva, 152
  design da, 43, 130
  em formato hipertextual, 130
  em formato linear, 130
  princípios para organizar. *Ver* LATCH
Inovação
  competência do século XXI, 49
  conceito, 18
  disruptiva, 18, 19, 54
  em educação corporativa, 18-22
  incremental (ou evolucionária), 18, 54
Instituição
  sinônimo, XX
Instrução
  Assistida por Computador. *Ver* CAI
  como ação formal na educação corporativa, 98
  contexto de, 106, 107
Instructional design Ver Design instrucional
Instrumentos de avaliação

análise de custo-benefício (ROI), 148
e matriz de DI, 119, 121, 122, 123
exames, 148
formulários, 148
mensuração do desempenho,148
simulações, 148
testes, 148
Integração
  característica dos modelos emergentes de DI, 36
  entre sistemas, 213
Inteligência
  artificial. *Ver* Inteligência artificial
  coletiva, 97
  humano-computacional. Ver Inteligência humano-computacional
Inteligência artificial
  computação cognitiva, 11, 90, 169
  Ver também Inteligência humano-computacional
Inteligência humano-computacional
  chatbots, 90
  computação cognitiva, 11, 90, 169, 170
  funções *if-then* (se-então), 90
  inteligência artificial, 83
  machine learning, 86, 90, 229, 230, 233, 234
  processamento de linguagem natural, 90
  reconhecimento de voz, 90
  robótica, 7, 90
  sistemas adaptativos, 90
  Ver também Metodologias analíticas
Intelligent Tutoring Systems. *Ver* ITS
Intenção de aplicar a aprendizagem no trabalho, medida de
  eficácia, 150
Interação humano-computador. *Ver* Interface humano-
  computador
Interação
  com conteúdos, 86, 124, 136
  com ferramentas, 86
  com pessoas, 29, 60, 137
  em ambientes imersivos, 80
  social, 29, 68, 114
Interatividade
  no i-learning, 19, 20, 22
Interdisciplinaridade
  no i-learning,19, 20, 22
Interface
  adaptação da. Ver Adaptação da interface
  criação de protótipos, 143
  de programação de aplicativos. Ver API
  design de interface, 43
  humano-computador, 41, 141
  programação de, 142
  Ver Design de interface
Internet
  como rodovia "social", 20
  como tecnologia de propósito geral, 20
  das coisas, XXVII, 6, 7, 83, 170, 180
  imersiva. *Ver* Imernet
Internet of Things (IoT). *Ver* Internet das Coisas
Internetworking, 19, 20, 22, 56
  no i-learning, 19, 20, 22
Interoperabilidade
  de indivíduos, 21
  de organizações, 21
  de plataformas tecnológicas, 21
  no i-learning, 19, 21, 22
  técnica, 12
Intuição

DI 4.0: Inovação na educação corporativa

combinada com análise, 37
em modelos emergentes de DI, 36
Investigação, atividade de aprendizagem, 81, 137
IoT. *Ver* Internet das Coisas
ITS (Intelligent Tutoring Systems), 43

J

Jargão técnico, tipo de conhecimento, 139
Job
aids. *Ver* Ajudas de trabalho
rotation, ação de aprendizagem informal, 100
Jogos
educacionais. Ver Jogos educacionais
sérios, 43, 73
Ver também Gamificação
Jogos educacionais
adversários, 74
bônus, 74
com multiplayers, 74
como metodologias inov-ativa, 56
competição, 75
conceito, 73
conflito, 75
dificuldades desejáveis, 73
dinâmica dos, 140
e behaviorismo, 75
emblemas, 74
estética dos, 140
mecânica dos, 140
multimídia, 73
narrativas, 75
objetivos claramente definidos, 73
obstáculos, 74
oportunidades de vitória, 73
pontuação, 73
privilégios, 74
progressão de níveis, 74
punições, 74
ranqueamento, 74
recompensas, 74, 75
reforços negativos, 74
reforços positivos, 74
regras, 73, 75
restrições, 74
roteiros, 73
sérios, 73
simulações de situações reais, 73
solução de problemas, 73, 74
status, 74
Ver também Gamificação
Jornada
de aprendizagem, sinônimos, 89
do aprendiz. *Ver* Jornada do aprendiz
do funcionário
do usuário, 123, 128
Jornada do aprendiz, 123-128
conceito, 123
exemplo, 127
mapa da, 126
passo a passo para criação, 124-125
JumpStart, ambiente 3D, 43
Just-in-place. *Ver* Aprendizagem *just-in-place*
Just-in-time
ajuda, 67
andaimaria, 46, 49
aprendizagem. *Ver* Aprendizagem *just-in-time*

K

KDD (Knowledge Discovery in Databases), 17
KE. *Ver* Engenharia do conhecimento
Key performance indicators. *Ver* KPI
Kirkpatrick, modelo de avaliação, 35, 147, 148, 149, 150
aplicação, 148
aprendizagem, 148
reação, 148
resultados para o negócio, 148
Know-how interno, para desenvolvimento de soluções
educacionais, 145
Knowledge
Discovery in Databases. Ver KDD
engineering. *Ver* Engenharia do conhecimento
Kobayashi Maru, exemplo de dificuldade desejável, 74
KPI (*key performance indicators*), 105, 238

L

Lacunas de aprendizagem, 87, 108
falta de confiança, 108
falta de conhecimento, 108
falta de habilidade, 108
falta de motivação, 108
falta de recursos ou ferramentas, 108
Laptops. *Ver* Mobilidade tecnológica
Larga escala, projetos de, 28
Largura de banda de alta velocidade, 12
LATCH, princípios para a organização de conteúdos
alfabeto, 130
categoria, 130
hierarquia, 130
local, 130
tempo, 130
Lean
abordagem, 31
Instructional Design. Ver LID
matriz de DI enxuta, 31
Learner experience. *Ver* Experiência do aprendiz
Learning
analytics. *Ver* Analítica da aprendizagem
by doing. *Ver* Aprender fazendo
design, XXI, 28, 153, 154
eXperience Design. *Ver* Design da experiência de aprendizagem
Management Systems. *Ver* LMSs
Lembretes, fator que afeta a experiência, a transferência e os
resultados de aprendizagem, 110
Lentidão deliberada, exemplo de dificuldade desejável, 74
Letramento
informacional, competência do século XXI, 49
midiático, competência do século XXI, 49
tecnológico, competência do século XXI, 49
Liberdade para falhar
e aprender com erros, exemplo de dificuldade desejável, 74
e gamificação, 75
Licenças abertas
e conteúdos educacionais, 134
LID (Lean Instructional Design), 31, 34-35, 36
Lideranças
educadoras, 4, 5
programas de formação e treinamento de, 4, 217
Lifelong learning. *Ver* Educação ao longo da vida
Linguagem
Corporal Digital. *Ver* DBL

256

Índice remissivo

natural, processamento de. Ver Inteligência humano-computacional

Livros,
na experiência de aprendizagem, 78

LMSs (Learning Management Systems), 12, 82, 209
e adaptação, 83

Local, princípio LATCH para organização de conteúdos, 130

Lousas compartilhadas, 43

Ludicidade. Ver Diversão; Jogos

LXD. Ver Design da experiência de aprendizagem

M

Machine learning (ML), 86, 90, 229, 230, 233, 234

Maker, cultura. Ver Metodologias (cri)ativas
Manifesto
Ágil para o Ensino e a Aprendizagem, 64
da Pedagogia Ágil, 64

Manual de Oslo, 18

Manufatura aditiva. Ver Impressão 3D

Manutenção de soluções educacionais, custos de, 145

Mapa da jornada do aprendiz, 123-128
comparação com matriz de DI convencional, 123
mapa do curso baseado em, 126, 127
passo a passo para criação do, 124-125
Ver também Jornada do aprendiz

Mapa
da jornada do usuário. Ver Mapa da jornada do aprendiz
de curso. Ver Mapa de curso

Mapa de curso
baseado no Mapa da Jornada do Aprendiz, 126, 127
baseado em Matriz de DI, 123

Mapeamento, 124,125, 190, 192,192, 218, 224
de conteúdos, 27
de tópicos de conteúdo, 131

Massive Open Online Courses. Ver Moocs

Matriz
de DI. Ver Matriz de DI
de *feedback*, estratégia de DT, 41

Matriz de DI
comparação com mapa da jornada do aprendiz, 123
como mapa de curso para os alunos, 122
documento de DI, 118
e trilhas de aprendizagem, 123
enxuta, 122
para articular objetivos, atividades, papéis, conteúdos, ferramentas
e instrumentos de avaliação,118
tradicional, 119

Mecânica dos jogos, 140

Mecanismos
de busca na experiência de aprendizagem, 78
de localização. Ver Mobilidade tecnológica

Medidas
de eficácia, 150
de eficiência ou adoção, 150
de resultado. Ver Medidas de resultado para o negócio
Ver também Framework de medidas de impacto

Medidas de resultado para o negócio, 150
aumento na receita, 150
aumento na satisfação do cliente, 150
aumento nas vendas, 150
aumento no desempenho dos empregados, 150
redução de custos, 150
redução de riscos, 150

Melhoria no desempenho dos empregados, medida de
resultado, 150

Memória organizacional, universidade corporativa como
unidade formadora da, 16

Mensagens instantâneas
na experiência de aprendizagem, 78

Mentalidade
ágil, 31, 64
de design, 238. *Ver também* Mindset

Mentor, professor como, 49

Mentoria. *Ver Mentoring*

Mentoring, mecanismo de aprendizagem informal, 102

Metas
abordagem de cenários baseados em, 67
e gamificação, 75

Método do Caso de Sucesso. Ver SCM

Metodologia do Retorno sobre o Investimento. *Ver ROI*

Metodologias (cri)ativas
ação-reflexão, 51, 57, 62-64
aprendizagem social. Ver Aprendizagem social
protagonismo do aluno, 57-59

Metodologias ágeis, 64-72
economia da atenção, 65, 66-67
"microtudo", 65, 67-69
mobilidade tecnológica e conexão contínua, 65, 70-72

Metodologias analíticas, 83-91
adaptação/personalização, 83, 88-89
analítica da aprendizagem, 83, 84-88
ciência de dados, 83
inteligência humano-computacional, 83, 90-91
Internet das Coisas (IoT), 83
personalização orientada a dados, 84

Metodologias ativas, 52, 56, 58, 170, 182, 205, 213, 234
Ver também Metodologias (cri)ativas

Metodologias imersivas, 72-83
engajamento e diversão, 72, 73-74
experiência de aprendizagem, 73, 77-79
gamificação, 74-76
jogos, 73, 74, 75, 76, 77, 78
realidade aumentada, 78, 79, 80, 81
realidade virtual, 78, 79, 80
simulação, 73, 74, 78

Metodologias inov-ativas, 56-91
(cri)ativas. *Ver* Metodologias (cri)ativas
ágeis. *Ver* Metodologias ágeis
analíticas. *Ver* Metodologias analíticas
building blocks, 138
imersivas. *Ver* Metodologias imersivas

Métricas
e matriz de DI, 121

Microaprendizagem, 12, 30, 43, 51, 65, 67, 68, 69, 70, 103,
133, 182
experiência de, 133

Microatividades. *Ver* Metodologias ágeis

Microcertificações, 69, 103

Microconteúdo
autoria colaborativa, 116, 132, 134. *Ver também* Autoria de
microconteúdos
autoria, no DI 4.0, 132-134
características, 133
conceito, 133
Conteúdo 4.0, 133
Ver também Metodologias ágeis

Microlearning. Ver Microaprendizagem

Micromomentos. *Ver* Metodologias ágeis

Mídias

257

de fluxo contínuo, 12

digitais, 118

e tecnologias, 11, 36, 99, 117, 121, 149, 238. *Ver também* Ferramentas

impressas, 11, 118, 129

sociais. Ver Redes sociais

Mindset, para solucionar problemas, 52

Mistério

e gamificação, 75

ML. *Ver Machine learning*

m-learning (aprendizagem móvel), 12, 70, 71

comparação com e-learning e u-learning, 71

estágio do sistema de, 70

sistema de, 70

Mobilidade

contextual (aprender em diferentes contextos sociais), 70

física (aprender em diferentes locais), 70

tecnológica, 65, 70, 182, 213, 234. *Ver também* Conexão contínua

temporal (aprender em diferentes momentos), 70

Modelo

de avaliação de Kirkpatrick, 35, 148, 153, 223, 243

de avaliação de Phillips. Ver ROI

fordista/taylorista, 13

SSS para curadoria, 136

único de aprendizagem, 122

mental do usuário, 5

Modularização de conteúdos, 32

Moocs (Massive Open Online Courses), 19, 30

Motivação

extrínseca, 74

falta de, lacuna de aprendizagem, 108

fator que afeta a experiência, a transferência e os resultados de aprendizagem, 110

intrínseca, 46, 74

Ver também Engajamento; Jogos

Mudança de perspectiva, mecanismo de aprendizagem informal, 102

Multiplayers. *Ver* Jogos

Multimídia, 43, 127, 170, 202

em jogos, 73

objetos de aprendizagem, 118

programas, 12 Multimídia

tutoriais, 27, 28,

Multiversos. *Ver* Ambientes imersivos; Mundos virtuais

Mundos

3D, 43

virtuais, 79, 81, 82

Ver também Ambientes imersivos

N

Nanocertificações, 69, 103

Nanotecnologias, 20

Narrativas

em jogos, 75

enredo, desenvolvimento de, 141

Navegação

adaptativa. *Ver* Adaptação da interface

jornadas de. *Ver* Trilhas de aprendizagem, percursos de. Ver Trilhas de aprendizagem

rotas de. *Ver* Trilhas de aprendizagem

trajetórias de. Ver Trilhas de aprendizagem

trilhas de. *Ver* Trilhas de aprendizagem

NCU. *Ver* Networked Corporate University

Necessidades de aprendizagem, 27, 88

"rápidas", 32

análise de,108-111

individuais, 30, 51,83, 108

lacunas de aprendizagem, 87, 108

número infinito de soluções possíveis, 39

organizacionais, 108, 109

Negócio, XX, 3, 4, 5, 11, 13, 14, 22, 35, 42, 95, 96, 105, 109, 110, 115, 124, 142, 147, 150, 165, 181, 188, 193, 222, 233, 238

Networked Corporate University (NCU), 16

Next Generation Digital Learning Environments. *Ver* NGDLEs

NGDLEs (Next Generation Digital Learning Environments), 12

Níveis, progressão de. *Ver* Jogos

Número de pessoas treinadas, medida de eficiência, 150

por metodologia adotada (por exemplo, e-learning, presencial com apoio docente etc.), medida de eficiência, 150

O

Objetivos de aprendizagem

e matriz de DI, 119, 120

em jogos, 78

Objetos de aprendizagem

multimídia, 118

Observação

atividade de aprendizagem, 137

reflexiva, prática, 63, 64. *Ver também* Aprendizagem experiencial

Observar e copiar (imitar, reproduzir), mecanismo de aprendizagem informal, 101

Obstáculos. *Ver* Jogos

Omnichannel. *Ver* Experiência *omnichannel*

On the job, treinamento, 104, 149, 222

Oportunidades de uso, fator que afeta a experiência, a transferência e os resultados de aprendizagem, 110

Organização

de informações desconhecidas, exemplo de dificuldade desejável, 74

Organizações

patronais, 37

profissionais, 37

sinônimos, XX

Orientação

a dados, versus sensibilidade humana, 88

conceitual, atividade de aprendizagem inov-ativa, 138

contexto de, 106

Osmose, mecanismo de aprendizagem informal, 102

P

Pais, como filtros humanos, 66

Palestras, 67, 79, 98, 103, 165, 228

Papéis

da tecnologia, 49

do aluno, 11, 49

do professor, 11, 48-49

e matriz de DI,119, 120

no paradigma educacional centrado na pessoa, 48-49

Paradigma educacional centrado nas pessoas, 45-51

aprendizagem baseada em realizações individuais, 47

aprendizagem baseada em tarefas, 47-48

aprendizagem personalizada, 48

benefícios, 50-51

novos papéis, 48-49

novo currículo, 49-51

versus paradigma centrado no professor, 45

Parceiros, 14, 15, 16, 40, 105, 161, 220, 231

Índice remissivo

Parcerias, 5, 20, 102, 161, 164, 175, 188, 230
  externas, 5
  internas, 5
  princípio do sistema de educação corporativa, 5

Pares, 31, 37, 46, 49, 77, 85, 97, 101, 106, 107, 120, 126, 127, 137, 146
  como assessores de desempenho, 48

Partes interessadas, 14, 15-18. *Ver também* Stakeholders
  universidade das, 16

Participante
  avaliação da satisfação do, 85, 105, 147
  composição do perfil. Ver Persona
  sinônimos, XXI

Pedagogia
  ágil, 64, 65
  extrema, 31, 64

Pensamento crítico
  atividade de aprendizagem, 137
  competência do século XXI, 49

Pensamento de design, 40

People analytics (analítica de pessoas), 153

Percursos de aprendizagem
  alternativos, 66, 67
  e gamificação, 6
  personalizados, 104
  sinônimos, 89

Perfil do participante, composição do. *Ver* Persona

Permissão para confusão, exemplo de dificuldade desejável, 74

Perpetuidade
  princípio do sistema de educação corporativa, 5

Persona
  estratégia de DT, 41
  exemplos, 111
  modelo para criação de, 113

Personagens. *Ver* Jogos
  criação de perfil, 141

Personalização
  andaimaria e, 48, 50
  da aprendizagem, 28
  da avaliação, 50
  das tarefas, 50
  de objetivos, 50
  em massa, 30, 83
  no DIC, 29, 30
  orientada a dados,88
  reflexão sobre, 50
  Ver também Aprendizagem personalizada; Metodologias analíticas

Pessoas
  e analítica da aprendizagem, 87
  em forma de T ou em forma de π, 20, 22
  gestão de, 3, 4, 14, 37, 153, 169, 204, 229
  paradigma educacional centrado nas, 45-51

Petrobras, 81, 184-213. *Ver também* UP
  áreas de negócio, 191
  Gerência Geral de Transformação Digital, 193
  Plano Estratégico e Plano de Negócios (PE-PNG), 188
  processo de desenvolvimento de recursos humanos, 190
  Transformação Digital no Setor de Óleo & Gás, 193-194

Pílulas de aprendizagem, 21

Planejamento
  dos Resultados, Roda de, 110, 242
  Ver também Tomada de decisão em DI

PLATO (Programmed Logic for Automated Teaching Operations), sistema, 12

Podcasts, 36, 85, 136, 222
  estrutura linear, 129

Pontuação
  e gamificação, 75
  em jogos, 73, 74

Potencialidades e restrições institucionais, levantamento de , 27

Prática
  espaçada, exemplo de dificuldade desejável, 74
  experimentação, atividade de aprendizagem, 137
  mecanismo de aprendizagem informal, 100
  psicomotora, tipo de conhecimento, 139

Preparação, fase da aprendizagem, 146

Presença, sensação de, em ambientes imersivos, 79

Presencial, sala de aula, 31

Princípios
  aprendizagem de, 4, 129
  tipo de conhecimento, 139

Prioridades concorrentes, fator que afeta a experiência, a transferência e os resultados de aprendizagem, 110

Privilégios. *Ver* Jogos

Problema educacional
  complexo. *Ver* Wicked problem
  compreender o. *Ver* Compreender o problema
  Ver também Necessidades de aprendizagem

Problemas, resolução de
  no sistema 3P, 59

Procedimentos
  aprendizagem de, 98, 129
  tipo de conhecimento, 139

Processos, execução de, 59, 137
  no sistema 3P, 59

Professor
  como assessor de desempenho, 48
  codesigner, 49
  como filtro humano, 66
  de "*sage on the stage*" para "*guide on the side*" (de sábio no palco para guia ao lado), 48
  facilitador, 49
  mentor, 49
  sinônimos, XXI

Proficiência
  individual, 47
  "período misterioso" entre a conclusão de uma ação formal e a proficiência, 103

Programação de interface, 142

Programas, e analítica da aprendizagem, 152

Progressão
  de níveis. *Ver* Jogos
  e gamificação, 75

Projetar a solução
  contribuições do DT e do LXD para o design de soluções educacionais, 36, 93
  etapa do DT, 40
  matriz de DI, 118-123
  segunda etapa do DI 4.0, 52

Projetos
  como metodologia (cri)ativa, 56
  desenvolvimento de, 59
  no sistema 3P, 59

Prossumidores, 36, 88
  de conteúdo, 68

Protagonismo
  de quem aprende, 51

DI 4.0: Inovação na educação corporativa

Prototipagem rápida, estratégia de DT, 143
Prototipar
   etapa do DT, 40
Protótipos
   da interface, 142, 143
   no DT, 40
   teste de, 40, 44, 52
Psicomotora, prática, 139
Público-alvo. *Ver* Audiência
Punições. *Ver* Jogos

R

RA. *Ver* Realidade aumentada
Ranqueamento. *Ver* Jogos
Rapid Instructional Design. *Ver* RID
Reação, avaliação de. *Ver* Avaliação de reação
Real Simple Syndication. *Ver* RSS
Realidade
   aumentada. *Ver* Realidade aumentada
   modelada por computadores, 79
   "real", 80
   virtual. *Ver* Realidade virtual
Realidade aumentada (RA), 79
   Ver também Ambientes imersivos; Metodologias imersivas
Realidade virtual (RV), XVII, 79. *Ver também* Ambientes imersivos; Metodologias imersivas
Realização, fase da aprendizagem, 146
Realizações individuais
   aprendizagem baseada em, 47
   avaliação comparada a critérios de maestria, 47
   avaliação comparada a outros alunos, 47
   progresso do aluno mais importante que o tempo de estudo, 47
   registro de, 47
Receita, aumento na, medida de resultado, 150
Recompensas
   e gamificação, 75
   fator que afeta a experiência, a transferência e os resultados de aprendizagem, 110
Reconhecimento
   de voz. Ver Inteligência humano-computacional
   fator que afeta a experiência, a transferência e os resultados de aprendizagem, 110
Recursos
   e analítica da aprendizagem, 87
   humanos. *Ver* RH
   ou ferramentas, falta de, lacuna de aprendizagem, 108
Rede (net) interconectada, 20
Redes
   nível de granularidade na aprendizagem social, 61
   sociais. *Ver* Redes sociais
Redes sociais
   3D, e Imernet, 82
   atividade de aprendizagem inov-ativa, 138
   na experiência de aprendizagem, 78
Redução
   de custos, medida de resultado, 150
   de riscos, medida de resultado, 150
Reflexão
   na ação, 64
   mecanismo de aprendizagem informal, 100
   sobre a ação, 64
   Ver também Ação-reflexão
Reforço(s)

fator que afeta a experiência, a transferência e os resultados de aprendizagem, 110
   negativos. *Ver* Jogos
   positivos em jogos, 74
Refresher learning. Ver Aprendizagem de lembranças
Regras
   e gamificação, 75
   nos jogos, 73tipo de conhecimento, 139
Relacionamento
   na teoria da autodeterminação, 75
Relatório de análise contextual, 115
   documento de DI, 27
   em formato Canvas, no DI 4.0, 114
   visual, no DI 4.0, 114
Relatórios de validação e avaliação, documentos de DI, 27
Relatos pessoais
   como narrativas, 66
Relevância pessoal, fator que afeta a experiência, a transferência e os resultados de aprendizagem, 110
Repetição, mecanismo de aprendizagem informal, 100
Repositórios, 20, 72, 120, 133, 145
Restrições. *Ver* Jogos
Resultados
   alcançados, 84, 106, 204, 238
   avaliação de, 107, 148, 218
   de aprendizagem, 35, 42, 78, 84, 152, 175
   fatores que afetam, 110
   experiência transformada em, 63
   para o negócio. *Ver* Medidas de resultado para o negócio
   Roda de Planejamento dos, 110
Retorno
   sobre o investimento. *Ver* ROI
   sobre as expectativas, medida de eficácia, 150
Return On Investment. *Ver* ROI
Revisão de conteúdos educacionais, 130
Revolução Industrial
   1ª, 6, 7
   2ª, 6, 7
   3ª, 6, 7
   4ª, 6, 7
RH (Recursos Humanos), 109, 164, 168, 173, 204, 209, 229, 234
RID (Rapid Instructional Design), 31, 32
Riscos, redução de, medida de resultado, 150
Robótica. *Ver* Inteligência humano-computacional
Roda de Planejamento dos Resultados, 110
Rodízio de funções. *Ver* Job rotation
ROI (Return On Investment), 105, 148-150
   fórmula, 149
Role play, atividade de aprendizagem inov-ativa, 137
Rotas de aprendizagem
   sinônimos, 89
Roteirização
   adaptação pedagógica, 131
   de conteúdos, 131
   de atividades, 137
Roteiros
   de atividades, 139
   textuais, documentos de DI, 122
RSS (Real Simple Syndication), 82
RV. *Ver* Realidade virtual

260

Índice remissivo

S

SaaS (Software as a Service), 12, 13

Sala de aula invertida, 58

SAM (Successive Approximation Model), 32

Satisfação
    com o treinamento, medida de eficácia, 150
    do cliente, medida de resultado, 150
    dos participantes, avaliação. *Ver* Avaliação de reação
    medida de impacto, 149

Savvy Start (Começo Esclarecido), no modelo SAM, 32

Scaffolding. *Ver* Andaimaria

SCM (The Success Case Method), 150-151
    e a abordagem de DT, 151

SCORM (Sharable Content Object Reference Model), 12, 13, 30, 202

Scrum, 31, 34, 36, 222

Second Life, ambiente 3D, 43

Segurança
    e gamificação, 75

Seis disciplinas. *Ver* 6D

Seleção de fontes e de imagens para conteúdos educacionais, 130

Sem fio, tecnologias. *Ver* Mobilidade tecnológica

Seminários, 99, 190

Sensibilidade
    ao contexto, 71
    humana versus orientação a dados, 88

Sensores. *Ver* Mobilidade tecnológica

Serious games. *Ver* Jogos

Sharable Content Object Reference Model. *Ver* SCORM

Simulação digital
    baseada em cenários realísticos. *Ver* Ambientes imersivos
    de situações reais, em jogos, 73
    educacional não imersiva, 80

Simuladores de cabine. *Ver* Ambientes imersivos

Sistema(s)
    3P. *Ver* Sistema 3P
    adaptativos. *Ver* Inteligência humano-computacional
    computacional, 29, 48
    como assessor de desempenho, 48
    de educação corporativa. *Ver* Sistema de educação corporativa
    de gerenciamento da aprendizagem. *Ver* LMSs
    de recomendação, 21, 66
    de tutoria inteligente. *Ver* ITS
    interconectados, 14

Sistema 3P
    problemas, resolução de, 59
    processos, execução de, 59
    projetos, desenvolvimento, 59

Sistema de educação corporativa
    conceito, 3
    finalidade, 3
    integrado, 3, 4
    princípios, 4
    Ver também. Educação corporativa; Universidade corporativa

Sites Web
    na experiência de aprendizagem

Smartphones, 70, 71, 73. *Ver também* Mobilidade tecnológica

Sobrecarga cognitiva, 142
    Ver também Teoria da carga cognitiva

Social reading, 61

Sócios, 15

Soft skills, 11, 14, 43, 56

Software as a Service. *Ver* SaaS

Solução de problemas
    atividade de aprendizagem, 59, 64
    competência do século XXI, 49
    em jogos, 73
    exemplo de dificuldade desejável, 74
    tipo de conhecimento, 139

Soluções de aprendizagem. *Ver* Soluções educacionais

Soluções educacionais
    build or buy. *Ver* Desenvolver internamente ou comprar / encomendar soluções educacionais
    custo de desenvolvimento, 28, 144, 145
    custo de manutenção/atualização, 145
    custo de suporte, 145
    desenvolver internamente ou comprar / encomendar soluções educacionais, 144
    gamificadas, 73

SoMoLo (forças sociais, móveis e locais), 95

Sprint, 34, 111, 132, 142

SSS, modelo para curadoria, 136

Stakeholder University, 13, 14. 16, 235

Stakeholders, 16, 17, 35, 44, 115, 149, 173, 222

Status. *Ver* Jogos

Storyboard, documento de DI, 27, 41

Storytelling
    e gamificação, 75
    Ver também Narrativas

SU. *Ver* Stakeholder University

Successive Approximation Model. *Ver* SAM

Sucessos anteriores, fator que afeta a experiência, a transferência e os resultados de aprendizagem, 110

Suporte para soluções educacionais, custos de, 145

Surpresa
    e gamificação, 75
    Sustentabilidade
    princípio do sistema de educação corporativa, 5

T

T&D. *Ver* Centros de treinamento & desenvolvimento

Tablets. *Ver* Mobilidade tecnológica

Tags, 30, 68, 82

Tagueamento social, 82
    Tarefas. *Ver* Atividades de aprendizagem
    ambiente de, 48
    aprendizagem baseada em, 47-48
    Taxonomia de Bloom, 120, 221, 176
    revisada, 122
    Ver também Objetivos de aprendizagem

Teamwork. *Ver* Trabalho em equipe

Tecnologias
    de informação e comunicação, 20
    de materiais, 20
    educacionais, transformações em, XX, 11-13
    móveis. *Ver* Mobilidade tecnológica
    papel das, 132
    sem fio. *Ver* Conexão contínua

Telepresença robótica. *Ver* Ambientes imersivos

Tempo
    administração do, 64
    e matriz de DI, 119, 121
    fixo x fluido para aprender, 65
    princípio LATCH para organização de conteúdos, 130
    real, 21, 43, 73, 88, 96, 121, 132, 155, 170, 196

recurso mais valioso, 51

Teoria
da autodeterminação. *Ver* Teoria da autodeterminação
da carga cognitiva. *Ver* Teoria da carga cognitiva
da escrita estruturada. *Ver* Teoria da escrita estruturada
do currículo, 49
instrucional, 49

Teoria da autodeterminação
autonomia, 75
competência percebida, 75
na gamificação estrutural, 75
relacionamento, 75

Teoria da carga cognitiva, 141, 142
carga cognitiva externa, 142
carga cognitiva intrínseca, 142
carga cognitiva relevante, 142
e relação com dificuldades desejáveis e indesejáveis, 142
sobrecarga cognitiva, 142

Teoria da escrita estruturada, 133
blocos de informação, 134
princípios da, 134
Ver também Escrita de conteúdos educacionais

Terceirização

Testes, exemplo de dificuldade desejável, 74

The Success Case Method. *Ver* SCM

Tin CAN. *Ver* xAPI 1.0

Tomada de decisão em DI
atividade de aprendizagem, 139
carga horária, 116
conteúdos, 118
desenvolver internamente ou comprar / encomendar soluções
educacionais, 144
duração, 116
ferramentas, 118
objetivos de aprendizagem, 118
instrumentos de avaliação, 118

Toolbook, ferramenta de autoria, 12

Trabalho
em equipe, 60, 103
voluntário, ação de aprendizagem informal, 100

Trahentem, metodologia. *Ver* Canvas

Trajetórias de aprendizagem
sinônimos, 89

Transferência
contexto de, 106
da aprendizagem, fatores que afeta, 110
de conhecimento para novas situações, exemplo de dificuldade
desejável, 74
extraocupacional, mecanismo de aprendizagem informal, 101
fase da aprendizagem, 146

Transformação digital, XVII, XIX, 7, 11, 14, 165, 170, 193-194, 204-210

Treinamento
& desenvolvimento, 3, 14, 98, 104, 107, 153, 217
analistas de, XIX
baseado em computador. *Ver* CBT
baseado na Web. *Ver* WBT
como ação formal na educação corporativa, 98
Ver também Soluções educacionais

Trilhas de aprendizagem
aceleradas, 104
conceito, 89
e conteúdos educacionais, 89
e matriz de DI, 123
personalizadas, XIX, 89
sinônimos, 89

Troféus. *Ver* Jogos

Turmas, formação de, 29

Tutor, XXI, 12, 27, 28, 72, 85, 112, 199, 200

Tutoriais
multimídia, 28

U

Ubiquitous learning. Ver u-learning

u-learning (aprendizagem ubíqua), 12, 70, 71
comparação com e-learning e m-learning, 71

UniBrad (Universidade Corporativa Bradesco), 214-235
analistas de educação corporativa, 234
analítica da aprendizagem, 234, 239
aprendizagem formal, 224
apresentação geral, 217-220
autonomia e protagonismo na escolha das soluções de
aprendizagem, 215
avaliação das ações de aprendizagem, 218, 223
Biblioteca Virtual, 226
centralidade nas pessoas como valor, 233
colaboração como vetor de inovação, 235
Comunidade do Conhecimento, 218
dados gerais, 217-220
desenvolvimento interno × externo de soluções,223
design da experiência de aprendizagem, 223
design thinking, abordagem, 228
Diagnóstico de Necessidade de Aprendizagem (DNA), 223
DI centrado nas pessoas, 233-234
e DI 4.0, 232-234
e-learning, 219, 225, 230
Escola de Cidadania e Sustentabilidade, 218
Escola de Excelência Operacional, 218
Escola de Gente, 218
Escola de Identidade Organizacional, 218
Escola de Inteligência de Negócios, 218
Escola de Liderança, 218
Escola de Negócios, 218
Escola de Relacionamento com o Cliente, 218
Escola de Segurança e Solução Operacional, 218
Escola Digital, 218
escolha de metodologias, 218
Escritório Consultivo de Educação, 218
estrutura organizacional, 218
experiência de aprendizagem completa, 223
facilitadores, 223
formação de bancários, 219
Gestão de Resultados, 218
Hackaflag, 227
Hackathons corporativos, 227
InovaBra, colaboração, 230
inteligência artificial, 221, 229-230
job rotation, 224
jogos e gamificação, 227
lançamento, 219
lean, abordagem, 222, 233
machine learning, 229, 230, 233
mapeamento de competências, 224
mentalidade ágil, 222
metodologias ágeis, 233, 234
metodologias analíticas, 234
metodologias (cri)ativas, 233, 239
metodologias imersivas, 234
missão, 217
modelo 6D, 222, 234
modelo de avaliação de Kirkpatrick, 223, 243
multiplicadores, 223
novos papéis, 234

Índice remissivo

premiações, 220

programa de integração (*onboarding*), 225

programas para fornecedores, terceiros e empresas parceiras, 220

realidade virtual, óculos de, 225

ROI, 223, 224

Secretaria de Tecnologia e Comunicação, 218

Scrum, abordagem, 222, 233

sponsors, 223

Stakeholder University, 235

startups, colaboração com, 230, 231

storytelling (narração de histórias por executivos), 219

Treinet, 225-226

trilhas de aprendizagem, 224-225

UniBrad Experience, 220

visão, 217

Unidade de estudo

versus ambiente de aprendizagem, 78

Universidade

acadêmica, parceria com, 5

corporativa. *Ver* Universidade corporativa

Corporativa Bradesco. *Ver* UniBrad

das partes interessadas. *Ver* Stakeholder University

Petrobras. *Ver* UP

tradicional, 16

Universidade corporativa

como unidade formadora da memória organizacional, 16

conceito,16

em Rede. *Ver* Networked Corporate University

profissionais de, XIX

Ver também. Educação corporativa; Sistema de educação corporativa

UP (Universidade Petrobras), 184-213

Academia Técnica, 191

Academia de Gestão e Liderança, 191

Acesso mobile às ações de desenvolvimento, 209

acesso remoto a laboratórios, 197

ações de desenvolvimento, 188, 189, 190, 194, 199-204

aprendizagem adaptativa, 205, 206

atribuições, 187

avaliação digital e análise preditiva, 205, 206

cabines de autoria, 210

Centro Nacional de Aperfeiçoamento e Pesquisa de Petróleo (CENAP), 187

comitês técnicos educacionais, 189

contexto de aprendizagem, 191-193

desdobramento do Plano Estratégico e Plano de Negócios (PE-PNG) em ações e trilhas de desenvolvimento, 188

docentes, 193

DI centrado nas pessoas, 212DI 4.0, 210-212

inovação nas estratégias de ensino, 207

inovação em processos, 207

Instrumento de Seleção de Formato de Videoaula, 200

integração híbrida entre plataformas/LMSs, 206

inteligência artificial, 193

Laboratório de Didática (LABDI), 197-199

laboratórios especiais, 196

LMS Saba, 209

Matriz de Apoio à Seleção de Modalidades e Formatos de Ensino, 199, 212

metodologias ágeis, 211

metodologias analíticas, 211

metodologias (cri)ativas, 211

metodologias imersivas, 210, 211

missão, 187

open microcredential / digital badges, 206

orientadores didáticos, 191, 192

novos papéis, 213

pares digitais, 196

Portfólio de Ações de Desenvolvimento, 189

processo de desenvolvimento de conteúdos, 202

programa de formação, 189

Programa de Inovação e Transformação Digital na Educação, 204-210

realidade virtual e aumentada, 193

sala de colaboração, 199

serviço de desenvolvimento de conteúdos, 202

simuladores, 190, 195

tecnologia de sensores, 205

telepresença robótica, 205, 206

trilhas de desenvolvimento, 187, 189

Webconferência, 191

Tecnologias para integração híbrida entre LMSs, 209

Usabilidade. *Ver* Design de interface

User experience. *Ver* Experiência do usuário. UX

Usuário(s)

design da experiência do, XIV, 42

jornada do, 123, 128

modelos mentais, 102, 142

sinônimos, XXI

extremos. Ver Design thinking

Utilidade, medida de impacto, 149

UX (*user experience*), 41, 42, 141

V

Validação técnica de conteúdos educacionais, 130, 212

por parecerista ou revisor, 131

Valor(es)

aprendizagem de, 129

criação de. *Ver* Criação de valor

esperado, fator que afeta a experiência, a transferência e os resultados de aprendizagem, 110

Vantagem competitividade empresarial, busca da, 4

Variação das condições de prática ou aprendizagem, exemplo de dificuldade desejável, 74

Veículos autônomos, 7

Vendas, aumento nas, medida de resultado, 150

Vídeo

estrutura linear, 129

gravação de, 131

na experiência de aprendizagem, 78

Visita

guiada, atividade de aprendizagem inov-ativa, 137

técnica, ação de aprendizagem informal, 100

Vocabulário, tipo de conhecimento, 139

Volatilidade. *Ver* VUCA

VUCA, era, mundo ou cenário, XIX, 8, 9, 13, 14, 15,16, 30, 44, 95

W

WBT (Web Based Training), 12

Web Based Training *Ver* WBT

Web 2.0, 10, 12, 68, 82

Webconferência, 72, 191

Wicked problem

como desafio para o DI, 39

Ver também Complexidade

Wikis, 43, 61, 82, 120, 132

X

xAPI 1.0, padrão de interoperabilidade, 12, 13

INSTITUIÇÕES E MARCAS

Accenture, 193
Adobe Connect, 43
Allen Interactions, 32, 68
Amazon, 24, 66, 84, 155
Blackboard, 43, 82, 86
Bradesco. *Ver* UniBrad
Canvas, 43, 82, 86, 114, 115
CEB Learning & Development Leadership Council, 147
Center for Creative Leadership, 99
Coursera, 43
Educase, 12
   edX, 91
   IBM Watson, 90, 176, 180, 182, 229
Expresso 3, 223, 226
Facebook, 61, 72, 220
FDC (Fundação Dom Cabral), 20, 158-183
Fundação Dom Cabral. *Ver* FDC
General Motors, 13
getAbstract, 78
Google, 66, 79, 80, 84, 153, 155, 229
   Hangouts, 82
   I/O, 79, 80
IDF (Interation Design Foundation), 42, 108
Intel Corporation, 194
Interation Design Foundation. *Ver* IDF
International Organization for Standardization. *Ver* ISO
ISO (International Organization for Standardization), 141
Kindle, 61
Knowledge Forum, 43
Lingot Store, 68
LiveMeeting, 82
McDonald's, 13
Ministério do Desenvolvimento, Indústria e Comércio Exterior, 3
Moodle, 43, 82, 86

Netflix, 66, 84
NMC Horizon Report, 12, 84
OCDE (Organização para a Cooperação e Desenvolvimento Econômico), 18
OneDrive, 82
Organização para a Cooperação e Desenvolvimento Econômico. *Ver* OCDE
Petrobras. *Ver* UP
Photosphere, 82
Qranio, 227
Rhodia (Departamento de Treinamento), 2
Second Life, 43, 82
SharePoint, 82
Skype, 72
Society for Learning Analytics Research (SoLAR), 84
SoLAR. *Ver* Society for Learning Analytics Research
Star Trek, 74
Steelcase, 170
Uber, 11, 130
Udacity, 69
UniBrad (Universidade Corporativa Bradesco)
Universidade
   Corporativa Bradesco. *Ver* UniBrad, 214-235
   de Illinois, 12
   de Salento, 16
   Gaia, 37
   Harvard, XIII, 19, 66
   Petrobras. Ver UP
   Stanford, 19, 24, 44
UP (Universidade Petrobras), 184-213
Virtual Singapore, ambiente 3D, 43
Webex, 82
WEF (World Economic Forum), 193
World Economic Forum. *Ver* WEF
YouTube, 11, 61, 169
Zoom, 82

Índice remissivo

PESSOAS

Abbad, G. S., 98
Adams Becker, S., 12
Aguiar, A., 217
Aires, R. W. A., 3, 6
Aldrich, C., 73
Aljohani, N.R., 86
Allen, M., 32
Almeida, E., 16
Alves, F., 115
Alves, M. M., 99
Anderson, L. W., 121
Anderson, T., 60, 61
André, C. F., 99
Ayres, P., 141
Azevedo Jr., D.P., 184, 185
Bahrick, H., 147
Barbosa, J., 70
Bavor, C., 79
Beck, J. C., 66, 67
Bersin, J., 149
Bittencourt, J. P., 39
Bloom, B. S., 120, 121, 122
Boccia, S., 168
Boice, R., 131
Botelho, C. A., VII, XIII, 163164,
    165, 167, 171, 172
Bower, J. L., 18
Brinkerhoff, R., 150
Brown, M., 12
Bruner, J. S., 66
Buren, M., 147, 149, 150, 151, 152
Burns-Johnson, E., 68
Carolei, P., 81
Cavalcanti, C. C., VII, X, 25, 31,
    37, 40, 44, 51, 54, 79, 112, 143,
    144, 158, 159, 228
Chan, S., 73
Chattopadhyay, S., 95, 96, 97
Chaves, I., 39
Christensen, C. M., 18, 167
Chun, A. H. W., 64
Connors, R., XX
Cornier, D., 19
Csikszentmihalyi, M., 76
Cunninghan, C., 76
D'Souza, M. J., 64
Dalgarno, B., 80
Dandolini, G., 16
Davenport, T. H., 66, 67
Davis, H. C., 86
Deci, E. L., 75
Dehoney, J., 12
Dewey, J., 62
Downes, S., 19
Dron, J., 60, 61

Drummond, A., VII, XII, 165, 166,
    167, 172
Earnshaw, Y., 141
Eboli, M., VII, XVIII, 3, 4, 5, 14, 64,
    148, 217
Eichinger, R. A., 99
Elia, G., 9, 19, 21, 59, 121
Filatro, A., VII, IX, XVII, XVIII, 2, 14,
    19, 24, 27, 28, 29, 30, 31, 36, 37,
    40, 42, 51, 54, 57, 62, 63, 66, 71,
    79, 84, 92, 106, 107, 112, 119,
    129, 130, 131, 136, 140, 142, 149,
    144, 151, 158, 176, 228
Freire, P. D. S., 3, 16, 17, 88
Gabriel, M., 8, 66
Gerstein, J., 9
Giurgiu, L., 68
Gollner, J., 132
Gomes Filho, H., VII, XIII, 187, 195, 196,
    197
Gottfredson, C. H., L., 33
Hamel, G., 14
Hanna, R., 133
Hickman, C., XX
Horn, R. E., 133, 134
Hyde, A., 132
Jefferson, A., 105, 109, 110, 146,
    234
Johnson, L., 84
Kalyuga, S., 141
Kapp, K. M., 73, 81, 82, 138, 139,
    145
Keats, D. W., 9, 10
Khan, S., 58
Kirkpatrick, D. L., 35, 147, 148, 149,
    150, 151, 152, 153
Knowles, M., 57
Kolb, D. A., 62, 63, 64, 146
Kolo, P., 105
Kozina, A., 72
Krag, T., 132
Krathwohl, D. R., 121
Krehbiel, T. C., 64
Kumar, R., 73, 76
Kuniavsky, M., 78
Laleman, F., 34, 35
Le Boterf, G., 89
Lee, D., 45, 46, 47, 50
Lee, M., 80
Leene, A., 133
Lengel, J., 9, 10
Lynch, L., 72
Linder, J., 75
Lombardo, M. M., 99
Lourenzo, A., 238

Luckin, R., 90
Malamed, C., 42, 45
Margherita, A., 13, 14, 16
Mattox II, J. R., 147, 149, 150, 151,
    152
McCall, M., 99
McCombs, B. L., 45
Meneses, P. P. M., 98
Michael, D., 73
Miller, A. G., 134
Millichap, N., 12
Montessori, M., 88
Morgan, J. E., 37, 38
Murashima, M., 89
Myers, R. D., 45, 46, 47, 50
Nadler, D., 18
Nikolic, J., 65
Niles-Hofmann, L, 154
Nogueira, O., VII, XI, 215, 221, 222,
    226, 228, 229, 230, 232
Norman, D., 41
O'Driscoll, T., 81, 82, 138, 139
Oliveira, L. C. V., VII, XIV, 189, 192, 195,
    196, 197
Osterwalder, A., 114
Palange, I., 34
Pappas, C., 33
Park, Y., 71
Peters, D., 41, 43
Phillips, J. J., 148, 150, 151,
    153, 223
Phillips, P. P., 148, 150, 151, 153,
    223
Piskurich, G. M., 32
Plaskoff, H., 229
Plaut, A., 141
Prahalad, C. K., 14
Reeves, P. M., 8
Reeves, T. C., 8
Reibstein, D., 65
Reigeluth, C. M., 45, 46, 47, 50, 93
Reis, E., 164
Reis, G. G., 64
Richey, R. C., 106, 107
Rishipal, S.S., 73, 76
Rittel, H. W. J., 39
Rodrigues, P., 39
Rosenbaum, S., 103, 104
Royle, K., 65
Rustic, M., 87
Ryan, R. M., 75
Saccol, A. Z., 70
Santaella, L., 70
Schlemmer, E., 70
Schlenker, B., 12

Schmidt, M., 141
Schmidt, P. J., 9
Schön, D., 64
Schwab, K., 6
Secundo, G., 13, 14, 16
Securato, J. C., 69
Seitzinger, J., 125
Siemens, G., 19, 60, 84
Silva, E. J., VII, XIV, 219, 221, 222, 223, 225, 226, 227, 228, 230
Silva, L. M. T., 64
Smith, T., XX, 10
Souza, J. A., 3

Souza, M. I. F., 113
Sweller, J., 141
Taralli, C., 39
Tawfik, A. A., 141
Tessmer, M., 106, 107
Tori, R., 81
Tushmam, M., 18
Van Patten, J., 28
Vargas, M. R. M., 98
Vasseur, C. A. A., VII. XII, 173, 176, 177
Vygotsky, L., 88
Webber, M. M., 39

West, M., 141, 153
Whisler, J. S., 45
Wick, C., 105, 109, 110, 146, 234
Williams, J., 103, 104
Wind, J., 65
Woods, S., 154
Wunker, S., 167
Wurman, R. S., 130
Zennaro, M., 132
Zerbini, T., 98
Zichermann, G., 75, 76

REFERÊNCIAS

ADAMS BECKER, S. *et al*. *NMC Horizon Report*: 2017 Higher Education Edition. Austin, Texas: The New Media Consortium, 2017.

AIRES, R. W. A.; FREIRE, P. S.; SOUZA, J. A. Educação corporativa como ferramenta para estimular a inovação nas organizações: uma revisão de literatura. In: VIEIRA, A. C. P.; ZILLI, J. C.; BRUCH, K. L. (Orgs.) *Propriedade intelectual, desenvolvimento e inovação*: ambiente institucional e organizações. Criciúma: EDIUNESC, 2017.

ALDRICH, C. *The complete guide to simulations and serious games*. San Francisco: Pffeiffer, 2009.

ALJOHANI, N. R.; DAVIS, H. C. Learning analytics in mobile and ubiquitous learning environments. *11th World Conference on Mobile and Contextual Learning*, Finlândia, out. 2012.

ALLEN, M. *Leaving Addie for SAM*: an agile model for developing the best learning experiences. Danvers: ASTD Press, 2012

ALMEIDA, E. *Plantando carvalhos*: fundamentos da empresa relevante. Rio de Janeiro: Elsevier/ Campus, 2011.

ALONSO, R. *People Analytics*: o que é, benefícios e como aplicar. *Blog da FIA*, 18 out. 2018. Disponível em: <https://fia.com.br/blog/people-analytics/>. Acesso em: 20 ago. 2019.

ALVES, F. *Design de aprendizagem com uso de Canvas*: Trahentem. São Paulo: DVS, 2016.

ALVES, M. M.; ANDRÉ, C. F. Modelo 70 20 10 e o microlearning: alternativas para problemas modernos na educação corporativa. *TECCOGS – Revista Digital de Tecnologias Cognitivas*, São Paulo, n. 16, p. 39-53, jul./dez. 2018.

ANDERSON, L. W.; KRATHWOHL, D. R. (Eds.) *A taxonomy for learning, teaching, and assessing*: a revision of bloom's taxonomy of educational objectives. New York: Longman, 2005.

BAHRICK, H.; HALL, L. The importance of retrieval failures to long term retention: a metacognitive explanation of the spacing effect. *Journal of Memory and Language, v.* 52, n. 4, p. 566-577, 2005.

BANCO BRADESCO. *Relatório 4T2018 – Capital humano da Organização Bradesco*, 2018.

BECK, J. C.; DAVENPORT, T. H. The attention economy: understanding the new currency of business publisher. *Harvard Business Review Press*, abr. 2001.

BERSIN, J. *The Training measurement book*: best practices, proven methodologies, and practical approaches. San Franciso: Pffeifer, 2008.

BLOOM, B. S. *et al*. *Taxonomia de objetivos educacionais*. V. 1 e 2. Porto Alegre: Globo, 1979.

BOCCIA, S. CEOs que querem mudar o mundo. *Época Negócios*, p. 7, 2019.

BOICE, R. *Professors as writers*: a self-help guide to productive writing. Stillwater: New Forums Press, 1990.

BOWER, J. L.; CHRISTENSEN, C. M. Disruptive technologies: catching the wave. *Harvard Business Review*, v. 73, n. 1, p. 43-53, jan./fev. 1995.

BRADESCO. *Relatório Integrado 2018*. Departamento de Relações com o Mercado.

BRASIL. Ministério do Desenvolvimento, Indústria e Comércio Exterior. *O que é educação corporativa*. Disponível em: <http://www.educor.desenvolvimento.gov.br/educacao>. Acesso em: 18 fev. 2018 [em cache].

BRINKERHOFF, R. *The Success Case Method*: find out quickly what's working and what's not. San Francisco: Berrett-Koehler Publishers, 2003.

BROWN, M.; DEHONEY, J.; MILLICHAP, N. The next generation digital learning environment: a report on research. *EDUCAUSE Learning Initiative (ELI)*, 27 abr. 2015. Disponível em: <https://library.educause.edu/resources/2015/4/the-next-generation-digital-learning-environment-a-report-on-research>. Acesso em: ago. 2019.

BRUNER, J. S. *Actual minds, possible worlds*. Cambridge: Harvard University Press, 1986.

BRUNI-BOSSIO, V.; WILLNESS, C. The "Kobayashi Maru" meeting: high-fidelity experiential learning. *Journal of Management Education*, v. 40, n. 5, abr. 2016. Disponível em: <https://journals.sagepub.com/doi/abs/10.1177/1052562916644284>. Acesso em: 16. ago. 2019.

BURNS-JOHNSON, E. Get inspired: five examples of good microlearning design. *Allen Interactions*, 22 set. 2015. Disponível em: <https://info.alleninteractions.com/get-inspired-five-examples-of-good-microlearning-design>. Acesso em: 15. ago. 2019.

CAROLEI, P. Game out: o uso da gamificação para favorecer a imersão nos diversos espaços educativos no Ensino Superior. In: TIC EDUCA 2012, Lisboa. *Anais...* Lisboa: Universidade de Lisboa, 2012. v. 1. p. 2704-2715.

CAROLEI, P.; TORI, R. Gamificação aumentada: explorando a realidade aumentada em atividades lúdicas de aprendizagem. *TECCOGS – Revista Digital de Tecnologias Cognitivas*, n. 9, jan./jun. 2014.

CAVALCANTI, C. C. *Contribuições do design thinking para concepção de interfaces de ambientes virtuais de aprendizagem centradas no ser humano*. Tese (Doutorado) – Faculdade de Educação da Universidade de São Paulo, 2015.

CAVALCANTI, C. C.; FILATRO, A. *Design thinking na educação presencial, a distância e corporativa*. São Paulo: Saraiva, 2017.

CAVALCANTI, C. C.; FILATRO, A.; PRESADA, W. A. Gamification design for tutor education in an online course. *ETD – Educação Temática Digital*, v. 20, n. 4, 2018.

CHATTOPADHYAY, S. Instructional Design in the VUCA World. *ID and other reflexions*, 6 dez. 2014.

CHAVES, I.; BITTENCOURT, J. P.; TARALLI, C. O Design Centrado no Humano na atual pesquisa brasileira – uma análise através das perspectivas de Klaus Krippendorff e da Ideo, 2013, São Paulo. *Anais do Fórum de Pesquisa FAU*. São Paulo: Mackenzie, 2013.

CHEETHAM, G.; CHIVERS, G. How professionals learn in practice. *Journal of European Industrial Training*, v. 25, n. 5, 2001.

Referências

CHUN, A. H. W. The agile teaching/learning methodology and its e-Learning platform. *Lecture Notes in Computer Science – Advances in Web-Based Learning*, v. 3143, p. 11-18, 2004.

CONNORS, R.; SMITH, T.; HICKMAN, C. *O princípio de OZ*: como usar o accountability para atingir resultados excepcionais. Trad. Luciane O. Clausen. São Paulo: HSM, 2017.

CSIKSZENTMIHALYI, M. *Finding flow in every life*. New York: Perseus Book Group, 1997.

D'SOUZA, M. J.; RODRIGUES, P. Extreme pedagogy: an agile teaching-learning methodology for engineering education. *Indian Journal of Science and Technology*, v. 8, n. 9, p. 828-833, 2015.

DALGARNO, B.; LEE, M. What are the learning affordances of 3-D virtual environments? *British Journal of Educational Technology*, v. 41, n. 1, p. 10-32, 2010.

DAVENPORT, T. H.; BECK, J. C. The attention economy: understanding the new currency of business. *Harvard Business Press*, 2001.

DEWEY, J. *Vida e educação*. São Paulo: Melhoramentos, 1965.

FUNDAÇÃO DOM CABRAL (FDC). Relatório anual. *DOM: a revista da Fundação Dom Cabral*. Nova Lima, v. 10, n. 29, p. 12, 24, mar./jul. 2016.

DRON, J.; ANDERSON, T. Collectives, networks and groups in social software for e-learning. In: PROCEEDINGS OF WORLD CONFERENCE ON E-LEARNING IN CORPORATE, GOVERNMENT, HEALTHCARE, AND HIGHER EDUCATION, 2007, Quebec.

_____; _____. Learning and teaching with social media. In: DRON, J.; ANDERSON, T. (Orgs.). *Teaching crowds*. Alberta: AU Press, 2014.

EARNSHAW, Y.; TAWFIK, A. A.; SCHMIDT, M. User experience design. In: WEST, R. E. *Foundations of learning and instructional design technology*: historical roots and current trends. Pressbooks, 2017.

EBOLI, M. *Educação corporativa e desenvolvimento de competências*, s/d. Disponível em: <https://edisciplinas.usp.br/pluginfile.php/1846119/mod_resource/content/1/Aula%2010%20-%20Educa%C3%A7%C3%A3o%20corporativa%20e%20desenvolvimento%20de%20compet%C3%AAncias%20-%20EBOLI%2C%20Marisa.pdf>. Acesso em: 29 abr. 2019.

_____. O desenvolvimento das pessoas e educação corporativa. In: LIMONGI-FRANÇA, A. C. *et al.* (Orgs.). *As pessoas na organização*. São Paulo: Gente, 2002.

_____. *Educação corporativa no Brasil*: mitos e verdades. São Paulo: Gente, 2004.

_____. Sistema de educação corporativa e a EAD. In: LITTO, F. M.; FORMIGA, M. *Educação a distância*: o estado da arte. V. 2. São Paulo: Pearson Education do Brasil, 2012.

_____. Educação corporativa nos novos cenários empresariais. *GVEXECUTIVO*, Fundação Getulio Vargas, v. 15, n. 2, jul./dez. 2016.

ELIA, G. The emergence of the open networked "i-Learning" model: models and cases of "next-gen" learning. In: ELIA, G.; POCE, A. *Open networked "i-Learning"*. New York: Springer, 2010.

ESCOLA NACIONAL DE ADMINISTRAÇÃO PÚBLICA (ENAP). *Mapa do curso Design Instrucional para nativos e imigrantes digitais*. Brasília: ENAP, 2018.

FILATRO, A. *Design instrucional contextualização*. São Paulo: Senac São Paulo, 2004.

_____. *Design instrucional na prática*. São Paulo: Pearson/Prentice-Hall, 2008a.

_____. *Learning design como fundamento teórico-prático para o design instrucional*. Tese (Doutorado em Design Instrucional) – Faculdade de Educação, Universidade de São Paulo, São Paulo, 2008b.

FILATRO, A. Design instrucional sob uma perspectiva andragógica. *I WebCurrículo*. São Paulo: PUC, 2009.

_____. *Curso on-line Estilos de Aprendizagem*. Brasília: ENAP, 2014.

_____. *Produção de conteúdos educacionais*. São Paulo: Saraiva, 2016.

_____. *Como preparar conteúdos para EAD*. São Paulo: Saraiva, 2018.

_____. *Learning analytics*: análise e desempenho do ensino e aprendizagem. São Paulo: Senac São Paulo, 2019.

_____. *Tópicos em design instrucional*. São Paulo: Senac São Paulo, 2019, no prelo.

FILATRO, A.; CAVALCANTI, C. C. *Metodologias inov-ativas na educação presencial, a distância e corporativa*. São Paulo: Saraiva, 2018a.

_____; _____. Articulação do design instrucional e design thinking para solução de problemas na educação mediada por tecnologias. In: CONTECSI USP – International Conference on Information Systems and Technology Management, 2018, São Paulo. *Anais do CONTECSI USP*, 2018b.

_____; _____. Integration of design thinking and instructional design for problem solving in distance education. *PBL 2018*. Santa Clara: PBL, 2018c.

FREIRE, P. D. S. *et al.* Universidade Corporativa em Rede: considerações iniciais para um novo modelo de educação corporativa. *Espacios*, v. 37, n. 5, 2016.

FREIRE, P. D. S.; DANDOLINI, G. Corporative university in network: initial considerations towards a new model of corporate education. *International Journal of Development Research*, set. 2018.

GABRIEL, M. *Você, eu e os robôs*: pequeno manual do mundo digital. São Paulo: Atlas, 2018.

GERSTEIN, J. Moving from Education 1.0 through Education 2.0 towards Education 3.0. *Experiences in self-determined learning*, p. 83-98, 2014.

GIURGIU, L. Microlearning: an evolving elearning trend. *Scientific Bulletin*. v. XXII, n. 1, v. 43, 2017.

GOLLNER, J. *Information 4.0 for Industry 4.0* (TCWorld 2016). 2016. Disponivel em: <https://www.slideshare.net/jgollner/information-40-for-industry-40-tcworld-2016>. Acesso em: 26 abr. 2019.

GOTTFREDSON, C. AGILE Instructional design: faster, leaner, and more effective @ the speed of change. *The Elearning Guide*, 2013.

HANNA, R. Smarter enterprise collaboration through content 4.0 and microcontent. In: *The LavaCon Content Strategy Conference*, Spanning Silos, Building Bridges, Portland, 5-8 nov. 2017.

HORN, R. E. Structured writing as a paradigm. In: ROMISZOWSKI, A.; DILLS, C. (Eds.). *Instructional development*: state of the art. Englewood Cliffs: Educational Technology Publications, 1998.

INTEL CORPORATION. *Moore's Law inspires Intel innovation*, 2011. Disponível em: <http://www.intel.com/content/www/us/en/silicon-innovations/moores-law-embedded-technology.html>. Acesso em: 29 abr. 2019.

INTERATION DESIGN FOUNDATION (IDF). *Learning experience design*: the most valuable lessons [s.d.]. Disponível em: <https://www.interaction-design.org/literature/article/learning-experience-design-the-most-valuable-lessons>. Acesso em: 25 abr. 2019.

INTERNATIONAL ORGANIZATION FOR STANDARDIZATION (ISO). *ISO 9241-210 – Ergonomics of human-system interaction*. Seção Termos e Definições, parágrafo 2.15. 2010.

JARCHE, H. Seek sense share. *Inside Learning Technologies*, jan. 2014.

JOHNSON, L. *et al. NMC Horizon Report*: 2015 Higher Education Edition. Austin, Texas: The New Media Consortium, 2015.

KAPP, K. M. A list of some of the tools available to create digital learning games. Slide show. Play to Learn, 2018.

_____. *Thinking like a game designer*: gamification, games and interactivity for learning, jul. 2018.

KAPP, K. M.; O'DRISCOLL, T. *Learning in 3D*: adding a new dimension to enterprise learning and collaboration. New Jersey: John Willey & Sons, 2010.

KEATS, D. W.; SCHMIDT, P; J. The genesis and emergence of education 3.0 in higher education and its potential for Africa. *First Monday*, v. 12, n. 3, mar. 2007.

KHAN, S. *Um mundo, uma escola*: a educação reinventada. Rio de Janeiro: Intrínseca, 2013.

KIRKPATRICK, D. L. How to start an objective evaluation of your training program. *The Journal of the American Society of Training Directors,* maio/jun., 1956.

KIRKPATRICK, D. L.; KIRKPATRICK, J. D. *Evaluating training programs*: the four levels. Alexandria: ASTD, 1998.

KNOWLES, M. *et al. The adult learner*: the definitive classic in adult education and human resourse development. 5. ed. Houston, Texas: Gulf Publishing Company, 1998.

KOLB, D. A. *Experiential learning*: experience as the source of learning and development. Englewood Cliffs: Prentice-Hall, 1984.

KOLO, P. *et al. Corporate universities*: a engine for human capital. Boston Consulting Group, jul. 2013.

KOZINA, A. *Designing an effective e-learning experience.* Tampere University of Applied Sciences Degree Programme in Media and Arts, 2017.

KREHBIEL, T. C. *et al.* Agile manifesto for teaching and learning. *The Journal of Effective Teaching,* v. 17, n. 2, p. 90-111, 2017.

KUNIAVSKY, M. *Smart things*: ubiquitous computing user experience design. Massachusetts: Morgan Kaufman, 2010 apud MARTINS FILHO, V.; FIALHO, F.A.P. Design de experiência educacional. In: *Congresso Brasileiro de Ensino Superior a Distância* (ESUD), Florianópolis, 2014, p. 130-131.

LAGUARDIA, H. Fundação Dom Cabral investe US$ 2 milhões em sala tecnológica. *O Tempo*, 6 fev. 2016. Disponível em: <https://www.otempo.com.br/interessa/tecnologia-e-games/fundação-dom-cabral-investe-us-2-milhões-em-sala-tecnológica-1.1227750>. Acesso em: 27 abr. 2019.

LALEMAN, F. Lean Instructional Design (LID). LinkedIn, 17 fev. 2015.

LE BOTERF, G. *Desenvolvendo a competência dos profissionais*. Porto Alegre: Artmed, 2003.

LEENE, A. Microcontent is everywhere!!!: defining microcontent. MicroLearning 2006, Innsbruck, 7 jun. 2006.

LENGEL, J. *Education 3.0*: seven steps to better schools. Columbia University: Teachers College, 2012.

LITTO, F. M. Aprendizagem profunda e aprendizagem de superfície. *Aprendiz*, s/d. Disponível em: <https://textosreunidosaqui.wordpress.com/2008/07/23/aprendizagem-profunda-e-aprendizagem-de-superficie/#more-137>. Acesso em: 17 jul. 2019.

LUCKIN, R. *et al. Intelligence unleashed*: an argument for AI in education. London: Pearson, 2016.

LYNCH, L. What can the e-learning industry learn from omnichannel? *LearnDash,* jul. 2018.

MARGHERITA, A.; SECUNDO, G. The emergence of the stakeholder university. In: ROMANO, A. (Ed.). *Open business innovation leadership*: the emergence of the stakeholder university. London: Palgrave Macmillan, 2009.

MARTINS FILHO, V.; FIALHO, F.A.P. Design de experiência educacional. In: *ESUD – Congresso Brasileiro de Ensino Superior a Distância*, Florianópolis, 2014, p. 130-131.

MATTOX II, J. R.; BUREN, M. *Learning analytics*: measurement innovations to support employee development. CEB, 2016.

McCOMBS, B. L.; WHISLER, J. S. *The learner-centered classroom and school*: strategies for increasing student motivation and achievement. San Francisco: Jossey-Bass Inc., 1997.

MENESES, P. P. M.; ZERBINI, T.; ABBAD, G. S. *Manual de treinamento organizacional.* Porto Alegre: Artmed, 2010.

MICHAEL, D., CHAN, S. *Serious games*: games that educate, train, and inform. Tampa: Thomson, 2006.

MILLER, A. G. The magical number seven, plus or minus two: some limits on our capacity for processing information. *Psychological Review*, v. 63, p. 81-97, 1978.

MORAVEC, J. W. Desde la sociedad 1.0 a la sociedad 3.0. In: COBO ROMANÍ, C.; MORAVEC, J. W. (Orgs.). *Aprendizaje invisible*: hacia una nueva ecología de la educación. Barcelona: Publicacions i Edicions de la Universitat de Barcelona, 2011.

MORGAN, J. E. *Holistic design for conscious engagement*. Rumsey: Gaia University, 2018.

MURASHIMA, M. Educação corporativa a distância: em busca da convergência entre crescimento profissional e objetivos da empresa. *Revista FGV Online*, ano 1, n. 2, out. 2011.

NEVES, M. M.; TREVISAN, L. N.; NASCIMENTO, J. B. Carreira proteana: revisão teórica e análise bibliométrica. *Rev. Psicol., Organ. Trab.*, Florianópolis, v. 13, n. 2, p. 217-232, ago. 2013.

NILES-HOFMANN, L. *Data-driven learning design how to decode learner digital body language*. Ebook, july 2016. Disponível em: <https://momentum.gevc.ca/wp-content/uploads/2016/08/DataDrivenLearningDesign-Ebook-July2016-1.pdf>. Acesso em: 24 abr. 2019.

NORMAN, D. A. *The design of everyday things*: revised and expanded edition. New York: Basic Books, 2013.

ORGANIZAÇÃO PARA A COOPERAÇÃO E DESENVOLVIMENTO ECONÔMICO (OCDE). *Manual de Oslo*: proposta de diretrizes para coleta e interpretação de dados sobre inovação. 3. ed. Paris: OCDE, 2005.

OSTERWALDER, A.; PIGNEUR, Y. *Business model generation*: inovação em modelos de negócios. Rio de Janeiro: Alta Books, 2011.

PALANGE, I. Produção de design instrucional para EAD: modelos, processos, organização de equipes e dinâmica de trabalho. In: KENSKI, V. M. (Org.). *Design instrucional para cursos online*. São Paulo: Senac, 2015.

PAPPAS, C. AGILE eLearning course design: a step-by-step guide for elearning professionals. *Elearning Industry,* maio 2016.

PARK, Y. A Pedagogical framework for mobile learning: categorizing educational applications of mobile technologies into four types. *International Review of Research in Open and Distance Learning*, v. 12, feb. 2011.

PETERS, D. *Interface design for learning*: design strategies for learning experiences. New Jersey: Pearson Education, 2014.

PHILLIPS, P. P.; PHILLIPS, J. J. *Measuring ROI in learning & development*. Association for Talent Development, 16 fev. 2012.

PISKURICH, G. M. *Rapid instructional design*: learning ID fast and right. San Francisco: Pffeifer, 2006.

PLASKOFF, H. Employee experience: the new human resource management approach. *Strategic HR Review*, v. 16, n. 3, p. 136-141, 2017.

PLAUT, A. Elements of learning experience design. *Boxes and Arrows*, 30 jan. 2014.

REEVES, T. C.; REEVES, P. M. Educational technology research in a VUCA world. *Educational Technology*, v. 55, n. 2, mar./abr. 2015.

REIGELUTH, C. M.; MYERS, R. D.; LEE, D. The learner-centered paradigm of education. In: REIGELUTH, C. M.; BEATTY, B. J.; MYERS, R. D. (Orgs.) *Instructional-design theories and models*: the learner-center paradigm, V. IV. Oxfordshire: Taylor and Francis, 2017.

REIS, E. *A startup enxuta*: como empreendedores atuais utilizam a inovação contínua para criar empresas extremamente bem-sucedidas. São Paulo: Lua de Papel, 2012.

REIS, G. G.; SILVA, L. M. T.; EBOLI, M. A prática reflexiva e suas contribuições para a educação corporativa. *REGE*, v. 17, n. 4, p. 403-419, 2010.

RISHIPAL, S. S.; KUMAR R. A gamification framework for redesigning the learning environment. In: KUMAR R.; WIIL, U. (Eds.) *Recent advances in computational intelligence studies in computational intelligence*, v. 823. Springer, mar. 2019.

RITTEL, H. W. J.; WEBBER, M. M. Dilemmas in a general theory of planning. *Policy Sciences*, n. 4, p. 155-169, 1973.

ROYLE, K.; NIKOLIC, J. A modern mixture, agency, capability, technology and "SCRUM": agile work practices for learning and teaching in schools. *Journal of Education & Social Policy*, v. 3, n. 3, set. 2016.

RUSTIC, M. *5 steps to start using learning analytics provided*. Disponível em: <www.watershedlrs. com>. Acesso em: 22 jul. 2019.

RYAN, R. M.; DECI, E. L. Self-determination theory and the facilitation of intrinsic motivation, social development, and well-being. *American Psychologist*, v. 55, p. 68-78, 2000.

SACCOL, A. Z.; SCHLEMMER, E.; BARBOSA, J. *m-learning e u-learning*: novas perspectivas da aprendizagem móvel e ubíqua. São Paulo: Pearson, 2011.

SANTAELLA, L. *Comunicação ubíqua*: repercussões na cultura e na educação. São Paulo: Paulus, 2013.

SANT'ANA, J. V. B.; SUANNO, J. H.; SABOTA, B. Educação 3.0, complexidade e transdisciplinaridade: um estudo teórico para além das tecnologias. *Revista Educação e Linguagens*, Campo Mourão, v. 6, n. 10, jan./jun. 2017.

SCHLENKER, B. *Uma breve visão histórica do treinamento corporativo*, fev. 2017.

SCHÖN, D. *Educando o profissional reflexivo*. Porto Alegre: Artmed, 2000.

SCHWAB, K. *The Fourth Industrial Revolution*. Danvers: Crown Publishing Group, 2017.

SECURATO, J. C. *Onlearning*: como a educação disruptiva reinventa a aprendizagem. São Paulo: Saint Paul, 2017.

SEITZINGER, J. LX Journey Mapping Workshop. In: *#ODLAA CONFERENCE IN MELBOURNE,* 5-7 fev. 2017, Melbourne.

SIEMENS, G. *Knowing knowledge.* Lexington: Creative Commons, 2006.

SOUZA, M. I. F. *Modelos de produção de microconteúdo educacional para ambientes virtuais de aprendizagem com mobilidade.* 2013. Tese (Doutorado em Ciências Sociais na Educação) – Faculdade de Educação, Universidade Estadual de Campinas, Campinas, 2013.

SWELLER, J. *et al.* Cognitive architecture and instructional design. *Educational Psychology Review,* v. 10, n. 3, 1998.

SWELLER, J.; AYRES, P.; KALYUGA, S. *Cognitive load theory*: explorations in the learning sciences, instructional systems and performance technologies. New York: Springer, 2011.

TESSMER, M.; RICHEY, R. C. The role of context in learning and instructional design. *Educational Technology Research and Development,* v. 45, n. 2, p. 85-115, 1997.

GREAT SCHOOLS PARTNERSHIP. Learning Experience. *The Glossary of Education Reform,* [s.d.].

TUSHMAM, M.; NADLER, D. Organizando-se para a inovação. In: STARKEY, K. *Como as organizações aprendem*: relatos do sucesso das grandes empresas. São Paulo: Futura, 1997.

VAN PATTEN, J. What is instructional design. In: JOHNSON, K. A.; FOA, L. H. *Instructional design*: news alternatives for effective education and training. London: Macmillan, 1989.

VARGAS, M. R. M.; ABBAD, G. S. Bases conceituais em treinamento, desenvolvimento e educação – TD&E. In: BORGES-ANDRADE, J. E.; ABBAD, G.; MOURÃO, L. (Orgs.). *Treinamento, desenvolvimento e educação em organizações e trabalho*: fundamentos para a gestão de pessoas. Porto Alegre: Artmed, 2006.

WICK, C.; POLLOCK, R.; JEFFERSON, A. *6Ds*: as seis disciplinas que transformam educação em resultados para o negócio. São Paulo: Évora, 2011.

WILLIAMS, J.; ROSENBAUM, S. *Learning paths*: increase profits by reducing the time it takes employess to get up-to-sepeed. San Francisco: Pfeiffer/ASTD, 2004.

WIND, J.; REIBSTEIN, D. Reinventing training for the global Information age. *Knowledge@Wharton,* set. 2000.

WOODS, S. *Digital body language.* Danville: New Year Publishing, 2010.

WORLD ECONOMIC FORUM (WEF). *Digital transformation initiative*: in collaboration with Accenture. Executive summary. Maio 2018.

WUNKER, S. Six steps to put Christensen's Jobs-to-be-Done theory into practice. *Forbes,* 7 fev. 2012.

WURMAN, R. S. *Ansiedade da informação.* São Paulo: Editora de Cultura, 1991.

ZENNARO, M. *et al. International journal of the book*: book sprint. Melbourne: Common Ground Publishing, 2006.

ZICHERMANN, G.; CUNNINGHAN, C. *Gamification by design.* North Sebastopol: O'Reilly Media, 2011.

ZICHERMANN, G.; LINDER, J. *The gamification revolution*: how leaders leverage game mechanics to crush the competition. New York: McGraw-Hill Education, 2013.